VIRTUAL HISTORY

Alternatives And Counterfactuals

虚拟的历史

[英] 尼尔·弗格森◎著
NIALL FERGUSON
颜筝◎译

中信出版集团 | 北京

图书在版编目（CIP）数据

虚拟的历史/（英）弗格森著；颜筝译. —北京：中信出版社，2012.3(2024. 5 重印)

书名原文：Virtual History:Alternatives and Counterfactuals

ISBN 978-7-5086-3219-3

I. 虚… II. ①弗… ②颜… III. 世界史－研究 IV. K107

中国版本图书馆CIP数据核字（2012）第014433号

虚拟的历史

XUNI DE LISHI

著　　者：[英] 尼尔 · 弗格森

译　　者：颜　筝

出版发行：中信出版集团股份有限公司（北京市朝阳区东三环北路27号嘉铭中心　邮编　100020）

承 印 者：北京通州皇家印刷厂

开　　本：787mm × 1092mm　1/16　　**印　　张**：24.75　　**字　　数**：339千字

版　　次：2012年3月第1版　　**印　　次**：2024年5月第9次印刷

京权图字：01–2010–7820

书　　号：ISBN 978–7–5086–3219–3 /K · 214

定　　价：79.00元

目录

目 录

导言

VIRTUAL HISTORY

虚拟的历史：有关过去的一种“混沌”理论

尼尔·弗格森

过去的历史……是一种“存在的混沌”，永远鲜活，永远在运动。从它那不计其数的结构要素中，浮现出一个个朦胧的形状。……历史学家所要描述并加以科学测量的……就是这样的“混沌”！

——托马斯·卡莱尔

没有哪段历史享有特权……历史有无数的可能性，它们都是有根有据的……每时每刻，不管你认为是多么短暂的一瞬，事件的进展都会像一棵生出两根树枝的树一样在分叉。

——安德烈·莫鲁瓦

历史研究的不朽成就在于一种历史感——敏锐地洞察出事情怎样才不会发生。

——刘易斯·内米尔

历史学家必须……不断地将自己置于过去的某个点——在这个点上，已知的各种因素似乎会导致多种不同的结果。如果他谈及萨拉米斯，就应该想到波斯人原本会赢得这场战役；如果他谈及雾月政变，波拿巴是否会遭受耻辱的失败对他来说就应该还是个未知数。

——约翰·赫伊津哈

假如没有爆发英国内战，假如没有发生美国独立革命，假如爱尔兰没有分裂，假如英国没有参加第一次世界大战，假如希特勒没有进攻英国，假如希特勒战胜了苏联，假如苏联赢了冷战，假如肯尼迪没有遇刺，假如戈尔巴乔夫没有出现……世界会是什么样子？

反对这类假设（或者说“反事实”提问）的理由很简单：何必要问这种问题呢？为什么我们要去关心那些压根儿不曾发生过的事情？根本没有必要为已经发生的事情懊恼，“事后诸葛”不过空谈而已（至于杞人忧天则更没有意义了）。

针对这种质问的回答之一就是：其实我们在生活中总是会不停地这样提问。假如我注意限速或者没有醉驾会怎样？假如我没有邂逅现在的妻子（或丈夫）会怎样？假如我下注的不是这匹马而是获胜的“红朗姆”会怎样？我们似乎很难不去想象另外一种场景：要是这样做了或没这样做，会有怎样不同的结局……我们会去想象，假如自己没有犯这个错会怎样，或者假如自己未能避免某个险些出现的错误又会怎样。其实，不能简单地认为有这些想法是做白日梦。我们当然知道时间不可能倒退，也不可能回到过去重新选择。但反事实地设想是相当重要的一种学习。因为在作出有关未来的决定时，想象不同行为的可能结果可以为我们提供思考的基础。所以，分析和比较已发生事件与可能发生的事件的确是有意义的。

好莱坞不厌其烦地用语法学家们所说的“虚拟条件”（没有X，就不可能有Y）来吸引观众。在弗兰克·卡普拉的《生活多美好》（*It's a Wonderful Life*）中，吉米·斯图瓦特的守卫天使在他接近死亡的边缘时拉住他，让他看看如果自己没有出现，这个世界（至少他的家乡）会是多么糟糕。《时光倒流未嫁时》（*Peggy Sue Got Married*）以凯瑟琳·特纳步入中年后对婚姻对象选择的懊悔为中心展开故事的叙述；而在《回到未来》（*Back to the Future*）中，迈克尔·J·福克斯难以抵抗回到过去的诱惑，差点儿糊里糊涂地让未来会成为自己母亲的洛莲爱上自己而离开父亲乔治。克里斯托夫 · 里夫版的《超人》里，在地震中痛失女友的超人让时间逆转，将她从“未来”的灾难中解救出来，而就在前一秒他和观众才刚刚目睹了这场灾难的发生。科幻小说作家们也一次又一次地重复着这样的幻想。例如，在约翰 · 温德汉姆的《随机寻找》（*Random Quest*）一书中，物理学家科林 · 特拉福德被投入与现实世界同时存在的另一个世界。在这个世界里没有第二次世界大战和原子弹，身处其中的特拉福德发现自己是一个小说家，娘娘腔，喜欢虐待妻子。还有一个类似的故事，在雷 · 布莱佩利的笔下，一个时间旅行者返回史前时代不慎踩死一只蝴蝶，结果导致整个世界发生了微妙而深刻的变化。

当然，就学术研究来看，好莱坞和科幻小说难登大雅之堂。不过，这类主题也吸引了一些相当有名的作家。罗伯特 · 穆齐尔在其德文代表作《没有个性的人》（*The Man without Qualities*）中，对人类的反事实思考倾向有大段思考：

> 如果存在所谓的现实性（谁都不会怀疑这一点），那么就必然存在可能性。任何一个能够感知到可能性的人都不会说某事已发生、将要发生或必然发生。他会略作思索，然后说某件事可能会或应该会发生。如果有人告诉他某件事情本来就应该如此，他会想：嗯，好吧，不过这事也大有其他可能。所以，对可能性的感知完全可以定义为思考事情发展的潜在可能、平等看待现实性和可能性的能力……（因为）可能性还包括……上帝未曾显露的意图。一种可能的经验或真理并不等同于现实的经验或真理减去其“真实值”……在推崇可能性的人看来，可能性是一种神性的体现，饱含激情与崇高的精神，是对乌托邦式理想的执著，从不在现实面前屈服，现实反而……更像是一种虚构。

不过，正如穆齐尔提到的，总还是有人质疑这种对可能性的推崇：

> 很不幸的是，这样一种倾向的结果常常会让别人的喜好与禁忌都显得不合理，甚至连是非判断都显得不重要了。据说这些可能论者活在一个更精致的网络里，朦胧的幻想、想象、假设无处不在。一旦这种倾向在孩子身上有所表现，人们立刻就会想方设法地去消除它。当具有这种倾向的人出现时，人们通常认为他们是疯子、胆小鬼、自大狂、吹毛求疵者或者幻想成癖。当需要对这些可怜的傻瓜表示赞赏时，人们有时候会管他们叫理想主义者。

这番话可以说恰到好处地概括了几代历史学家的态度，用E·H·卡尔（英国史学家）充满轻蔑口吻的话来说，“反事实”的历史不过是种无关痛痒的室内游戏、海阔天空的侃大山而已，这一点是毋庸置疑的。至于那些以“如果……”开头的问题根本就不值得一提。去思考“可能会发生什么”就等同于认可“坏国王约翰”或“克丽奥佩特拉的鼻子”之类的历史理论，而且表现的是一种失败者的心态：

> 许多人直接或间接地因布尔什维克的胜利遭受了这样那样的痛苦……他们希望表达自己的不满和反对；当他们阅读历史时，这种情绪表现为恣意想象那些更合他们心意的事件的发生……这纯然只是情绪化与非历史的反应……一个群体或一个国家如果正处于历史发展过程中的低谷而非高峰，强调历史偶然性的理论就会盛行。这好比在成绩不好的学生看来，考试就是一场赌博，得分全凭运气……历史……是人类所作所为的记录，它并不会浪费笔墨在人类没有做或未做到的事情上……历史学家关心的是那些成就了某件事的人。

在职业历史学家那里，仍然相当普遍地弥漫着对“反事实”观点的敌意。E·P·汤普森甚至将“反事实虚构”看做是“非历史的废话”而不予理会。

可以肯定，即使像英国马克思主义者卡尔与汤普森等人那样在最宽泛的意义上来理解“决定论”，也并非所有的历史学家都称自己为“决定论者”。持历史决定论的人认为一切事件都以某种方式被预先安排了，所以已经发生的事件原本就必然发生。这与相信狭义因果论有重要区别。因果论者认为因果关系呈链性或线性发展，任何事件都是其“命定”前因的唯一可能的后果。但不是所有的因果论者都像19世纪的许多决定论者那样，认为历史或者事件的发生都有一种目的或有特定意义的指向。宗教历史学家、唯物论者和观念论者之间存在深刻的不同。宗教历史学家将事件的最终原因（但不必然是唯一原因）归结到神身上；唯物论者通过类似或派生于自然科学的术语来理解历史（比如普遍法则）；而对观念论者来说，过去的“思想”通过历史学家的想象向一种可理解的（常常是目的论的）结构转化，这便是历史。尽管如此，他们超越了这些分歧达成一个共识，都从根本上拒绝以“假如……”开头的假设性问题。

贝奈戴托·克罗齐是卡尔和汤普森等唯物决定论者的老对手，但他同样也毫不含糊地攻击了反事实问题的“荒谬性”：

> 当我们对某个事实进行判断时，应该以既定事实为依据，不能有无端的想象……为了排除那些不合理的“假设性条件”，我们必须一再重申历史的必然性……而且要禁止……反历史和反逻辑的“假设”。这种“假设”武断地将历史进程划分为必然事实与偶然事实……它还将一个故事中的事件划为必然事件与偶然事件。人们必须在心里排除掉偶然事件，以便更清楚地了解若没有偶然事件的干扰，必然事件会怎样自行发展。这是一种游戏，我们闲来无事时总是乐此不疲，我们会思考自己的人生如果没有碰到某个人会是什么样子……在这类想象中，我们轻松愉快地把自己看成了某种具有必然性和稳定性的因素，而没有意识到……正是

> 因为我们的确已经碰到这个人，经历了、遗憾了、幻想了，才让此时的思考成为可能……如果我们要认真充分地去探究这个现实，游戏很快就玩不下去了……尝试在历史领域玩这类游戏很不合适，会得出荒谬的、完全站不住脚的结论。

对反事实主义抨击最为激烈的是英国观念论哲学家迈克尔·奥克肖特。在他看来，当历史学家"通过某种思想实验、像思考确定的史实一样来思考可能发生的事情，他就已经脱离了历史的思维轨道"。

> 如果圣保罗在朋友们把他从大马士革的城墙上放下来之前就被抓住并杀害，很有可能基督教就无法成为我们文明的中心。这么说基督教的传播就得归功于圣保罗的逃跑了……一旦以这种方式来思考，这些事件就立刻不再是历史事件，如此不仅让历史变得乱七八糟、处处疑点，而且完全是对历史的背弃……必然事件和偶然事件之间……有何区别根本不属于历史的思考范畴，这完全是科学对历史世界的野蛮介入。

奥克肖特继续说道：

> 历史的问题从来不去关心什么事情必然发生或什么事情原本可能会发生，而只是关心那些有事实证据证明的确发生了的事情。如果美洲殖民地问题发生时任英格兰国王的是乔治三世，或许战争压根儿就不会爆发；但由此得出结论认为乔治三世有可能在这个关键时刻改变事件的"自然"进程，就是企图罔顾历史以达到哗众取宠的目的……人们从未要求历史学家去思考在不同情境下会发生怎样不同的事情。

因此，用奥克肖特的话来说，想象事件可能会怎样发展是"一个纯粹的神话，一种肆意过度的想象"。这应该是他与卡尔、汤普森能达成共识的少数观点之一。

不同思想流派的人们都对反事实主义怀有强烈的敌意，这部分说明了为什么通常是小说家而非历史学家来回答我在开始列出的反事实问题。比如，罗伯特·哈里斯出版的侦探小说《祖国》就将故事背景设想为纳粹胜利20年以后的欧洲。随着这类书的流行，反事实问题得到了更为广泛的研究。但这本小说遵从的仍然是传统的惊险故事模式，无法摆脱虚构性，也就自然削弱了故事背景的历史可信度。在作者笔下，第二次世界大战中纳粹的胜利并非一场险些成为现实的、多亏无数人牺牲才得以避免的灾难，而是作为一种华丽的背景刺激人们的神经，以便打发候车室里无聊的时光。还有很多小说都基于此类反事实的历史假设：金斯利·埃米斯的《变化》（*Alteration*）也是一个很好的例子，他在小说中抹掉了英国的宗教改革。但此类书和那些“未来学”的著作一样和历史没有太大关系。伦敦图书馆在收录与未来学相关的书籍时，礼貌地将其归为“想象的历史”。未来学家们会猜想我们目前面对的诸多可能究竟有哪些在未来会实现，而他们的猜想与预测是基于对过去事件走向的推演。不过，就这些著作的准确性来说，真需要有所判断时，他们可能还会去参考占星术或塔罗牌。

尽管如此，还是有不少严肃的历史学家敢于去解决（或者至少是提出）反事实问题。吉本总是会着迷于某段历史发展的细节处，偶尔也允许自己以明显的反事实方式来写作。例如，他曾假设公元733年查理·马特尔没有战胜萨拉森人会发生什么，并有这样一段简短的描述：

> 胜利的行军路线从直布罗陀巨岩延至卢瓦尔河岸，增加了1 000多英里；同样的距离也能把萨拉森人带到波兰的边界和苏格兰高地；比起尼罗河或幼发拉底河，莱茵河的航运条件也不差，阿拉伯人的舰队可能不经海战就能驶入泰晤士河口。果真如此的话，也许现在牛津大学的教

学内容就是《古兰经》，也许还要在讲坛上向行过割礼的学生们讲解穆罕默德启示的神圣性与真理性。

当然，这只是一段有着讽刺意味的题外话，吉本以此调侃自己曾就读的大学没教给自己什么知识。相比之下，法国作家查理 · 勒努维耶则更有抱负。他的著作《架空历史：历史的乌托邦》（恰好在吉本的《罗马帝国衰亡史》第一卷面世 100 年后出版）完全是一部“关于欧洲文明并未出现却极可能产生的发展的虚构历史作品”。勒努维耶称自己“好比是研究历史的斯维登堡[①]——一个总是幻想过去的空想家”，并且还称自己的作品是“事实与想象的混合物”。《架空历史》作为一位 17 世纪反决定论者的自白书，被后人不断地传承与补充，书中主要的反事实假设与吉本如出一辙。由于马可 · 奥勒留统治末期历史发展的微妙变化，基督教没能在西方确立地位，而只是在东方扎下了根。西方世界因此又延续了 1000 年的古典文明。当基督教最终进入西方时，它仅仅是世俗欧洲所包容的众多宗教之一。可以想见，勒努维耶如此的开明让这本书给了教权主义重重的一击。

1907 年，也就是《架空历史》第二版面世 6 年以后，爱德华时代一位文采斐然的历史学家 G · M · 特里维廉（应《威斯敏斯特报》编辑的建议）写了一篇文章，题为“假如拿破仑在滑铁卢一役中获胜”。和吉本一样，特里维廉对过去的另类假设让人更感到沮丧而非鼓舞。拿破仑获胜后，征服了欧洲，英国由此又走上了“专政与愚民主义的老路”。拜伦领导的革命被残酷镇压，一群年轻的激进分子被驱赶至南美洲潘帕斯草原，在那里为自由而战。拿破仑这位“旧制度与民主自由的敌人”最终在 1836 年死去。总之，没有滑铁卢战役便没有辉格党的历史。

① 斯维登堡（1688~1772），瑞典科学家、神秘主义者、哲学家和神学家，其想象力和宗教思想是很多杰出作家灵感的源泉。——译者注

尽管特里维廉有这样的尝试，许多严肃的历史学家还是不愿意在这种研究方式上下工夫。25 年后，当J·C·斯夸尔汇编类似的反事实文章时，撰稿的 11 位作者也多是小说家和新闻记者。斯夸尔的《假如事情并没这样发生》完全是一副自我贬低的基调，连副标题都是“堕入想象的历史”。斯夸尔在一开始就承认，作者们并非是“在同样的现实基础上写作，他们中有些人在文中融进了更多具有讽刺意味的臆测”；他们的有些想象让他想起了约翰逊的话：“一个人不必在墓志铭中发誓。”不幸的是，斯夸尔所写的导言自身就像是这本书的“墓志铭”。反事实历史“没什么用处，也没人想知道”，他最后的结论听上去充满了挫败感。也难怪这本书很快就被人们遗忘了。

斯夸尔的书是否让一代人不再相信反事实历史的概念了呢？对于为什么会有如此多的历史学家将反事实假设看成仅供消遣的游戏，书中个别文章也确实给出了一些解释。例如菲利普·圭达拉在《假如摩尔人在西班牙赢得胜利》中反事实地假设了 1491 年西班牙在兰哈龙战败，此后格拉纳达这个伊斯兰王国在阿拉伯人领导的文艺复兴中成为中心，并在 18 世纪发展为一个帝国。（在这个虚拟的世界里，迪斯雷利最后成了格拉纳达的重臣。）G·K·切斯特顿的想象也很怪诞：“假如奥地利的唐·约翰（西班牙腓力二世的异母兄弟）娶了苏格兰的玛丽女王会有怎样的历史？”这成了一则反宗教改革的传奇。这对王室夫妇携手合力让加尔文教在苏格兰销声匿迹，随后两人继承了英国王位，宗教改革也因此变得遥遥无期。H·A·L·费希尔在《假如拿破仑逃往美洲》一文中想象的是波拿巴横渡大西洋，会同玻利瓦尔的军队从天主教会和君主制度中解救了拉丁美洲（而不是一味地想要成为柏勒洛丰[①]）。哈罗德·尼科尔森的《假如拜伦成为希腊国王》的想象则更离谱。拜伦于 1824 年因染热病死于米索朗基，但这篇文章却让拜伦死里逃生，最后还变成

① 柏勒洛丰，希腊神话中的英雄。——译者注

了怕老婆、日益昏庸的希腊国王——乔治一世（1830~1854），读来很是别扭。（比如，在尼科尔森的笔下，拜伦最不朽的功绩是〝弄走雅典卫城顶上那些乱七八糟的东西，在原地仿造了一所纽斯塔德修道院〞。）米尔顿·瓦尔德曼的《假如布思没能击中林肯》相比之下要严肃一些。他把林肯刻画成一个性情古怪、〝受挫的独裁者〞。林肯让南北方达成了彼此宽容的和平，但双方都不满意，他因此失去了人民的信任，整日在议会上与复仇心切的同党不断争论。1867 年，在为最后一场注定失败的竞选耗尽心力之后，林肯终于任期届满。至于斯夸尔自己的文章《假如 1930 年的人们发现培根的确曾是莎士比亚作品的代笔人》，几乎可以成为当时《笨拙》[①]杂志的亮点（但这个杂志很可能更天马行空地反过来设想莎士比亚是培根的代笔人）。罗纳德·诺克斯颇具讽刺意味地设想了〝1930 年 6 月 31 日〞当天的《泰晤士报》，大意是把一场胜利大罢工的日期填迟了。

公平地说，并不是一切假设都毫无历史价值。安德烈·莫鲁瓦的假设很有真实感，他设想了由杜尔哥领导的一场财政改革获得了成功，法国大革命因此未能爆发。在这场财政改革中，王室表现出了巨大的决心，1774 年议会决定性的失败与巴黎警察局的改革也有推波助澜的作用。丘吉尔提出了一个有关美国内战中南部获胜的有趣问题，他假设的是南军赢得了葛底斯堡战役。埃米尔·路德维希在文中提出的假设在当时很流行：如果德国皇帝腓特烈三世不是死于 1888 年（即位 99 天后），德国政治此后也许能更自由化地发展。不过，假设性文章写得再好，我们也能明显地察觉作者所体现的政治立场或宗教倾向。就这点来说，作者更多地是想告诉读者，自己所处的 20 世纪 30 年代的人们怎样看待第一次世界大战，而不是去考虑 19 世纪当时可能的选择。因此，莫鲁瓦想象了法国永远处于英美的联合庇护（英国已在北美独

① 《笨拙》(*PUNCH*)，幽默漫画杂志，1841 年创刊于伦敦。1867 年，中国香港有人模仿创办了《中国笨拙》。——译者注

立战争中获胜），丘吉尔也同样鼓吹大西洋两岸进行联合（英国最终让美国南北达成和解），路德维希为英德联盟计划的流产唱起了古老的德国自由主义挽歌（在他的想象里，国王腓特烈的在位时间延长了许多）。换句话说，这些作者并不是完全漠视后世人的感知来讨论历史事件的，而总是以在当代颇受关注的问题为出发点：怎样才能避免第一次世界大战？而归根到底，这些讨论都成了作者对往事天马行空的想象。有趣的是，只有伊莱尔·贝洛克反事实地想象了比既有历史更坏的结果。他和莫鲁瓦一样抹掉了法国大革命，但在他的假设中，作为强国的法国国力衰退更为迅速，神圣罗马帝国也由此发展成为欧洲联盟，范围“从波罗的海到西西里，从柯尼斯堡到奥斯坦德”。因此当 1914 年与这个更强大的德国交战时，英国落败，最终沦为“欧洲联邦的一个省”。

另一部反事实论文集《假如我曾……》也有同样的缺点。其中有两位作者“绕开”了美国独立战争（一位假设自己是英国首相谢尔本，另一位假设自己是本杰明·富兰克林），有一位（假设自己是胡亚雷斯）在 1867 年赦免了墨西哥马克西米连皇帝，从而避免了墨西哥内战，还有一位（假设自己是梯也尔）则阻止了 1870~1871 年的普法战争。欧文·达德利·爱德华兹想象自己是格拉德斯通，通过土地改革而非地方自治解决了爱尔兰问题；哈罗德·沙克曼笔下的克伦斯基对科尔尼洛夫的态度更为谨慎，因此避免了布尔什维克的突然袭击。路易斯·艾伦则化身东条英机，他没有攻打珍珠港，而是攻打英国、荷兰这两个帝国，日本也因此赢得了战争——不管是对美国人还是对日本人，这个想法都是很有吸引力的。除此之外，罗杰·摩根笔下的阿登纳在 1952 年重新统一了德国，菲利普·温莎笔下的杜布切克让布拉格的春天免于战火的摧残，哈罗德·布莱克莫尔笔下的阿连德维系了智利的民主。以上这些假设在很多人看来很明显是事后诸葛的表现。每种假设的论证主要都是事后的推导，并没有考虑到在当时的背景下历史人物能够采取哪些选择。

斯夸尔与斯诺曼这两部文集共有的另一个弱点，是不少文章都认为单一且微妙的变化通常能导致极为重大的结果，并以此作为立论前提。我们虽然在逻辑上无法反驳这个前提，但我们必须意识到，由某处细节的改变得出结论并认为它直接导致了某个重大事件的发生，这个推导太过简单化。"克丽奥佩特拉的鼻子"（最初版本是"帕斯卡的鼻子"）理论正是此类还原推导中最为臭名昭著的：安东尼对她那大鼻子的迷恋左右着罗马的命运。把理查德三世的失败归咎于丢失了一颗钉子也是这类推论之一：

丢了一颗铁钉，坏了一个铁蹄；
坏了一个铁蹄，折了一匹战马；
折了一匹战马，伤了一名骑士；
伤了一名骑士，输了一场战斗；
输了一场战斗，亡了一个帝国！

吉本也基于同样的逻辑认为，14 世纪奥斯曼帝国苏丹巴耶赛特是因为痛风发作而没能占领罗马；美国南部顽固派在内战中落败是因为北部联邦的将军麦克莱伦偶然发现了李将军的第 191 号特别令。也是基于这种逻辑，丘吉尔认为 1920 年希腊国王被猴子咬伤受感染身亡导致了希腊与土耳其之间的一场庞大战争。这种还原论的解释可以引发反事实的假设（比如，没被猴子咬伤就不会发生战争），斯夸尔书中很多反事实假设便是由这种解释推导出来的：路易十六的优柔寡断促发了法国大革命，腓特烈三世的早逝导致了第一次世界大战等。斯诺曼的文集也建立在以下假设的基础上：一些大人物的错误决策导致了美洲殖民地的脱离与独立、普法战争的爆发、布尔什维克革命等重大事件。和前文讨论过的还原论解释一样，这些假设有时也不无道理，但我们除了提出假设之外，还应该对之进行论证，否则解释会失去可信度，作为假设基础的反事实结果也很难站住脚。

此外，反事实假设还涉及一个问题——幽默效果。斯夸尔书中的文章都在不同程度上表现出轻松有趣的风格。但越是如此，可信度就越低。大多数的还原论解释都可以通过阐述方式的改变而变得更有说服力。“如果安东尼没有拖延离开埃及的时间，他也许就能战胜恺撒。”“如果理查德三世在博斯沃思一役中获胜，约克王朝的统治或许会得以稳固。”“如果巴耶赛特从匈牙利凯旋之后选择了进攻意大利，他或许就能攻克罗马。”“要不是识破了李的意图，北部联邦完全不可能赢得安提塔姆战役。”“如果希腊国王没有死，希腊与土耳其也许不会交战。”以上叙述方式或许听上去不那么有趣，但可信度随之提高了。类似地，下面的说法也是有其意义的：如果大罢工取得成功，工党政府的执政时间也许会更长，也许还能在两次世界大战之间发挥更大的作用。这个反事实假设只是因为出现在对《泰晤士报》的滑稽模仿里才显得不可信。

不过，斯夸尔的书至少有一点是值得肯定的，那就是确立了反事实类文章的写作风格——“想象者的游戏”。人们可以借这种“游戏”异想天开或进行还原论的解释——总之，是一种高阶的幽默。伯特兰·罗素在《自由与组织》（1934）中就带着调侃的口吻：

> 如果亨利八世没有爱上安妮·博林，那就不会产生现在的美国，这听上去颇为合理（原文如此）。因为正是这场爱恋使得英国与罗马教廷决裂，不承认其将美洲赐予西班牙和葡萄牙的做法。而如果英国保持天主教国家的性质，美国很可能到现在都还是西属美洲的一部分。

还是以这种诙谐的笔调，罗素“不那么严肃”地提出了“对工业革命缘起的另一种解释”：

> 工业制度缘自现代科学的发展，现代科学的发展缘自伽利略，伽利

略的出现缘自哥白尼，哥白尼的出现缘自文艺复兴，文艺复兴的产生缘自君士坦丁堡的沦陷，君士坦丁堡的沦陷缘自土耳其人的移民，土耳其人的移民则归因于中亚的干燥气候。因此，要找到历史事件的根本起因，还得去研究水文地理学。

约翰 · 梅里曼于1984年出版的文集《就因为少了匹马》继承了这样的行文传统。书中包括了三个有关美国的猜想：假如波卡洪塔斯没有救出约翰 · 史密斯船长？假如伏尔泰在1753年移居美国？假如哈钦森总督的女儿成功说服他不要派回达特茅斯号（正是这个事件加速了波士顿倾茶事件的发生）？还包括两个有关法国的话题：假如路易十六一行成功地从瓦伦逃脱？假如波旁家族的统治路线在1820年得以持续？另一个话题是关于英国的：假如威廉三世在海战中败给了詹姆斯二世？总体上看，这些都好比是茶余饭后闲聊的历史。全书在一开篇就确定了基调，即假想如果菲德尔 · 卡斯特罗与纽约巨人队签下一份棒球比赛的合约会发生什么。彼得 · 盖伊的荒诞之作也承续了这种风格，向读者暗示如果精神分析法的创始者不是犹太人，人们会更严肃认真地对待它。只有康拉德 · 拉塞尔关于1688年的文章《天主教之风》，才称得上有真正的历史学价值。

切斯特顿曾经在斯夸尔的文集中异想天开地提出：如果海上风向有利于詹姆斯二世而非威廉三世的舰队，英国宗教改革是否就因此不会发生？拉塞尔又重拾了这个问题。其实休 · 特雷弗–罗珀就曾提到过类似的话题。当时他曾对17世纪40年代和80年代斯图亚特王朝失败的必然性表示质疑。"如果是一个（比查理一世或詹姆斯二世）更明智的国王，是否就能像欧洲许多国家那样维系或重建英国的君主专政制？"罗珀写道，如果查理"在位时间再多几年"，议会里那些反对他的人也会因为年老力衰而不战自败。如果詹姆斯"像他兄弟那样把政治置于宗教之上"，"斯图亚特的复辟"也许会"稳当得多"："此后，英格兰辉格党的显贵们难道就不会像法国胡格诺派那样转而崇拜升起的太阳吗？"约翰·文森特则更进一步，把勒努维耶想象的异教欧洲史与英国成为天主教国家的假设结合到了一起。他选择的起点比特雷弗-罗珀更早：

> 16世纪西班牙的征战中因理性的涉入而变得相对不那么血腥，但……几乎不间断的征税引发了零零星星的反抗，比如发生在诺里奇的毁像活动。更严重的是，英国被迫解除了军事武装。在三十年战争中，多达四个国家的军队为争夺英国而争斗，布里斯托尔从此成为兵家必争之地。

文森特还设想，在这场灾难之后英国进入稳定期并延续至18世纪。但此后又发生了一场灾难："在对法战争失败以后，英国国家信用彻底崩塌，并且对法国将'天然国界'推至泰晤士河表示让步。"

此后，形势迅速恶化，以致英国在19世纪并未进入鼎盛时期而是滑入了低谷：

> 随之而来的国王退位导致伯克[①]式的公民贵族与海军激进派之间总是争战不断，直至韦尔斯利上台执政并推行法国的重商主义时才结束。尽管执政时期的英国政府十分清廉，但由于国家贸易权被剥夺，英国开始陷入人口数量下降的困境；同时，随着法国的快速工业化，英国逐渐沦为法国的产粮地。依赖于单一农作物的生产与出口使英国经济进一步恶化。连年多雨引发小麦大面积患锈病，导致饿殍遍野，人口进一步大规模减少。而从政治角度来看，法国政府救济措施的无力引发了狂热的民

① 埃德蒙·伯克（1729~1797），爱尔兰政治家、作家、演说家、政治理论家和哲学家，辉格党中保守派主要人物。——译者注

族主义运动，其追随者声称要解放泰晤士河南岸这个所谓“失落的”法国大省。由于辉格党逃往马德拉、格拉斯通被囚于圣赫勒拿岛，这场运动戛然而止。

但接下来的情形更糟糕：

> 在接下来的这个世纪中，对德战争具有决定性的意义。由于英国在科学方面长期滞后，德国首先研制出原子弹也实属必然。里兹与谢菲尔德遭到原子弹的灭顶轰炸，直接促使英国迅速投降。这至少让英国免于受侵之苦。此后的确也没有什么事件在英国加入欧盟的过程中发挥更大作用了……

和斯夸尔、梅里曼文集中的许多作者不同，拉塞尔、特雷弗-罗珀和文森特的假设都不算异想天开，也都不是出于调侃的目的。三个人都站在某种严肃的历史立场来讨论“英国例外论”的偶然性。不过，他们在文中也只是提出了一些建议及其相应的不充分论据，总算是颇具技巧地表述了反事实“问题”，但他们没有提供相应的答案。

所谓新经济历史的倡导者以完全不同的方式运用了反事实论证。首先尝试正式运用大量反事实论证的是R·W·福格尔，研究主题是铁路建设在美国经济发展中的贡献。他尝试构建一个没有铁路的美国经济发展模式，向“铁路在美国工业化过程不可或缺”这个传统观点提出了挑战。根据他的估算，如果不建造铁路，尽管耕地会大面积减少，但1890年的美国国民生产总值也只会比实际数据略有下降。麦克洛斯基等人在讨论1870年后英国经济的相对衰退时也采用了类似的方法。

他们不是在臆想，也不是在调侃历史。但这种计量历史学的论证遭到了严厉的驳斥。最常见的批评指出，19世纪的统计学基础相对薄弱，并不足以支持这种论证所需要的推断与计算。此外，还有批评针对的是福格尔关于奴隶制经济的论述，其言下之意颇具政治意味：按福格尔的观点，从经济角度看，如果没有爆发南北战争，奴隶制就可以维持下去；这个观点在美国的自由派人士中显然是不受欢迎的。对于铁路问题的论述，这种批评也同样适用。福格尔只有通过“历史前后相关联”作出极其大胆的猜想，才可能描绘出一个没有铁路的美国。对他的方式有一种更严厉的指责，即他所设置的历史场景缺乏可信度——原因不在于他进行了反事实假设，也不在于假设很荒谬，而在于与时代的真实情况有出入。当时有关铁路的争论基本上都是围绕应该在哪里修铁路展开的，而不是应不应该修铁路。福格尔对此提出了最有力的反驳：计算铁路带来的“社会节约”不是为了推想一段可能的历史，而是为了检验铁路是否真如人们所想的那样在经济增长中发挥了至关重要的作用。事实上，没有人打算去“想象”没有铁路的19世纪的美国。这种反事实假设的最终结果就在于通过在总体上量化铁路之于经济的（巨大）贡献，来精确地说明为什么当时要修建铁路。与此类似地，对魏玛共和国末期经济政策选择的讨论也趋于表明，从政治的角度看，1930~1932年德国总理布吕宁除了实施通货紧缩的经济政策之外，没有别的选择。

换句话说，历史学家使用的反事实假设有两种：一种基本上是想象的产物，（一般而言）缺乏经验证据的支持；另一种则通过（据说是）经验主义的方式来检验提出的假设，更倾向于计算而非想象。前者多依赖来自事后认识的灵感或是还原历史的假设性解释，常让人觉得不可信；后者则倾向于进行不同于既有历史的假设。杰弗里·霍索恩开创性地将两种方式结合起来以图克服其各自的弱点，但困难是显而易见的。在他声称的一个“似真似幻的世界”里，中世纪的法国免遭瘟疫之苦。然后他想象了农村人口下降，18世纪法国经济与政治现代化进程的加速；在另一个世界里，他想象的是美国在第二次世界大战后没有插手朝鲜半岛的种种结果；而在第三个世界里，13世纪末14世纪初的意大利艺术并没有产生那些成为文艺复兴先声的革新。第二个想象也许是三者中最有可信度的，我们至少可以在美国外交文件中找到依据，但其他两种想象就很值得怀疑了。霍索恩的第一个想象在中世纪的人口统计、18世纪经济政治的发展之间建立了联系，但即使是最大胆的计量历史学家也会对此表示质疑；而他所设想的"不曾发生过文艺复兴的"艺术史几乎完全建立在有关艺术风格变化原因的假设基础上，而这个假设也并非没有问题。至于他对20世纪80年代工党复兴和20世纪摩尔人超级大国的粗略描述（实际上也是圭达拉在1932年发表的文章的引申），放到斯夸尔主编的新版《假如事情并没这样发生》里也许会很合适。

以上这些明显的反事实假设分析存在着诸多弊病，这本身就能说明反事实主义为什么无法受到欢迎。不管是提出让人难以置信的问题，还是给出让人难以置信的答案，人们都不再觉得反事实假设下的历史有什么意义。不过，历史学家之所以很少采用反事实论证或者在承认事件有其他可能的发展时只含蓄地流露这种倾向，显然还有别的原因。"修正主义"历史著作的突出特征便是这种遮遮掩掩的反事实主义——这倒也不奇怪，因为大多数修正主义都倾向于反对某种形式的决定论解释。比如，R·F·福斯特的《现代爱尔兰》就强烈质疑民族主义者所谓的必须脱离英国统治的目的论解释。不过福斯特在论及可能的选择（比如早期自治法案之一如果成功通过，或许能让爱尔兰仍然保持英联邦成员身份）时，表达却十分隐晦。约翰·查姆雷对于丘吉尔的批评也引起了争议，因为他在批评中暗示如果能够与希特勒和谈，大英帝国完全可以延续至1940年以后，但却没有解释为什么。其实，这些历史学家没有解释自己书中所暗示的可能性，不仅仅是因为反事实假设存在种种缺点。更重要的是，因为他们对反事实主义始终有着一种更深层的怀疑——这种怀疑在历史哲学中早已根深蒂固。

神的干预和预定论

历史决定论的胜利似乎是必然的。赫伯特·巴特菲尔德提出，在文字出现以前，人类眼中的世界或许就是决定论的。生命由各种自然力量主宰，这些力量中有些会规律地出现，具有可预测性（比如季节的变换），有些则只能诉诸超自然力量才能给出解释。

> 每当原因与结果看似不相称或是一般的解释力不从心时，每当发生与人们的预期相冲突的巧合或不寻常的事件时，每当其他无关因素异常地进入思考过程时……只要对故事稍加歪曲，就会有人相信以上的情况是因为有了（神的）干预。以这种诉诸神意的干预来解释未知事件说明了历史偶然性的重要，也说明了人类发展早期还认识不到事物间存在的全部联系、突发事件的灾难性质，看不到小事件发展成重大事件的可能性；人类会因为自己所处的世界中发生了不能理解的事件而产生恐惧；会认为历史并非自己的创造，而是自己遭遇到的事件；在不能理解或掌握自然的运行时，人类因无可奈何会想要去依赖什么；还有自然界中的神秘事件……所有这些都让人类感觉到很多事情背后都有着神的干预。

对于世界的解释，人类的“撒手锏”就是诉诸神力。不过，在多神教中，这常常只是为不同的自然力量命名的问题。的确，多神教的缺陷使得伊壁鸠鲁学派反对任何形式的神力作用：也许这是反决定论哲学的最早表述。卢克莱修宣称存在一个无限的宇宙，由随机运动的原子构成。

> 我们的世界是自然通过原子间即时随意的冲撞、多种形式偶然随机的无目的的聚集与结合而形成的……自然并不受傲慢君主的控制，它自由自主，不依赖神、完全凭自己的力量让宇宙运行。因为，谁……能统

治如此庞大的无限？谁能主宰如此高深莫测的存在？……谁能无时无刻、无处不在，能让乌云遮天、电闪雷鸣——常常毁了它自己的庙宇神殿，或者常常在暗处冷眼旁观，让投掷物越过有罪者而砸死无辜者？

卢克莱修思想中唯一有决定论色彩的就是他关于无序状态的基本理论："一切都在逐渐衰退，在岩礁上搁浅，随着岁月流逝耗尽自己的生命。"

于是人们开始形成关于有目的意图的超自然仲裁者的观念。比如，我们可以在波里比阿的《罗马帝国的兴起》（*Rise of the Roman Empire*，写于公元前2世纪）一书中看到作为仲裁者的"命运"这个古典概念的演化过程：

恰恰是我笔下事件中不可预知的因素，方能挑战和激励人们……来研究我这体系化的历史……命运操纵着世上近乎所有的事件向同一个方向发展，并迫使它们朝着唯一且相同的目标前进，而历史学家的任务就是以纵览全局的角度向人们展示命运圆满完成目标所经历的过程……事件进展的总体计划、何时产生、源自何处以及结果如何，都是由命运完成的……因为尽管命运总是新意迭出、在人类生活中上演新的剧目，却还从未创造出或上演过像如今这个时代我们目睹的戏码。

波里比阿认为，命运的"变化无常"其实是有目的的，即罗马的胜利。这种看法代表修史者向神性干预的决定论立场迈出了重要的一步。我们还可以在塔西佗那里看到类似的观点，尽管在他书中神的目标是摧毁罗马："罗马所遭受的前所未有的苦难充分证明……神惩罚我们的急切。"对塔西佗和波里比阿来说，"事件实际过程"的"结果通常是由偶然性摆布的"，"但事件发展也有其自身的逻辑与原因"。

波里比阿承认的另一个超凡因素是来自斯多葛学派的历史循环概念，这种循环在周期性的自然灾难中进行：

当洪水、瘟疫或农业歉收……毁灭了大部分人时……所有的传统与艺术也遭到了灭顶之灾，但随着幸存者逐渐从灾难中恢复，人口开始增加，就像土壤里的种子萌芽成长一样，人类社会生活将开始新的一页。

当然，在《旧约·传道书》中也能找到关于循环过程的相同观点：“已有的事，后必再有。已行的事，后必再行。”不过，来自希伯来的天启计划比希腊罗马的命运之说要复杂得多。在《旧约》中，耶和华的意图是在复杂的历史故事中展开的：创世记、亚当夏娃的堕落、拣选以色列人、先知的出现、犹太人出埃及，还有罗马的兴起。早期基督教的《新约》在此基础上添加了一个革命性的结尾：道成肉身、耶稣受难与复活。所以，犹太人与基督教的历史结构从早期开始就比古典史学更具决定论意味：“上帝不仅主导着世上一切事务，而且对于早期的基督教徒来说，上帝的干预（以及潜在的意图）是历史唯一的意义。”在优西比乌的著作（公元300年）中，不管是人还是事，要么支持基督教得到上帝的宠爱，要么反对基督教并因此注定要走向失败。

不过，过分夸大教会史的决定论也是错误的。在奥古斯丁的《上帝之城》中，上帝并非完全偏爱基督教徒，而是对他们赏罚并重；因为善人也好，恶人也好，都已沾染了原罪。奥古斯丁的上帝全能而全知，但他赋予了人自由意志——尽管这种意志已因原罪减弱并趋于作恶。用神学的术语来说，奥古斯丁介于摩尼教的绝对宿命论与贝拉基主义者之间，前者否认自由意志的存在，后者则认为自由意志不会因原罪带给人的缺陷而有所让步。用历史学的术语来说，奥古斯丁结合了犹太基督宗教关于神预先安排的观念与人相对独立的自主性——这是对早期希腊罗马思想的一种独特的提炼。

从更实际的角度来看，这也为书写基督教历史提供了一个相对灵活的框架。我们也确实能在1000多年以后波舒哀的《论普世历史》（*Discourse on Universal History*，1681）中找到这样的灵活性。他和奥古斯丁的看法一样，尽管神的意图最为重要，但除此之外的次要原因似乎也不可忽视：

> 帝国兴亡背后的种种原因都依赖于天意的裁决。上帝高高在上，手中紧握所有国度的命脉。他也掌控着每颗心脏的跳动。有时他抑制激情，有时他让激情迸发，以此让人陷入激奋难抑的状态。上帝就这样根据绝对律令实现他那令人敬畏的判决。正是上帝，以令人难以察觉的方式筹划庞大的事件；正是上帝，重重的一击会影响深远。因此，正是上帝统治着世界。

当然，从奥古斯丁到波舒哀并不是一成不变的。比如在文艺复兴时期，人们对神之意图与人之自由二者关系的认识就曾回归到原初的古典概念。在马基雅维利的历史学著作中，命运女神是个体人生去向的最终仲裁者——尽管她任性多变，并可能被“有德行者”的求爱所打动。相反，在维柯关于“理想永恒的历史”（神的时代、英雄时代和市民时代三者依次相继）的循环模式中，上帝的角色无疑和奥古斯丁设想的一样。自由意志是——

> 包括正义在内的所有美德的归属……但出于堕落的本性，人总是被自私心控制，并受之驱使将私利作为自己的首要目标……因此只有通过神意才能用一定的秩序约束他们，并使之作为家庭、国家乃至人类社会的成员去行使正义。

所以说，维柯的《新科学》是“一部有关神意的、理性的凡人神学……是一种对神意主导下的历史事实的论证，因为这是神赐予人类的历史，它必然不被人类察觉、不受人类意图影响并常常有违人类意愿”。维柯这种看法与阿诺德·汤因比的看法极为相似。汤因比称得上是20世纪最有抱负的基督教历史学家，他坚信自由意志，尽管也赞同某种类似的（一些批评认为本质上是决定论的）循环理论，即他所谓的文明形态的兴衰。

当然，基督教神学中总是存在更为强硬的决定论倾向（奥古斯丁很清楚地意识到这一点）。从上帝全知这个事实得出结论，认为他早已决定将恩典赐予谁，这在逻辑上是成立的。不过，这就出现了一个问题。这个问题最早出现于9世纪关于预定论的争论中。如果真像奥尔贝的哥德斯卡尔所说，上帝决定让一些人得到救赎，而让另一些人受诅咒；那么，认为基督是为后一类人而死在逻辑上就说不通了，因为这样一来基督的死不过是徒劳的。这种“双预定论”的教条在中世纪的一些神学家那里始终得以坚持，诸如里米尼的格里高利、奥维多的胡格里诺，并且还在加尔文的《基督教要义》中再度出现（尽管将预定论抬高至加尔文教义中心地位的实际上是加尔文的追随者西奥多·贝扎）。然而如果将加尔文教预定论与历史预定论等同起来，仍然会让人产生误解，因为神学家关于预定论的争论很大部分涉及来世，与现世生活没有明显关联。

总之，神意干预历史这种观念限制但并没消除以下观念：人类有选择不同行为的某种自由。在这个意义上，古典神学也好，犹太基督教神学也好，都不必然排除对历史问题提出反事实的假设——尽管一个最终的神意显然不会鼓励这种做法。如果在神学与成熟的历史决定论间存在某种联系，由于自省且理性的18世纪哲学介入其中，这种联系必然只是间接的。18世纪常常与“世俗化”、宗教相对科学的衰落联系在一起。但就历史学来说，此时神学与历史决定论间的区别并不如最初清楚，这在汗牛充栋的“启蒙运动”著作中有明显的体现。正像巴特菲尔德所说的，许多启蒙运动思想仅仅是“偏误的基督教”，它们只是用“自然”、“理性”和其他一些含糊不清的实体简单地取代了上帝的地位。虽然关于进步的学说号称自己具备经验基础，但很明显是对基督教教义的世俗化改造。真正的不同在于，比起作为自己源头的宗教，这些新的学说常常表现出更强硬的决定论立场。

科学决定论：唯物论与观念论

牛顿对万有引力与其他三大运动定律的揭示，标志着真正的宇宙决定论诞生了。牛顿之后，"每一个对象都在绝对命运的主宰下发生某种程度和方向的运动……因此，物质的活动应被看做是必然活动的某种体现"，（正如休谟这段话所说）这一点似乎是不言自明的。一个人是否把这些定律看成是神意的主宰，在某种程度上是一个语义学的问题，直到现在仍然如此。休谟所说的"绝对命运"在莱布尼茨那里得到不同的表述："上帝计算时，世界得以产生。"重要的是科学似乎消除了物理世界的偶然性。尤其是莱布尼茨对于所有现象的"复杂性"（即万事万物之间的关联）的强调，似乎暗示了过去、现在和未来的不可变性（除非在其他想象的世界里）。由此他向拉普拉斯的更强硬的决定论迈出了一小步，认为宇宙"只做一件事"：

> 一个智性的存在能够在一瞬间理解和激发自然生命力的所有动力，以及自然存在物各自的状态；它完全能够处理和分析这样浩如烟海的信息；它将宇宙中最大的组织与最微小的原子纳入同样的运行公式；因为对它来说，没有任何事物不按照确定轨迹发展；未来与过去一样，都在它面前展露无遗。

笛卡儿等人提出了这种决定论的唯一局限：有没有可能思想与物质是不同的实体，而且只有物质才会受到决定论法则的约束？与拉普拉斯同时代的比夏在其著作中也有类似的论述，他认为决定论只真正适用于非有机实体，而有机实体"不可能接受任何形式的计算……我们不可能预见、推测或计算任何与它们有关的现象"。不过，有两种方式可以反驳这种限定。

第一种方式很简单，即用唯物论的术语来解释人类的行为。这类论证已有前人尝试过。比如，希波克拉底曾提到"人们可以观察到一些亚洲人在精神与勇气方面的欠缺”，这是因为“亚洲气候的季节多变性让人们难以变得富庶”。此外，他在解释一些东方人的优柔寡断时还提到了“制度因素”——尤其是专制统治的负面效应。这几种解释在法国启蒙作家孔多赛与孟德斯鸠那里得到了进一步的发展。孟德斯鸠《论法的精神》将社会、文化、政治上的差异与气候及其他自然因素关联起来。他对这种唯物论极有自信：“如果一场战役的偶然结果是一个国家遭到破坏的特定原因，那么这个国家因一场战役而灭亡就存在一个普遍原因。”因为“盲目的命运制造了我们在世上所能看到的全部结果”。在英国，亚当·斯密的《国富论》为后人严格地从经济上分析社会打下了基础，但也提出了历史是循环的过程。这里虽没有“盲目的命运”，但却有只“看不见的手”，它主导着人们的行为，让人们即使在追逐私利的过程中也不知不觉地会考虑到公共利益。

德国哲学中也产生了倾向于决定论的类似变化，尽管形式极为不同。像笛卡儿一样，康德在自己的哲学中为人类的自主性留下了空间，但却是在未知的并行宇宙（他所谓的“本体”）中。在现实的物质世界，他认为“人类行为中意志的体现与其他外部事物一样，由普遍自然法则来决定”：

> 当我们从宇宙历史这个宏观尺度来考察人类意志自由时，就会发现它自有其运动规律……这样一来，在整个人类历史中，看似杂乱无章的个体表现完全可以被看做人类原初的能力与天赋持续进步却进展缓慢的发展……个体的人乃至整个民族，都很少去思考当各逐己利时……自然设定的目标正引导自己不自觉地前进。但这个目标是什么？他们并不知道。

康德在《普遍历史观念》中详细解释了一种新历史哲学的任务：“尝试发现自然在无意义事件序列背后的目的，并决定究竟有没有可能根据自然确定的计划来阐明无计划行动的生物的历史。”

在德国众多的哲学家中，黑格尔迎接了这个新的挑战。和康德一样，对他来说，“人类行为的任意性乃至外部世界的必然性，都必须从属于一个‘更高的必然性’”。正如他在《历史哲学》的第二稿中所说的，“哲学探究的唯一目标”就是“消除偶然性……我们必须在历史中找到一个目的，即世界最终的目的。我们必须相信，意志的领域完全不受偶然性的摆布，并把这种信念带入历史”。不过，黑格尔所谓的“更高的必然性”不是物质的，而是超自然的——在很多方面都酷似基督教中的上帝，最能体现这点的是他提到了“一个永恒的正义和爱，它是绝对的、最终的目的，自在且自为”。因此，他基本的“预设”是“理性是世界的主宰，世界历史因此是一个合理化的过程”：

> 世界历史由一个终极的目的支配……它之合理是因为它是……一种神圣而绝对的理性——这是一个前提，而我们必须假设其为真；其证据就在于，对世界历史的研究本身，是理性的影像与再现……任何人只要理性地看待世界，都会发现它已设好一个理性的方向……世界历史的全部内容是理性的也必须是理性的；一个神意高高在上，它强大到足以统驭一切内容。我们的目标一定是发现察觉到这个存在，为此，我们必须让自己怀有理性的意识。

这段某种程度上的循环论证是处理笛卡儿关于决定论不适用于非物质世界的第二种可能的方式。黑格尔并不想对唯物论让步，他坚持认为“精神及其发展的过程是历史的实质”；而且“物理自然”无疑是从属于“精神”的。但黑格尔认为，即使是“精神”，也和物理自然一样必须服从决定性的力量。

那么，这是什么样的力量呢？黑格尔将他所谓的“精神”等同于“人类自由的理念”，认为历史过程可以被理解为这个理念通过“世界精神”不同阶段的不断实现进行自我认知的过程。（以他最关心的问题为例，）黑格尔套用苏格拉底式的哲学对话，断定在国家精神中存在着二分法——现实与本质、普遍与特殊。正是二者双方的辩证关系推动了历史跳华尔兹一般向前、向上发展——正题、反题、合题。不过，这是费雷德·阿斯泰尔式的传统华尔兹，发展是阶梯式的。“精神向更高概念阶段发展、进步与提升之前，现实必然要经历堕落、破碎与破坏……普遍从特殊中产生、固化，并走向自己的否定……所有这一切都是自觉发生的。”

黑格尔的模式在很多方面都比同时代其他关于历史的唯物论更为极端。在他以矛盾为驱动力的框架中，个体的抱负与命运是没有价值的：“世界历史对其漠不关心，只是在自己不断发展的过程中把他们当做工具。”不管个体可能遭到怎样的非正义对待，“哲学都应该帮助我们去明白，现实世界原本就应如此”。因为“世界历史中人类的行为所产生的结果总是与他们意料中的不同”，“个体的价值在于它在多大程度上反映和代表了国家精神”。因此“世界历史上的伟大个体……能够把握更高的普遍性并将之视作自己的目的”。道德因此也无关紧要：“世界历史会向比道德更高的阶段发展。”当然，“主观意志与普遍性的结合”的“具体表现”（即“全部的伦理生活与自由的实现”），正是黑格尔时代人们所迷恋的对象——（普鲁士）国家。

可以说，黑格尔以这样的论证把预定论给世俗化了，加尔文的神学教义被他挪用到了历史领域。个体现在不仅无从得知自己在来世是否能得到拯救，也无法掌控现世生活中自己的命运。在这个意义上，黑格尔代表了彻头彻尾神学决定论的终结——如果承认存在一个至高的神，这从逻辑上来说也许是合理的结论，但也一是因为奥古斯丁等人的不懈努力才使之如此缜密。同时，在黑格尔观念论的历史哲学与其他的唯物论之间至少存在粗略的相似。黑格尔所谓的“理性的机巧”也许比康德的‘自然’、斯密的‘看不见的手’更严密，但这些类似神的概念扮演了大同小异的角色。

黑格尔主义者很可能会说，观念论和唯物论最后的综合是不可避免的。然而在黑格尔逝世的年代，这种综合仍然显得遥遥无期。与这位伟大的观念论者同时代的英国人所构建的政治经济学模式，（正如博伊德·希尔顿等人所认为的）潜在地以宗教模式为基础，但从表面上看，他们仍然在很自觉地继续运用经验的、唯物论的原则。此外，19 世纪早期政治经济学发展的典型特征在于，与黑格尔的相对乐观主义（黑格尔与康德在基本立场上都持历史进步论）比较起来，它更呈现出一种悲观主义的色彩。李嘉图的农业收益递减律、利润率下降规律以及工资铁律，和马尔萨斯的人口论一样，将经济描述为一个能够自我约束、自我平衡与有道德报应的系统——其增长不可避免地会伴随有停滞和收缩。因此，英国政治经济学的基本模式与历史循环论而非历史进步论更为相似。

黑格尔关于历史过程的观念论模式与同时代法国的众多唯物论也没有太多明显的雷同。孔德的《实证哲学教程》宣称发现了另一条“伟大的基本定律”：“我们拥有的每个重要概念——每一种知识，都要相继经历三种不同的理论状态：神学的（或虚构的）阶段、形而上学的（或抽象的）阶段以及科学的（或实证的）阶段。”照泰纳的说法，这本专著是历史学家最好的工具：“他如同利刃扎入历史，抽出来时带着过去真实的血液。在二三十次这样的勘测后，一个人才能对一个时代有所理解。”总之，没有人想到过让英国政治经济学和黑格尔哲学彼此联姻，从而发展出最成功的决定论。

马克思与 19 世纪其他历史哲学家的不同之处在于，他并不担心自由意志问题，也许这恰恰是他之所以能成功的原因。当约翰·斯图亚特·穆勒号召“真正崇尚科学的思想家通过将事实与普遍历史理论相联系”，来“找出社会秩序与社会进步的衍生法则”时，他是在回应此前的孔德和康德。然而就像 19 世纪其他的自由主义者一样，穆勒暗地里有点害怕从决定论滑向宿命论。毕竟，对于自由主义者来说，抛弃自由意志——个体的作用——是很困难的。穆勒对这个问题的解决方式是重新定义“因果关系或必然性的学说”，以便表明“只有人类的活动是普遍法则、人类本性所处的环境和自身特定性格相结合的产物；这种性格又成为构成其教育背景的自然环境与人为因素的结果，这当中，环境必须被视为他们有意识的努力。”不过，仔细考察的话，这显然是个相当大的限定。而且，在一段明显进行了反事实假设的文字中，穆勒公开地承认“普遍原因是举足轻重的，但个体也会让历史产生重要的变化”：

任何尊重历史事件的可能性判断都会肯定地认为：如果没有塞米斯托克利斯，就不会有萨拉米斯战役的胜利；而如果此战失利，我们的文明从何而来？如果指挥喀罗尼亚战役的不是卡雷斯和吕西克列斯，而是伊巴密浓达、蒂莫莱翁甚至是伊菲克拉底，情况又会有怎样的不同？

穆勒对于两个反事实假设的确是赞成的：没有恺撒，“欧洲文明的……进程或许会有所改变”，而没有征服者威廉，“我们的历史或民族性格也不会是现在这个样子”。他此后得出的结论却是：个人的“有意识的努力”会在集体水平上，而且是在长远的时期里服从“人类生活的法则”。这个结论是难以让人信服的：

人类存续时间越长……前代对现在的影响就越大，人类集体对于其中个体的影响也越大，这是一股主导性的力量……族群集体产生的作用将不断地增强，并压倒其他所有因素的作用，不断地将人类的进化向预定的轨道上引领而不至过于偏离。

即使在亨利·托马斯·巴克尔的著作中也能找到同样的不确定性，他的《英国文明史》（第一卷于1856年出版）似乎对穆勒描述的“科学的”历史有所回应。在他笔下，将历史与自然科学的类比是明显而自信的：

关于自然，即使是看上去最不规律和最多变的现象也已经得到解释，并被证明是与某些确定、普遍的法则一致的……如果以类似的方式来处理人类的事件，我们完全有理由期待类似的结果……每一代人都证明了某些事件的规律性和可预测性，而它们在上一代人眼里是杂乱无章的，所以文明进步的一个重要倾向就在于增强我们对于秩序、方法以及定律的普适性的信念。

对巴克尔来说，社会统计数据（当时正开始迅速增长，直到今天势头也没减）研究可以揭示这条伟大的真理："现实中的人类行为从不一致，但这看上去的混乱无序只是形成了一个庞大的宇宙秩序体系的一部分……道德世界不可移易的规律性。"然而，巴克尔也对自由意志问题颇感忧虑。和穆勒一样，他的因果模式声称"我们实施某种行为总是出于某一个或多个动机；这些动机是某些前因导致的后果；因此，如果我们找出并熟悉这些原因及其活动法则，我们就可以准确无误地预测到紧随其后的全部结果"。因此"人类行为仅仅由前因所决定，其必然有着一致的特性，也就是说，如果在完全相同的环境下，同一种行为必然就会产生完全相同的结果"。这显然很有宿命论的味道，于是巴克尔附加了一段无甚说服力的解释："历史所充满的种种变化都是两种行为的结果：一种是外部现象之于精神的行为，另一种是精神之于现象的行为。"

也许19世纪再没有比托尔斯泰在《战争与和平》末章那样更纠结于自由意志与历史决定论间矛盾的难题了。为了解释这部史诗般作品的时代背景——1789~1815年发生的重大历史事件，尤其是法国对俄国的入侵及失败，托尔斯泰嘲讽地提到了当时著名历史学家、回忆录作家和传记作家有心无力的尝试，乃至黑格尔主义的观念论者。神意、机会、伟人英雄……在托尔斯泰看来，所有这些因素都不足以解释拿破仑时期无数人进行的运动。对托尔斯泰来说，"历史的新学派应该研究的不是力量，而是产生力量的原因……如果历史的目的是描述人性与人们的变化，第一个要回答的问题……就是：推动国家的是什么力量"。他借用牛顿的术语认为"唯一能解释民族运动的概念，就是某种与之相称的力的概念”。而有人基于法理学来定义统治者与被统治者间的关系，甚至暗示前者的权力源自后者契约式的委派，托尔斯泰对此不屑一顾：

> 每一条被执行的命令总是无数未执行命令中之一。一切不可能的命令都不符合事件的进展，因此也就未被执行。只有那些可能执行的命令根据事件过程相继联结起来，并得到了执行……每个不可避免地发生的事件总是会与某个表现出的欲望不谋而合，在为自己找到合理性辩护后，看上去就变成了一个或多个人意志的产物……不管发生了怎样的事件，看上去也总是符合之前的预测甚至像是已决定好的……历史人物及其发出的命令也都取决于事件……一个人如果在集体行为的观点、理论及其合理性辩护上表达得越多，他在该行为中的参与度就越低……那些在最大程度上直接参与了事件的人，所担负的责任最小，反之亦然。

这段论证似乎让他走进了死胡同：“从道德上看是权力促使了事件产生；而从物理现实的角度看，则是服从这股权力的人们制造了事件。但由于我们很难想象脱离物理活动的道德活动是什么样的，所以事件背后的原因既不在于单纯的道德活动，也不在于单纯的物理活动，而在于二者的结合。或者换句话说，原因这个概念并不适用于我们目前正考察的现象。”不过，托尔斯泰在此只是为了说明自己已经达到了论证的目的：社会运动法则和物理法则是类似的：“电产生热，热产生电。原子彼此吸引和排斥……我们说不出这当中的原因，（所以）我们说这就是这些现象的本性，就是它们的法则。历史现象也是如此。为什么会发生战争与革命？我们不知道。我们只知道，人类为了战争或革命自行组织起来，每个人都参与其中；于是我们说这就是人类的本性，这就是一条法则。”

当然，稍作思考就足以看出，这个关于自然法则的定义（即一条法则就是事物间我们无法解释的关系）是多么的空洞。但接下来，随着托尔斯泰继续讨论他所谓的个体自由意志“法则”，我们更加困惑了。因为“只要存在一条主导人类行为的法则，自由意志就无法立足”。所以，为了不破坏决定论的一致性，这位伟大的小说家——他对个体动机的深刻洞察赋予了《战争与和平》持久的生命力——开始反对自由意志的存在。他是否真的认为皮埃尔的全部痛苦与他无法挣脱的命运毫无关系？似乎的确如此。按托尔斯泰的看法，个体对他所谓的权力法则的服从就如同对牛顿万有引力定律的服从。这样的个体会由于非理性地去理解自由拒绝而像对待万有引力定律那样接受和遵从权力法则：

> 人类基于既有的经验，通过推断石头会向下掉落，进而坚定不移地相信并且期待这样的法则在任何情况下都是有效的……但当他们得知自己的意志也必然服从法则时，却怎么也无法相信……如果意识到自由对于理性是种无甚意义的抵触……那这只能说明意识并不服从理性。

托尔斯泰的另一条法则更有说服力，详细地解释了这种对历史的区别对待：“我们在考察的每种行为中都能看到某种程度的自由和某种程度的必然……自由与必然的比率有增有减，这要看以怎样的视角来衡量该行为。”托尔斯泰随后得出的结论是：历史学家越是明白自己“与外部世界的关系”，描述的事件越是久远，越是能理解“在理性要求下的因果链中，任何现象都能得到解释，这种因果链没有止境……由于因果相续，它必然有其确定明晰的秩序”，他们就越不会想要去用自由意志来增加自己研究结果的说服力。

有趣的是，托尔斯泰被迫在这一点上承认历史写作中“从来不存在绝对的必然性”，因为“为了设想出一种仅仅服从必然性法则、毫无自由可言的人类行为，我们必须假定自己对无限的空间和时间乃至无止境的因果链有全然的了解”：

> 自由是内容，必然是形式……我们关于人类生活所知的一切，都只是自由意志与必然性在某种比例下的关系，亦即意识与理性法则间的某种关系……自由意志的力量如何体现在时间和空间上、如何依赖于因果关系，构成了历史的课题。

事实上，上述这段话从逻辑上完全体现不出严格意义上的决定论。不过，托尔斯泰随后又说道：

> 我们将自己所知道的称为必然性法则，将自己所不知道的称为自由意志。就历史来说，自由意志只是表达了我们关于人类生活所不知道的一切……承认人类的自由意志是种能够影响历史事件的力量，这就好比天文学中承认天体组织的运行来自某种自由力量的推动……如果存在一种可归因于自由意志的人类行为，那么历史中就不存在任何法则……只有将自由意志限制至无限小的地步……我们才能让自己相信原因是神秘难测的，于是历史的任务不再是寻根问源，而在于摸索历史法则……要承认个体必须服从空间、时间和因果关系，其困难就在于必须摒弃个人独立于法则这样的想法。

然而，我们仍然没搞清楚，为什么当历史的参与者真正意识到自由意志时，他们却应该为了维护决定论法则——历史学家如果不具备近乎无限的知识，就不能真正理解这些法则——在最大程度上去限制自由意志。托尔斯泰努力想要构建一个有说服力的历史决定论，但这个英勇的尝试最终宣告失败了。

只有一个人，我们可以说他在托尔斯泰（与其他许多人）失败的地方成功了。我们可以将马克思的历史哲学置于其自身的语境中去理解：作为众多决定论中最有说服力的理论，马克思的历史哲学近乎完美地综合了黑格尔的观念论和李嘉图的政治经济学——历史仍然是一个辩证的过程，但推动历史前进的不是精神冲突，而是物质矛盾，所以（正如马克思在《德意志意识形态》中所说的），“真正的生产过程”取代了“思想对自身的思考”，成为了“全部历史的基础”。蒲鲁东最先尝试过，马克思则是对之加以完善，否认国家支持了各阶级间的和谐这种观点，从而“纠正”了黑格尔，并在《哲学的贫困》的争论中抛弃了蒲鲁东。1848年《共产党宣言》提出了19世纪最持久流行的警句——“到目前为止，现存所有社会的历史都是阶级斗争的历史”。非常简单好记。

马克思从黑格尔那里汲取的不仅是辩证法，也吸收了黑格尔对自由意志的轻蔑：“人类创造了并仍然在创造着自己的历史却浑不自知。”“在历史斗争中，一个人必须将政党的口号、幻想与自己现实……的利益区别开，将对自己的认识与现实区别开。”“人类在生产资料的社会化生产中进入了独立于其意志的确定而必然的关系。”“人类是否能自由地选择这样或那样的社会形式？完全没有。”但在黑格尔背后有着加尔文甚至更早年代的先知的影子。在马克思的学说中，某些个体——被剥夺和被异化的无产阶级——成为了新的“选民”，担负着推翻资本主义、接手整个世界的使命。

对此，《资本论》提出了一个明显《圣经》式起源的预言：

> 资本的垄断成了与这种垄断一起，并在这种垄断之下繁盛起来的生产方式的桎梏。生产资料的集中和劳动的社会化，达到了同它们的资本主义的外壳不能相容的地步。这个外壳就要炸毁了。资本主义私有制的丧钟就要敲响了。剥夺者就要被剥夺了。

不可否认，马克思与恩格斯并不像其后来大多数的解释者那样教条主义。实际上，前人政治预言的失败让他们间或也会在著作中对决定论有所调和。马克思自己就承认“发展总趋势”的“加速或延后”会受到“包括了……个体‘偶然的’性格等‘意外因素’”的影响。恩格斯也不得不承认“历史常常跳跃着、曲折地前进”。这会对“思想的连续性造成很多干扰”。在恩格斯后期的书信中，他试图论证在社会的“经济基础”与“上层建筑”之间存在简单的因果关系（后来证明这番努力是徒劳的）。

正是这样的难题让俄国的马克思主义者普列汉诺夫备感困惑。在他的《论个人在历史上的作用》一文中，尽管他千方百计想要摆脱一大堆几乎能说明个人发挥决定性作用的例子，但最后举出的例子实际上反映出他对马克思主义的社会经济决定论更多地持反对而不是赞成意见。普列汉诺夫认为，如果路易十五是另外一种性格，法国国土（在奥地利王位继承战争之后）也许能有所扩大，经济和政治上的发展也许会发生改变。如果蓬巴杜夫人对路易的影响更小一些，苏比斯亲王糟糕的将才可能就没有施展的余地，海上的战争或许能进展得更为顺利。如果1761年8月布图尔林将军在斯切格（今波兰的斯切戈姆）向腓特烈大帝进攻——就在伊丽莎白女王死前几个月——他可能改变腓特烈大帝的行军路线。如果米拉博活了下来或者罗伯斯庇尔死于一场意外会怎样？如果波拿巴在他早期进行的某次战争中战死会怎样？普列汉诺夫试图把所有这些限定条件和反事实假设都纳入马克思主义的决定论中。毫不夸张地说，这种企图的表达很是晦涩费解：

> （个体）……是必然的工具，而且是由于其社会身份及其产生的心态和气质不自觉地成为这样的工具。这也是必然的一个方面。既然他的社会身份让自己拥有特定的性格，那么他不仅是不自觉的，而且是抱着十分急切的心情想要成为必然的工具。这是自由的一个方面，此外，这种自由来自于必然，准确地讲，自由恰恰是与必然同一的——它是转化为自由的必然。

因此，“个体的性格是社会发展中的一个‘因素’，社会关系决定了它发展的目的、方式和程度”。普列汉诺夫甚至预料到了后来布里的论证，即历史的偶然是其必然性因果链之间冲突的结果，但他从中得出的是更富决定论意味的结论："不管有多少心理学、生理学的原因复杂精巧地交织在一起，任何情况下都绝不可能消除产生法国革命的强烈的社会需求。"即使米拉博活得再久一些，罗伯斯庇尔离世更早，波拿巴死于冷枪的一颗子弹：

> 事件也许仍然会按照同一轨迹发展……革命运动的最终结果无论如何都不可能发展成它既有结果的反面。有影响力的个人可以改变事件的个别特征和某些特定的结果，但却无力改变总的趋势……（因为）他们本身就是这个总趋势的产物；如果没有这个总趋势，他们就绝不可能从潜在变为现实。

至于"生产力发展与社会经济生产过程中人们之间的关系"究竟怎么能抵消奥地利联合俄国战胜腓特烈大帝的效应，普列汉诺夫只字未提。他也没有考虑到他在论及拿破仑时期的法国时，其实还提到了一个反事实的可能结果："路易-腓力也许能在1820年而非1830年从他深爱的男性亲属那里继承王位。"那是否真的如他所认为的——这个问题无足轻重？

而正当马克思主义者开始应付种种质疑时，与之不相关的科学领域有了一项突破，为马克思主义者证明其社会变革模式提供了新的资源。达尔文自然选择理论的革命性论点立刻受到了恩格斯的注意，并被他用做阶级矛盾的新证据——尽管很快种族冲突理论家也有了同样的主张，但他粗率的理解导致他误读并歪曲了达尔文所要传达的复杂（且有时自相矛盾的）信息。托马斯·亨利·赫胥黎和恩斯特·海克尔等作者，用一种简化后的自然选择理论改造早期戈比诺的种族理论，使其更有现代化色彩。在这种简化的自然选择理论中，个体生物间的竞争变成了种族间的残酷斗争。这个概念在世纪之交发生的许多政治争论中成了广泛流行的用语。由于缺乏可以对社会智性发展加以某种控制的政党式政治的约束，"社会达尔文主义"很快以大量不同的形式出现：优生学理论家的伪科学工作、英国历史学家E·A·弗里曼过分自信的帝国主义论、斯宾格勒的魏玛式悲观主义。当然还有最后希特勒反犹太人的狂暴幻想，将种族主义与社会主义相结合形成了20世纪最具破坏性的意识形态。但以上不同思想之间的联系就在于决定论（在某些例子中预言性的）论断，以及对个人自由意志概念的漠不关心。考虑到马克思与达尔文的这种明显糅合（尽管二者有明显不同的思想来源），关于存在历史决定论法则的信念在他们乃至以后广泛传播也不足为怪了。

可以肯定，19世纪也不是人人都支持决定论。兰克及其追随者就认为，历史学家可以从科学世界中吸取不同的经验教训。兰克对于之前的历史学家试图凭空（或充其量从其他历史学家与哲学家的书里）抓出普遍的历史法则表示怀疑。他相信，只能通过恰当的科学方法——对文本档案一丝不苟、全面彻底地研究才有希望获得历史普遍性的理解。这也是他为什么早年就承诺要对历史“如实直书”，不断强调过去事件与年代的独特性。“历史主义”（人们一般认为是兰克发起了这股思潮）主张在特定现象自身的语境中对之进行理解。然而这并不意味着完全拒斥决定论，因为在很多重要方面，兰克都受惠于黑格尔哲学。方法论的方向也许颠倒了——从特殊走向普遍，而不是反过来——但兰克著作中普遍性的性质与功能仍然是黑格尔式的，也同样赞美普鲁士国家。尤其是他认为历史学家应该用心按照本来的样子（或者也许是它“本质的”样子）来描述过去，这潜在地排除了一切对于历史事件其他可能性的严肃反思。兰克和黑格尔一样，坚持着同样的假定：历史来自某种精神性计划的运行。他对这个计划有着黑格尔一样的笃信，没有丝毫怀疑，而计划的最终目标是普鲁士国家的自我实现。

英国人引入了兰克的史学方法，并且去除了其中黑格尔的影子，但即使如此，他们的工作也还是建立在类比神学的基础上。斯塔布斯的研究主题不是普鲁士国家而是英国宪法趋向完善的演进过程，这仍然与不那么学院气的麦考利有关系。另一位杰出的兰克派历史学家阿克顿将类似的概念用于整个欧洲历史。和法国的实证主义者一样，世纪之交的自由派史学家对自己所采用的科学方法很是自豪，自认揭示了政治实践的"经验教训"，也例证了"进步"的普遍化过程。此前，莱基对这个过程十分着迷。阿克顿的确将历史研究本身看做欧洲中世纪阴影的动力源之一——他用相当德式的语言说道："关于考察与发现的普遍精神……总是一直在运作或撤回不断出现的倒退，直至……它最终得以被普遍接受。这条……从附属到独立的……渐进的道路对我们来说是一种非常重要的现象，因为历史科学一直是其诸多工具之一。"因此，历史学家不仅会关注描述进步的必然胜利，在这样做的同时，他实际上也为进步作出了贡献。在更多新近的自由派历史学家如约翰·普拉姆、迈克尔·霍华德等人那里，我们也能看到这种乐观主义的苗头。

偶然性、机遇和对因果关系的反动

当然，这种进步论的乐观主义不管是对于观念论者还是唯物论者，都遇到了挑战。托马斯·卡莱尔在《论历史》一文中有一段著名的文字：

> 最有天分的人也能观察到更可以记录到自己脑中连续的印象序列，因此……他的观察也必然是连续性的，而事件常常会同时发生……并不像历史书中所写的那样：实际事件之间绝不像父母与后代的关系那么简单；每个事件都不单单是某一个事件的后果，而是源自在它之前或与它同时发生的全部事件共同的作用，随后又反过来与其他事件一起产生新的事件——这是一场永不停息的混乱，事物在无数的因素作用下不断地塑造自身。这种混乱……正是历史学家所要描述或者说科学地估算的东西，这种描述只能通过有限的几条线索彼此穿插交织来进行！从本质上

看，人们认为所有行为都可以在宽度、深度和长度上延展……一切叙事因此本质上都只有一个纬度……故事是线性的，而行为是立体的。唉，我们所谓的“因果链”亦是线性的……但一切事物都处于广阔深邃的无限之中，每个原子都是与所有的原子交织联结在一起的！

与卡莱尔同时代的俄国人陀思妥耶夫斯基对这种反科学的说法则持更极端的看法。在《地下笔记》中，陀思妥耶夫斯基用了整整一大页篇幅来炮轰理性主义的决定论，强烈指责经济学家关于人的行动出于私利的假设，以及巴克尔的文明理论、托尔斯泰的历史法则：

你似乎很肯定人会主动停止因自由意志而作恶……也肯定宇宙中存在自由法则，以及不管在人的身上发生什么都是不以他的意志为转移的……人类所有的行为都像被列入了对数表里，比如提到“108 000”这个数字，然后转入时间表……它们具有详细的估算，精确地预测将要发生的一切事情……但随后，一个人会出于无聊做出任何事……因为人更喜欢按照自己喜欢的方式行动，而非理性和利益的驱使……一个人拥有自由、无限的选择，会一时兴起，也会天马行空地幻想，若达到狂野不羁的地步，有时候甚至会导致一种狂乱——这是人类最突出的优点，不适用于任何表格……一个人完全可能在意识清醒的情况下希望自己被伤害，出现一些愚蠢的甚至是完全无知的举动……（只是）为了确定自己拥有犯傻的权利。

将这个法则用于历史，进步的观念就只能被排除出去。对陀思妥耶夫斯基病态的、“第二自我”来说，历史也许“宏大”、“多彩”，但本质上是单调乏味的：“他们争斗、争斗，还是争斗；现在在争斗，过去在争斗，未来仍然还是会争斗……所以你要明白，你可以谈论世界历史的任何话题……除了一个，那就是你不能说世界历史是合理的。”

然而即使是陀思妥耶夫斯基也无法在他最伟大的著作中一以贯之地坚持这样的观点。在别处（也许在《卡拉马佐夫兄弟》中是最为明显的），他回身转向宗教信仰，似乎只有信奉正教才能让他免于《罪与罚》中拉斯柯尔尼科夫在梦魇里预言到的那种混乱。卡莱尔的思想也有类似的转向，当然，如果仔细考察，就会发现比起正教信仰，陀思妥耶夫斯基对神圣意志的概念和黑格尔（也许还有加尔文）更为接近。在对黑格尔的回应（尽管也是修正）中，卡莱尔将“普遍历史”看做“本质上是伟人的历史”：“世上我们见到的所有成就都正是被送到这个世界上的伟人们思想的……外在物质结果；整个世界历史的灵魂……就在于这些……活的光源……这些在天堂之光笼罩下的自然之光的历史。”这很难说是一种反决定论的历史哲学。正相反，卡莱尔简单地拒绝了新生的、支持旧有神性说的科学决定论：

> 历史……就是瞻前顾后；的确，即将到来的一切早已在当下等候着，无形却确定，一切已事先安排好，无可避免；前事也好，后事也好，只有在两者的结合中才能找到其意义……（人类）生活在两个永恒之间，而且……他将欣然在与整个未来与整个过去之间的……清醒明确的关系中找到完整的自己。

事实上，直到世纪之交，英国历史学家伯里、费希尔和特里维廉等人的工作才让我们看到一个尽管简单但很完整的针对决定论的假设，其中甚至还包括了隔代遗传下来的卡莱尔式加尔文主义。世纪之交牛津学派的历史学研究对偶然性作用的强调也许更多是受反加尔文主义而非其他学说的影响，引来了很多争议。伯里和费希尔提出，查尔斯·金斯利所谓的人类“违反自己现有法则的神秘力量”是一种新的历史哲学。费希尔在其《欧洲史》的前言中直率地承认：

比我更明智博学的人已经注意到，历史中有情节、节奏和预定的模式。我没能发现这般隐藏着的和谐，而只能看到突发的事件就像一层层波浪推进般相继不断地发生……进步不是一种自然法则。

于是，费希尔提议历史学家“承认偶然性与意外时间在人类命运发展中的作用”（尽管他是否在自己的著作中做到了这一点还有待讨论）。伯里则做得更多，他在《克丽奥佩特拉的鼻子》一文中提出了一种有关完全成熟的理论——这种理论把偶然性定义为“两个或两个以上独立的原因链的重要冲突”，原因链所涉及的是一系列具有决定性却偶然发生的历史事件，包括那些被认为是因为同一个鼻子所引发的事件。这在实际上代表了一种调和决定论和偶然性的尝试：在伯里复杂的规定中，“偶然巧合的成分……在对事件的决定性力量中有所辅助”。然而伯里和费希尔都没有进一步去具体探究历史发展的别种可能性，尽管二人可能在不同重要性的不同问题上有所冲突。伯里的确证明了他的观点通过提出“随着时间的推移……偶然性事件……在人类进化过程中变得不那么重要了”，原因在于人类征服自然的力量日益增强，以及民主制度对个体政治家的约束。这听上去就像穆勒或托尔斯泰对于自由意志衰退的说法那么可疑。

特里维廉在其论文《克里奥女神》中更进一步，认为“人类生活中的因果关系学”是“对物理科学的错误类比”，应完全摒弃。历史学家可以“对因果关系作出归纳和猜想”，但首要任务应该是“讲故事”：“毫无疑问……（克伦威尔）的行为是有其影响的，就好比是推动潮汐起落的层层波浪之一，但……他们最终是成功还是失败……很大程度上决定于偶然性，而这偶然性是无法量化的。”对特里维廉来说，战场最能说明这一点：

机遇从众多地方中挑选了这一处作为战场……从而扭转战争局势，决定民族和信仰的命运……在瞄准那个村庄的尖塔的攻坚战中，若不是某个诚实的士兵充满了勇气或者是一时走运，我们现在肯定会把战斗失败的原因归于无论如何都无法逆转的“必然趋势”。

这种方法影响了下一代历史学家中著名的A·J·P·泰勒。他不厌其烦地强调偶然性（“错误与琐事”）在外交史中的作用。尽管他很清楚，“指出原本应该做什么并不是历史学家的义务”，但他还是非常乐于这么做。

他还反复地强调英国历史上的某些事件的偶然性。对于后来的德罗伊森等德国历史学家来说，历史哲学的任务是“不仅要建立客观历史法则，而且还要建立历史研究与知识的法则”。德罗伊森比兰克更进一步，关注的是“不规则、个体、自由意志、责任、天才……人类自由的运动及其结果，还有个人的特点”。狄尔泰详细地阐释了这个论点，他的一项工作不仅被认为是创立了历史相对理论，也使他被看做是该理论中测不准原理的创始人。在历史学方法的发展中，弗里德里克·迈内克试图区别因果关系的不同阶段——从决定论者的“机械论”因素到“人类的自发行为”。他在最后一部著作《德国的浩劫》（*German Catastrophe*）里作了一个明确的区分，不仅强调国家社会主义（对两种伟大观念灾难性的黑格尔式综合）的一般原因，而且也强调了让希特勒能够在1933年掌权的偶然性因素。

然而，要彻底地推翻19世纪的决定论还有重要的理论条件限制。有两位英国的历史哲学家，他们的工作在英国的背景下具有巨大的重要性，他们是科林伍德和奥克肖特，这两位观念论者的工作多要归功于布拉德雷的《批判历史学的前提假设》（*Presuppositions of Critical History*）。科林伍德最著名的是他基于简单的实证主义立场对历史事实的一种贬低。在他看来，所有的历史事实只不过是“思想”的反映：“历史思考是……思想向自己呈现一个半确定性的事实世界的过程。”历史学家因此最可能做的是“重构”或“重现”过去的思想，而这种重构或重现必然会受到他个体经验的影响。毫不奇怪的是，科林伍德根本不去理会决定论者的因果论模型：“历史所揭示的计划并非预先就已经存在；历史是一场戏，一场即兴发挥的戏，由它自己的演员彼此合作表演而成。”“历史的情节”不像小说的构思，它只是“一组被赋予了特别重要性的事件”。历史学家之所以与小说家不同，是因为他们试图建构“真实”的叙事，尽管每种历史叙事都只是“暂时性地报告了我们历史研究的进程”。

科林伍德对时间的思考十分深刻，而且还预先论及了此后现代物理学家对这个主题的说法：

> 我们总是……用某种比喻的方式来想象时间，即把它想象成像河流那样或以持续流动、始终不断的方式进行运动……（但）河流的比喻毫无意义，除非它意指的是河流会受到堤岸的约束……未来的事件并不像剧院售票处排队的人群那样，按部就班地等待着发生的那一刻：它们尚未存在，因此也就无法以任何秩序来归类。只有当下是实实在在的，过去与未来仅仅只是观念。坚持和强调这一点很必要，因为我们习惯了将时间“空间化”，或者干脆用空间的术语来描述它，导致我们以同样的方式去想象过去和未来……这就好比当我们走上牛津大街，穿过王后巷时，抹大拉与万灵无时无刻都存在着一样。

然而，他得出的结论是，历史学家的目标只能是“认识现在”，尤其是“现在是怎样形成的”：“现在是真实的，过去是必然的，未来则蕴于可能之中。”所有历史都是在尝试理解现在，重现它的决定性因素。在这个意义上，他简单地承认了自己的失败：历史只能是目的论的，因为历史学家只能从其自身的角度、难以避免成见地来进行写作。“此时此刻”是唯一可能的参考角度。这是一种决定论色彩较弱的新理论，但很明显还是对任何有关反事实假设的讨论持拒绝的态度。

当然，我们还是有可能拒绝“现在有其决定性的条件”这种说法——方法就是抛弃因果关系的概念。在两次世界大战之间的观念论者与语言哲学家那里，存在一种普遍的趋向。路德维希·维特根斯坦将“对因果关系的信仰”作为“迷信”排除了出去。伯特兰·罗素对此表示赞同：“因果法则……是过去留传至今的遗风，就像君主制一样，被人们以为是无甚坏处的东西。”克罗齐也是如此，他认为“原因的概念”从根本上讲是“外在于历史”的。

乍看下这似乎是一个很深刻的反决定论问题。但正如站在观念论立场上的奥克肖特明确表示的那样，这个问题“和决定论一样直截了当地排除了反事实主义”：

> 每当我们……从历史中抽取一个时期，将其作为历史整体或其他部分历史的原因时，我们都舍弃了历史经验。因此，每个历史事件都是必然事件，我们不可能去区分必然性的不同重要性。没有历史事件是纯然负面的，任何事件都对历史会产生促进作用。如果将单个事件不恰当地抽离出来（因为没有历史事件可以安然无忧地与其特定环境相脱离），称其具有决定性意义，从促生与解释的意义上来看，整个事件的过程……不是劣史或疑点不断的历史，而是根本不存在历史了……历史思考的前提是，杜绝这一点……我们没有理由将整个事件过程归结于先于它发生的某个特定事件……严格的因果概念似乎与历史解释不相干……原因的概念……被世界上层出不穷的事件所取代，它们天然地与彼此有所关联，不允许任何缺漏的存在。

这或许秉承了某种哲学的逻辑，但其实际意义远不尽如人意。在奥克肖特的阐述中，“历史中的变化本身就已带有相应的解释”：

> 事件的过程完整而充实，并不探究或需要任何外在的原因……历史

> 的统一性或连续性……是……可与其他经验性的历史假说产生共鸣的唯一原则……事件之间的关系总是会表现为其他事件，并总是通过事件的全部关系得以确立其在历史中的位置。

因此，历史学家可以完善对事件的解释的唯一方式，就是提供“更全面的细节”。如奥克肖特表明的，这不是一个可以用于“整体历史”的秘方。我们还是必须在“重要的关系”和“偶然的关系”中作出某种选择，因为就好比我们承诺了要构建出……一系列彼此有重要关联的事件来回应某个历史问题，“历史探究没有给无意义的事件关系留有空间”。但是，是什么让一个事件变得“重要”？奥克肖特在这里只给出了一个隐晦的回答，大意是历史学家对特定问题的答案必须有内在的逻辑，要达到这样的目标：“以过去遗存至今的人工制品与言论为凭据，推导出与之相关却未能发生的事件，形成一段历史，为某个历史问题提供答案。”这似乎是在暗指科林伍德所设想的那种叙事结构，但事实上任何一种结构只要能被人们所理解，在逻辑上也就满足这样的要求。

观念论者向19世纪决定论的挑战对于时下的很多历史学家有着重要影响，尤其是巴特菲尔德与内米尔。这两位对外交史与政治“结构”的研究也都体现有一种针对决定论（特别是其唯物论变种）的深重敌意。莫里斯·考林也传承发扬了同样的观念论传统，他对高层政治与19、20世纪“公共学说”的准宗教性质的关注，实际上使他不同于同时代的牛津学者。我们在杰弗里·埃尔顿的著作中也能找到观念论的反决定论痕迹，只是不那么明显。

奥克肖特提出的理论观念仍然是不完备的。他驳倒了从自然科学衍生出的因果决定论模式，事实上却是用另一种决定论替代了它，而且其约束性依然很强。他的这个定义要求历史学家必须将自己限制在重要历史事件的关系中，就好像他们实实在在地站在现有资料的基础上。然而历史学家用以区分事件重要、不重要或"偶然"的过程，完全没有得到过清晰的阐述。很明显，这是个主观的过程。在对某个历史问题的答案的追索中，历史学家找到了过去留存到现在的一些残迹，他将自己的意义附在了这些残迹上。还有一点同样很明显，历史学家发表他的答案时，这个答案必须也对其他人有意义。但谁选择了最初的问题？谁拥有发言权来判断读者对已有文本的诠释是否与作者意图一致？最重要的是，为什么应该排斥反事实的问题？对于这些问题，奥克肖特并没有给出令人满意的答案。

科学的历史学——续篇

值得注意的是，不少持观念论的英国历史学家都以其保守主义的政治立场而闻名。20世纪五六十年代英国历史学院派的争论也的确表明，历史哲学中的反决定论与政治中的反社会主义有着紧密联系。不幸的是——从观念论角度来看——这些争论都是对方获胜。

正如人们心里所期待的那样，19世纪的决定论没有因1917年之后那些打着它的旗号肆虐的罪恶而失去其说服力。马克思主义能够保持其生命力主要归因于人们普遍相信，国家社会主义是其反面的极端表现。马克思主义在战后的复兴也应归功于意大利、法国与英国的马克思主义者想要脱离与斯大林、列宁乃至马克思本人的关系。这里，我们没有必要太过关注萨特和阿尔都塞等人对马克思主义理论进行的不同修正，他们的主要目的是让马克思摆脱历史的困窘与复杂，安然地回到黑格尔哲学。我们也不用过多地提及葛兰西的有关理论，尽管从历史角度来看，他的理论更实用。葛兰西试图解释无产阶级为何未能如马克思以统治集团、错误意识等术语所预言的那样行动。这些思想帮助马克思主义的决定论思想焕发了新的生机。大陆国家的影响扩至英国的过程十分缓慢，不过即便如此，英国特有的"贵族义务"精神——一种社会上层对下层激进主义的故作多情——也刺激了马克思主义的复兴。

在英国社会主义历史学家中，E·H·卡尔可能是最没有什么原创性的思想家了。卡尔是布尔什维克政权年谱的记录者，但他对决定论的辩护却有着极为深远的影响——这种影响还会持续下去，直到有人以与《历史是什么？》一样诱人的书名写出一本更好的书。卡尔试图将自己与黑格尔或马克思严格的因果决定论拉开距离。他声称相信“一切既已发生的事件都有一个或多个原因，要想某个事件不发生，除非其原因产生变化”。他自认在这个意义上是个决定论者。当然，这个定义弹性很大，意味着他对非决定论是认可的：

> 历史学家其实并不会在事件发生前就假设它注定不可避免。他们常常会假设存在多种选择，讨论事件参与者可能的不同命运……历史上没有什么是必然发生的，除非我们从形式上讲，如果一个事件以其他方式发生，那么它的原因也必定有所改变。

到目前为止，一切都还说得通。但卡尔又加了一句，历史学家的任务只是“解释为什么历史最终选择了这条路而非另一条”，“解释事实上发生了什么以及为什么会发生。”他不耐烦地提到：“研究当代历史的困难，在于人们都还记得所有选择都摆在面前的那个时刻，因此很难像历史学家那样接受既定事实不作任何他想。”卡尔的老派决定论也不仅表现在这个方面，他还提问：如果“历史的偶然……的确存在”（这一点他不得不承认），“我们怎样才能在历史中发现合乎逻辑的因果关系序列？我们怎样才能在历史中找到意义”？在勉强附和了一下观念论（“这是哲学里模棱两可之处，这里不需赘述”）之后，卡尔和奥克肖特一样断定，我们必须根据原因在多大程度上具有“历史重要性”来进行选择：

> （历史学家）从多种因果关系序列中仅抽取出其中具有历史重要性的

那些因果关系，而判断的标准是他有多大能耐将它们嵌入自己的理性解释与理论模式。其余的因果关系则作为历史的偶然被丢弃，这并不是因为因果关系本身有什么不同，而是因为它们与主题不相关。历史学家用不到它们，它们无法得到理性的阐释，对过去或未来都没有什么意义。

卡尔的这种观点只不过是另一种黑格尔历史观，即仍然把历史看做是一个理性的、目的论的过程。他最后的结论是："历史学家工作的实质即把胜利者推到显赫的台前，将失败者拉入阴暗的幕后。"因为"历史的本质就是……进步"。这很明显是种情绪化的观点。在《历史是什么？》第二版的注释中，卡尔先验地反对"宇宙以一次随意的大撞击为开端，并将终结于黑洞之中"，认为这种理论"反映的是当代的文化悲观主义"。作为一个彻底的决定论者，他将这种理论中不确定的"随机性"，看做是"对无知的推崇"。

E·P·汤普森也以类似的方式回到了决定论立场。他与卡尔一样尝试在波普尔严格的反理论的经验主义与阿尔都塞严格的非经验主义理论间寻找中间道路，这源于他对意义的渴求——渴求"理解社会现象与因果关系间的联系"。和卡尔（以及克里斯托弗·希尔）一样，汤普森本能地反对一切偶然性概念。他想要找到"对历史过程（因果关系方面）合理性的解释……一种客观知识，一种拥有确凿证据、在对话中得到揭示的知识"。但汤普森提出的"历史的逻辑"——"一方面是概念与证据在若干连续性假设引导下的对话，另一方面是经验主义式的研究"——并不比卡尔所谓的"理性"因果选择论更令人满意。从根本上说，它只是重温了一番黑格尔哲学。

如此一来，卡尔和汤普森二人对反事实论证嗤之以鼻就不足为怪了。然而，即便是英国的马克思主义者也发现要完全舍弃反事实分析是很困难的。当卡尔在思考斯大林主义的灾难时，他也免不了会问，这是否就是布尔什维克最初的计划所导致的？或者"如果列宁一直活到20世纪二三十年代，并仍然拥有强大的掌控力”，他是否不会像斯大林那样？卡尔在第二版的注释中提出，列宁如果在世时间更长一些，也许能够“减轻高压政治的成分……在列宁当政期间，局势不一定会更平稳，但也不会发生已有历史上的那些事情。列宁不会允许斯大林常常纵容对指标记录的歪曲”。埃里克·霍布斯鲍姆以类似的论证完成了他1789年以来的四卷本世界史《极端的年代》——被看做英国马克思主义者最伟大的成果。《极端的年代》在很多方面都论及一个隐含反事实推论的大问题：第二次世界大战期间，苏联处于充分工业化时期，打败德国并“拯救”了资本主义，假如没有出现这样一个苏联，会发生什么？不管卡尔和霍布斯鲍姆对这些问题的回答怎么样，有一点很明显，尽管他们在意识形态上都自称是决定论者，但最终都不得不提出反事实的问题。

遗憾的是在年青一代的马克思主义历史学家那里，像他们这样对严格目的论证的脱离很难再见到。在葛兰西的激发下，他们更倾向于关注工人阶级受压迫或受控制等问题，同时包括因女权主义兴起对妇女问题的关注（以性别取代马克思斗争学说中的阶级）。新左派的“底层历史”也许的确颠覆了卡尔“历史就是赢家的历史”的观点（尽管从某种意义上说，历史学家正将过去的输家作为现在或未来的赢家进行研究），但这只是体现了他们比以往更加坚持历史发展的决定论模式。

当然，不是所有的现代决定论者都是马克思主义者。社会学作为一门独立学科的出现，使得许多不那么刻板的理论得以发展，历史学家很快开始利用这些理论。和马克思一样，社会学思想之“父”托克维尔和韦伯仍然相信可以用科学的方法研究社会问题，他们还对经济、社会、文化和政治问题作出了细致的区分。但他们不主张简单地认为因果关系将某事件引向其他事件，并必然推动历史向前发展。因此在《旧制度与大革命》一书中，托克维尔讨论了法国大革命之前的行政变化、阶级结构和启蒙思想的作用，却没有特别强调其中某个因素可以作为旧制度的出路。此外，他对地区行政管理记录的开拓性研究得出的结论是，政府基本结构并没有因为革命有重大变化。他所感兴趣的历史过程（比如政府集权化和经济调控等），在他看来是对自由的潜在威胁，而且将长期存在；这些过程早在18世纪90年代之前就存在，而且在1815年以后也持续了相当长的时间。韦伯的工作则更进一步，在某些方面，他的社会学思想就是不考虑因果关系的世界史：本质上体现为一种社会现象类型学。当他进行历史思考时，往往会有选择地举例，涉及范围十分广泛，比如在《新教伦理与资本主义精神》中，他将西方资本主义的发展与新教教派的特定文化（而非神学）进行了联结。这里要注意的是“联结”——韦伯想方设法地避免在宗教与经济行为之间建立简单的因果关系：“我的目标不是……用一种同样片面的精神因果关系取代物质因果关系来解释文化和历史。这两者都是可用的……”韦伯感兴趣的历史发展趋向——生活各个方面的理性化和去魅过程——似乎是自行展开的。

提升出结构而不只关注事件本身，专注研究长期发展而不仅盯着短暂的变化——这种对因果论的贬黜，对于20世纪的历史编纂有着重要启示。在法国或许是最为明显的，这里的历史学家首先系统地采用了社会学方法。著名的年鉴学派的目标就是书写“整体历史”，也就是将特定社会的所有（尽可能多的）方面考虑进去：经济、社会形态、文化、政治制度等。正如马克·布洛赫所认为的，历史将成为一个不同科学学科的混合物：从气象学到法理学，每一种学科都会发挥自身的作用，而理想的历史学家将是一位全才，通晓各种专业技术。但这种整体论也适用于历史学家不得不考虑的历史时期：用布罗代尔特有的豪迈口吻来说，年鉴学派的历史学家“总是希望抓住整体，抓住社会生活的方方面面……将不同水平和时间跨度，不同种类的时间、结构、事态和事件，都统统放到一起”。

当然，如果没有某种建构原则或对重要性等级的区分，是无法写出这样的历史的（麦考利在一个世纪前就说明了原因）。年鉴学派的历史学家实际上都会优先考虑地理学和长期的变化，布罗代尔的著作中表现得最为明显。他自称“农民出身的历史学家”，凭直觉认为“任何社会现实被还原到它最初层面”时，都必然意味着“地理学或生态学”。“当我们说人时，是指他所归属的群体：个体离开、其他人又加入，但群体总会依附于某个特定的空间和熟悉的地方，在那里扎根。”从这种地理决定论出发，布罗代尔更倾向对长期发展而非短期事件的研究——这与法国启蒙时期的唯物论很是相似。在《腓力二世时期的地中海世界》一书中，他明确区分了三种水平的历史：首先是“关于人以及人与环境关系的历史，其推移的发生很难让人觉察，变化缓慢，是不断循环往复的历史”；其次是“群体及其形成的历史……关于经济制度、国家、社会、文明乃至……战争等激流涌动的历史”，发展虽然“缓慢却有明显可感的节奏”；最后是关于“个体”、“事件”的“传统历史”，是“历史巨浪带来的白沫四溅的浪峰与激荡难平的水面，是走马灯般波动不断的历史”。最后一种是最微不足道的。“我们必须学着去怀疑这种描绘事件的历史。”布罗代尔警告说，“因为它只是为当时人所感、所说、所经历。”它就“像萤火虫一样，只是短暂地略过历史舞台，很快就消失在黑暗中，常常被人们遗忘”。某个事件的假象也许会“迷惑当时的人，但不会持久，很快就烟消云散了”。对布罗代尔来说，社会学影响下的历史是一种新的历史，它的使命在于把“（传统历史中）那种轻率、戏剧性、让人难以喘息的叙事从高位上拽下来”。“短时期”仅仅是“记者……所要处理的时间跨度”，“它反复无常、没有什么可信度”：

> 漫长的时期才能最终说明问题。时间够长，那些因无法融入历史主流被无情地扫到一边的无数事件才会湮灭，这显然限制了个人自由乃至偶然性的作用。

很明显，把“过去的琐事”（一些王公贵族的行为）贬至“历史缓慢有力的行进”之下，是一种新的决定论。布罗代尔不自知地落入了19世纪决定论者的窠臼：就像托尔斯泰所认为的那样，单纯的个体被“无情地扫到一边”，被超人的历史力量肆意践踏。对于这种观点有两种明确的反对意见。第一种反对意见认为，布罗代尔在舍弃那些记录当下人经历与感受的历史的同时，也舍弃了大量的历史证据，甚至包括作为他研究基础的经济学统计数据。如凯恩斯所说，“从长远来看，人都是会死的”；因此，也许我们可以将布罗代尔对历史等级的划分作个颠倒。毕竟，如果我们的前人最关心的是短时期的历史，我们又有什么权利把他们最关心的看成是微不足道的琐事？第二种反对意见针对的是布罗代尔关于环境变化性质的看法，因为他认为长期生态变化难以觉察、气候变化规律可预测，完全是对自然世界的严重误解。

公平而论，布罗代尔后来也修正了这种对“长时期”的教条式坚持。随着资本主义的发展，地理因素和自然力的主导作用显然已经大大减弱：“资本主义的主要特权……在于它的选择能力。”在资本主义社会，确定优先次序更为困难。布罗代尔在《文明与资本主义》第三卷中问道：物质财富、国家权力和文化，究竟哪个更重要？“答案就是，得看时间、地点、谁在说话。”因此，主观因素至少暂时摆脱了长时期历史的客观限制：“社会时间的流逝并不是匀速运动，而是时快时慢。”这使得“在刻板的结构限制之外，自由、散乱的社会现实”至少在某些领域得以存在。

马克·布洛赫如果在世时间更长一些，也许会将这种观点发掘得更深。从他为没有写出的《历史学家的技艺》第六章、第七章所做的笔记可以清楚地看到，就因果关系、偶然性及他所谓的“先见”而言，布洛赫的理解胜于布罗代尔。这本书中已完成的内容可以表明，他根本无暇论及“伪地理学的决定论”：“不管是面对一个物理现象还是一个社会事实，人类的反应都不会像时钟指针一样总是朝一个方向运动。”这本身就提出了一个反事实问题：假如布洛赫从战争中幸免于难会发生什么？法国史学或许不会受到布罗代尔及其后年鉴学派的摆布。

法国以外的社会学历史从未如此关注过环境的决定性因素（或许是因为其他国家在19世纪和20世纪见证了更为浩大的移民潮以及土地的自然变化）。不过，还是能找到类似的决定论。在德国，这部分要归功于马克思主义思想在20世纪六七十年代的复兴。“社会历史学派”的先行者、“唱反调的”埃卡特·克尔基于经济发展与社会倒退的错位的观念，设想了一种关于德国历史异常的模式。一方面，19世纪的德国经济成功地进入了现代工业化阶段。另一方面，它的社会、政治制度仍然由传统的容克贵族把持。在马克思主义看来，这是一种失败的发展（因为马克思主义认为，德国像英国一样走向资产阶级议会制和民主制才是真正的进步）。对这种失败的解释有时是葛兰西式的，1968年后的德国史学因满篇的贵族霸权政治变得极其乏味。最近，人们对韦伯思想重又有了兴趣，由此产生了不那么明显的决定论，比如社会历史学派的元老汉斯–乌尔里希·韦勒的著作中就有所体现。然而，尽管其他国家的历史学家百般质疑资本主义、资产阶级社会与议会民主之间理想关系的合法性，德国历史学家仍然极不愿意考虑除此之外的其他可能选择。社会历史学家仍然坚持认为，“德国的浩劫”有着根深蒂固的原因。甚至他们中最为保守者也对历史偶然性不怎么感兴趣：有一些坚持兰克学派原则，只研究业已发生的事情；其他人像迈克尔·施蒂默尔，退入了更古旧的地理决定论，认为德国位于欧洲中央这个事实就算不能为所有问题提供答案，但也已能解释大多数问题。

英美史学也吸收了一些由社会学启发的决定论，一些人受马克思主义影响，一些则更有韦伯的影子。劳伦斯·斯通的《英国革命的起因》之所以颇受关注，是因为依赖了另一种三重解释模式，即前提条件、积累沉淀与导火索。斯通没有像布罗代尔那样将三者的重要性进行明显的排序——他也的确想要回避去“判定革命爆发的更重要原因是查理一世的顽固还是清教主义的蔓延”。但整本书都在表明：这些事件与其他因素的结合使得内战的爆发不可避免。保罗·肯尼迪的《大国的兴衰》态度同样谨慎，认为“生产力与税收的提高与军事实力增强”之间“在很长时期内都保持有重要关联”。当然，细读这本书之后会发现，作者并不是大而化之的决定论者。不过还是可以看出，书中仍然认为在经济因素与国际力量之间存在因果关系——似乎是种微弱的经济决定论，但终究还是决定论。其他人则尝试着基于某种社会学模式提出重大的理论，比如从瓦勒斯泰因所作的马克思式《现代世界体系》到米歇尔·曼更细致的《社会力量之源》、格鲁与比恩的《政治发展的危机》以及昂格尔的《权力的可塑性》。最有伪科学特点的大理论要数关于七种“基本自然灾难”的还原拓扑学式的“灾难论”了。毫无疑问，人们还会继续寻找一种统一的关于权力的社会学理论。至于说这种努力是像炼金术士寻找点金石一样无果而最终被放弃，还是像对秃顶疗方的研究那样延续下去，目前还很难有结论。

除了这类极度简单化的理论之外，近几年来许多历史学家更偏爱的是一种更为狭隘的专门化。当然，布洛赫原本希望历史尽可能从其他许多科学学科中吸取灵感。但实际上，这么做的代价是放弃他与布罗代尔所追求的整体论方法。这几年我们已经看到，科学的历史学已经令人不解地四分五裂，混杂着各种学科，彼此间或多或少都不太相干。

将心理分析引入历史学的尝试就是如此。弗洛伊德当然是一个实证主义者，他的主要目标是揭示个人潜意识的活动规律——因此他提倡“在精神生活方面运用严格而普遍的决定论”。不过，如果将他的理论严格地用于历史学，就有传记文学的意味了。即使要撰写社会群体的“心理历史”，也严重依赖个体表白的分析，但这样的表白与弗洛伊德用以分析病人的表白并不同（弗洛伊德向病人提出诱导性问题，有时甚至会对病人实施催眠）。因此，弗洛伊德对历史写作的真正影响并不是直接的：他学说中的术语（如“无意识”、“压抑”、“自卑情结”等）被普遍随意地运用，而不是严格的仿效。更新近的行为主义心理学在历史学中的应用也有类似的问题，同样也体现了一种决定论的倾向，尤其是在试图将博弈论和理性选择论引入历史时，这种倾向体现得更加明显。其中博弈论的“囚徒困境”及其衍生理论中推想的人类行为，常常比弗洛伊德所提出的更为清楚明白。但它们同样没脱离决定论——因此当心理学家遇到这些模式难以解释的现时意识表白时，他们倾向于套用葛兰西的老说法，称之为“错误的意识”而不予理睬。博弈论和心理分析一样也必然是个体化的。如果历史学家希望将博弈论运用于社会群体，唯一的办法就是用它研究外交史，因为在外交史领域长久以来就有着将国家拟人化的传统。

因为这种个体化倾向，集团心理学或集体“心理”的人类学模式一直最受历史学家的欢迎。尤其是克利福德·格尔茨的“深描法”——旨在将一套“表意符号”纳入一个容易理解的结构——吸引了许多仿效者。结果形成了一种新的文化史，在这种文化史里，（广义上的）文化多少从传统的物质基础决定论中摆脱了出来。原因是多方面的——部分因为人类学学者作田野调查的方式，部分因为“国民性格”概念已经臭名昭著，还有部分则是因为政治术语“团体”（一般指的是地方性的通俗文化而不是更高层面的民族文化）的风行。埃玛纽埃尔·勒华拉杜里的《蒙塔尤》和娜塔莉·泽蒙·戴维斯的《马丁·盖尔归来》可能是所谓的“微观史学”的经典范例了。但也有人将同样的技巧运用于国家乃至国际等更高层面的文化，最为成功的则要数西蒙·沙玛。

不过，对于这种新的文化史也有不少反对声。首先，“微观史学”以如此琐碎的主题为研究对象，导致又陷入了好古癖（尽管历史学家对主题的选择通常由他自身、出版商和阅读市场来决定）。一个更有力的反对则是针对因果关系问题。人类学家和社会学家一样，历来更关心结构而非变化的过程。因此，采用人类学模式的历史学家在解释诸如巫术信仰的没落之类的问题时，往往会被迫诉诸自身学科的传统资源。最终，最为严重的是对“集体心理”的“深描”很有可能沦为过分的主观主义，即仅偶尔联系经验事实的自由叙述。在任何意义上声称这种历史具有科学性都是值得怀疑的。

叙事决定论：何不虚构历史？

近些年人们再度关注起叙事形式，其部分原因在于这种偷偷摸摸的主观主义，还有部分原因在于历史学家始终对变化而非结构保持着强烈的兴趣。当然，长久以来，人们都认为历史学家的首要作用是在某种秩序中整理和叙述过去发生的事件。卡莱尔和麦考利以他们不同的方式体现了这一点。路易斯·明克在将“历史知识的目标”归结为“发现事件背后的规律”和“将事件有序关联起来”时，实际上是重新表述了维多利亚时期的一种观念。这解释了为什么海登·怀特及其他人对19世纪那些伟大的“文学作品”又重新燃起了热情的原因。这也解释了为什么叙事形式的复兴受到了某些传统主义者的欢迎，特别是那些（简单地）把科学化的历史等同于计量历史学中的数字运算的人，对此尤其热衷。巴赞在对“新”历史的批评中，欢欣鼓舞于历史写作中的主观主义，并附和卡莱尔，认为过去的事件其本性就是混乱不堪的：

> 自然科学是一体的，而历史却五花八门，交叉重叠，相互抵牾，不断争执，各自为战，态度偏颇，观点又含糊不清。每个观察历史的人都会根据自己思考与想象的能力来重构过去，这样做的缺点很容易体现在其作品中：谁也不会上当。但历史版本的多元化并不意味着它们都是错误的。我们毋宁说它们反映了人类的心灵……历史的主要效用就是展示过去不可预测的、“毫无条理”的无序状态（这源于人类对于表达的渴

求以及为表达而进行的努力）……在写作时想要克服这一点是毫无意义的……人类的实践、信仰、文化和行为无法用同一标准来衡量……

对巴赞来说，这完全是种“常识”：历史学家的任务不是成为一个社会科学家，而是应该“将读者”与“历史事件”、“感觉”“产生某种联系”——让他获得“故事带来的原始愉悦”。另一方面，历史叙事的复兴和赶时髦差不多，喜欢在基本“文本”（即对过去自身的书面记录）的解释中运用文学批评的技巧。因此，历史叙事的复兴有着两面性：一方面，历史写作中传统的文学模式开始复兴；另一方面，对历史的解读中也涌入了大量的流行术语（文本解构、符号学等）。尽管后现代主义在声称历史“是一种解释过程，而非客观中立的科学”时只是套用了观念论者的话，但仍然指出了问题所在。乔伊斯写道：“出现在我们面前的历史，从来都只是散漫的”，而“要从文献记载……以及构成过去事件、结构和过程的历史话语中辨识出这些事件、结构和过程是极为困难的”。这只不过重复了半个多世纪以前科林伍德（表达得更为精到）的论述。

叙事的复兴产生的唯一问题，就是将文学形式运用于历史这个永恒的难题。文学多少还是可预测的：这也恰恰是其一部分的魅力。我们常常在阅读自己最喜欢的小说或看一部“经典”电影时很清楚会有怎样的结局。即使是一部新的文艺作品——在没有看到故事梗概的情况下，我们仍然可以从它的类型大致猜到它结果如何。如果一场戏开始是喜剧，我们会潜意识地排除最后一幕出现血腥场面的可能；如果很明显是场悲剧，我们则有相反的猜测。甚至在作者想要向读者“卖关子”的作品中——比如一部悬念小说或电影——结局在某种程度上仍是可预测的：根据其作品类型，犯人终将落网，疑案得以解决。职业作家在写作时常常会为了讽刺或别的效果向读者暗示已设定的结局。正如加利所认为的：“要跟上一个故事的讲述，就要……大致了解故事进展或走向……还要明白后文是如何受前情决定的。从某种意义上说，要不是为了后文中的情节，前面的故事也不会如此铺陈。”斯克里文也提出了同样的看法：“一场好戏必须以这样一种方式发展……使得我们能够将其过程看做必然的、有合理解释的。”马丁·埃米斯的小说《时间之箭》（*Time's Arrow*）表明了所有叙述中暗含的意义：结局实际上已经先于开始存在了。埃米斯以倒叙的方式讲述了一个纳粹医生的人生故事，他作为叙述者以这个医生的身份出现。这个医生“知道一些自己似乎无法面对的事情……未来总是会实现的”，因此这个从美国医院临终床中“幸存”下来的老人，“注定”要在纳粹死亡集中营中拿犯人作实验，并像一个无邪的婴孩一样“离开”世界。套用恩斯特·布洛赫的话说，在文学中“真正的开始并不在故事的起初，而是在结尾”：时间之箭总是模糊地瞄上错误的方向。埃米斯在对国际象棋比赛的反向描述时有颇为精彩的论述：开始是一片“混乱”，然后“曲折回环、冲突不断。但总算调和一致……尽管其间麻烦不断——但一切还是圆满地结束。白棋卒子的最后一收，完美的秩序得以恢复”。

因此，根据小说或戏剧的惯例来写作历史实际上是采用了一种新的决定论：传统叙事形式的目的论。当吉本思考特定历史事件时，他会充分考虑偶然性，但他却把 1 500 年的欧洲历史置于一个庞大的目的论标题下。如果他的《罗马帝国衰亡史》是以《公元 100~1 400 年：欧洲及中东史》为题，他的叙述将失去它统一的主题。麦考利也是如此：《英国史》中有种倾向不可否认，即将 17 世纪的事件看做是 19 世纪《宪法》制定的序曲。这种形式的目的论在后来的科林伍德看来，是历史必不可少的要素：即假定现在永远是历史学家所选择的那段叙事的最终（且唯一的）结果。但以这种方式写作的历史（和小说一样），完全可能倒着写，就像 1914 年乔治·威廉·拉塞尔倒着想象爱尔兰历史那样：

19世纪和20世纪的私有财产逐渐落入大业主手里。进入18世纪后，社会不断进步，开始隐约出现独立自治，宗教冲突和战争随着最后一个英国“强弓手”的离开而消失。文化开始兴盛，约在公元400年，宗教不宽容因为圣帕特里克的消失而停息。此后我们进入了英雄与神的伟大时代。

正如拉塞尔对历史的这番“戏谑”，这只不过是民族主义者错误地颠倒时代的“神话历史”。

小径分岔的花园

过去就像一场真实的棋局或游戏一样，它是不同于小说或戏剧的，它没有一个预定的结局。它不是某个出色或平庸作者的作品；存在的只有人物，而且不像在游戏里那样，它的人物数量众多。没有情节、没有所谓必然的“完美秩序”，只有结局，各种各样的事件同时展开，有些瞬间即逝，有些则贯穿一个人的人生。关于这一点，罗伯特·穆齐尔再次明确指出了严格的历史与故事之间的不同。在《没有个性的人》“何不虚构历史”一章中，乌尔里希搭乘有轨电车时有这样一段颇具象征意味的思考：

数学问题上并不承认存在任何一般解，但允许有特定解。特定解的结合能让我们离一般解更近一步……他将人生问题也看做这样此类数学问题之一。所谓的时代……涉及如此广泛、如此无序、如此多变的条件，差不多相当于做数学题时为寻求解答而进行的一连串乱七八糟的尝试。这些尝试不尽如人意而且（单个看）完全是错误的，人类也许能通过它们找到正确和完整的解答，但前提是学会把它们整合起来……想想看，历史是多么奇怪啊……凑近了观察我们的历史，它看上去可靠而令人生

> 厌，就好像一片半凝固的沼泽；而相当奇怪的是，最后居然出现了一条可以穿过它的路，没人知道这条“历史之路”起于何方。这种“身为历史的材料”的想法让乌尔里希很愤怒。他置身的这个发亮的、晃晃悠悠的大箱子对他来说就像是一个机器，把好几英担[①]重的人摇来摇去，造出所谓的“未来”……念于此，他开始厌恶起这种对变化与条件的软弱接受，厌恶起这些无助的同胞，厌恶起若干世纪以来的零散凌乱、逆来顺受、无人类尊严可言的随波逐流。他不由自主地从座位上起身，下车步行走到目的地。

乌尔里希不认为“世界历史是一个故事……发生、发展都如同其他故事一样”，因为“作者的写作毫无新意，不过互相抄袭而已”。相反，“历史……的发生通常没有所谓的作者。它的发展不是从中心点而是从外围即次要原因开始的”。而且，历史的展开方式从根本上就是混乱的，就好像一列士兵悄声耳语地传达“军士长站至列首”的命令，到最后却变成了“立刻枪毙8个骑兵”。

> 如果这一代欧洲人在幼年时被移送到公元前5000年的埃及，留在那里生活，公元前5000年的世界历史又会从头开始，起初没什么变化，然后由于某些不为人所知的原因，逐渐有了变化。

所以，世界历史的法则就是“渐进发展”：

> 历史的过程……不像打台球，一旦被击中就会朝一个确定的方向滚动；正相反，它如同浮云掠过或街上闲逛的人——因为某处阴影绕到这里又因见到人群拐到那里……——最终到达一个自己没听说过也没打算去的地方。历史的过程天生就有某种偏离的倾向。

① 1英担等于50.802千克。——编者注

这段论证让乌尔里希很困惑——困惑之深竟让他为此（而且，似乎是为了证明这点）迷了路。

总而言之，历史不是一个故事，也不是一场电车之旅；历史学家如果坚持想要把历史当成故事来写，也许可以像埃米斯或拉塞尔那样倒着来。如穆齐尔提到的，历史的现实就是在旅行之初没有人知道终点在哪里：我们看不到肯定会驶向未来的轨道，也没有明确的列车时刻表。豪尔赫·路易斯·博尔赫斯在他的短篇小说《小径分岔的花园》（*The Garden of Forking Paths*）中也表达了同样的观点。作者笔下虚构了一个中国哲人崔朋，以崔朋的视角讲述了一个情节复杂曲折的故事，在这个故事中“时间永远在不停地分岔，指向无数个未来”：

> 我很自然地注意到这句话：我将小径分岔的花园留给不同的未来（而非所有的未来）。我恍然大悟：《小径分岔的花园》就是那部杂乱无章的小说；不同的未来（而非所有的未来）对我来说意味的是时间而不是空间的分岔……在所有的虚构作品里，每当面对不同选择，人只能选择其一而舍弃其他；在崔朋的小说里，他同时选择了所有可能性。他用这种方式创造了不同的未来、不同的时间，不断地衍生、分岔……在崔朋的小说里，有各种可能的结局；而这些结局各自又是另一些分岔的起点。

书中假托的翻译者继续说道：

> 小径分岔的花园是一个庞大的谜语或者寓言，谜底就是时间……它呈现的是一个不完整却并非错误的宇宙形象……和牛顿、叔本华不同的地方是，崔朋认为时间不是统一而绝对的。他相信时间是一个无限的序列，时间序列之间不断地背离、会聚和并行，形成了一张不断增长的、错综复杂的网。这张网里的时间相互靠拢、分岔、交错或彼此互不干扰，

其中包含了所有关于时间的可能性……

这个主题的变体经常地在博尔赫斯的作品里出现。在《特隆，乌克巴尔，奥比斯·特蒂乌斯》观念论者想象的世界中，"虚构作品包括单一情节及其所有可想象的变种"。在《巴比伦的抽签游戏》中，一个虚构的古代抽签游戏发展成了一种无所不包的生活方式；它"开始只是让机遇更为集中，对宇宙进行定期破坏"，此后则变成一个无休无止的过程，"没有决定是最终的决定，一切都在分岔产生出别的东西"。"巴比伦就是一个关于偶然性的永无止境的游戏。"《巴别塔图书馆》和《查希尔》里隐喻虽然变了，但还是同一个主题。马拉梅的诗《骰子的一掷》或罗伯特·弗罗斯特的诗《未选择的路》中也有类似的喻象：

多年前，在某个地方
忆及此我就不禁轻叹：
站在林中那个岔路口，我——
选择了人迹罕至的那个方向，
从此，人生的一切不同便开始出现

对历史学家来说，这首诗的意义显而易见。就连斯克里文也承认：

在历史学中，根据与既定问题有关的资料可以推出某个事件的许多可能性，而这些可能性对我们来说似乎没有哪个是不可理喻的……只有在反思时会出现必然性……决定论的必然性是用于解释而非用于预测的。因此，选择不同未来的自由并非与事件的因果关联水火不容……如果我们试图消除所有意外，就不得不……放弃历史。

混沌与科学决定论的终结

穆齐尔和博尔赫斯等作家对叙事决定论的质疑与20世纪科学家对拉普拉斯式古典决定论的质疑极为相似（这远非偶然）。很遗憾的是，历史学家对此往往视而不见（就像E·H·卡尔忽视黑洞理论那样），或只是曲解其意。因此，20世纪就历史是否是“科学”而争论不断的许多历史哲学家似乎并没有明白，他们对科学的概念完全停留在19世纪的过时理解上。而且，如果他们好好关注一下同时代科学家们真正从事的工作，一定会很吃惊——也许甚至是高兴地发现自己连问题都问错了。自然科学在现代所取得的大量进步的突出特征，就体现在从根本上它们都是历史性的，因为它们都涉及到时间推移所产生的诸种变化。因此，我们完全可以将老问题颠倒过来，不去问“历史是不是科学”，而是问“科学是历史吗”。

这也适用于相对古老的热力学第二定律——即认为孤立系统的熵总是会增加——也就是说，任由事物自行发展会加剧混乱和无序，甚至连创造秩序的尝试最终也只会减少已存在有序能量的数量。这对历史来说显然有着深刻的意义，尤其是因为它暗示了人类生活与宇宙历史最终会走向混乱无序的状态。爱因斯坦的相对论也对历史有深刻的启示，因为它抛弃了绝对时间的概念。在爱因斯坦之后，我们意识到对于时间，每个观察者都有自己的衡量标准：如果我在离地面很高处俯视，由于地球引力场对光速产生的影响，一切事物的运动看上去都会显得比从前速度更慢。不过，即使是相对的时间也仅仅指向一个方向，这主要是因为熵，它影响了我们对时间的心理感受：就连我们记忆某个事件所消耗的能量也增加了宇宙的无序度。

宇宙的无序度在增加。没有什么比光速更快。不过，与19世纪实证主义所期望正相反的是，自然世界中不是所有现象都能用这样明确的定律来加以概括。19世纪末最为重要的科学发展之一，就是人们认识到关于自然现象间关系的大多数表述在本质上都只具有或然性。事实上美国的C·S·皮尔斯早在1892年就在其著作《审视必然性学说》（*The Doctrine of Necessity Examined*）中宣告了决定论的终结："偶然性会通过所有的感官渠道蜂拥而至：它是所有事物中最冲动冒失的。"他声称："偶然性第一，定律第二，习惯倾向则排在第三。"而佐证这一点的决定性证据来自1926年海森堡的论证。他发现精确预测一个粒子的未来位置与速度是不可能的，因为要测定它的目前位置只能利用光量子。光的波长越短，对粒子位置的测量就越精确，但同时对其速度的干扰也会增大。由于这项"测不准原理"，量子力学只能预测某项观察的可能结果，指出其中哪个结果是最有可能的。正如史蒂芬·霍金所说，这"把不可预测性或者随机性作为无法避免的因素引入到科学中"，而且是引入到了最基础性的科学中。而这恰恰是始终坚持拉普拉斯式宇宙概念的爱因斯坦所反对的，他在写给马克斯·波恩的信中说道：

> 你相信上帝是在掷骰子，而我则相信在这个世界上客观存在着完美的法则和秩序，而且，我倾尽所能地去思考，想要理解它们。对此，我有着坚定的信念，然而我也希望有人能找到一个比我更现实的方式，或者说一个更实在的基础。即使是量子论取得的初步成功，也不能让我相信世界是场骰子游戏的说法，尽管我很清楚你那些年轻的同事们认为这是因为我老了。

但"测不准原理"比爱因斯坦在世的时间更久，而且它居然让历史决定论也感到了尴尬。因为依此类推，历史学家也绝不应该忽视他们自己的"测不准原理"——任何对历史事实的观察都不可避免地会扭曲它的意义，因为我们只能是"事后诸葛"地选择出要观察的历史事件。

另一个现代科学概念也对历史产生了重要启示，即所谓的"人择原理"，关于这种原理最强硬的说法是："存在着很多不同的宇宙，或者在单一宇宙中存在着很多不同的区域，它们各自有着不同的起始结构，也许还有自己的一套科学法则……（但）只有少数像我们这样的宇宙才能发展出智性存在。”这自然会引发明显的问题：我们并不清楚应该给那些我们并不置身其中的“历史”赋予怎样的意义。按霍金的话说：“我们的宇宙不仅仅是可能存在的历史，而且还是最有可能存在的历史之一……有那么一类特殊的历史，它们存在的可能性比其他历史要大得多。”这种多重宇宙（和维度）的观念在如加来道雄等物理学家那里得到了进一步发展。在我看来，历史学家似乎没必要照搬加来的某些幻想色彩浓重的概念。由于需要难以想象的庞大能量，即便只是说“穿越虫洞①”在时空中旅行有“理论上的”可能性，也很值得怀疑。(且不说别的，如果时间旅行可能的话，我们的世界早就被来自未来的“旅行者们”灌得水泄不通了——这还没算那些返回到更早的年代的人，他们想要阻止林肯被杀或掐死还是婴儿的希特勒。）尽管如此，有无限多宇宙的这种概念也是相当有启发性的。想象在别的世界里克丽奥佩特拉著名的鼻子在鼻尖上有颗令人生厌的瘊子，在某个物理学家看来近乎胡乱臆想。但这却很生动地提醒我们，历史具有不确定的本性。

这些年来，生物科学也以类似的方式离决定论越来越远。例如，理查德·道金斯的著作中尽管颇有决定论色彩地认为，包括人类在内的单个有机体只是“生命期漫长的基因进行短暂的结合所制造的生存机器”，但他在《自私的基因》（*The Selfish Gene*）中表明，基因“只是在统计学的意义上决定行为……（它们）并不能控制自己的创造”。他的达尔文式进化论“对未来是一无所知的”——自然没有预先制定一个蓝图。进化的关键其实就在于复制基因分子（比如DNA）不仅制造错误也重复错误，所以“看上去很细微的变化也会对进化产生巨大影响”。“基因没有预见性，它们并不会提前把一切规划

① “虫洞”指连接宇宙遥远区域间的时空细管。——编者注

好。”道金斯只在一种意义上算是个决定论者，因为他排除了“坏运气”在自然选择过程中的作用：“就本身来说，运气是随机发生的，一种基因不断地遭到淘汰并不是它运气不好，而是因为它就是一种坏的基因。”因此，那些能够从命运的残酷选择中幸存下来的个体原本就被设计了这样的能力：基因必须做一项类似预测的工作……但要预测这个复杂世界中的事是相当困难的。生存机器作的每一个决定都是一场赌博……有些个体的基因为他们构建了出色的大脑，让他们能够在赌局中做出更准确的决策，其直接结果就是让他们更易生存并繁衍同样的基因。我们因此拥有了对痛苦和快乐这些基本刺激的反应，能记住自己的错误，能模拟各种选择，能和别的“生存机器”进行交流。

不过其他进化论者对这种论证提出了异议，因为它仍然站在决定论的立场上认为，一个种族的发展必然是留存强大的个体[用道金斯对复制形式的其他提法来说就是“模因”（meme）或“表现型”（phenotype）]。正如斯蒂芬·杰·古尔德在《奇妙的生命》中提到的，某些偶然性事件——比如像寒武纪生命大爆发之后明显发生过的环境灾难——的确中断了自然选择进程，它们彻底改变了长久以来形成的生态条件，在一夜之间将为适应这些条件历经数千年所形成的生物属性变得毫无价值。那些得以幸存的不是因为基因为他们设计和打造了优越的“生存机器”，而常常是因为其发育不全的属性意外地发挥了作用。总而言之，研究史前史要完全抛开偶然性因素是不可能的。如古尔德所说，英属哥伦比亚省有53亿年历史之久的伯吉斯页岩揭示了多样化的生物机体类型，证明了传统进化理论已经过时、不适用了。伯吉斯页岩中保存的生物机体中究竟有哪些能够在2.25亿年前的那场危机幸存下来，并不是由达尔文自然选择法则决定的。它们只是一场灾难性“抽奖游戏”中的幸运儿。如果灾难以别的形式出现，那么地球上的生命会以不同的、难以预测的方式进化。

我们当然可以嘲笑古尔德设想的其他可能的世界，其中生活着的不是人类，而是“海洋食草动物”以及有着侵夺性前肢、胡桃夹子般双下颚的“海洋食肉动物”（“如果蠕虫统治着海洋，我实在没有信心认为南方古猿会有机会在非洲草原上直立行走”）。但古尔德对历史偶然性作用的评论并不荒谬。由于在历史学中不能像科学一样通过重复来验证进化论，历史学家们只能建构出一种叙事模式——用他的话说，好比是重新播放一盘想象中的磁带，然后去思考如果最初条件有所不同或是一连串事件中有一个发生了变化，结果会怎样。这不仅适用于说明伯吉斯时期多毛环节动物相较于曳鳃动物的胜利，或始新世时期哺乳动物相较于大型鸟类的胜利，也适用于地球自出现人类以来这 18 000 年的短暂历史。

古尔德的论证主要依赖的是激变事件的作用——比如外来星体对地球的影响。但这并不是将偶然性引入历史的唯一方式。因为持“混沌理论”的人已经证明，自然界是不可预知的，即使没有陨石的出现，想要精确预测自然界活动几乎不可能。

在数学家、气象学家和其他人对“混沌”的现代用法中，这个词并不意味着混乱无序，也不是指自然界毫无法则可言。它的意义在于说明那些法则之复杂让我们实际上不可能作出精准的预测，因此身边发生的许多事情看上去似乎都是随机或杂乱无章的。如伊安·斯图尔特所说，“上帝可以一边掷骰子，一边创造出一个有着完整法则和秩序的宇宙”，因为“即使是简单的等式，也能产生复杂得难以测算的运动，以致我们觉得这些运动是混乱的”。准确地说，混沌理论涉及的是决定论体系中的可能性（即看似随机的）行为。

这个现象在最初只吸引了法国数学先驱亨利·庞加莱的追随者们。庞加莱坚持认为，如果一个数学系统中反复不断地出现一种变化，周期性也终将出现；但斯蒂芬·斯梅尔等人逐渐意识到，有些多维度动力系统不会停留在庞加莱就两个维度所确定的四种状态里。用庞加莱的拓扑映射法有可能识别出这类系统常常会出现的大量“奇异吸引子”（比如康托尔集合）。这些系统的“奇异”就在于我们很难把握它们的行为。由于它们对初始条件极度敏感，我们要对它们作出精确的预测，必须要准确了解其起点，而这几乎是不可能做到的。换句话说，看似随机的行为实际上不完全是随机的——它们只是没有作线性运动："即使我们的理论是种决定论，也只有那些在初始条件微变的情况下也能保持稳定的行为才能进行复验。不是所有的预测都能做到这一点。"从理论上讲，我们掷硬币时如果准确地知道硬币下落速度和每秒的转速，就可以提前知道结果，但实际上这是相当困难的——更复杂的运动过程的计算难度就可想而知了。所以尽管宇宙在概念上仍旧是决定论的，但"所有决定论都难说明问题。我们最多只能做到可能性的说明……因为我们太过愚钝，无法看清它的结构"。

混沌理论的应用很广泛（派生物也相当多）。首先就是经典物理学中的"三体"问题——两个同样大小的天体对一粒灰尘有着难以预知的引力作用。实际上，土卫七绕土星运行轨道看似随意就是天文学家发现的一个例子。混沌理论也应用于液体与气体中的湍流，米切尔·费根鲍姆对此极感兴趣。伯努瓦·曼德勃罗在其著作《自然的分形几何学》（*The Fractal Geometry of Nature*）中发现了其他的混沌模式。按照他的定义，一个分形体（fractal）"总是在极为广泛的尺度上展示具体的结构"——就像费根鲍姆的"无花果树"那样。爱德华·洛伦茨对于热对流和天气的研究为混沌理论提供了典型实例之一：他用"蝴蝶效应"来概括气候对于初始条件极为敏感的特点（意指一只蝴蝶现在扇动翅膀，在理论上可以决定下周是否有场飓风袭击英格兰的南部）。换句话说，大气状态的小小波动会导致重大结果——因此，即使用最先进的电脑也不可能准确地预报 4 天以后的天气。罗伯特·梅等人在研究昆虫与动物数量的波动中也发现了混沌模式。从某种意义上说，混沌理论最终证明了很久以前马可·奥勒留和亚历山大·蒲柏直觉到的事情：即使世界看上去是"偶然形成的"，它仍然具有一个"规律且美丽"的（哪怕是难以理解的）结构。"整个自然都是艺术，不过你还不知道；一切偶然都已规定，只是你无法看清。”

显而易见的是，混沌理论对社会科学也有重要意义。对经济学家来说，混沌理论有助于解释为什么基于线性等式（这是大多数经济学模型的基础）的预测、预报常常出错。“简单的系统不必然拥有简单的动力属性”这一原则，大概也能用于政治领域。别的不提，至少可以提醒学者们避免用简单的理论来研究选举的决定因素。如罗杰·彭罗斯所提出的，以我们对混沌机制的理解，最多只能“模拟典型结果。预报的天气未必是实际出现的天气状况，但它作为一种天气的确是可能出现的”。还有经济、政治方面的预测，也是如此。长期预报所能做到的只是给我们提供许多可能的事态发展模式，并承认在其中作出选择只是一种猜测，而不是预测。

走向混沌

对历史学家来说，什么是混沌？历史学家关心的不是预测未来，而是理解过去。仅仅说人和其他所有生物一样必须服从自然界的混沌行为是不够的，尽管直到 19 世纪末天气预报都应该算得上是人们健康幸福与否的决定性因素。不过在现代史中，有部分人的行为在这方面的作用也日益明显。20 世纪许多人的寿命都因他们（而非自然）而缩减了，其规模是前所未有的。

混沌理论的哲学意义在于它调和了因果性与偶然性，不仅让我们从奥克肖特等观念论者完全不提因果关系的荒谬世界中脱离出来，也可以防止我们落入决定论者基于法则且预先存在的因果链主导下的同样荒谬的世界。混沌——决定论系统中看似随机的行为——意味着即使是一连串事件存在因果关系，也可能产生不可预知的结果。

其实在混沌理论问世之前，20 世纪四五十年代哲学家对于因果关系的论述就涉及到了这样的中立理论。决定论从根本上认为因果关系只能通过法则得到建立。我们已经知道，这种根本观念可以追溯至休谟。在《人性论》中，休谟论证了要假定X_1和Y_1两个现象间存在因果关系必须要具备以下条件：在一连串事件中，事件$X_1X_2X_3X_4$……后都接着发生了事件$Y_1Y_2Y_3Y_4$……即这一系列事件长到足以证明事件X的发生总是（或者很有可能）会导致事件Y的发生。亨普尔对此作了改进，形成了关于因果关系的覆盖律模型，声称只有基于观察经验归纳推导出的法则（或者说“预先存在”的普遍规律的具体命题），才能说明因果关系是否成立。

然而，如果说“法则”是指与经典物理学定律类似的预测性主张，卡尔·波普尔对于历史学建立此类法则的可能性表示怀疑。他认为科学的方法论都是通过实验对假设进行系统的检验，这并不适用于历史研究。但波普尔对决定论（他含糊地称之为“历史决定论”）的拒斥并不意味着他像奥克肖特那样彻底拒斥因果性的概念。他承认，事件或趋势的确是由“初始条件”造成的。关键在于我们不依赖一种普遍的命题或是推导出的确定性，也可能对历史问题作出因果关系的解释。科林伍德早就区分了亨普尔（或法则性）的因果解释模型与“实践科学”的因果解释模型，在后者中原因是“一个事件或状态，我们可以通过制造或消除它来制造或消除它本应产生的结果”。在这里，建立因果关系的最佳标准不是亨普尔的覆盖律模型，而是所谓的“若不是……就”或“必要条件”检验，即运用“如果原因不发生或不存在，结果也就不会发生或不会存在”这一原则。波普尔同样也指出：“可能性条件总是无穷尽的，为了在探究某个趋势的真正条件时检验这些可能性条件，我们总是会试着想象在这些条件下不会出现这种趋势。”波普尔对历史决定论者最有力的指责是他们无法提出上述问题，无法“想象造成变化的条件也能产生某种变化”（我们已经知道，奥克肖特之类的观念论者也有这样的问题）。

弗兰克尔对这种观点进行了更详尽的探讨，他引用了历史解释的一些例子，这些例子都只是简单地说明“没有这些条件，问题中的事件就不会发生”：

> 如果卢梭没写出《社会契约论》，法国大革命会有所不同吗？如果布思像大多数没成功的暗杀者那样没击中目标，美国内战后的重建时期会有所不同吗？坦白讲，当我们将某种因果关系的影响施加给卢梭或林肯，我们就假定了这些问题的答案是肯定的……再如“克丽奥佩特拉的美貌让安东尼在埃及流连忘返”此类对历史的因果关系表述，其背后的普遍规律到底是什么？

用加利的话来说，“历史学家……指出从前发生过但至今没被注意到或没得到重视的事件，从而告诉我们某种情形是如何发生的。他们很大胆地认为若没发生这些事件，也就不会出现这种情形。”科学和历史之间有个不同之处就在于，历史学家常常只能依靠这样的解释，而科学家可以将它们作为假设，通过实验对之进行检验。换句话说，如果我们在讨论过去的因果问题时不想求助覆盖律，就只能采取反事实条件来检验因果性假设。

研究因果关系的法律理论家也和历史学家一样关心对过去事件因果关系的解释，他们以不同的方式得出了相同的结论。正如哈特和奥诺雷所论证的，穆勒虽然将原因定义为“肯定与否定双方面条件的综合，一定会导致结果发生的、在实现过程中的……全部偶然性”，但这个定义存在着实际操作上的问题。因为律师寻求责任、义务、赔偿和处罚时，必须确定（一场火灾或死亡事故中的）众多原因中哪些是具有决定性作用的。这也同样只能通过提出“若不是……那么”的问题或必要条件才能确定：如果被告没有做出被指控的不当行为，伤害是否成立，通过这个推理过程来说明该行为是否是造成伤害的原因。用R·B·布雷斯韦特的话来说，存在因果性关联的事件——

> 不仅可以论证那些关于已发生或将要发生的事件的推论，而且也可以论证“反事实推论”，即如果某个实际发生的事件没有发生会导致什么结果……律师要在因果关系中寻找普遍性的因素……方法就在于提出A

是B的原因……A如果没有发生，B会发生吗？

哈特和奥诺雷承认必要条件其实是有局限性的（比如在两个人同时开枪打死了第三个人的假设情形下），但他们无疑都认为，这显然比“现实主义者”对立法者意图的主观假设更为可取。

反事实的哲学思考复杂繁多。如加尔迪内指出的，这很大程度上取决于反事实问题的形式，因为它们常常是不完备的：

> “林荫路上的枪击事件是1848年法国革命的原因吗？”这么问的意思是指：“这些事件如果没有发生，革命是否还能在其原本爆发的准确时间里爆发？”还是指：“如果没有发生这些事件，革命是否迟早都会发生？”在后一个问题得到肯定的答案之后，如果我们问：“那么什么才是革命的真正原因？”此时又会需要更详尽的答案。因为有太多可能的原因……不存在那么一个绝对真实的原因在等着历史学家去发现。

这类形式问题此后在逻辑学家们那里得到了进一步的发展。但从历史学家的角度来看，更重要的也许是决定首先应该提出哪些反事实问题。因为针对可能性的最有力反驳之一，就在于指出了这种选择上的可能性是没有任何限制的，就像博尔赫斯笔下的“分岔的花园”一样。克罗齐认为这正是反事实方法的主要缺陷。

不过，大多数可能的反事实问题并没有什么意义。比如，没有哪个理智健全的人想知道，如果1848年在巴黎的所有人都突然长上了翅膀会发生什么事情，因为这显然是不合理的假设。以赛亚·柏林最先对反事实问题的合理性提出了要求，他对决定论的批评与门内克基于同样的起点，即历史学家需对“个体的性格、目的和动机”进行价值判断，而决定论与这种需求格格不入。但他对已发生事件、可能发生的事件与不可能发生的事件作出了重要区分（这种区分最早是内米尔提出的）：

没人会否认，我们常常在小说和梦里去思考人类现在、过去和未来所面临的可能性中，哪一个才是最佳选择；也没有人会否认，历史学家（以及法官、陪审团）总是会尽其所能地尝试确定这些可能性是什么；而论证的方式便决定了哪些是可靠的历史，哪些是不可靠的历史。所谓的现实主义（其反面则是对生活的无知、臆想或做白日梦）恰恰在于：把已经发生的事件置于原本有各种可能性的背景中，并将它与不可能发生的事件作出区分，这……正是历史最终的意义，历史的和法律的公平都取决于这种能力……

将已经发生的事件和合理推断下可能会发生的事件进行区分是十分重要的：

当历史学家在尝试确定某事件的发生及其原因时，会拒绝符合逻辑的若干可能性（其中大多数很明显是荒谬的），而且历史学家会像侦探一样只研究至少有一定合理性的可能性，正是这种对合理性的判断——人作为人会做的事情或会有的状态——构成了与生活方式一致的判断。

换个方式来说，我们关心的是在过去被认为比较合理的可能性。马克·布洛赫对此清楚地阐述道：

判断一个事件是否可能，其实就是判断它的发生概率有多大。那么，去探讨一个事件在过去有没有可能发生合理吗？显然不。只有未来才有偶然性。过去没有给可能性留下任何空间。在投出骰子之前，1 到 6 这 6 个数字都有可能出现。而如果没有骰子，问题当然就不复存在了……但在一种正确的分析中，历史研究对可能性概念的利用并不会形成矛盾。当历史学家寻思过去某个事件是否可能时，他其实是在让大脑作大胆的尝试，把自己移送到过去，在该事件发生前夕去估测其发生的可能性。因此，可能性仍然在于未来。但既然现在被想象以某种方式送回到过去，那么现在就成了建立在时间碎片上的过去，而对我们来说，时间碎片其实就是过去。

特雷弗 · 罗珀同样也指出：

> 历史上任何一个特定时刻都的确存在着各种可能性……如果我们只看到已发生的事情而不考虑别的可能性，又怎么“解释发生了什么以及为什么发生”……只有将我们自己送回到过去，去面对那些选择……只有当我们像当时的人们生活在不确定的环境且面对尚未解决的诸多问题时，只有当我们看到那么多问题一起袭来时……我们才能从历史中吸取到真正的教训。

总之，缩小历史可能性的范围可以让我们去思考那些合理的可能，这样就用可能性评估取代了“偶然性”这个谜团，让我们得以摆脱了单一决定论和无限可能性的两难处境。所以我们要进行的反事实设想不能只是幻想，而应该是以混乱世界中合理可能性的估测为基础对过去进行的模拟性设想（也就是“虚拟历史”的由来）。

这自然就意味着我们需要对可能性有所理解。比如，我们要避免像赌徒那样推理，认为如果轮盘连续 5 次出红，下一次就很有可能出黑——但事实并非如此。掷硬币或骰子也是同一个道理。另一方面，历史学家关心的是人类，人类有记忆和意识，和骰子是不同的。对骰子来说，现在不会受到过去的影响；重要的是掷出后多种因素对骰子平衡的控制。而对人类来说，现在的确会受到过去的影响。举个（博弈论中的）简单例子：一个曾做了两次逃兵的政客，第三次遇到同样情形时却有胆子拿起武器参战，恰恰是因为他此前的屈辱记忆的刺激作用。要对他是否参战的可能性作出估测，必须参考他过去的行为以及现在对战斗的态度。因此，历史的可能性比数学的可能性复杂得多。上帝不是在掷骰子，而人类也不是骰子。我们回到科林伍德对因果关系真正的“历史形式”的论述，在他看来，“被造成的”事件就是负有责任的、清醒的主体所发出的自由且蓄意的行为。如德雷所说，主体在过去的“行为原则”在我们看来并不总是那么理性的。

尽管如此，还有一个问题有待回答。我们究竟怎样去区别有可能实现却没有实现的选择和根本不可能实现的选择？针对反事实方法，最常出现的质疑就是认为它依赖于“那些很明显从未存在过的事实”。因此，我们没有可以用来回答反事实问题的相关知识。但情况并非如此，要回答这个问题很简单：只有经历史考证证明当时的人的确考虑过的那些可能性，我们才应该将其看成是合理的或可能发生的。

这是很关键的一点，但似乎被奥克肖特忽略了。我们常说，过去曾经也是未来；就未来而言，过去的人们不比我们知道得更多。他们所能做的只是去思考未来可能怎样、合理的结果应该怎样。过去有些人或许对未来根本就漠不关心。也可能过去很多人非常肯定未来会是什么样子，有时候历史甚至真如他们所想的那样发展。但过去大多数人所考虑的不只是一种可能。虽然最终只有一种可能性实现，但在发生之前的那一刻它并不比其他可能性更现实（尽管现在看来它似乎更有可能发生）。现在，如果一切历史都是（有记载的）思想的历史，我们自然应该对人们曾思考过的一切可能的结果给予同等的重视。如果历史学家根据实际发生的那个结果抹杀了人们认为合理的其他结果，他就别指望能“真实地”再现过去。因为仅仅考虑已经实现的可能性实际上犯了最基本的目的论错误。要理解过去的真实面目，我们就需要了解那些并没发生但对当时的人来说有可能发生的那些事件。当实际结果出乎人们意料——人们事先根本就没考虑到，之前的那些可能甚至会显得更真实。

反事实分析的范围因此被大大缩小了。此外，我们能合理思考的反事实问题必须是当时的人考虑过的问题，它们还被记载在存世的文本（或其他形式的记录）中，被历史学家认可为有效的历史资料。这自然就将偶然性因素引入了历史，因为哪些文本留存、哪些文本散失是没有必然性可言的。但同时这说明反事实历史也是行得通的。

反事实分析因此就有了双重的合理依据。首先，讨论因果关系问题时，在逻辑上就有必要提出“若非……”开头的问题，去想象如果没有我们设定的原因，会发生什么。因此，我们就必须要在判断可能性的基础上去建构合理的、可能发生的过去；前提是要有充分的历史证据。其次，在兰克看来，想弄清过去“真实的面目”究竟如何，这样做是历史的必然，因为我们必须同等地看待和重视事件发生前当时人们所考虑的一切可能性，比起他们始料未及的结果来，这些可能性更为重要。

因此，本书对方法论所作的重要限定除了已提到的首要前提，即清晰明确的必要条件论证之外，还要求反事实假设必须是当时人们所考虑的那些可能性。每一章所进行的论证，其出发点都是当时被看做有充分现实考虑的那些可能性。

考虑这些可能性时会引出很多重要问题。首先，实际发生的事件在当时大多数的智者看来，常常不是他们认为最有可能发生的：在这个意义上，反事实设想的场景对关键时刻的决策者来说，比实际发生的事件更为“真实”。

其次，我们会发现当人们相信了决定论也相信自己受到决定论的主宰时，决定论就会在历史中真正地发挥作用。正如前文所说的，自然界的混乱与历史的混乱之不同，就在于人类不像气体、液体或低等生物，人类是有意识的。决定人类生存下去的不仅仅是基因，他本人也会努力活下去，因此他会先试图理解过去，并以此理解为基础对未来有所期许，然后当下才会有所行动。麻烦的是他用来作为预测基础的理论常常都是有缺陷的。这些理论总是假定有一个超凡的存在、一个理念、阶级斗争、种族斗争或别的决定性因素，夸大了人类精确预测的能力，也因此误导了人类。托克维尔曾经说过：“过多的记忆往往让人湮灭在政治里。”其实他想说的应该是“受决定论过度影响的历史”。英国内战、北美独立战争、英国和爱尔兰的冲突、第一次世界大战、第二次世界大战、“冷战”……对决定论的信仰增加而非削弱了这些大型战争爆发的可能性。最后，正如这本书想要论证的，死于这些战争的人们都成了混乱而不可预知的事件的牺牲品，而这些事件原本是可以改变的。或许，死于决定论预言的意外结果的人，与死于追求自我实现的人一样多。但一个很显著的事实是，杀人者总是打着决定论（不管是宗教还是种族主义）的名号。从这个角度看，“何必要去问反事实问题”这个问题的最佳答案就是：如果我们不问会怎样？虚拟历史是对决定论的必要矫正。

所以，虽然本书实际上集结了一系列各个不同的“想象的时空”之旅，但我想也没必要对此表示歉意。它也许很有点科幻味道地带读者穿过一个个“虫洞”，到达 8 个不同的世界。但每一章假设的出发点都不只是简单的想象或幻想。世界的秩序并非神授，也不由绝对理性、阶级斗争或其他任何决定论“法则”主宰。我们唯一可以肯定的是在熵的作用下，世界的无序会不断地增加。研究过去的历史学家必然会更加地不确定，因为：一方面他们所认为是证据的东西常常是出于偶然才得以保存；另一方面，在将一件人工制品看做是历史资料的同时，历史学家已经扭曲了它的意义。他们努力从历史资料中推论而得的事件原本就是“或然性的”，换言之，也就是混乱的，因为控制物质世界行为的不是只有线性的等式，还有非线性的方程。人类意识的行为（无法用等式方程来表达）只会加剧世界的混乱。故而在历史中寻找普遍法则是徒劳的。历史学家最多只能是基于可能性判断来构建合理的反事实假设，并根据这些假设来推测因果关系。最终，不同的可能性只能从留存下的当时人们对于未来的说法中推导出来。这些都可以作为一种新的“混沌故事”

（一种混乱的历史研究方法）的宣言，但在很多方面也只是将许多历史学家多年来私下里在想象中进行的工作公之于世。

最后一个问题：如果本书没有出版，会不会有一部类似的（也许更好的）著作很快问世？我忍不住要说是的，而这不只是出于谦逊。十多年来，科学中的因果观念已经有了很大变化，我们完全有理由认为历史学家迟早也会受到影响。当然我们也可以说，如果这一代历史学家能像关注社会学、人类学与文学理论那样关注数学、物理学乃至古生物学，这本书或许10年前就出现了。不过，历史的前进和科学并不一样。库恩认为，科学革命具有突发性的特质——被淘汰的"范式"还将持续作用一段时间。这种看法或许是对的。但至少范式最终还是会彻底改换的，特别是由于科学进入现代以来，研究资源日益向人们重视的那些问题集中。（即使问题被证明不重要，这个过程也是随着回报的日益减少而逐渐显露的。）历史的范式变换方式则是毫无规则可言的。现代历史学不是在周期性的更替中前行，而是一种进展缓慢的"修正主义"。后辈们主要关心的是如何去证明和完善前辈历史学家的学说，只有极少的人去挑战这些学说中的假定（这样做对他们自身的事业来说是有风险的）。如果史学史间或看上去似乎有某种循环性（从普遍意义上讲，本书是反对这种循环性的），那只是反映了这门学科本身的局限。像"叙事的复兴"的一时流行，的确也说明了历史学家在寻求新的方法论时，更倾向回头而非向前开拓。因此，本书在可能主义的强音中结尾似乎也是对的。本书的出现毫无必然性可言。或者说，如果不是一群志趣相投的历史学家的一连串见面会谈（这是很可能不会发生的事情），这样一本书也不会出现。我们也因此能够去关注日常生活实则混乱的本性，本书的序言便是从由此开始的。接下来，本书作为实际出现的结果是否优于其他那些没有实现但却合理的可能（像书中每一章所讨论的反事实假设一样），就要留待读者自己去判断了。

第一章
没有克伦威尔的英国

假如查理一世避免了内战会怎样？

约翰·亚当森

如果不考虑政体问题，可以说英国人所受的委屈本身是不值一提的，对他们也并没造成经济上的重负，对人的天性更是谈不上打击……尽管民众很清楚如果勉强接受了这些先例，会导致议会被废弃和专制政府的建立，但查理一世并不担心民众会提出反对，因为人们一般不会去关心结果如何，只有在某个异乎寻常的理由驱动下，他们才可能去反对现行政府。

大卫·休谟

《英国史》（1778）第53章

VIRTUAL HISTORY

1638~1640 年，查理一世一直为财政危机和苏格兰战争所困扰，心烦意乱之余，他转而关注一件更让他高兴的事：规划在怀特霍尔建造一座新王宫。新王宫为古典风格，由伊尼戈·琼斯的天才门生兼合作者约翰·韦布设计。查理一世一直想更换都铎王朝流存下的布局凌乱的老式宫殿，新王宫的建造实现了他这番夙愿。怀特霍尔的新规划规模很大，布局设计堪与卢浮宫或埃斯克里亚宫媲美。如果资金充足（这在 1638 年是有可能的），新王宫也许在 17 世纪 40 年代中后期就能完工，并在查理一世 1629 年解散议会，建立其“个人统治”体制后成为其内阁所在地。至少在 1639 年前，查理一世都希望从这里去统治他的国土，在韦布设计的巴洛克式庭院与柱廊中，将辉煌的统治再延续 10 年甚至更久。

这种雄心勃勃的规划中潜藏着一种信心，即查理一世政权不仅会延续，而且还会变得强盛。这种信心是否有根据呢？或者说，如许多历史学家所认为的，这只是一个孱弱孤立的政权自欺欺人的愚蠢念头？只是查理一世狂妄自大的又一种体现？对这些问题的回答鲜有考虑到问题所具有的历史价值。

在19世纪最有影响力的两种政治哲学——辉格党原则和马克思主义看来，17世纪30年代查理一世政权倒台的“必然性”已经初现端倪。为了增强君主权威（事实上是增强其行政权力），查理一世试图像克努特大帝那样去阻挡历史的潮流，而这单靠君主的力量是不可能的：人们心中已经树立起议会的权威、对普通法保障下个人自由的信仰，人们一度还认为“贵族阶层（17世纪英国社会最接近马克思所说的资产阶级的阶层）已经崛起”。这种理论还认为，这些力量在无情地推进，从而导致了17世纪40年代的内战与1688~1689光荣革命中议会的胜利，最终在格拉德斯通和迪斯雷利执政的繁荣时期走向了议会统治的巅峰。在塞缪尔·罗森·加德纳（维多利亚时期历史学家，其著作对查理一世统治的论述在百年后仍然影响广泛）看来，未来掌握在国王的反对者手里；17世纪40年代议会关于王国形式的提议，“本质上预见了维多利亚时期盛行的体制”。查理一世在17世纪30年代试图建立个人统治的体制——一个不受议会约束的君主强权政府——不仅是无视对自己的批评，更是跟历史作对。

当然，断言查理一世政权倒台是历史的必然，在最近引来了“修正主义者”一连串的批评。不过，认为查理一世想要推行无议会的政府本身就不可行的看法，仍然潜在地流行着，甚至有些拒斥马克思主义、辉格党原则等的历史学家也如此认为。国王的政策如此不受欢迎，注定要在某个时候引起人们的反抗；而没有议会的资助，国王的战备工作也无法充分进行，因此，查理一世没有议会约束的君主政府的奢想，事实上是他难以负担的。这么来看，查理一世最大的错误就是1637年决定在苏格兰教堂强行推广劳德版的祈祷书——在苏格兰人看来，修订过的祈祷书明显带有“教会和迷信”的色彩。随这个决定而来的一系列事件表明，不管从政治上还是经济上看，要建立一个没有议会的政权都是不可能的。新的祈祷书进一步催化了苏格兰的全面反抗，而此时查理一世仍然拒绝向反对声妥协，威胁要以暴力手段在苏格兰重新建立王室的权威。甚至在受到1639年战役重创、枢密院开始顾虑重重、1640年5月为资助另一场战争召集短期议会遭到失败等事件以后，他仍然坚持不让步于苏格兰誓约派的要求，并决定要发动战争。这导致查理一世的政权在政治和经济上都走向了垮台。誓约派在1640年8月的第二次主教战争中获胜。由于苏格兰军队占领了英格兰北部，议会于11月召开会议，这也是查理一世统治期间第一次出现国王无法随意解散议会的情况。一旦召集了两院议会，王室大臣受到惩处、查理一世政权的核心“改革”措施（从强征造船税到教堂里祭坛的摆放位置）被逐条宣布不合法只是早晚的事了。

关于“英国君主制的衰落”的大量研究，都强调了这些事件之间的联系是极为偶然的。罗素教授认为，至少在1641年2月前，查理一世都还可以与他在苏格兰、英格兰的反对者达成一定的妥协，从而避免内战的爆发。文章没有仅仅停留于查理一世是否可以避免内战，而是进一步提出：他是否能摆脱苏格兰危机并完好地维持其个人统治的结构？在对这些问题的思考中，1639年之关键明显可见。现在人们已经广泛达成共识：如果查理一世第一次就成功镇压了誓约派的反抗（镇压的失败引发了后来一连串对他来说灾难性的事件），他或许不至于被迫在1640年11月召集长期议会，而这好比是凿开了他个人统治结构中的一处蚁穴。如果1639年的军事行动没有失败，查理一世政权很可能走上不同的路。成功地镇压苏格兰人可以给王权增加威望，甚至是更加受到民众的欢迎，在未来相当长的一段时期（可以说在未来的几十年）里完全可以不需要议会。

讨论这些可能性的部分困难在于它们涉及的是已被人们普遍接受的英国历史，其根深蒂固，让人们很难去想象另一个英国：没有强有力的议会，没有出现一个既有新教同时（跟17世纪欧洲大多数国家相比）又相对宽容的宗教地区，没有一个普通法制度将私有财产神圣不可侵犯作为君臣关系的根本原则。如果查理一世的倒台不是“必然的”，那么这些发展也就不是历史注定的结果。英国（和爱尔兰）历史的发展轨迹会非常不同：很可能不会爆发内战，不会出现弑君者，不会发生光荣革命；而克伦威尔则和剑桥郡伊利小镇上的其他乡绅一样，默默无闻地度过一生。

如果我们可以把这些问题仅仅看做是自娱自乐的虚构历史游戏（就像卡尔嘲讽的室内游戏，供人卖弄学问），也许还有点宽慰作用。不过，用特雷弗·罗珀的名言来说，“历史不仅仅是已发生的事，它是那些在诸多可能性中实际发生的事”。正如爱德华·罗辛汉姆1639年8月的报道所显示的，对当时的人来说，1639年王室获胜是现实可信的，而不是虚无缥缈的“反事实”假想。直到1640年8月，王室的财务总管托马斯·杰明爵士仍很自信地认为“我们将非常妥善和成功地处理这些麻烦”。在权衡各种可能性之后，大臣温德班克也附和道：“我不太担心造反问题。”让我们来看看1639年那场战争的前前后后。是国王及其贴身顾问们对局势判断不清，还是查理一世原本真的可以战胜誓约派？

1639年的苏格兰：被放弃的胜利

1639年，查理一世决定在不召集议会的情况下发动战争，这被看做是以他为代表的王室政权对英格兰地方当权阶层的漠视（这种漠视最终被证明是致命的）。英国国王筹备大型战争而不召集议会之先河于1323年由爱德华二世所开——应当说这不是一个好征兆。不过，此后的确也有几次类似情况，都比第一次顺利。1559~1560年，和查理一世一样讨厌议会的伊丽莎白一世，在没有求助立法机构的情况下就组织了一支强有力的军队，将法国人从苏格兰低地赶了出去。1562年，她再次发起战事，派出一支军队远征勒拉弗尔，此前仍然没有召集两院议会。当然，议会通常都是在战争期间被召集，但并不是保证军事胜利的必要条件。

第一章
没有克伦威尔的英国

相信国王可以在1639年发动战争取得胜利而不需议会的资助的，不只是那些阿谀奉承的侍臣。在调查了1639年2月国王可以自由支配的不同资源之后，北安普敦郡清教徒、鲍顿的蒙塔古勋爵之子爱德华·蒙塔古认为显而易见的是，“国王完全不需要议会”。查理一世和他的顾问们打算在1639年发动战争，也是为了检验并希望同时加强那些能够给予个人统治支持的传统制度。君主自古以来就有的财政特权得到了恢复和扩大（包括君主在北部边郡的佃户需缴的兵役免除税以及应尽的边境服役等封建义务）；在对地方进行军事动员时，要求郡县各级治安长官（负责各郡民兵组织）及其副职、地方行政官（治安法官）极尽可能地发挥财力、物力、人力。结果五花八门——有堪称出色的，也有胡闹一场的。但到1639年春天，由于没有议会的支持而仅仅依靠个人统治下各级行政机构，这场自16世纪80年代西班牙战争以来最大规模的军事动员，让英格兰陷入了剧烈的动荡。

1638~1639年的冬天，查理一世对征讨誓约派作出了战争部署——一个陆海军全面配合的作战方略，包括四个部分：第一，在汉密尔顿侯爵（英格兰化的苏格兰权贵、国王驻苏格兰军队的将军）统领下的两栖作战部队，由5 000人、8艘战船和30艘给养船（17世纪30年代征收造船税的成果）组成，其任务就是包围爱丁堡，在苏格兰东海岸建立据点；第二，由机敏圆滑的政客安特里姆第二任伯爵兰德尔·麦克唐纳率军攻打苏格兰东海岸，其任务是分化誓约派军队的力量，将他们牵制在西边；第三，查理一世麾下坚毅、勤勉的总督德普提·温特沃斯勋爵将从爱尔兰发起进攻——从苏格兰西海岸登陆，为安特里姆助攻，在爱丁堡的可进攻范围内布置10 000人（大多是天主教徒的）的爱尔兰军队；第四点也是最重要的一点，即发动一支英格兰军队向英格兰和苏格兰的天然边界特维德河进攻。如果有必要，则将战争直接引入誓约派的腹地。不管查理是否仍想重夺爱丁古堡（如他最初所计划的），军械部都为战争作足了准备，迅速夺取苏格兰要塞是完全可能的。查理一世希望能在战争中夺取主动权。

但事与愿违。不管有没有议会的支持，所有的战争都是对国库的严峻考验，1639 年的这场战争也不例外。1639 年国库实际拨出的 20 万英镑相对来说是个小数目，达不到估计的战争成本。但国库财力的贫乏部分地被地方贵族所筹集的大量款项以及民兵训练耗费在当地的消化所弥补。（到 1639 年 3 月，单是约克郡乡绅就宣布已花费了 20 000 英镑——这些开支都没计入国库总账。）也许这次军事行动计划的主要缺陷在于，苏格兰东北高地的天主教徒亨特利侯爵及其子阿博因勋爵起而反抗誓约派，却没能得到国王军队的及时支援——查理一世因此也错失了 1639 年在苏格兰建立“保皇党”核心的机会。在其他地方，查理一世的军事行动也处处受挫，不得不被放弃。温特沃斯的征兵行动没来得及开展。安特里姆也没能按允诺及时派出军队。而汉密尔顿对指派给他的东英格兰招募兵军队，则持强烈怀疑态度。当一些贵族们被召集至约克助战时，塞伊、布鲁克两位勋爵公开反对查理一世不召集议会就发动战争的权宜之计。5 月 22 日，出现了日食，这也是个不祥的兆头。

但随着军事动员的推进，有些地方出现了希望的迹象。约克郡是苏格兰进攻首当其冲之地，当地贵族的支持也被认为是战争胜利的关键所在，而且当地对动员的回应极为热烈。连不苟言笑的监督人、北部政务大臣温特沃斯也对约克郡的热情印象深刻，致信约克郡代理治安长官（负责召集训练有素的民兵），称赞“如您所承诺的，在执行陛下命令……他们不仅愉快且负责，同时体现了出了极大的忠诚和智慧”。为了建造行宫以及亲自检查战备情况，1639 年 3 月 30 日，国王到达约克郡，受到了拥护者自发的欢迎。“北部的乡绅贵族时常造访行宫，民兵团长官也表现出为陛下作战、捍卫国土的热情。”4 月中旬，汉密尔顿欣喜地发现自己之前的悲观是毫无根据的，在他指挥下的“大多数人都非常优秀，衣着整洁，武装也并不像我所担心的那么糟糕”。尽管如此焦头烂额，但查理一世政权并没有垮掉。1639 年 5 月末，查理一世已经向战争中投入了16 000~20 000人的军队——规模几可媲美克伦威尔新模范军（这支军队实际并没达到史载的21400人），而且比1650年在邓巴取得对苏格兰人的决定性胜利的英格兰军队要多出3倍。当查理一世的军队"在盛况空前的隆重中"从约克郡开拔赴边境开战时，除了为国王赢得胜利，他们没有设想任何别的结果。5月，随着军队集结开始进行训练，士气有所高涨，参差不齐的征兵队伍逐渐变成了一支能够进行严肃作战的军队。"如果我们参战，将面临一场史上最血腥的战斗。"弗利特伍德上校夸耀道，"因为我们要坚决血洗反贼，我们战斗力强、士气旺盛。"国王在描述6月初集合的军队时，只是客观地评价了一句："状态良好，迫不及待想要作战。"查理一世信心十足，"对于那些理应遵从他的地方，绝不再手软"。

然而当两军即将交战时，也就是1639年6月4日和5日，国王开始疑虑重重、优柔寡断。4日，3 000步兵和1 000骑兵的侦察部队在凯尔索遭遇了苏格兰军队，统帅霍兰伯爵错误地估计了对方军队人数，认为寡不敌众，决定撤退。5日，誓约派司令亚历山大·莱斯利利用并加深了这种误解，让军队分布在特维德河北岸邓斯洛地区的各处高地，让国王军队远远地看见，再次错误地估计了苏格兰军队的规模。两军对峙，战火即将爆发。国王此时却过分地怀疑队伍人心不齐，又中计相信对方军队人数大大超过己方，认为现在进攻苏格兰时机不合适。他转而要求谈判，以此赢得时间，而不是冒险与他误以为实力大于自己的军队交战。6月6日，同样想避免战争的誓约派指挥者邀请国王进行谈判，国王欣然接受。

1639年6月，与誓约派进行谈判的决定可能是查理一世这一生最大的错误。随后签订的《贝里克和约》让国王重新获得（含爱丁堡在内的）苏格兰要塞的监护权，并应国王要求解散了誓约派的反对派政府——"圆桌会议"。但作为回报，国王必须承认苏格兰议会以及苏格兰长老会。前者很可能会严重制约远在英格兰的查理一世对苏格兰的统治，后者则要从苏格兰教堂中移除天主教。无论哪一点，国王都难以接受，他从和约中唯一获得的就是时间。为使苏格兰就范，他还是需要再次发动战争。更严重的是英格兰本土的反应。对那些参与了军事动员的人来说，投入的时间和金钱似乎都被挥霍一空。国王召集了一支强大的军队，却在一枪未发的情况下放弃了胜利。

不过，国王决定要展开和谈是基于一个重大的失误：苏格兰军队的规模与实力被过分夸大。事实上，1639 年 6 月初国王的军队与誓约派军队不相上下，甚至还可能多出 4 000 多人。据当时约翰 · 坦普尔爵士的报告，英格兰军队人数在日益增加，战马（从战术上说，这是军队最重要的部分）已经达到了 4 000 匹。即使是在霍兰在凯尔索遭遇莱斯利的军队时，苏格兰军的士气正在瓦解。一份英格兰情报提到，“凯尔索的苏格兰军队真的相信如果双方正式交战，我们（英格兰人）必然会打败他们”。而且，苏格兰人正在为食物、武器、现金短缺等问题大伤脑筋。6 月初，莱斯利军队已经开始出现士兵擅自离开军队的现象。苏格兰军队真正状态的暴露只是时间早晚的问题。就连现代对查理一世政权在战争中的种种缺陷的最严厉批评也认为，1639 年 6 月国王离成功只有一步之遥。“讽刺的是，查理一世此时离胜利如此之近是他从未想象过的。如果他再把和谈推迟一周或两周，苏格兰军队很可能就因军需供给跟不上而自己瓦解了。”到那时，他不动一兵一弹就能占领爱丁堡。6 月 6 日，誓约派要求和谈；而如果再等两周，他们也许就会请求投降了。

对查理的同时代人来说，这场战争的意义也很明确。爱德华 · 罗辛汉姆也许是时事通讯作家中消息最灵通的，他报道了 1639 年大多数人的共识：“我已听许多有识之士谈起，如果陛下能发挥优势教训一下苏格兰人的傲慢，他也许已长驱直入抵达爱丁堡，让苏格兰人阵脚大乱，必然不会再顾及他们的誓约派贵族。”对当时的人来说，尽管国王遇到了不少难题（懒散的检阅官，像塞伊、布鲁克勋爵那样桀骜不驯的贵族，以及勉强维持工作的军械部官员），但 1639 年的战争是查理一世可以打胜的一场战争。

清教的命运：衰弱和颓败？

假设那些“有识之士”对于1639年夏天的判断是对的，国王也与誓约派“叛军”交战并击败了他们——或者干脆稳稳当当地等苏格兰人自行瓦解宣告战争的胜利。查理一世政权有没有可能因为1639年这场胜利延续至40年代乃至更久？对于这个假设会有一些反对。即使不提辉格党原则或马克思主义等理论，仍然会有人反驳说思考一个政权是否能长期存在时，引入对历史偶然性的考虑会产生误导作用。假设查理在1639年的战争中获胜，也只能让其政权得以暂时喘息，而无法保证它能长期延续下去。即使苏格兰人当时没有添乱，反对派难道也无法推翻它吗？

关于查理一世政权是否能延续的任何判断，都必须考虑它是否有能力抵挡住，或至少是抵消潜在的政治压力。英格兰是查理一世的三个王国中最富庶、也是人口最密集的，不太可能对他产生政治上的压力。贵族的“去军事化”在1625年查理即位时就已经全部完成，他由此受益颇多。16世纪武器装备、作战技术方面的快速发展，使得旧式的贵族军械库变得多余。用康拉德·拉塞尔的话来说，1601年埃塞克斯郡的叛乱，标志着“军事威胁不再是英国政治中的重要武器”。如果说17世纪30年代仍然还有一些人想要胁迫查理一世，他们不得不接受以下事实：查理一世的英格兰臣民不可能协助他们——不管这个政权多么不得民心。

如果查理一世不仅受到质疑和批评，还遭到胁迫，那胁迫只可能是来自英格兰以外的地方。从1633年开始就处于温特沃斯勋爵（未来的斯特拉福德伯爵）苛政统治下的爱尔兰，就不时会出点乱子，但对王室的统治还没有形成直接的武力反抗。只有尚未进行“军事改革”的苏格兰还保留有大量私有的军械库，那里的人们有可能建立一支反对国王的军事力量。如果誓约派1639年、1640年在军事上没有取得成功，如果胜利的苏格兰人和查理一世政权的英格兰反对者没有相互勾结串通，那么长期议会就会和之前的议会一样无法让国王低头。如果 1639 年国王打败了苏格兰人，那他几乎不可能受到臣民的威胁。

但是，即使 1639 年国王获胜后不可能再发生武装叛乱，查理一世政权也还是要面对一些更为隐匿的挑战。如通常所提出的，英国政治文化中的两种发展构成了个人统治不可逾越的障碍：首先，革命性的新教崛起并在 17 世纪 40 年代发展到顶峰；其次，立法派、宪政派反对“独裁政府”的呼声日益高涨——包括从造船税到森林罚款等一切未诉诸议会的强行征税，以及星室法院和特权法庭的权力、国王对于臣民自由权利和普通法传统的专横漠视等。

17 世纪 30 年代末 40 年代初，有一股力量或许比其他因素更有力地动摇了英国社会：人们担忧英国政府和教会将屈从于天主教的某种阴谋。就在个人统治的最后几年，英国天主教对 1639 年战备的资助以及国王接见罗马教廷的使者，都助长了关于天主教渗透的谣言——在流传过程中更是被添油加醋。如果 1639~1640 年没有出现一连串反天主教的恐慌和谣言，威斯敏斯特乃至其他地区的政治气氛不可能会如此紧张，以致内战成为可能。

不过，这种天主教威胁论的看似有理及广泛的传播，不仅源于英国国内对查理一世政权和枢密院的猜测，也与当时欧洲的大环境有关。关于三十年战争中新教徒所遭遇的灾难的报道，不可避免地从负面影响了英国人对本土天主教的判断，添加了与其实际威胁并不吻合的恐怖色彩。照这种威胁论的逻辑，如果哈布斯堡王朝及其西班牙盟军在欧洲获胜，英国新教就会岌岌可危。对英国很多虔诚的新教徒来说，三十年战争是一场天启式的斗争，是反基督者和正义者之间的斗争，是《启示录》中预言的圣米迦勒与反基督者间的战斗的历史再现——这不仅是宗教狂热分子的看法，连艾伯特大主教（坎特伯雷大主教劳德的前任）这样的英国“主流”新教徒也这么认为。1639~1640 年的苏格兰危机（以及促成的议会）发生之时，恰逢三十年战争的顶峰时期，此时英国人对欧洲天主教好战的担忧，也许不亚于曾经对西班牙无敌舰队的担忧。

不过，如果说英国上层社会对17世纪30年代末40年代初哈布斯堡王朝的好战极为紧张，对国内天主教第五纵队的流言极为敏感，到40年代初时，这些情绪已有明显的减退，直至50年代：一度最有威胁性的天主教力量——西班牙在1640年困扰于国内的叛乱；1643年，哈布斯堡军队在罗克鲁瓦被孔代击垮（这支号称所向无敌的军队瞬间威名扫地）；40年代中期，天主教试图在欧洲重振雄风的运动终于大势已去。1648年，战争结束。

如果查理一世政权经受了17世纪30年代后期的一系列考验，就很可能大大受益于欧洲教派政治状况的改善——40年代中期（17世纪后25年里第一次），新教似乎真正站住了脚。正如赫斯特教授所说的，对天主教好战性的担忧是17世纪中期英国新教保持好战性的主要原因之一。随着天主教威胁的减退，“对反基督者的恐惧也减弱了”，“反天主教情绪的减弱……也消减了宗教改革者的热情”。40年代后期至50年代，声称新教会被天主教这个庞然大物吞并听上去已经十分无力——这种变化很大程度上导致了50年代“虔诚统治的失败”。查理一世政权如果延续至四五十年代，在没有长期议会和克伦威尔政权的热情支持下，新教的“失败”很可能会来得更快。

随着时间的推移，查理一世的反对力量还会因其他因素而削弱。到40年代，政权的主要批评者中许多人都已迈入老年。当然也不都是像马尔格雷夫伯爵那样的老古董。马尔格雷夫伯爵是伊丽莎白时代的遗老，1640年要求查理一世召开长期议会的12位请愿贵族之一，他让人代投的票促成了1645年新模范军的建立。他还在1588年亲自指挥一支舰队参与对西班牙无敌舰队作战。但查理一世的反对者中大多数有影响力的人都出生于16世纪八九十年代，那时英国新教面临西班牙哈布斯堡王朝的威胁是迫近而现实的。他们的宗教观早在16世纪90年代到1620年期间就已经形成，此间正是加尔文教对英国教会影响力最大的时候。但到1640年，他们中最能言善辩的（在查理一世看来是最勇猛的）有些人已经死去：约翰·艾略特爵士，1629年议会解散后入狱，死于1632年（监禁生活无疑加速了他的死亡）；爱德华·柯克爵士（生于1552年），17世纪20年代这位法律大师在议会中给国王添了不少的麻烦，死于1634年；纳撒尼尔·里奇，查理一世的尖锐反对者，“原本很可能成为议会派的领导”，死于1636年。其他人也都在17世纪40年代相继死去：贝德福德（生于1593年），1640年反对国王贵族联盟的核心人物，死于1641年；约翰·皮姆死于1643年；威廉·斯特罗德死于1645年；埃塞克斯（生于1591年），内战早期议会的总指挥，死于1646年。实际上，1640年的12位请愿贵族、恢复议会斗争的先驱者中，到1646年已经有一半多死去——除一人外均为自然死亡。1639年，国王查理一世正30来岁，而岁月正在消减他的主要反对者阵营。正如基思·费林曾说的，“有死亡的地方，就有希望”。从这一点来说，查理一世政权如果成功渡过苏格兰危机，还是很有希望继续存在的。

如果我们翻看17世纪40年代英国下院的详细数据，会更清楚地发现在人们对待查理一世政权的态度与年龄有着某种关联。在分析下院538位立场明确的议员后，一个显著的模式呈现在我们面前。“很明显，所有地区保皇派成员都要比议会派成员更年轻。”布伦顿和彭宁顿在他们1954年的著名研究中得出结论：“从全国统计计算出，两派的平均年龄各为36岁和47岁——差距非常大。”因此，至少在下院，查理一世的反对者主要是生于16世纪八九十年代的较年长的一代。相比之下，国王的支持者都在30岁左右，他们都是在“詹姆斯一世和平时期”成长起来的，那时国王对于西班牙（如果说不上友好的话）采取的是和解政策。在当时平均寿命相对较低的英国社会，这近11年的年龄差距，可以说在国王的反对者和年轻的支持者之间划出了一条鸿沟。1640年要求召集议会的12位贵族甚至更年长，最年长的（拉特兰和马尔格雷夫）分别为 60 岁和 74 岁。就整个贵族阶层来说，议会派和保皇派也存在同样的年龄差异。

在 17 世纪 30 年代的大学生里，也能发现类似的现象——尽管这部分数据资料不够充分。就大学所提供的有关 30 岁以下学生（包括本科生和不少研究生）的宗教敏感度的资料来看，他们并不是被迫服从 17 世纪 30 年代“劳德革新”，而是自愿地默然接受——有些甚至是抱有积极的热情，并且还增强了对国王的忠诚。1630~1641 年，劳德曾任牛津大学校长，他表现活跃且持干涉主义立场。用夏普教授的话说，这 10 年下来，牛津简直成了“教会和王权的据点”。当 1642 年长期议会分为“骑士党”和“圆颅党”时，“大多数在劳德任校长期间入学的牛津人是支持国王的”。在剑桥，情况也类似：至 17 世纪 40 年代早期，“大学公开表示支持国王”。劳德的教会“革新”看起来找到了大批的支持者。1641 年，由虔诚的罗伯特 · 哈利爵士主持的下院委员会调查了 17 世纪 30 年代大学的情况，发现“（大学中）许多人明显都对天主教传统感兴趣”，这种兴趣之浓厚甚至远远超过了劳德要求的礼拜仪式革新。这些新兴劳德派认为老派加尔文主义不仅是错误的，而且已经过时。正如困惑的加尔文主义捍卫者斯蒂芬 · 马歇尔于 1641 年对长期议会提到，“似乎我们对上帝承诺的真理已经疲倦不堪了”。也许在 17 世纪 30 年代大多数大学本科生看来，“清教”大学已经屈指可数——尤其是剑桥著名的伊曼纽尔学院和西德尼 · 萨塞克斯学院这样古怪过时的老派神学院，并不那么有威胁性和煽动力，是保守的父亲将儿子送去接受 20 年前曾流行过的神学辅导。然而，1641 年下院的大学调查者吃惊地发现，就连伊曼纽尔学院的学生也会溜到极端劳德派的彼得学院去一尝禁忌之快。到 1639 年，剑桥的劳德派“已经处于制高点。彻底占据主导地位只是时间问题了”。

这些数据当然是不够完善的，通过它们进行推论需要十分谨慎。就议会中的年龄和政教立场而言，用 1642 年的信息来推想 3 年前，也就是 1639 年的状况，在解释上存在很多问题，尤其是内战中对国王的支持并不能被解读为整个17世纪30年代对国王政权的支持。当然，平均年龄显示出议会方面更年轻的人，诸如布鲁克或曼德维尔等（1640年他们也都在30来岁），完全可能是未来几十年查理一世政权的眼中刺。类似地，1640年的政教立场调查充其量只能十分粗略地说明个人统治最后几年国民的政治态度。但尽管500多位议员表现出的年龄、立场的差异只是大致地代表了整个国家的倾向，但政治含义相当实在——因为在考虑到整个社会的年龄层分布时，这个结论得到了加强。

1631~1641年，英格兰、威尔士人口的年龄分布始终保持了大致的恒定；人口中近60%为30岁以下，约1/3的人口为15岁以下的儿童。1640年，一半人口（49.7%）出生于1616年后，因此当查理一世1625年即位时，他们才9岁甚至不到9岁。或者用政治经验术语来说：1640年，这个国家1/3的人口所知道的国王只有查理一世。对这1/3的人来说，哪怕最近发生的1628年权利请愿等事件也显得有些遥远——因为在1629年查理一世解散议会时，他们最大的也才4岁。查理一世的无议会统治只要能持续到他实际被处死的那年，也就是1649年，在英国也许就有一半多的人对议会没有直接的经验或回忆。这条鸿沟不仅是政治上的，也是记忆上的，对于查理一世政权在政府和教会的“革新”非常有利。

当然，文化记忆的流传不仅取决于年龄，还取决于一个更为微妙和广泛的因素。加尔文教精神、相信议会是一个有合理秩序的国家的根本组成部分，这些传统不会仅仅因为那些实际经历了伊丽莎白时期和詹姆斯时期的人逐渐离世而被忘记。就算是在议会没有召集的时候，关于议会历史、传统和权力的小册子和专论（常以手抄稿的形式出现）也会被四处散发；所以，即使查理一世1639年获胜，我们也没有理由认为这种现象就会消失。不过，政治感受方面存在的年龄、年代差异还是不能轻易忽略。至少议会在1642年成功地重获支持，其部分原因就在于有些人曾经历了詹姆斯一世时期和查理一世统治早期议会为“臣民自由”而进行的斗争（尤其是1626年和1628年9月进行的争论激烈的会议），议会对他们来说仍然很有感染力。1639年，这部分人已经成了少数派，尽管人数并不小（约占全国人口的40%）。如果在5年或10年后再次响起武力捍卫议会的呼声，回应恐怕不会很热情。对皮姆、圣约翰、贝德福德和塞伊等人来说，1639~1640年是真正的“议会危机”：要么现在恢复议会，要么就永远休止。

英国司法部的重建

因此，假设1639年国王军获胜，此后查理一世面对国内反叛或被迫召集议会的可能性是很小的——这种可能性还会逐年减小。但是，仍然还有个地方可以使国王被迫改变政策，并让公众来审视他行为的合法性：法庭。司法部仍然有权力重创国王的财政政策和特权，1637~1638年国王就造船税合法性起诉汉普登一案就可例证这一点。法官席前，此案被判国王胜诉——虽然没有得到议会同意，法院仍然支持造船税的合法性。但对查理一世来说，这种不得法官人心的判决只能算是一场得不偿失的胜利。理查德·赫顿爵士与乔治·克罗克爵士坦率地指出，从法律角度看造船税是不合法的，他们的意见被视为权威，从而让造船税的合法性问题始终存在疑点。

不过，假设国王的个人统治延续至40年代，法律及其阐释者法官的作用会有怎样的发展，汉普登一案提供了些许提示。17世纪早期，人们以不同方式反复讨论了这样一个问题：普通法能不能保证臣民有权拒绝缴付未经议会同意而征收的税款？在汉普登的律师以及全国大多数的法律意见看来，普通法完全有这个权力。对臣民财产的征收必须通过议会；造船税没有得到议会的同意，因此是违法的。

然而对查理一世（正如对他的父亲一样）来说，法律不过是种工具，是国王用以实现其定义的“好政府”的实用手段；而并非（如爱德华·柯克爵士所认为的那样）一套根据上古时代的抽象规范制定的独立的知识体系。在律师中，也就这个问题分化为了两派，但不尽然就是“普通法”（作为固定的宪法原则）和君主“绝对专制”间的争议，更确切地说，是就应该有什么样的普通法出现了两种意见。早在詹姆斯一世时期，柯克的死敌钱塞勒·埃尔斯米尔勋爵（死于1617年）和弗朗西斯·培根（后来的圣奥尔本子爵，死于1626年）就四处游说以下观点：普通法是王室政府的有力工具。这二人都对普通法有潜心研究。在他们看来，柯克对臣民权利重要性的坚持是本末倒置。国王可以合理地认为，17世纪20年代需要筹钱捍卫国土时，议会征收的税款明显是不够用的。税收的主要形式——特别津贴时常遭遇有组织的诈骗，因为贵族只就其实有财产的一小部分缴税。到17世纪20年代，如劳德尖锐地指出的，特别津贴已经被减少至极低水平，都不值得国王去和议会讨价还价。另一方面，造船税的征收至少有合理的原因，是臣民能够负担的，并且征收数量很现实，相当于一支舰队的实际成本——这支舰队将为捍卫国土而开赴战场，履行政府应尽的义务。众所周知，法律是征服者的法律，如果国土得不到捍卫，就谈不上普遍意义上的自由，国民个人的自由和财产就更无从说起。和查理一世一样，霍布斯也不赞成柯克的观点，他对这番争论进行了简要的总结，认为在某些环境下，国王会因为道德责任而撤销征税必须征得臣民同意的承诺。“如果国王发现要维持这个承诺就无法保护自己的臣民，那么他这么做就是犯罪；因此，他可以也应该无视这个所谓的承诺。”

17世纪30年代里，司法部拒绝承认普通法是工具的观点，这是阻碍王权在议会以外寻找可靠的收入来源的主要力量之一。但是，要改变法官的性格是艰难而微妙的。法官直到去世才会卸任，尽管他们可以在特殊情况下被免职，但公开地将法官解职（查理一世已经因此付出了代价）很可能会起反效果，引起律师的不满，破坏法庭的威望。如果要让法庭成为国王个人统治的有力支持者，必须让他们至少看上去能够独立地进行判决，而不是屈从于怀特霍尔宫的要挟。

但是，说到这些让国王为难的法官，时间似乎又站在了查理一世的一边。17 世纪 30 年代末，他已经离他的目标不那么远了：此时的法官席成员在贵族中深有威望，同时普遍都对王室特权与普通法之间关系的“多数派”解释持赞成立场。1637~1638 年反对国王征收造船税的 5 位法官中，有 4 位已经七十多岁——均为经历了伊丽莎白时期的遗老，思想还停留在 16 世纪八九十年代。他们的法官事业已经到了尾声。耄耋之年的约翰 · 登纳姆爵士（生于 1559 年）、汉普登一案中汉普登的支持者，宣布反对王权后不到一年就死去了。他死后一个月（1639 年 2 月 26 日），理查德 · 赫顿（约生于 1561 年）爵士也死了。民事法院的乔治 · 柯克爵士（生于 1560 年）因日益恶化的健康状况不得不于 1641 年请求退休，他死于 1642 年 2 月 16 日。第四位老法官在诉讼程序细节上支持汉普登的汉弗莱 · 达文波特（生于 1566 年），一直活到了 1645 年，但他所作的判决表明，他准备接受造船税的合法性。法官中，赫顿、柯克，也许还算上登纳姆，可以说是对政府最尖锐的三位抨击者。1641 年，查理一世已经摆脱了他们 3 位。对造船税的反对者还有对查理一世政权其他方面的反对者来说，就法律上有力挑战政权而言，17 世纪 30 年代末期可能都是最后一搏的时候。

到 40 年代早期，由于没有议会的阻碍，查理一世原本可以不需遣散反对力量或铲除异己，轻松地重建司法部，在要求“王座前的狮子”实施新的财政征收措施时愉快地发出同意的低吟。这种服从是有代价的，司法部的声望会因此削减。但再过些年，汉普登案（如果还能提交法庭的话）就可能会完全结案，法官不会只是勉强地表示同意，他们会大力支持国王的财政政策。

1639 年王室胜利后，法律的发展看上去意义已经很明确了。在查理一世统治的40年代，英国也许还是处在普通法的主导下；但这个普通法体系是在培根和埃尔斯米尔勾画的方向下发展的——王权将得到进一步的加强。柯克打下的基础会被废弃。早在1639年对造船税的判决中，罗伯特·伯克利爵士已经宣布了前行的方向。汉普登的律师曾提出，没有得到“议会的一致同意”，“国王不能强行向臣民征税”，伯克利对此毫不犹豫地进行了驳斥。“法律中不存在这种约束国王的政策。法律本身就是国王古老而忠诚的仆人，是他统治臣民的工具或手段。”这番坦率的言论肯定会让那些爱德华·柯克爵士的敬仰者心里猛然打个冷战。

斯图亚特王朝：英国的重塑

誓约派的反抗得以平定，司法部俯首帖耳，国际间“天主教威胁”的减弱，如此一来斯图亚特的三个王国会是什么样子？这很大程度上取决于1639年的胜利对权力的平衡以及对法庭有怎样的影响。毫无疑问的是，在个人威望方面受益最多的就是国王本人了。国王战事的胜利通常都会赢得全国的欢呼；尽管苏格兰的宣传战也相当有力，但这场对誓约派的胜利无疑会受到人们的欢迎，也会很有效地让政权的批评者哑口无言。军事上的成功让查理一世有机会实现将三个王国联合成一个“帝国”的野心——实际就是让苏格兰和爱尔兰进一步顺从于英格兰的统治。在政府、法律方面（宗教方面已经这样推行了），英格兰会提供“秩序与礼仪”的模式，这两个凯尔特人的王国必须也遵从这样的模式。国王也因胜利而有机会开始推行他的个人统治。如他所认为的，臣民的福祉恰恰就依赖于他的个人统治。用几年后国王多少有点阴险的话来说：“如果有人愚蠢到要反对国王、国家和自己的利益，上帝保佑，我们会让他们高兴的——即使这违背他们的意愿。”

1637年，劳德大主教是枢密院中要求在苏格兰推行英格兰礼拜仪式的热衷者之一。对他来说，1639 年王室的胜利不仅仅是国王个人的胜利，也象征着他热衷的事业得到了天意的庇护。他在英国教会中的影响将得到加强，而 30 年代因战争中断的传教政策看上去很有可能继续得到有效执行：教区教堂的祭坛均移到东侧并加上围栏，强调在布道期间进行教义问答，坚持教义与仪式的一致，提高神职人员的财富和社会地位。如果在 17 世纪 30 年代，修改后的英格兰礼拜仪式在苏格兰成功立足，劳德的其他想法也很有可能实现。在爱尔兰，斯特拉福德和德里主教约翰 · 布拉姆霍尔已经在推进他们的计划，准备在仪式上实现与英格兰的一致。在三个王国里，政府的神职化趋向很可能进一步强化——1636 年，在劳德的策划下，伦敦主教被任命为财政大臣明显体现了这一点。随着伯顿、巴茨威克和普林等著名的清教徒在遥远寒冷的地窖中饱受折磨，英国的非国教教徒们也将继续在大主教始终警觉的（有时是怀着报复心的）统治下受苦。伊尼戈 · 琼斯在圣保罗大教堂 60 英尺高的科林斯式柱廊顶部刻下了查理一世是教堂的“重建者”的字样，他对教堂的改造也许可以延续至 17 世纪 40 年代：对于劳德派来说，这是一座实在可见的胜利纪念碑。

天主教徒也因战争的胜利而受益。他们对战备的及时资助（达 10 000 英镑）显然会由于胜利收到一笔极为可观的红利。1639 年 4 月 17 日，亨利埃塔 · 玛丽亚王后致信她的首席秘书天主教徒约翰 · 温图尔爵士，承诺将通过“各种……遭到反对的不便做法”保证资助国王的天主教徒的安全——暗示会对天主教提供有限宽容。天主教徒由此可以继续争取国教礼拜法的宽松政策（劳德对此深为厌恶，他仍持强烈的反天主教立场而完全不顾自己的声望），以及法庭对天主教徒的进一步开放。天主教徒尼斯代尔伯爵（1639 年与查理一世一起下决定发动战争的顾问团成员之一）要求在苏格兰获得重要职位；支持天主教的国务大臣、国王战争顾问团成员弗朗西斯 · 温德班克爵士也提出了同样的要求。我们很难猜测这些举动是会激起对罗马天主教会的反对，还是会最终促成事实上的宗教宽容（就像同时代的尼德兰一样）。但可以肯定的是，不会发生17世纪40年代伴随长期议会统治而发生的天主教迫害，其中20多个天主教牧师悲惨地死于绞刑、四肢裂解等酷刑。和17世纪40年代议会对其所谓的宗教异端的恐怖刑罚相比，个人统治时期最严厉的惩罚（包括伯顿、巴茨威克和普林所遭受的痛苦）相对来看算是轻缓的。

对于查理一世的顾问们来说，1639年的胜利也有广泛影响。直接的受益者就是这场胜利的缔造者们：枢密院中支持国王开战决定的小圈子，他们也密切参与了对苏格兰战争计划的制订与执行过程。这些人包括汉密尔顿侯爵、阿伦德尔伯爵和亨利·文爵士。国王在1639年4月形容他们几人是自己唯一能完全信任的顾问。从1637年爱丁堡“叛乱”初现苗头开始，汉密尔顿就是国王在苏格兰最忠诚的贵族，受益也是最大的。他的显赫地位、在苏格兰拥有的大片庄园以及优雅的英国风度，都使他深受国王青睐，极有可能在怀特霍尔宫中占据无人匹敌的位置。他与国王的关系如此亲密，国王甚至让他取代了被谋杀的白金汉公爵（白金汉公爵死于1628年，其骑兵统帅的要职被传给了汉密尔顿）。据说1639年1月“自从他赴苏格兰任职后”，他“在国王那里赢得的信任与权力”又明显增强；1640年12月，他被认为是“对国王唯一有影响力的人”。1639年如果打败了誓约派，汉密尔顿在朝廷的权位（以及国王对他的青睐）将是难以撼动的。

因为这场胜利而有所损失的主要机构（除了议会以外）应该就是英国枢密院了。由于枢密院的管辖范围并未延至特维德河以北，国王在应对苏格兰危机时就已经把它排除在决策核心之外了。它向国王献言献策的作用被大大地削弱。政府职责中涉及“帝国”的也就是有关三个王国的事务很可能牢牢掌握在国王所选定的小部分心腹手里，这些人包括劳德、阿伦德尔、汉密尔顿、亨利·文爵士，也许还有贴身的帕特里克·莫尔、乔治·柯克和威尔·莫瑞。在1637~1639年的危机时期，这个过程已经开始了。

然而我们完全有理由设想，1639 年的胜利带来的王室独裁倾向会因为朝中的反对声而有所缓和，这种反对本身也是苏格兰失利所导致的。17 世纪 30 年代原本可以因为战争胜利而提高权位的许多人，都与代表“全民”发表意见的在野贵族领袖关系密切。汉密尔顿的圈子里包括塞伊子爵和塞莱子爵（后者第一个提出对造船税合法性的挑战，此后由汉普登接手），很快又加上了曼德维尔子爵（后来克伦威尔东部联盟的指挥官）、约翰 · 丹弗斯爵士（未来的弑君者）以及苏格兰誓约派领袖成员。事实上，在 1639 年，汉密尔顿和政权反对者进行公开讨论已让某些极端保皇派对他的忠诚度产生了怀疑，确切地说是“由于爵爷与誓约派的头目进行通信”。

1639 年，其他两位主要人物也是如此。1639 年战争的主要将领阿伦德尔伯爵，在唯一享有查理一世信任的三人团中地位仅次于汉密尔顿。但是，他在 17 世纪 20 年代是白金汉公爵的死敌，而且被公认为是“旧式贵族”前斯图亚特时代贵族特权的捍卫者，而反对查理一世的贵族绝大多数都来自这个阶层。阿伦德尔的两个战地指挥官霍兰伯爵（骑兵将军）以及埃塞克斯伯爵（陆军中将）和反对者走得更近，两人都被看做是“虔诚”事业的保护者。霍兰是“清教徒”沃里克伯爵二世的弟弟，因非国教徒牧师受到教会威胁而出面干预招致劳德的痛恨；他的哥哥沃里克与政权反对者贝德福德伯爵、塞伊子爵、布鲁克勋爵、约翰 · 皮姆以及奥利弗 · 圣约翰等人私交甚密。1639 年胜利也会巩固埃塞克斯伯爵在朝中的地位，他的大堂兄霍兰一直在帮他争取国王的信任。埃塞克斯的父亲因 1601 年那场夭折政变被处死而成为伊丽莎白时代家喻户晓的英雄，埃塞克斯则差点成为英国一位活生生的新教徒英雄。

战争的失败迫使国王在 1640 年对政策和人事进行调整，导致传出了朝中正进行着一个“天主教阴谋”的谣言（包括阿伦德尔、埃塞克斯和霍兰被解除指挥权，为保证从罗马教廷那里获得贷款的谈判也已经开始进行等）。而如果 1639 年战争胜利了，则会消除可能导致谣言的诸多因素。霍兰、埃塞克斯和汉密尔顿（他们都是天主教会的激烈反对者）都称得上是无懈可击的新教徒。霍兰、埃塞克斯都曾在欧洲以新教徒立场反抗哈布斯堡王朝；汉密尔顿曾在1631年与三十年战争中的新教圣徒英雄瑞典国王古斯塔夫二世并肩作战——此时他在朝中最亲密的盟友则是查理一世王室财务总管亨利·文爵士，他在1639年成为查理一世“最信赖的顾问团”的第三位成员。这三人地位的增强或许能抗衡1639年因战争胜利而有所增强的天主教在朝势力，并削弱天主教阴谋控制朝廷说法的可信度。查理一世也许还会对罗马教廷使节以礼相待，但不再需要低三下四地与他们谈判，以期获得罗马的资助——因为这种谈判明显会严重破坏君主制的公众形象。

当然，如果认为1639年胜利会让查理一世政权的反对者完全销声匿迹就太过天真了。那么，可能有哪些地方会引发反对呢？即使平安渡过了苏格兰危机，国王无疑还会面对朝中关于教会权力合法范围问题的派系斗争。英国国教在朝的影响引发了枢密院（在彭布罗克郡、诺森伯兰郡和索尔兹伯里郡等地，大主教也颇受人们蔑视）对教会强烈的反对情绪；在地方上，教权主义无疑会日益严重，地方的乡绅已经不安地发现教区的牧师最近被任命为治安官，正逐渐取代自己在季审法院法官席中的地位。这种现象会引发因优先权和司法权而产生的个人争斗和无休无止的口角。但是如果苏格兰军队被击败，这些矛盾都还是可控的。劳德与枢密院同仁间的关系无疑还会继续是个麻烦问题，但1639年的胜利让大主教完全有理由认为自己能够在兰贝斯宫安然地寿终正寝。

苏格兰仍然还会问题不断。此前的君主都付出了代价，击败苏格兰是一回事，而掌控苏格兰则是另一回事。誓约派反抗的规模和激烈程度显示，即便1639年查理取得了战争的胜利，苏格兰还是会给政权找麻烦。不过，只要查理能牢牢控制住英格兰，誓约派余部的反抗就不算什么大事——就像伊丽莎白时期一样，虽然16世纪晚期的爱尔兰时常制造点乱子，但政权并没有受到实质的威胁。而且，誓约派的领导者中也存在着派系和个人的争斗。如果查理 1639 年获胜，誓约派中强硬派（如阿盖尔伯爵）和温和派贵族（如蒙特罗斯）原本于 1641 年夏天的分裂完全有可能提前发生。

1639 年后的 10 年必然是政治和经济都需要稳定的一段时期。这取决于查理一世自 17 世纪 30 年代早期就表明的外交立场：避免对外战争。与西班牙基本不可能发生战争。从 1638 年开始，枢密院就极力主张与西班牙结盟；到 1639 年 6 月，贝利埃弗尔惊慌地发现英国和西班牙关系的变化时，提交报告认为大多数枢密院官员都收了西班牙人的养老金。在 1640 年的加泰罗尼亚叛乱之后，西班牙在这 10 年里都没有对英国构成真正的威胁。另一方面，与法国的战争倒是有一定的可能。查理在 1638 年对黎塞留的死敌玛丽 · 德 · 美第奇（法王亨利四世的王后）——还有随她一起抵达的一群暴躁易怒、立场不同的政要（包括旺多姆公爵和苏比斯公爵）提供了庇护。然而，由于法国全力投入与哈布斯堡王朝的战争，国内又有少数保皇派的滋扰，根本无暇与英国开战。与荷兰的商业竞争对英国构成了潜在的冲突因素（17 世纪五六十年代的战争就是例证）。但就目前而言，英国、荷兰两国关系仍比较友好（尽管 1639 年荷兰海军上校特龙普为袭击西班牙舰队侵入了英国海域），而且 1641 年查理一世女儿玛丽与西班牙奥兰治-拿骚家族王子弗雷德里克 · 亨德里克的联姻也巩固了这种友好关系。

总之，只要查理一世不主动对外发动战争，至少到 17 世纪 50 年代，英国也不太可能有外交战事。有了 17 世纪 20 年代的经验，查理一世很清楚对外战争对国力是巨大的损耗。即使 1639 年打败了苏格兰人，政府还需要偿还借款；在苏格兰重建王室政府每年都需要大量的财政支出。政府不可能有心情对外征战。正如诺森伯兰伯爵在 1639 年战争后所说的："苏格兰的问题太牵扯我们的精力，在解决这个问题之前，我们没有打算去重建已支离破碎的欧洲。"

不过，最不确定的问题还是王室的财政。在没有议会拨款的情况下，王室是否能做到收支平衡呢？和平时期对这个问题的回答似乎是肯定的。查理一世曾经成功地解决了他父亲为之困扰的问题：他在17世纪30年代中期做到了账面上的平衡。查理一世的主要问题在于缺乏流动资金，而且无法在国库有额外需要时获得借贷。1639年胜利后，他可以不经议会另外寻求资助，但只能向贵族和富有的城市商人借贷（据报道，仅海关包税人保罗·品达爵士就拿出了10万英镑）。此时的伦敦似乎也就不成问题了。因为几乎可以肯定，由于1639年的胜利，伦敦1640~1641年的政变就不可能发生——这次政变破坏了老派的市府参事议政要员们的主导地位，让国王无法向伦敦借贷。誓约派被打败后，国王与伦敦市议政高官们在1639年仍然亲密的互惠关系无疑可以一直持续下去。

真正的问题还是财政。王室政府是否能超越17世纪30年代中期的财政水平，从而完全不需要议会的资助，甚至长远地看自己就能承担一场战争的消耗？有两个问题需要解决。首先，这个国家是否还能继续承受不经议会征税的代价？其次，如果继续这样做，大多数纳税人是否能从政治上和法律上接受强征呢？回答第一个问题并不难。总的来说，即使把查理一世17世纪30年代所有的苛捐杂税算上，英国在欧洲也是税负最轻的国家之一。正如我们所见到的，在16世纪80年代至17世纪30年代的半个世纪里，英国贵族已经习惯为避税低估自己的财产，特别津贴调查表中登记的财产数额不到实际数量的1/10。而查理一世采用的造船税评级制度对个人财产的评估更为切实（很讽刺的是，1643年议会在“每周评估”中采用了这项制度作为评估基础）。

如果查理一世能像他最初所计划的那样，成功地做到每年向全国征收造船税，他肯定会增加一个规律而丰富的收入来源——克拉伦登伯爵所担心的强行征收会成为一个“任何情况下都能用之不竭的收入来源”。17世纪30年代的税收已经带来了每年218 000英镑的财政收入——这相当于议会每年补助金的3倍。

由此推论下去还有一个可能，即消费税或销售税（一直以来就被人们反复讨论，1643 年长期议会首先确定了这个税种）也很可能成为查理一世政权的主要财政收入之一。由于法院的重建，国王的财政特权进一步扩大得到司法的许可也是很自然的。17 世纪四五十年代的经验表明，贵族完全有能力承受更高的纳税标准：到 1651 年，英国大部分地区的税收是查理一世个人统治时期的 6~7 倍。如杰拉尔德 · 艾尔默观察到的，关于 17 世纪四五十年代“最令人吃惊的”现象，也许就是“税收总量在增加，而反对征税的呼声却鲜有出现”。查理一世的个人统治如果能延续到四五十年代，政府的财政收入很有可能大幅增加，同时也像克伦威尔时期那样不会出现太多反对声。而且，只要他避免进一步大规模的战争，也就不需要将征税标准提高到克伦威尔时期的水平；只要将造船税增加 2 到 3 倍，查理一世就完全可以成为一个富足的国王。

当然，不是所有的律师都会赞成查理一世的征税方案。尤其要提到的是林肯律师公会，其中有不少人是爱德华 · 柯克爵士的仰慕者，任何支持国王不经议会同意就可以征税的司法许可都会遭到他们的坚决反对。和政客一样，律师也因对权贵的谄媚臭名昭著；而且，如果查理一世的政权能够延续到 1640 年以后，他们中的很多人为了自己的事业不受影响，很可能会违背良心地赞同这种财政上的权宜之计。劳德的朋友塞尔顿所著的《闭海论》在 17 世纪 30 年代曾大受朝廷赏识，他也很可能会像 40 年代效忠议会那样效忠查理一世政权。每出现一个爱唱反调的律师比如奥利弗 · 圣约翰或威廉 · 普林，就会同时出现一个像布尔斯特罗德 · 怀特洛克那样的律师准备去迎合现行的政权。

在个人统治时期，法律界事实上已经开始灵活地适应无议会的政府，发明出了一些在大多数情况下去规避法律的程序（比如串通诉讼）。直至 1640 年，拉塞尔教授指出，只有外国人的归化与教区边界的改变，是“律师们发现自己必须诉诸法律才能解决的”问题。议会是政府与臣民间的桥梁，要彻底废弃这项功能，困难显然更大。但是我们仍然可以设想，如果不存在议会，国家的巡回审判法院（含巡回法官和各郡的贵族）在陈述各地民怨时会表现得更为自信，正如1614年法国国会被解散后省最高法院所起的作用一样。

如果查理一世寿命和他父亲一样，那他在1659年就已经去世了。这之后许多事是很难确定的，但至少有一点是可能的：查理一世传给他儿子的是一个强大、殷实的中央集权王国。到那时候，1629年的最后一批下院老议员将在炉边讲述30年前发生的最后的动荡；历史学家则会事后诸葛、煞有自信地论证着议会退出历史舞台的必然性。这样一个国家是否可以称得上是“专制主义”，还是很有待商榷的。因为就像法国路易十四时期一样，国王查理一世的权力实际上还是会受到一定限制，这取决于地方贵族在多大程度上愿意与国王合作。此时的英国就和法国一样，地方阻挠的可能性是很大的。然而，即使没有一支常备军，英国还是更有可能往路易十四时期法国的方向发展，而不会停留于查理一世1625年从父亲那里接受的“混合君主制”。（如果查理一世在1639年力挽狂澜，成立了强有力的王室政府，即使在最糟糕的形势下，其政权的前景也比投石党时期的路易好得多。）

但命运发展可能有不同轨迹的不只是国王们。17世纪40年代那些议会派会不会有可能成为君主政权下的忠臣呢？对他们中大多数人来说，这个问题的答案并不确定。不过，至少有一个人的答案是可以确定的。在40年代，托马斯·费尔法克斯爵士（生于1612年）是议会的“拥护者”：新模范军司令、1645年纳西比战役议会军胜利的缔造者、确保议会得以保存的将军。但在1639年，费尔法克斯拥护的是国王。他是最热心于反苏格兰事业的人士之一，招募了由160名约克郡骑兵组成的队伍，并作为查理一世在那场战争精挑细选出的少数被嘉奖者之一赢得了爵士头衔。我们完全可以对历史提出这样的反讽：如果费尔法克斯在1639年如此热衷的事业发展顺利，它很可能会让英国议会消失数十年乃至上百年。更甚者，这种状态会一直持续到1789年吗？

第二章
英国的北美

假如没有发生美国独立战争会怎样？

乔纳森·克拉克

我想我可以明确宣告以下事实，即要求独立并不是这个大陆上任何政府（无论是单一政府还是联合政府）的希望或利益……同样让我很欣慰的是，这个大陆上的有识之士也都没有这样的要求；正相反，热烈拥护自由的人们都殷切地希望以宪法为基础重建和平与安宁、消弭人们之间的冲突。

乔治·华盛顿致罗伯特·麦肯齐上尉

1774年10月9日

VIRTUAL
HISTORY

英美历史的必然性

在一个人们普遍相信其发展的正确或必然的社会中，历史将面临一个巨大的障碍。无论出于什么原因——世俗的意识形态、普遍的宗教信仰还是共同的乐观主义——这样的社会都会用高超的思想技巧，抹去重大决策者们（不管他们是睿智还是无知、有没有预见力）曾经面对的诸多可能性及其可行性和吸引力。尽管英国算得上这方面的典型，但就对历史的重新编排而言，没有哪个西方国家的文化能比美国做得更系统、更成功。“美国例外论”至今仍然是一个很有影响的集体神话，其根源可以追溯至美国的建国时期。很少有美国历史学家敢于认真地用反事实方式去质疑美国的“天定命运”，这并不奇怪。少数作家想象了美国如果没有独立会发展出怎样的历史，但也往往是把这看做玩笑之谈。新国家成立后，早期的历史学家至少曾经试图避免新教传统天命观强调的历史必然性，也尝试过关注历史中的偶然因素，但这种做法只是昙花一现。人们普遍用天命注定来解释和赞美美国的独立，以致无法看到在现代西方历史中存在着两个最重要的反事实假设。如果没有发生美国独立战争，也没有发生法国因参战而背上的沉重债务，法国的旧秩序不见得会在1788~1789年，崩塌并以广为人知的结局而告终。对1776年的历史提出反事实假设，不是为了照顾英国人的情绪，而是为了指出人们有可能避免那一系列“重大的”国家革命（1789年革命被看做美国独立战争的后续，摧毁了整个欧洲的旧制度）。欧洲的历史学家欣然接受这一系列崩塌并为之欢呼喝彩，对作为导火索的美国革命的必然性完全不加质疑。

因此，缺乏对美国本土这种自满情绪的外部质疑也是法国大革命不为人所注意的遗留问题之一。然而，鉴于北美此前是英国的殖民地，更引人注目的问题在于这段历史缺乏建设性批评的参与。有部分原因是很清楚的：1783年的独立似乎使得美国问题不再是英国历史内部的问题，而成为了一个独立话题的开始，一切问题和答案都只与它自己有关。不过更重要的是，缺乏从英国角度对美国历史的反事实假设进行分析，折射出的是英国历史本身也缺乏这样的分析。直到最近，当英国历史学家认为实际的结果看似能够接受时，他们也很少会去考虑此前可能会发生什么。“对历史的辉格派解释”所含有的目的论色彩几乎与美国历史中的一样。辉格派历史学家或许也会对过去进行反事实的假设，但目的只是为了要强调这种假设本质上是令人厌恶的、难以接受的。维多利亚时代的人们也许会把反事实的假设当成鬼故事听，没事讲来吓唬吓唬自己。

不过，有一些作家大胆地重提了英国历史上公认已经盖棺论定的一些问题。杰弗里·帕克采用一个反事实的结构，试图寻找1588年西班牙军强大而英军较弱的证据，并思考假如西班牙军队登陆英国、取得了哪怕很有限的军事胜利，又会产生怎样的后果。康拉德·拉塞尔对传统观点的颠覆则引起了更多的争议。他假想詹姆斯二世在1688年战胜了奥兰治亲王威廉的军队，对此他的解释很有些讽刺意味，而且抛开了短期的偶然性，将天主教和绝对君主制在英国的胜利归结为深层次的长期因素。约翰·波科克仔细考察了1688年光荣革命的意识形态结果，指出如果不是因为詹姆斯二世逃离英国，统治阶层也绝不会剥夺他的王位。这些反事实的提问都有其充分的理由，那么如拉塞尔提出的，既然1688年光荣革命的发生并不是必然的，我们也很难不对美国的革命提出反事实问题。原本可以避免的那些事件不会因为被冠以“革命”一词就具有了特殊的地位。

斯图亚特王朝的选择

就美国问题来说，如果设想英国要在宪政基础上建立横跨大西洋的帝国，反事实的假设就有必要从斯图亚特王朝末期包括其被流放的继任者开始。因为对于18世纪的英属北美来说，仍然有可能作为英国的属地处于那个命运诡谲的王朝的统治之下。这就可能带来两种完全不同的立宪方式，而二者都可能会让英帝国从内部得到巩固。如果詹姆斯成功地重建了殖民地政府并在1688年没有失去王位，就会采取第一种立宪方式。如果詹姆斯的后代重新夺回詹姆斯失去的王位，而且英国与殖民地的关系仿效起英国的三个王国之间的宪政关系，第二种立宪方式就会被采纳。

有人也许会认为，詹姆斯二世关于美洲殖民地的计划反映的是对官僚中央集权的固守以及对议会代表制的反对。但由于他对殖民地统治为时已久，且已广泛参与殖民地事务，这个计划可以说是针对美洲现实深思熟虑的结果。在第二次英荷战争后，当时还是约克公爵的詹姆斯获得了纽约和新泽西的殖民地所有权。纽约向作为领主的詹姆斯要求建立议会，但关于殖民地冲突的经验让他始终抵制这个要求：1683年他勉强同意建立议会，但在1685年即位后他立刻废止了议会，纽约也成为了英王直辖殖民地。同样，随着1684年特许状的撤销并成为英王直辖殖民地，马萨诸塞也失去了自己的议会。此后，詹姆斯进而将康涅狄格、马萨诸塞、新罕布什尔和罗德岛合并为一个新的联合体，即新英格兰领地，设一名总督进行管理；后来，新泽西和纽约也被纳入其中，人们开始担心詹姆斯会像这样将美洲所有的殖民地合并为两或三个“领地”。对殖民地议会的压制以及总督权力的扩大，其意图首先是要把殖民地变成有防御力量的军事单位，其次才是迫使桀骜不驯的公理会实施宗教宽容。但这两项措施结合却全面引发了对在英国已经出现的“罗马教会势力与专制权力”的恐慌。当 1688 年 12 月詹姆斯出逃的消息传至殖民地时，反抗情绪瞬间爆发了：北美也迎来了它的光荣革命。

但是，如果 1688 年英国没有发生光荣革命，处于当时发展水平的北美殖民地会不会起来反抗政府合并殖民地为领地、取消或压制议会等做法？没有 18 世纪的议会结构，殖民地立宪辩论也不一定会在当时采取那种形式。假如北美在早期就有效地归属了英国当局，同时英国国内威斯敏斯特、爱丁堡和都柏林的议会（尤其是前者）并没有发挥那么重要的作用，北美在 18 世纪六七十年代反抗的可能性就要小得多了。

因此，正如当时的辉格党人所坚信的，第一种选择假设斯图亚特王朝的统治意味着议会的终结。这至少还有待考证：如果说查理一世、查理二世和詹姆斯二世与议会难以共处主要是因为宗教上的冲突，那么我们可以另外假设，如果斯图亚特王朝就宗教问题与议会达成妥协，其实就和其他王朝一样不会再那么反对民主议会。这个假设在 1688 年后的斯图亚特王朝史中可以找到一定的根据，因为 1688 年詹姆斯二世的出逃并没有解决这个王朝的遗留问题。在 1689~1690 年、1692 年、1695~1696 年、1704 年、1706~1708 年、1709~1710 年、1713~1714 年、1714~1715 年、1716~1717 年、1720~1722 年、1725~1727 年、1730~1732 年、1743~1744 年、1750~1752 年以及 1758~1759 年，斯图亚特王朝都曾“策划、发动或被发现”有复辟的阴谋。詹姆斯二世党人唆使的外国侵略则在 1692 年、1696 年、1708 年、1719 年、1744 年、1746

年和1759年受挫，原因则是恶劣的天气和皇家海军的抵抗（各自参半）。与此同时，詹姆斯二世及其子孙都不断地宣称，对于此前他们似乎横加威胁的立宪形式，他们其实是尊重的。1689年以后，奥兰治的威廉、辉格党人和汉诺威王室支持者都对议会代表制极度缺乏耐心，此时流放在外的斯图亚特王朝却反而开始呼吁建立独立清白的自由议会。与解放威斯敏斯特、爱丁堡、都柏林议会这个目标同时产生的还有一种强调君主权力的立宪理论，认为英格兰、爱尔兰、苏格兰的联合王国必须效忠于同一个君主。1660年君主制复辟特意取消了克伦威尔与苏格兰和爱尔兰的结盟；斯图亚特为了争取苏格兰的支持，也决定解除1707年的结盟。苏格兰的詹姆斯二世党人既希望斯图亚特王朝复辟，也希望恢复爱丁堡议会；爱尔兰的詹姆斯二世党人则提早几十年就认为爱尔兰应该和英格兰拥有同等的立法权，此观点在18世纪80年代得到了爱尔兰辉格党政治家的大力鼓吹。如果詹姆斯二世没有自毁于其狂热的宗教热情，对他来说这种方案也许是相当可行的。

在北美也可以采用类似的结构。到18世纪70年代，北美殖民地的人们有时也要求在既有的帝国结构中实现更大的立法自治。他们重拾了一个观点，其对王权的捍卫在汉诺威王室支持者看来颇具托利党的保守主义色彩：每个殖民地的议会都与威斯敏斯特议会享有同等权力；他们还主张，帝国的各个部分只有通过效忠同一个君主才能得以联合。持有这种观点的不只是少数的美洲殖民者。英国国内也有赞同的声音，在持不同政见的大臣、哲学家理查德·普莱斯等改革派的著作中就有所体现。詹姆斯党后来体现出某种抗议倾向，在其核心的王朝学说上又添加了对社会民怨的关注，从而为此后约翰·威尔克斯的仗义敢言作了铺垫；与此类似的是，它的立宪学说也在政治领域许多出人意料的方面引起了反响。一个斯图亚特统治下的英国或许可以受到大西洋两岸的欢迎。

独立之后，殖民地居民似乎在人们看来总是坚决地反对君主制的。国父们的部分著作中也确对此有所解释。比如独立战争最早的斗士之一、美国的第二任总统约翰·亚当斯在1775年提出，“英帝国”的观念在北美并没有宪法根据，“影射的是罗马那样的帝国，旁敲侧击地暗示英国王室的特权”是绝对的，与上院、下院无关。不过，每个殖民地都通过王室的纽带与整个帝国相联系这个富有爱国色彩的简单模式，还是吸引了殖民地的大多数居民。即使在独立以后，这种模式仍然对很多美国人很有吸引力。1800年，弗吉尼亚革命领导者、《联邦党人文集》作者之一、1809年出任美国第四任总统的詹姆斯·麦迪逊在思考联邦州府与各州的权力平衡问题时指出：

> 革命的根本原则是，各殖民地与英国都属于一个共同行政权威而非共同立法权威统一下的帝国的成员，彼此平等。美国各议会都应像英国的议会一样，保持完整的立法权力。殖民地和英国一样承认国王委派的行政官员，因此王室特权在每个殖民地都是有效的。

这种思考方式很传统，围绕的就是宪章、法令还有普通法特权等。当然，殖民地的观点最终是通过一种完全不同的自然法风格表达的，很快就得到广泛普及。比如，1764年，波士顿律师、最早就爱国问题进行争论者之一的詹姆斯·奥提斯借助洛克反斯图亚特王朝的自然法观点主张，只要立法部门辜负了政府的信任，打破了人类为之“进入社会”的“这项根本的、神圣的、不可更改的自我保存法则”，政府就会解体。在“自然法”的作用下，人们离开母国在别处寻找地方以“重获自然的自由与独立”——早在1766年就由弗吉尼亚的老政治家、小册子作者理查德·布兰德提出了这种革命学说。在布兰德看来，“当他们离开，那个国家的权威与主权就消失了”；这些人“将成立一个新的主权国家，独立于之前他们离开的那个国家”。在革命之后，这些观点被直接归为促成独立的原因。然而，这种向自然法观念的转变并不是必然的，而且直到18世纪70年代才得以广泛普及。如果帝国从1688年就已确定了殖民地分离并与国王直接保持关系的结构，也就不会产生这种自然法的要求。英美之间的争端就仍然要在对特定自由与特殊待遇的具体协商中去解决。

就英国法律来说，这番争论还可以有另一种不同的方向。从形式看，王室以“自由永佃权”的名义把北美所有土地分给了殖民者，就像肯特郡东格林威治的领地一样。依照法律，它们只是王室领地的一部分。本杰明·富兰克林在 1766 年对英国土地法律的这种古老教条大加嘲讽，但其他人仍然打算沿用这种教条处理合众国的相关问题。所以，它对双方来说都可能是有用的。为了维护独立，约翰·亚当斯借用这条法律指出，对于詹姆斯一世来说，英国法律中并没有与“殖民”相关的条款，也没有相关规定涉及“经议会同意，可横跨大西洋或在英国本土以外进行殖民，或经国王颁布特许状，臣民可迁居国外”。殖民者完全利用这个观点，为解释大西洋彼岸的宪法进行特殊的解释。不过，对此还有不同角度的看法：根据普通法，国王可以根据禁止离境令阻止移民，因此，离开王国的人们可以再延续自己的权利这一自然法规定是软弱无力的。如果殖民地是王室批准的，有些殖民者就可以认为他们仍然是英国领土的一部分，因此也享有英国人的所有权利（包括“无代表，不纳税”）——这种想法与布兰德认为殖民地是自由独立的国度的主张背道而驰。因此，1763~1776 年虽然出现了很多关于立宪的政治理论，但主张完全的独立并不是唯一或必然的结论。

尽管自然法观点及其促生的《独立宣言》是不言自明的真理，但在战争爆发前，上述旧派立宪学说仍然很有市场。1775 年，最高法院首席法官曼斯菲尔德勋爵在上院的讨论中认为，殖民地社会的不满主要集中于英国至上的原则，而不是在立法细节的争议上。

> 如果我没弄错的话，殖民地议会对《宣示法案》（1766 年）的通过集中表达了不满。这份法案宣称英国的至高无上，可以随意在北美制定

法律。这才是争论的真正焦点。殖民地实际上否认的是这项权利，而并非行使这项权利的方式。他们可以允许英国国王在名义上统治他们，但仅此而已。他们会摆脱对英国王室的依赖，但不会切断与国王的关系，只会将他看做无关紧要的人物。他们会像现在的汉诺威王室一样维持与英国的关系；或者更恰当地说，正如苏格兰和英格兰在《联合法案》通过前的关系一样。

因此，立宪学说和实际目标之间是相辅相成的。在18世纪斯图亚特王朝统治下的英国，随着殖民地人口的增长、经济的繁荣和政治发展的成熟，这种学说也许更容易被用于重新定义帝国与殖民地之间的关系。1839年的《德拉姆报告》之后，帝国权力下放成为殖民地最终的发展途径；如果斯图亚特王朝的统治得以持续或者成功复辟，很有可能发现自己在不列颠岛推行的宪政结构无意中在促成帝国权力的早日下放，因此很可能容忍而非抵制北美殖民地的要求。当然，斯图亚特王朝的复辟并没有对政治造成什么影响，一心进取的英国更加坚定地相信布莱克斯通的学说：王室对议会享有绝对的权威；而保守的北美痴迷于17世纪法学家爱德华·柯克爵士的学说，最终起而用武力来反抗英国。

1688年和1776年：两种类型的悲剧？

1688年在不列颠群岛发生的革命与1776年在英属北美殖民地发生的革命，在本质上有很多共同特征：最初看上去不可能发生；大多数人尽管对政府不满，但要进行武力反抗则不情不愿；最后行动的高度一致；在历史考证时，关于当时实际发生的事件，人们的意见出现了相当大的分歧；都存在一种强烈的政治需要，要求革命必须拥有明确而深远的意义。然而，就因果而言，这两段历史是很不同的。作为一系列事件的结果，詹姆斯二世在很短时间内就下了台。在当时人的眼里，这些事件是令人困惑的；而历史学家则称这些事件是偶然因素使然。不管是当时还是后来，在人们看来，这都是一场匪夷所思的革命，要完全地解释它缺乏充分的证据。正相反，研究18世纪七八十年代冲突的历史学家总是会认为，革命是法律和宗教中社会、宗教或意识形态矛盾长期酝酿的结果，它来自多方面因素的作用，迟早都要发生。那些在英国政策里找原因的人，以及认为革命的爆发主要还是由于殖民地内部原因的作用的人也这么认为。

不过，即使革命前有如此多强有力的促成因素，我们也还是可以提出反事实的假设。除了双方都大力投入这场旨在赶走外国统治势力的殖民地解放战争之外，由于这场战争是一场内战，战争的双方还有另一个合理的选择。1688年的光荣革命中，绝大多数英格兰人和苏格兰人都作壁上观，看哪方会取得上风；而1776年13个殖民地的革命就与此完全不同。自18世纪60年代初开始，殖民地的人们就因原则性的冲突和本土的高压政策时常响应政治上的动员，对支持哪一方已有明确立场。在1688年的英国，政府的改革是和平实现的，但此后人们便不断地纠结于如何阐释已发生事件的理论意义；在1776年的美洲殖民地，人们已有过理论上的辩论，并迅速陷入彼此之间因效忠对象不同而进行的激烈内战。直至1783年和平的到来，效忠王室派永失支持以及胜利主义思潮的到来，人们开始认为民族目标已经统一、彻底独立的美利坚合众国必将诞生。

因此，多方面因素的作用并不意味着必然性，反而引发了两个反事实假设——两个无法调和的不同选择：要么出现一个英属北美，更稳定地融入英国教会以及王室、商业和科学的现代社会体系；要么出现一个共和政体下的美洲，倒退入一种平民政治、宗派冲突和自给自足小农经济的模式，这在很多英国观察家看来，就好比是唤回了17世纪四五十年代。当然，这两个选择是由政治上的偶然因素决定的，因为未来美洲社会的英国模式设想并不是要强行对当地的信仰等各方面作出改变，也完全没有试图向殖民地种植园源源不断地输送贵族和乡绅：殖民地社会早已作好充分的准备要接受英国贵族阶层的理想。而英国也的确企图在美洲推广英国教会，并打算以之为基础在当地的多元化社会中建立实行宗教宽容的政权。但在殖民地很多人（不仅是其中的非国教者）的眼里则完全是另一回事，这体现了英国想要控制他们的精神领域，用心险恶。

同时，英国在文化竞争中霸权主义的体现也被解释为用心险恶：随着英国审美口味和商业标准规范下的货物进入美洲，其背后的消费观正让当地的上流社会日益变得英国化。此后，由于实现了独立并且在宪法修改实验上取得初步成功，这种影响很快被新国家人民的兴高采烈遮掩了。一个年轻纯洁的共和国诞生了，它拒绝旧世界的腐败，也摒弃了现代消费主义的奢靡——这个念头如此强烈，以至于被铸造成了一个国家神话。而当腐败和奢靡重新回到人们的视野（这是必然的），它们也必须服从这个神话，不能颠覆它：人们认为是殖民文化例外主义为美国的政治独立指明了道路。然而，只有回过头去看历史时，才会显得是美国人价值观的发展让美国独立必然发生。

在 18 世纪 70 年代之前，反抗与自治似乎是不可能的。英国的旧体制（17 世纪 60 年代提出的国家形式）就是为了避免再度陷入 17 世纪初的欧洲曾经历的宗教战争和社会运动的恐怖，而它的运转还算顺利。当时很多人对 18 世纪 70 年代中期发生的看似退步的重大事件充满了畏惧和质疑：人们大都认为公开的原因完全不足以解释正以如此规模展开的悲剧。事实也的确如此。

尽管有些评论员已经预见到在遥远未来的某个时候美洲有可能独立，但几乎没有人料到危机在 18 世纪 70 年代就出现了。1776 年 2 月 13 日，本杰明在下院商议废止《印花税法案》时出面作证，后来殖民地共和党人认为其言辞经典地说明了 1763 年前的殖民地现状。他声称当时的殖民地——

对王室政府的臣服是心甘情愿的，并且所有的法庭都对议会的法案唯命是从。尽管几个旧殖民地人口众多，但你并不需要任何军事力量来迫使他们臣服。统治他们只需要一些笔墨。他们被牵着鼻子走。他们不仅尊敬而且喜欢英国，包括英国的法律、风俗习惯甚至是时髦潮流，这极大地促进了商业的发展。本土的英国人也总是会受到他们特别的尊重；做一名老派英国人本身就能赢得某种尊敬，并且在他们中还会显得高人一等。

就连殖民地经验丰富的官员也是如此。1764 年，曾在 1757~1759 年任马萨诸塞总督的托马斯 · 博纳尔提出，通过加强怀特豪尔宫与各殖民地的个别联系来加强宗主国对这个重商主义帝国的控制，要避免殖民地之间进行联合的任何可能性。在他看来，如果充分发展大西洋两岸的商贸，关系就不可能破裂：

如果独立就意味着反叛，那么这一定是最违背他们本性、兴趣和思想的。如果有人提出要背叛母国，应该会遭到他们的厌恶（事实上也的确如此）。他们仍然会毫不动摇地拥护汉诺威王室对新教信仰的继承；什么也不能消除他们内心对英国那股自然的、几乎可以说是机械的依恋感，除了“家”之外，再没有任何东西或言词能概括这样的情感。

在殖民地对《印花税法案》提出强烈的抗议之后，其于 1765 年出版的第二版中的同一段话并未作任何改动。博纳尔只是添加了一篇序言，他在序言里说明了“煽动者”如何制造了最近的骚乱：

真正伟大和明智的人对人们作出判断时不会看他们的激情，而是会看他们的主要原则和行为。当他看到人们都忠于国王、顺从政府，为公益精神与公众福祉的每个目标而忙碌时，他不会太看重他们因突然的惊恐和愤怒产生的言语举止；最终他会满意地看到人们又恢复到之前的彬彬有礼、循规蹈矩。

这些预期解释了革命发生时人们为之震惊的心情。1765 年 5 月，帕特里克 · 亨利在弗吉尼亚下院对《印花税法案》提出著名的抗议之后，弗吉尼亚议员埃德蒙 · 伦道夫写道：

没有受到直接的压迫，没有一个情绪爆发或理论演绎导致的理由，也没有对君主制度的厌恶；带着对在位国王的衷心拥护，对大西洋彼岸同为一个帝国的成员的手足之情，对他们才能、学识和美德的赞赏，对他们风俗和潮流的追捧……总之，带着对英国这个伟大模范的敬意，1765 年下院表达了一系列原则，它们在两年内将发展成一场革命。

1766~1775 年出任宾夕法尼亚州下院发言人的约瑟夫 · 盖洛韦在展望 1779 年时提到，在七年战争时期，“国王陛下的其他领地并不比这 13 个殖民地表现得更加忠诚……这时的北美鲜有背叛的念头；或者说，即使是有，它自己也会提出对之进行惩罚”。

这里就出现了一个矛盾：如此根深蒂固的情感怎么会突然彻底转变呢？

不久之前，人们还衷心拥护君主，眨眼之间普遍不再效忠，转而坚定地依附起了共和政府，同时并没有受到任何意料之外的痛苦或压迫。这一切究竟是如何发生的……殖民地的人们并没有遭受到足以导致这个结果的罚款、羁押或者压迫……遍寻人类历史，我们再找不出从极度忠诚突然变得普遍不满的例子了。正相反，历史上人们对国家归属感的淡漠都是一个缓慢的消除过程，原因并非存在于想象中的、实际未发生的长时间压迫。

盖洛韦对这个矛盾的解释很极端：殖民地的人们并不像某些支持共和主义的狂热分子宣称的那样心怀不满，他们完全有可能回到从前的效忠状态。这种解释对于“革命是北美民族主义长期发展的最高峰”的普遍信条是一种挑战。

不只是盖洛韦，波士顿法官彼得·奥利弗也认为，革命是一种“奇特的”现象，“因为翻翻历史，我们就会发现，不管是在罗马帝国还是别的国家统治下，殖民地的反叛都是源于严重的压迫”。但北美“在襁褓时期就已经被精心的呵护与哺育……一直都心满意足……好几次几近毁灭时得到了拯救”；这是“一场不正常的反叛”，是被殖民地“少数自甘堕落、蛊惑民心的政客”煽动的。达特茅斯伯爵负责殖民地事务的次官安布罗斯·塞尔在关注纽约事态的发展时，对新泽西和弗吉尼亚通过宪法的消息作出了同样的反应：“跟上个世纪马萨诸海湾地区的巫术相比，这是一场更神奇、更普遍的流感！在任何国家的历史上都找不出像这样致命的反叛，它的疯狂和愤怒难以得到平息，而其爆发的原因如这群不快乐的人们所说的，是源于如此细小的琐事。”马萨诸塞的律师和政治家丹尼尔·雷纳德写道：“如果后世人被告之，他们目前的所有烦恼都源于议会对一磅茶叶征的税从一先令改成 3 便士，难道他们不会觉得比起巫术来，北美历史中的这种疯狂更难以理解、更丢脸吗？”最初他们并不能理解爱国者们给出的理由，后来他们也开始将革命解释为迫于内部的巨大压力而发生的火山爆发。

1688 年光荣革命的悲剧性正如薄伽丘《名人的命运》里的比喻所说的——“伟人的堕落”；最高贵、最辉煌者在命运之轮恶意的转动中变得最为卑微，而原因看上去却微不足道。回过头看，我们发现这其实是偶然性导致的悲剧。可以说，1776 年那场革命同样也是如此。然而，追溯历史的时候，人们需要将 18 世纪 70 年代中期的历史整合为一个伟大民族仰首以望的神话，这便有了不同的解释。现在看来，1776 年革命的悲剧性似乎在于它遵从下面这个不能推翻的逻辑：一场厄运即将到来，一连串事件的发生都预示着灾难，而这些都不是源于悲剧性的过错，而是因为对崇高理想和善良意愿的追求导致的。历史学家有权怀疑，这种因果的关联在当时是否就像后人所认为的那样是必然的、不可避免的。而对这种必然性产生怀疑，就意味着反事实假设的产生。

“外部原因”论与目的论的不足

直到现在，历史学家对 1776 年革命起因的叙述也还是陈词滥调，都是一派目的论的口吻，连篇累牍地叙述英国对殖民地的政策以及殖民地对政策的反应，叙述风格则都采取一贯的基本模式：《印花税法案》、“汤森法案”、波士顿倾茶事件以及“种种令人无法容忍的法案”。宣布独立的决定让人们有必要去论证革命的爆发来自外部因素，这让造成矛盾冲突的“外部原因”成了真正的原因：英国政策的改革就足以解释殖民地人们对这些政策的反应了。这种解释模式本身就暗含着反事实的假设，但这个假设不够充分——它不得不有所暗示（但未必真的确信），威斯敏斯特与怀特豪尔宫对殖民地政策稍加变化就能保证帝国的完整。尽管我们确实应该对英国本土的政策提出质疑，但仅仅以这种方式提出问题就已经让北美殖民地面对的各种可能选择变得模糊起来了，尤其是这会系统地取消原本的主要假设，即殖民地原本可能选择在帝国的框架内走上稳妥中立的和平发展道路，此后政治逐渐变得相对独立，文化保持较大的依附性。

为了捍卫民族文化的必要性，研究美国革命的美国历史学家无一例外地都假设是殖民地外部的因素导致了革命的爆发。就这个问题，时下流行两种颇富学术气息的观点，都有广泛的影响，但都不太可靠。伯纳德 · 贝林在 20 世纪 60 年代提出了第一种观点，认为 18 世纪早期的殖民者采用了英国“共和派”的一种政治修辞，将政治美德等同于土地独立、代议制、宗教怀疑主义、贵族统治与民兵力量，在常备军、官吏、任意征税、教职权术与专断的王权中看到了政治腐败。18 世纪 60 年代初，殖民者认为自己看到了英国政策中的这些罪恶。贝林认为，考虑到英国政治及其殖民政策改革的性质，人们这么认为也是合情合理的。

第二种“外部原因”论解释的源头更早一些，但其现代版本则是由杰克 · P · 格林提出的。这种解释描述了 18 世纪初殖民地与宗主国之间的关系中出现了一种双方心照不宣的宪政结构。这种结果实际上保证了各殖民地议会的存在，并且促生了殖民地自治的准联邦体系。根据这个观点，18 世纪 60 年代英国殖民政策已经妨碍到早已广泛存在的自治体制，并仍然坚持对之加以限制，各殖民地对此形势达成了共识，进行武装反抗是必然而自然的反应。

但贝林和格林都没有完全坚持这样的观点，他们认为如果不是英国殖民政策的一系列改革，殖民地与英国的纽带原本可以长期存在。如果英国政府有不同的作为，就可以在殖民地的要求与帝国的存在间寻找到一个平衡。如此一来，许多历史学家对英国政治而非美国政治提出反事实假设的做法就是有意义的：

> 让怀特豪尔宫掌权者不断更迭的机缘对于帝国这场内战的爆发也发挥了作用。几乎在每一个转折点，事件都可能有不同的进展——如果 1765 年春天乔治三世没有和格林维尔发生争执，如果坎伯兰没有在那年秋天去世，如果 1766 年初格拉夫顿和康韦并没那么坚持地让皮特来领导内阁，如果皮特也就是后来的查塔姆伯爵没有同意格拉夫顿让汤森勉为其难地担任自己的财政大臣，如果查塔姆伯爵健康状况良好或如果汤森早他一年病倒，如果 1767 年罗金厄姆派联合起来把格拉夫顿赶下台迫使他加入了贝德福德党，如果 1769 年格拉夫顿作为财政部部长能够坚持自

己（关于茶叶税）的财政政策——两场武装冲突都可能在1775年之前殖民地经济发展水平较低、物质和精神上也未作好充分准备的时候提前到来；或者人们会更加谨慎地在帝国内部进行调整（这种调整迟早都会出现），仇恨会因此减少，暴力冲突也不会出现。

这段论述出自1976年出版的一部著作，两位著名的作者一个是英国人，一个是美国人。他们很明显没有从殖民地的角度进行类似的反事实假设。尽管对宗主国政策的这些假设还没遭到反驳，但人们已转而更多地去关注社会矛盾、宗派冲突以及法律和宗教方面意识形态的争论，认为这些才解释了殖民地对宗主国从由衷拥护到普遍不满的快速转变。

近来学术研究正日益转向下一观点：不管1765~1775年英国内阁政治如何变迁，不管是谁掌权，英国殖民政策本身的可能选择不多，不太可能导致别的不同结果。18世纪50年代，最博学多识的殖民地行政官员对于应该用武力镇压殖民地还是应该用怀柔的方式安抚各执一词。不过，像强硬派的亨利·埃利斯和著名的温和派人士托马斯·博纳尔，虽然意见针锋相对，但就主张宗主国权威这一点却不谋而合。1764年博纳尔提出通过加强怀特豪尔宫与各殖民地的分别联系来加强宗主国对这个重商主义帝国的控制，防止殖民地之间的联合。但约翰·夏伊则认为，博纳尔这种看似和平的政策事实上导致了《蔗糖法案》、《货币法案》、《印花税法案》、“汤森法案”、代理海事管辖权的扩大、西印度自由港和殖民地事务大臣的设立，甚至还包括对罗得岛宪章的威胁、马萨诸塞议会的变更，以及对召开殖民地间议会的坚决反对。

随后得出的结论是：“如果托马斯·博纳尔和亨利·埃利斯代表了1763~1775年对北美政策的两个极端，那么历史可能性的范围的确是非常狭窄的。”相比之下：

大量关于美国革命的历史著作至少都会有种基本看法，即英国政策原本可以有别的选择，事实上所发生的只能被看做一个悲剧，充满了意外、无知、误解，也许还有些恶意。乔治·格林维尔心胸狭窄，查尔斯·汤森很出众但不明事理，希尔斯伯勒不仅愚蠢而且残暴，查塔姆病入膏肓，达特茅斯异乎寻常地软弱，国王自己则顽固不化，也没什么头脑。但如果政局不是如此混乱，也许老辉格党人或成效卓著的查塔姆内阁就已经掌权，并对殖民地制定和实施真正自由的政策，从而避免帝国的瓦解。这似乎有些道理。

正像历史学家现在所承认的，鉴于1763年英国的政治家们（尤其是格林维尔）心里没有一个新的、对自由有威胁的总体规划，“如果学问再多点，方式再圆通点，政治敏感性再强点，也许事情就会有不一样的发展”这种说法显得更有道理了。但是，就连托马斯·博纳尔这样本能地亲美的观察者，都对当时采取的政策没有异议，我们可以“初步认定这一时期英国的殖民政策既不是巧合，也不会那么容易受影响而改变……将英帝国推向内战的那股力量太过强大，不允许任何其他真正意义上的选择”。

战略上的反事实假设

不过，在接受以上这个宿命论的结论前，我们需要考察某些关键点。不时有人提出，在这些关键点上，如果采取不同的政策，英帝国就可以保全殖民地（尽管这个“帝国”也许需要重新定义）。其中有一套可能的政策关注的是十三个殖民地的战略设定。考虑到18世纪六七十年代北美许多居民要求恢复到1763年《巴黎和约》前的状况，首个转折关键点就出现在1756~1763年的七年战争时期。从某种程度上说，这个时期是决定性的，废止了习惯法下的关系，重新确立了英国对殖民地的控制，并使之对殖民地拥有了含征税权的新的权力。由于英国在北美打败了法国，获得了更多的责任与机会，许多学者尤其是美洲的学者都曾对帝国产生过一种新的态度。

即使如此，对当时的人来说，英国在七年战争后期的军事成功和前期的一系列失败（包括米诺卡岛上的失利）一样，都不是必然的。沃尔夫在魁北克的军事胜利只是典型的偶然性事件，人们并不能据此预测英国一旦拿下加拿大，就能一直拥有它。此前的一次战争中，一支殖民远征军曾经占领了法国在加拿大的路易斯堡要塞，1748 年战争结束时又物归原主。1759~1761 年曾爆发过一场争论，其焦点在于：如果不能鱼和熊掌兼得，那么应该和平保留的是加拿大还是法属西印度群岛中更有价值的一些征服地区？最终的选择是加拿大，但选择后者也并非完全不可能。当时几乎没有政治家会高瞻远瞩地设想帝国可以在北美拥有广袤的土地，或是看到北美潜在的商机。甚至连反对巴黎和约、支持保留瓜德罗普岛的威廉 · 皮特也认为，“目前北美被征服地区的贸易水平相当低下，前景渺茫，不容乐观”。

英国有可能不会获得加拿大，而就算拿到了手，也不一定保得住。的确，在关于加拿大去留的争论中，威廉 · 伯克作出了一个很有名的预测，即消除法国的威胁，同时也会消除让其他殖民地臣服于英国的诱因，因此应该保留瓜德罗普岛，把加拿大还给法国。此时，人们已经开始考虑殖民地争取独立的前景：“阁下，如果我们殖民地的人民发现加拿大并非是种阻碍，他们会毫无顾忌地向内陆扩张……急切地去攫取广阔的土地对我们来说也许是在冒险，也许在不远的未来，我们就会失去现在所拥有的……一个让我们时刻保持敬畏的邻居并不是最糟糕的邻居。”但这种观点并不客观，因为在 1759 年英国征服瓜德罗普岛后，威廉 · 伯克成为了该岛的事务大臣和户籍官，1763 年瓜德罗普岛（而非加拿大）被和平归还时他又丢了官职。在大多数观察者看来，未来英国虽然有可能失去北美大陆殖民地，但其可能性明显是很小的。尽管北美已经开始出现独立的征兆，但对英国政治家们来说，更重要的是保护所有英属殖民地不受法国人的威胁。保留加拿大是为了确保英国在北美大陆南部殖民地的安全。这一点为美国的独立提供了必要的条件——直到现在也很少有人注意到这个反事实的推论。

1760 年，本杰明 · 富兰克林在回应威廉 · 伯克的宣传册时满怀激情地认为，加拿大应该被和平保留，这样不会对英国控制北美其他殖民地过程威胁。富兰克林匿名以英国人的口吻写道："我们手中的加拿大会确保生活于密西西比河彼岸大片土地上的人们的安全，他们也许几个世纪来都会以农业为生，我们因此也完全不用再担心美洲的制造业。"美洲也的确因依赖于英国的制造业受到了束缚。富兰克林预测北美人口会快速增加——

> 很可能在一个世纪以后，就让大西洋彼岸的英国臣民们远远多于现在，但我丝毫不会担心他们会变得对我们毫无用处或构成某种威胁。在我看来，这种害怕仅仅是凭空想象，毫无根据可言。

甚至北美已有的十四个殖民地政府都认为联合是不可能的：

> 现在的殖民地不仅在不同的总督管辖之下，而且有不同的政府、不同的法律、不同的利益。其中一些还有不同的宗教信仰和风俗习惯。他们深深嫉恨彼此，以致无论各殖民地多么需要为共同御敌、保全自我而联合，无论各殖民地多么清楚这种必要性，他们仍然无法有效地团结，哪怕连要求母国替他们建立这个联合体也无法达成一致的意见。

如果殖民地无法联合起来抵御"总是搅扰生活、烧毁村庄、杀害村民"的法国人和印第安人，"我们难道不能合理地假设他们不会联合起来反抗自己的国家吗？他们受到这个国家的保护和激励，与它有着千丝万缕的联系，有着血缘、利益和情感的纽带。人们都知道他们对彼此的爱远不如对这个国家的爱"。富兰克林预测，"这样的联合是不可能的"（尽管他又立刻加了一句"除非遇到了最令人痛苦的暴政和压迫”）。

七年战争的第二个后果来自战争结束的方式——经调整后的英国内阁决定停战，却被普鲁士腓特烈二世认为是对自己的抛弃。这是个十分关键的决定，它导致1776年战争爆发后，英国没有来自欧洲大陆的盟国。如果没有受到干扰，英国或许还有可能控制或镇压北美殖民地的叛乱。但18世纪80年代它又被拖入了一场更大的战争，同时要面对法国、西班牙的波旁政权与武装中立国同盟。曾有一位历史学家指出，大陆盟军对于英国维持海上霸权是至关重要的，约克镇的“羞辱性时刻[①]既不是因为行政当局的软弱，也不是因为陆海军的无能，主要原因在于政治上的孤立”。1763~1776年，如果英国拥有来自欧洲大陆的盟军，情况就会大不一样。但此时的欧洲大陆由于并不存在法国扩张的威胁，各主要国家都不会有兴趣参与英国在北美大陆的战争。从这个角度来看，英国失去北美殖民地很大程度上是因为它过度地消耗了军事资源。但并没有太多人预见到这一点，就像没有太多人预见到和平保留加拿大的结果一样。

对大西洋两岸关系前景的战略性思考通常都集中于另一个主题。一些评论家推测，英国和北美之间人口平衡的变化最终会导致帝国内部关系的重新定义。1776年，亲美派如理查德 · 普莱斯等人可以用这种观点来论证美国独立的必然性：

> 他们的人口现在已几近我们人口的一半。从最初那一小群居民到现在的人口数量，增长速度是惊人的。他们很有可能继续增长；五六十年后，他们将是我们人数的两倍……形成一个由不同州组成的庞大帝国。在所有能赐予人类荣耀与幸福的艺术与事业上，他们都与我们不相上下甚至超越我们。到那时，他们还会容忍我们像现在这样凌驾于其上吗？

① 指1781年华盛顿在约克镇接受英军投降。——译者注

然而，即使持有这种（可以回溯至几十年前的）想法的人，也没有料到18世纪70年代发生的巨大灾难。就连普莱斯本人也是如此，他在致信富兰克林讨论1769年殖民地人口统计数据时，也没有预想到之后会发生的事情。普莱斯改写了那封信，准备作为论文提交给皇家学会，他在文中加了一句关于殖民者的话："此前他们还是我们不断增多的朋友，但现在由于不公正、致命的政策，他们更有可能反过来变成不断增多的敌人。"但此时普莱斯所谴责的仍然是英国的殖民政策，而不是人口统计学的无情逻辑。

普莱斯在革命爆发前的信件里完全没有表现出对这件大事的预料和猜想，显然说明他和与他同时代的几乎所有人一样，对此持视而不见的态度。18世纪60年代发生的立宪冲突毕竟是通过协商解决的；18世纪70年代中期革命的爆发，甚至让那些后来冲到独立战争前线的殖民者也为之震惊。不赞成英国国教的新教徒普莱斯对北美殖民地事务的兴趣，最早是源于他看到殖民者们起而反抗那些"真理与自由的敌人"——主教。这无疑是与他的立场相似的："一旦他们在那里的反抗站住了脚，又有此处朋友的保护和帮助，他们就极有可能获得一种超出教会的力量，与其他宗派产生抵触，不再与他们享有平等和共同的自由。"可见，普莱斯关注北美事务是出于英国人传统的异端恐慌，而不是即将到来的美国独立或它的宪法声明。

当然，我们也可以事后诸葛地给出不同的观点：1773年，马萨诸塞州代理总督托马斯·哈钦森认为，保留加拿大是一个巨大的错误，因此陷入了与议会的争论之中。他认为，如果没有犯这个错误，"就不会出现任何对母国的反对，而且我认为此错误（即英国获得加拿大）的后果比起法国人或印第安人带给我们的害怕更加糟糕"。在这个意义上，英国获得加拿大被看成了美国革命的一个"重要原因"。但这只是个必要非充分原因：它设定了反抗可能会发生的背景，但这并不能导致反抗必然发生。加拿大内部也有同样的原因（消除邻国威胁），但在18世纪70年代起来反抗并要求与宗主国断绝政治上的联系的殖民地并不是加拿大。

北美内部的反事实假设：殖民地联盟、征税和民主政治

第二套可能的政策关注的是殖民地内部的发展。如富兰克林所说的，认为美国革命不可能的一个原因是由于最初几十年极度缺乏计划的激情。1754年在纽约召开的奥尔巴尼会议上讨论的计划，原本打算将包括征税在内的重大权力赋予各殖民地议会下院提出的“大议事会”(Grand Council)；但这个联合执政机构如此大权独揽，连各殖民地议会自己也一致反对这个计划。1754年，英国贸易部哈利法克斯勋爵起草了关于军事、印第安事务的跨殖民地合作计划。这份计划要温和得多，但却遭到了查尔斯·汤森的抵制：“众多不同殖民地选出各自不同的代表，代表着各自不同的利益，同时还因嫉妒和积怨对彼此怀有敌意，真是难以想象他们怎么能通过一项关于共同安全、互惠互利的计划。”汤森认为殖民地议会也不会通过资助联盟所必需的《供给法案》：由于该法案会逐渐控制每个殖民地的经济，这违背了“连他们自己也已认定的王室专属的古老特权”。

然而即使殖民地议会真的为自己去“追求权力”，也不能就此认为独立是不可避免的。就连人们认为是革命催化剂的人——托马斯·潘恩也不认为革命就是殖民者们酝酿已久的结果。1776年他的《常识》在费城出版，其中提到了1775年的殖民者政策：“不管问题双方提出什么，最后都会归结于一点，即与英国结盟。唯一的分歧在于如何实现，一方打算用武力，另一方则打算用和平交好的方式……”用杰克·格林的话说，“只要在沃波尔内阁的调解下那脆弱、不稳定的关系仍然存在”，大西洋两岸背后对彼此“潜在的不信任”，并不会“成为英国与殖民地关系分崩瓦解的有效因素”。当时显然没有理由预测这种关系即将终止。鉴于殖民者认为自己所进行的宪政实践是大西洋两岸

共有的传统，也就不难理解为什么当时那么多人认为双方完全可以通过协商来解决争端。不过，作为新移民，潘恩并没意识到他的主张明显与现实有很多抵触。潘恩落户北美之前，早在18世纪60年代初，许多殖民者的政治言论已在短时间内从赞颂作为英帝国的一员享有的自由，转变为对英国社会大加抨击。在他们看来，英国社会已经陷入了腐败和暴政。正如戈登 · 伍德的观察，“正是由于对英国宪法的普遍而热情的欢迎，让美国革命变得具有讽刺意味、让人难以理解——美国革命的参与者们并没有忽略这一点”。打着英国宪法的旗号，“美国人很容易认为自己是在保护英国人珍视的古老传统……然而，不断地强调要追求的并不新鲜，只是想要回到旧体制、回到英国宪法的根本，这不过是外在的假象”。

美国革命是由“外部原因”导致的。殖民者自己也对这个传统的观点提出了反事实假设。18世纪60年代，《印花税法案》所激起的反应认为，废止新的法律条文，一切都能得到平息。约翰 · 迪金森在畅销书《宾州农夫信札》中对1767年汤森征税法案的反对也是持这种逻辑。政府也许会有错误的举措，“但这些举措并不能解除统治者与被统治者之间的义务关系。错误可以得到纠正；激情也会逐渐消退。”1769年，富兰克林写道：

> 近来开始有人呼吁：有没有人能提出一个和解方案？我们一定要在内讧中毁掉自己吗？前不久有位阁下在人前问我有没有这样一种方案，我的回答是，这还不简单，就几句话——废止法律、放弃特权、撤回军队、返还钱财，恢复旧的征用制度。

1774年9月5日，议会在“致英国人民”的演讲中也指出，七年战争之前，母国与殖民地的关系是合法的。仅仅到了结尾处，它才提到“在北美，有一项准备奴役你们同胞的计划正在进行……让我们回到上一场战争尾声时的状态，我们之间原本的和谐就能重现”。

但这种假设显然被现实给否决了，因为18世纪60年代英国政府不断表示愿意就争论焦点进行协商。现在我们能看到，18世纪60年代初期英国从重商主义到帝国主义的转变中，其对殖民地的贸易政策并没有像以往史料认为的那样有重大改变。1764年的《蔗糖法案》试图在殖民地提高税收的同时，也在尝试鼓励经由传统商业渠道展开贸易。同样，1767年查塔姆对茶叶再出口到北美实行减税政策也有同样的考虑。类似地，1764年威斯敏斯特议会通过的《货币法案》抑制了殖民地因发行货币导致的通货膨胀；在遭到殖民地的抗议后，1770年通过的一项法案放宽了纽约的货币政策，随后1773年通过的一项法案则让其他殖民地也得以纷纷效仿：在此基础上，问题是有可能得到解决的。乔治·格伦维尔此后在议会中承认，他“没有料到”《印花税法案》会遭到如此强烈的反抗，如果自己预见到了，也不会提出这项法案。这是有可能的：因为就英国政府必须提高殖民地的税收而言，增加一项小额的印花税也不会有太大的作用。对这一税款预期的税收只有11万英镑，其中5万英镑还是来自西印度群岛。要不是国内征税麻烦频出，伦敦内阁原本可以通过现有的关税和消费税法大幅度提高税收，并在海军的威力与已扩大的代理海事法庭执行这些征税法令。在遭到殖民地的抗议后，威斯敏斯特议会废止了《印花税法案》。

如果说《印花税法案》是在无人料到殖民地会反抗的情况下通过的，1767年汤森的一系列征税法案也是如此：它没有引发国内征税的问题，而且它的立足点似乎也正在于殖民者自己对合法的外贸征税与非法的国内征税所作出的区分。甚至是殖民地驻伦敦的办事处也没意料到结果或对此发出警告。就连富兰克林在1767年4月的《伦敦纪事报》上也发表文章表示，从宪法上说帝国就外贸征税是正确的，他只是反对“国内税收”。于是我们很难反驳下面这个结论：反对将茶叶税从每磅一先令减至3便士的呼声来自殖民地商人，因为他们很可能由于获利丰厚的走私贸易被打压而遭受损失。如果在走私问题变成一个麻烦的政治问题之前，就早早地用皇家海军清除掉北美海域上的走私活动，那么就不存在某种严重的胁迫，北美方面也就因此没有任何妥协的余地。1776 年不像 1688 年有那样明显的偶然性。

坚持传统看法、认为美国革命源于“外部原因”的历史学家，也许构想的是一个过于简单的冲突原因。1769 年 5 月 1 日，内阁开会研究 1767 年 6 月下院通过的“汤森法案”（提出者为当时的财政大臣查尔斯 · 汤森）在殖民地引发的强烈抗议。他们进行投票，废止了除茶叶税外的其他税收法案。由于 5 票对 4 票，主张废止茶叶税的第一财政大臣格拉夫顿公爵调和矛盾的做法宣告失败。据称，“这个重要的决定是导致美国革命这一系列事件中的决定性环节”。如果没有茶叶税，就不会发生波士顿倾茶事件，英国与其殖民地也不会紧接着反目成仇。要将这番自信的判断作为殖民地反抗的原因载入历史似乎是不太有说服力的。我们是可以从英国政策的角度提出反事实的假设，但就殖民地本身社会发展与意识形态冲突的模式进行思考，显然更为重要。

从殖民地自身发展的角度提出的假设，并不包括关于美国革命必然爆发的传统看法（即“外部原因”）的解释。代表制问题是和平最明显的障碍，然而这个问题也并不像此后它看上去的那么不可逾越。当然，征税与代表制是息息相关的。但如果说税收上的争议是可能通过协商得到解决的（因为征税是包括共和政府在内的所有政府的特征），那么代表制则更具原则性、更难以调和。不过，实际上并不必然如此，就连宪法本身也是某种假设，一般被认为是宗主国观点中最薄弱的环节。如托马斯 · 惠特利所指出的：“所有的英国臣民都一样，议会象征性地代表所有人，事实上却没有人真正地被它代表，因为在议会里任职的每个成员都不代表他自己的选民，他只是那个威严议会的一员——这个威严的议会代表的是英国所有的下院。”换句话说，除了作为上院或下院成员坐在议会里的那些人以外，所有英国人都没有把议员看做自己的代表。议员仅仅就是议员，他没有拿选民的报酬，也没必要接受选民的建议。这种实质代表制的问题不在于它显而易见的虚假性，而在于它已被人们看做不言而喻的正确道理。人们会在讨论中不假思索地引用它，也不对其进行任何理论上的阐释。但它原本可以被赋予某种理论依据，并因此能更好地解释帝国内部关系，以及英国自身政治的实际运转。

人们已经习以为常地认为，英国议员不仅仅代表他的选民，还代表了整个国家，代表了包括未成年人在内的所有居民，代表了占人口百分之八九十的没参加投票的民众，代表了那些投反对票、弃权票的人，还代表了投给他们支持票的人。这当然是政府的一个必要假设，但它更多涉及的是政府的日常运转，而与由此推出的另一个假设——一个人只有自己投了选票才能被代表——没什么关系。这是普选制中的一种理论，显而易见，它让所有非选举人、投票给落选者的人以及投票给议会分组表决中落败一方的人，都必须屈从于多数主义。不管是代表制还是普选制，事实上操纵国家的都是一小部分人；只是代表制并不怎么掩饰这个事实，而且也更有威严感。对上层政治人物以外的人来说，“实质代表”和“实际代表”二者都只是形式上的概念。正如君权神授的君主制被民主代表制所取代时一样，历史学家现在也同样要摒弃如下设想：是一种历史必然性的逻辑使得人类用新的不言而喻的“真理”取代了近代早期的“假设”。

不可否认，威廉 · 皮特 1766 年曾声称：“让北美派代表参加议会简直是你能想到的最可鄙的想法；对此，连反驳都不值得。”不过，这是一种政治伎俩，因为皮特自己只代表了很少的选民，包括他最早代表的老塞勒姆地区——当地人烟稀少，骄傲地号称有大约 7 个选民。1757~1766 年，他作为巴斯地区的两个代表之一参与下院：当地的选民大约有 30 个。即便是那个时候，皮特也从没参加过选举投票。尽管皮特口才出众，但无论是他在下院时，还是作为查塔姆伯爵一世晋升到上院后，我们都很难弄清他究竟代表谁。北美把他作为一个民主主义者大加称赞，但忽视了他整个议会生涯中仅仅只参加过一次竞选这个事实。而且那次竞选还是在锡福德地区很小的港口进行的。

不过，不管那些雄辩家对实质代表制多么不屑，创造新国家的强烈愿望又让他们重提这个概念。托马斯·潘恩热烈地赞颂独立事业："它所关乎的不是一日、一年或一个时代；我们的后代也会卷入这场争论，目前这一系列事件对他们或多或少会有影响，这种影响甚至是永久性的。"尽管殖民者拒绝了"实质"代表制，但他们自己也好、英国的支持者也好，都没能在威斯敏斯特议会中争取到"实际"的代表权：既然殖民地和宗主国基于各自的利益来讨论彼此的关系，北美派出的代表就只会在下院中引发争端，而不是基于盎格鲁-撒克逊的团结立场来解决问题。唯一可行的选择是借助并利用殖民地议会不断强大的力量。就连约瑟夫·盖洛韦（后来被人们看做坚定的效忠派）在 1774 年 9 月费城召开的第一次大陆会议上也坦言，威斯敏斯特议会的法案并没有约束殖民地。而如果倾向如此明确的一个人都会设想通过联邦形式来重新定义帝国的关系，那么提出的解决方案若不能实现威斯敏斯特议会与殖民地议会之间的平等，就不能获得殖民地的实质性支持。

作为殖民地总督反对力量而崛起的议会，的确是 1776 年前半个世纪的突出特征。然而，尽管这些议会明确强烈地想要维护殖民地的财富和人口，但几乎没有迹象表明他们将这些意愿公开化为努力争取独立的行动。即使在 1774~1776 年，明确阐述独立主张的也不是议会，而是一群狂热分子。他们绕开各自的议会，建立了一个自我授权的代表性组织。像盖洛韦这样有学识又富有实干精神的人，在很长一段时间内都相信仍然有可能通过谈判达到双方和解。盖洛韦在 1774 年 9 月 28 日的大陆会议上提出了一项和解方案，其基本内容是建立一个北美立法议会，议会主席由国王委派，成员则从各殖民地议会中挑选。会议当天的投票表决中，以 6 票对 5 票的一票之差搁置并扼杀了这个方案；但如果投票结果与此相反，伦敦很有可能对此有积极的回应，并为进一步协商和解扫清障碍，因为当时内阁对这个方案的态度尚未明确。

1775年1月，内阁同意北美所谓的“橄榄枝”提议：议会可以强制终止那些不合作的殖民地的贸易活动，但如果殖民地通过正常合法的渠道部分承担公共防御责任，也愿意支付其政府、司法部门的花费开支，那么议会就不对该殖民地征税。这项提议不可避免地跳过了大陆会议：如果议会处理这项提议，就相当于承认了其合法性，而这恰恰是引发争论之处。同时，该提议表达了一个合理的愿望，即通过区分对待各个殖民地来打破它们的统一阵线。第二次大陆会议拒绝了北部的这项提议，认为它很不充分：一是没有满足殖民地对恰当事宜自行决定权的要求，二是没有顾及议会在其他方面为殖民地立法的要求——小到新通过的《强制法案》，大到对各殖民地宪章的修改权。而如果盖洛韦的和解方案被采纳了，还是有可能达成某种妥协的。

最戏剧化也最果断的解决方案是由格罗斯特郡的教长乔塞亚·塔克提出的。他清楚地看到，此阶段双方各自的主张已说明妥协不再可能了。但英国的利益在于其与殖民地的贸易往来，而不是对殖民地的政治控制。塔克提出，“让北美殖民地完全脱离，宣布它为一个自由独立的民族”。这样一个先发制人的法案原本可以立刻让共和运动丧失存在的理由。如果在《独立宣言》对乔治三世个人进行责难之前该法案就得到通过，它能让当时正主张殖民地议会与威斯敏斯特议会平等的殖民者们继续向王室表示愿意效忠：独立会消除诱使他们摆脱英国王室的大多数因素。北美人因此将永远成为乔治三世的臣民，尽管他在人们眼里是一位真正的立宪制君主。

同样，如果避免了为争取独立而进行的战争，也就不存在促使殖民地联合的主要原因。邦联条约所体现的脆弱的联邦体系也只是在极危急的军事形势下才会发挥作用。在没有战争时，如果还存在联盟关系的话，北美殖民地之间的嫉妒、竞争和诸多差异，只会让它变得更加脆弱。新的国家缺乏一种自然的聚合力，很可能仍然向君主表示效忠。因为在人们看来，君主是政府合法性的重要保证，也标志着他们的文化与旧世界是平等的。1776年前数十年（甚至在独立战争前的最后10年）里的政治争论，呈现出一个显著特征，即缺乏一个关键成分——共和主义。回顾历史时，这一点似乎是显而易见的。

在1776年潘恩的《常识》出版前，北美殖民地的人们很少像这样指责君主制，也很少考虑到殖民地社会还有可能采取共和制的政体。《常识》本身没有太多地讨论共和主义，它只是抨击现行的宪政体制，并没有勾画未来新国家的蓝图。直到1776年，殖民者心里也没有这样的蓝图。同样，尽管“民主”已经成了新共和国的口头禅，但它并不是革命的原因。既然这两个“外部原因”并不能充分解释革命为什么发生，那我们也就无法用它们来解释革命爆发的必然性。大西洋两岸的关系如果没有在1776年破裂，也不会就这样一直保持下去：殖民地不断增强的意识形态压力自然会改变这种关系。但有一点是明确的：如果要说明革命不可避免地会以这种形式爆发，传统的“外部原因”论是站不住脚的。

殖民地的反叛

近代早期的反抗不仅针对暴政，而且常常源于政府太过松懈，放任地方自治的不断发展，这使得人们对自治有更多的要求。如果英国在早期就通过另一种方式有效行使对殖民地的合法主权，很有可能维持对殖民地的行政控制。我们有必要探究一下为什么要做到这一点如此困难。因为1797~1798年爱尔兰爆发了颇具威胁的反叛，准备充分却因镇压而夭折；1857年印度人的暴动同样也受到了武力的镇压；但对北美的英国同胞，英国人只是采取了限制的手段，这其中出现了一个巨大的反差。

即使在战争之前，英国政府也原有可能全面抵制殖民地立法机构确立自己权力的那些步骤。宗主国本可以规定：对殖民地预算的财政拨款改为长期或无限期；总督及其他官员的薪水不受当地政治压力的影响；殖民地财务主管由王室指派；作为殖民地保护人的总督的权力得到扩大，并且总督权力仅由本人实施，与伦敦无关。如果是由1748~1761年执掌贸易部的活跃的改革派哈利法克斯伯爵来负责，而且如果他得到同僚的必要支持，这些措施是可以得到实施的。当然，他没得到支持的原因之一，在于当时的大臣们正一门心思想着确保在对法战争中能得到殖民地的完全合作。不过也有其他原因，尤其是大臣们不愿意又回到与斯图亚特统治后期有关的行政规范。

行政当局在这种平静中也有少数例外，有助于说明这种规范。马萨诸塞代理总督托马斯·哈钦森在1773年就曾与议会就相关立宪原则有过争论，试图强行通过这一议题。但结果有悖哈钦森的初衷，因为议会尤其是下院借机将实际上针对宗主国某些措施的抗议，变成以法律为依据公然挑战宗主国权威。殖民地事务大臣对此感到很震惊："达特茅斯原本希望只要双方避免再提及此类分裂性的关键问题，争议会渐渐平息，甚至迟早会消失，但总督让这个希望破灭了。对达特茅斯来说，哈钦森又揭开了一个伤口，而如果人们试着去忽略它，它原本可以愈合。"尽管就后来发生的事件来看，这不大可能，但我们仍然可以认为它代表了一种可能的发展道路。

政治局势也让伦敦制定的政策变得不稳定：18世纪整个60年代，事实上直到1774年末，英国的殖民政策由于伦敦政府的不稳定与内部矛盾而变得优柔寡断。假如乔治三世果真像美国人后来所描述的是个暴君，就不会发生这种情况。当时，由于上下院的不同派别提出了许多可能的不同政策，很多人的反应就是在政策上表现出妥协的立场或语焉不详——原则要坚持，但事实上却体现不出决断力。诚然，如果英国殖民政策的意图更明确、执行更稳定，北美的反抗或许会出现得更早。但反过来说，也有可能根本不会出现。

在某种程度上，英国政策的软弱无力反映出早期汉诺威王室对独裁权力的恐惧，斯图亚特王朝曾一度复辟就体现了这一点。最早的三位国王对连任的辉格党内阁就常常有所限制，不允许他们用行政权力来对付反对派。罗马天主教教徒、詹姆斯党人、拒绝誓忠者[1]及其追随者常常遭到迫害，有时甚至是极为残暴的迫害。托利党人和詹姆斯党人的报刊受到法律干涉与司法镇压。但反观连任的内阁，无论是辉格党还是反对派，他们都得小心翼翼地对待，生怕遭到指控，认为权威当局成了“罗马教会势力与专制权力”。因此，从18世纪60年代早期开始，英国几乎没有采取任何措施来阻止殖民地形成近乎叛乱的反抗。殖民地的总督多半都没能有效压制那些煽动人们反抗政府的报纸和宣传册，没能有效监管印刷商和作者，没有控告煽动不满者。像印花税法案代表大会这样的组织，很可能成为叛乱的基础，却没有受到压制。在前两位乔治国王统治时期，英国曾常常用这些对策来打击詹姆斯党人的地下活动，很有成效。那时英国非常清醒，为维护自由主义政体[2]不受民粹派的威胁而不择手段。但随着18世纪40年代斯图亚特王朝的威胁被消除，汉诺威政权就丧失了警惕性。我们完全可以想象如果英国当局和从前一样保持警惕，并对非国教者与辉格党的活动有所举措，北美殖民地又会是什么样子。

当然，情况并非如此。在一段时间后，北美的英国军队被煽动家认为是某种象征，意在唤起殖民地关于斯图亚特王朝统治的记忆；但即使这支军队在1768~1770年占据波士顿时，也没有起到控制市民骚动的作用——由于这类干涉行动可能会触犯英国法律，军官们不敢轻举妄动。甚至当内阁决定在1768年夏天派兵进驻波士顿时，军队在到达后，发现唯一有权征用军队的市政当局（马萨诸塞市政会和治安法官）也反对他们的出现。直到革命爆发前，他们也没有要求军队的支援。由于当地法庭充满敌意，英军在波士顿不断遭

① 指1689年拒绝对威廉和玛丽宣誓效忠的国教会神职人员。——译者注

② 根据哈耶克的学说，此处所谓的“自由主义”可以追溯到古典时代，其近代形式则形成于17世纪末和18世纪英国辉格党的政治信条，是一种理性主义的或建构论的观点，要求根据理性原则对整个社会进行自觉重建，主张摆脱“教士和国王”的权威。与现代民主运动中涉及的“自由”概念有所不同。——译者注

到滋扰：这是始料未及的，而议会也没有采取任何措施来改变军队在殖民地的执法背景。如果议会早点有所行动，进驻殖民地的军队或许能够抑制事态的发展。事实上，在1769年2月，殖民地事务大臣希尔斯伯勒勋爵曾力劝内阁和国王对马萨诸塞湾地区采取更严厉的措施，包括由国王任命殖民地议会成员，并考虑废除马萨诸塞宪章。乔治三世承认，希尔斯伯勒的建议也许是最后一着，“但仍应该避免采取这样的措施，因为不管什么时候，更改宪章都是件讨厌的事”。当然，这个政策[①]曾终结了詹姆斯二世的国王生涯。马萨诸塞的伯纳德总督曾要求更改宪政，但没有得到上院的同意。尽管有传言称，诺斯政府开始掌权的1770~1771年即将要出台一项宪政改革提案，但这样的提案并没出现在议会上。

1763年七年战争结束之后，北美新出现的这支“常备军”在后来被认为引发了巨大的不满，但没有明显迹象表明当时的实情的确如此。这支入驻北美的常备军不只是帝国企图摧毁北美自由的一步棋；七年战争时期英国领土大量扩张，被征服地区需要一定的压制才能真正服从新的统治权威，所以驻军也是自然的战略考虑。英国军队的分布也反映了这一点：15支部队中将有3支驻扎在新斯科舍半岛[②]，4支在加拿大[③]，4支在佛罗里达。只有4支部队驻守在英国的旧有领地，而且其中大部分还被派去保卫边境。当时鲜有殖民地对此表示抗议也是很自然的。“严格来讲，（七年战争）之后英国在北美驻军并不是个会引发争议的做法。军队的规模和部署很大程度上要决定于它被要求发挥什么功能。”

---

① 指《自由大宪章》。1215年6月15日，英王约翰在封建领主、教士、骑士和城市市民的联合压力下签署。该文件用拉丁文写成，主旨是限制王权，保障教会和领主的特权以及骑士和市民的某些利益。——译者注

② 新斯科舍半岛位于加拿大东南部。——译者注

③ 当时英属北美被划分为上加拿大、下加拿大和沿海省份（新布伦瑞克、新斯科舍、布雷顿角岛、爱德华王子岛、纽芬兰和百慕大）。——译者注

早先的几十年曾偶尔有军事评论家提出，英军的进驻有利于确保北美的稳定，但并没有证据表明格林维尔政府曾考虑过提高殖民地税收或压制殖民地激起反抗会有什么样的后果。实际上，连殖民地的很多人，包括富兰克林在内也没有想过这一点。即使在殖民地反抗英国的征税时，针对的也只是征税原则而非军队。只是在后来反抗情绪开始变得激烈时，偶尔可见的英军小分队被看成是专制的象征。不过，这种将英军妖魔化的倾向并不是必然会产生的，当时的情形完全可能是另一番样子。

在英属北美殖民地的大多数地区，英军的少量存在是无可厚非的。入驻北美的英军有个根深蒂固的观念，即尽可能地远离政治。军队不干预殖民地选举，也不压制殖民地议会。只有在维持社会秩序的时候，它才勉为其难地充当了警察的角色。它很少与殖民地当地居民发生冲突。我们有理由去思考这种状况是否有可能持续下去。当然，这会让对殖民地的压制变得非常困难。1774 年秋天，北美军队最高统帅盖奇将军曾发出了正确警告：新英格兰的形势已经发展成了叛乱，要维护帝国的权威必须动用军队，他的 3 000 人的军队是不够的，要控制局势，需要 20 000 人的军队支援。这个忠告显然在伦敦很不受欢迎，因此没有起任何作用。但是，如果英国早点向新英格兰派出大批军队，冲突形势又会如何发展呢?

即使在独立战争爆发后，事情也没成定局，还是有很多种可能的结果。战争之所以历时 8 年之久才分出胜负，部分是由于不愿意向英国认输的选民势力将其作为一场内战来推动，部分也是因为冲突双方在军事上实力相当。不管是英军还是殖民者共和军，都没能产生一位举足轻重的人物：由于没有像马博罗或惠灵顿这样能打胜决定性战争的将军，战争一直拖延着，胜负难定。托马斯 · 盖奇曾向英国政府提出切实建议，但没能压制马萨诸塞的革命。派出支援他的三位少将（约翰 · 伯戈因、亨利 · 克林顿、威廉 · 豪）也没起什么作用。另一方面，就殖民者内部而言，无论是起义派还是保皇派，也都没有出什么军事天才。战争中所体现的不是速战速决、大获全胜，而是固执的决定和顽强的耐力。但是从英国的角度看，即使不太可能大获全胜重新征服殖民地，也是值得打这一仗的：动用军事力量很有可能迫使殖民地要求和谈，并就关键问题进行协商妥协，从而保持双方之间某种形式的政治关联。在北美进行的陆战中，双方都有胜绩；我们很容易想到，如果英军指挥再出色点、多打点胜仗，局势会因此产生很大的变化。

而事实却是，英军的行动目标出现了不一致：有人主张战争的最终目的是为了与殖民地的英国同胞进行和解，有人则主张不顾对方的生命与财产争取军事上的决定性胜利。与此相应，也出现了两种战略：一是维持北美海岸线上的主要基地，以便控制北美贸易；二是以保皇势力为内应，尽可能征服大片内陆地区。英国没有充分调动和利用这股势力，也是这场冲突的一个重要特征。由于早先几十年缺乏准备，革命期间“保皇势力潜在的军事作用一直没有得到发挥，而一旦得到有效利用，它也可以参与平定叛乱”。作为回应，保皇派对英国军事指挥的批评也是最明智和最不留情面的。约瑟夫 · 盖洛韦如此问道：

> 既然英国统帅着一支如此优于对手的军队，那为什么没有早早地将叛乱镇压下去？阁下，无论原因在大西洋这一侧看来多么扑朔迷离，在北美却是显而易见的……我们在那里的敌人也好、朋友也好，都一致认为这是因为计划不周密，同时在执行时又缺乏热情与努力。

威廉 · 豪 1776 年未能在长岛和特拉华河摧毁华盛顿的军队，而他原本是可能做到的；伯戈因没能成功诱使北美军队进入设下的埋伏，这原可以扭转此后萨拉托加战役的结果；考彭斯战役后，美军逃脱了英军的追击；1781 年末，华盛顿放弃攻打纽约的打算，转而突袭南部，这个决定让他拿下了约克镇。独立战争的军事史中有许多核心事件，如果决策有所不同，也许就会对最终结果产生重大影响。

对北美殖民地反事实假设的反驳

军事斗争上的细节很值得琢磨。如果战争进程发生改变，从这场战争中诞生的美国也会随之不同。如果英军实力更强大，而美军以更系统、更有效的回击战胜了英军，那么“因这场战争产生的美利坚合众国文化很可能会相当不同，它将更加强调国家而非个人，更加强调义务而非权利”。然而，尽管回顾历史时双方军事冲突的结果似乎是确定无疑的，但在当时，战事的前景却并不清楚。革命时期的历史学家很明白这一点，因为他们常常不得不面对这样一个难堪的事实：战役的结果取决于小事件。就像威廉·戈登那样，他们忧心忡忡地表示：“伟大王国的兴亡，权力、荣耀、财富、艺术与科学，在未来从欧洲向北美的转移，也许都取决于这类事件。”戈登对这类事件的讨论没有给出确定结论，这体现了一种现代思维的分析，标志着历史学家们在这一点上告别了清教徒的传统命定论，尝试严谨地对待和研究历史偶然性的作用，为新共和国的起源给出认真的、专业的解释。但他们也只是部分地解放了自己。他们——

> 模糊了天意与偶然性的界限，借此也破坏了传统的天意概念。他们在使用这两个词时常常互换，都只用来指这类事件：它们在人们看来原本不大可能发生，是出人意料、令人费解的。此外，他们使用天意和偶然性的概念不只是用于解释历史，也是为了在无法说明事件原因时搁置判断。通过模糊这两个概念的区别，历史学家表明用天意已经不足以解释历史了。

天意仅仅是为了“意识形态和美学的目的”而存在的。最终的原因不是上帝，而是美国自己的命运——注定要实现的命运。

也许有人指出，美国革命因此促成了历史解释的世俗化。此后，人们不再用预定论来统一琐碎的事件（难以解释的偶然性）和宏观的反事实假设（天意注定）。然而，如果莱斯特·科恩对革命早期的爱国历史学家的描述是正确的，那么这种变化完全是一种无心的结果，“他们将天意和偶然性混为一谈，打破了传统的天命解释论，并且还单独使用偶然性这个概念”，以图达到和休谟以及吉本一样的目的——“将偶然性重新引入历史，把因果问题复杂化”。不过，他们的成功也只在于为美国历史赋予了一个新的（尽管是世俗化的）目的。

这些历史学家“希望两全其美：一方面，打算写出公正的历史，致力于发现真理、为人类服务，在语言和风格上追求历史的纯粹性；另一方面，又想要写出一部只属于美国的历史，为革命的合理性提供辩护，向以后几代美国人反复灌输共和主义法则”。而且，他们“认为坚持美国革命的原则、价值观与坚持历史的客观公正并不矛盾”。可能会有人提出，在某些方面这个问题一直持续到现在。和殖民地的清教时期一样，新生的美利坚合众国也从不去提反事实的问题。作为革命者传统的清教神学认为，未来只对人类才是未知的。未来是上帝早已安排好的，人类无法用自由意志来改变它。相比之下，革命者那种新的“激情洋溢的辞令”，体现了他们“由于未来的不确定并感到人类有责任去塑造未来而产生的紧迫、焦虑和挑战感”。他们可以自由地塑造未来，但路却只有一条。

革命派历史学家试图对建国过程提出一种更精密也更专业的说法。他们通过一种新的偶然性力量维护了清教传统的命定论，但没能往专业性上再前进一步，因为偶然性的逻辑必须服从一个预定的唯一目的——美国独立的正当性与必然性。从一开始，他们就暗自排除了一个同样有着现实可能性的反事实假设：一个英属的北美继续存在。因此人们也从未理解过历史的真正动力——反事实假设与偶然性的相互作用。相反，革命派历史学家仍然用天意的概念对美国命运进行目的论的解释，利用偶然性把天意世俗化，而并非用它来消除目的论。问题的大致轮廓在最初就是以这样的方式建立起来的。

被边缘化的、被剥夺的和被压迫的

不过，未来不确定的不仅是殖民地的白人。如果英属美洲走上一条更自由主义而不是那么平民主义的道路，很有必要想想，对新共和国里的两个弱势群体——美洲印第安人和非洲黑奴——有着什么意义。

七年战争前，每个殖民地都制定有对印第安人的政策。对于缓和持续发生的摩擦争执，这些政策并不是很成功，有时候由于殖民者对印第安人的剥夺，摩擦会演化为激烈的冲突。同化政策在很大程度上也失败了：印第安人极不愿意受到任何奴役，也不愿意改变游牧的生活方式，不愿意为农耕而放弃畜牧。在17世纪初，英国殖民者在发现新世界时，曾允诺过让印第安人皈依基督教，但殖民者们（尤其当他们信奉了加尔文教的命定论后）并没有表现出这样的意愿。而比较之下，英国在北美的主要对手法国与印第安人的相处要融洽很多：比起新英格兰的清教，天主教希望得到印第安人的皈依，表明其对印第安人有更多的尊重；法国人在其与印第安人的毛皮生意中也表现出某种互惠精神，而英国殖民者则一味地拓殖与侵占。

在战争爆发尤其是七年战争期间，英国与法国竞相争取印第安部落的支持，伦敦政府不得不出面干预殖民地对印第安人的政策。随着英法在美洲的冲突升级为国际战争，伦敦政府不仅被迫涉入和管理殖民地与印第安人的贸易，而且还不得不处理一个难题：土地。战争期间，英国政府曾和印第安人签订了三次条约（1758年在伊斯顿，1760年在兰开斯特，1761年在底特律），让极不情愿的殖民者承诺拓殖必须以阿巴拉契亚山脉为界。战争结束后，这些条约仍然有效；很快，在 1763 年 10 月 7 日，王室出台了关于印第安人政策的《1763 年公告》。从佐治亚到魁北克因此都服从同一个原则：阿巴拉契亚山脉以西为“印第安保留地”，在那里购买土地和定居乃至贸易活动都必须获得英国政府的许可。实际的大权掌握在驻美英军总司令的手里，日常事务处理则通过两个印第安裔监管人进行。显而易见，英国政府在建立一个结构，意在实施更全面的印第安政策。这并不是打算永久性地停止向西扩张，而是随着帝国有节制地购买印第安人的土地，同时对这种扩张加以约束和管理。

1763 年，印第安人在庞蒂亚克领导下发生暴动，殖民地的应对极其狼狈；在帝国政府看来，需要加强对印第安人的直接控制，而且还有必要派出常备军对边界进行监督和管制。由于这些增加的开支，帝国政府急于提高殖民地的税收。不管这项举措会造成多大的问题，最终目的都是要让殖民者和印第安人均摆脱彼此间的血腥冲突，这是不难理解的。无论如何，都需要有一支英国军队来保护英国的旧殖民地不受新兴殖民地加拿大和佛罗里达的威胁，这本身就需要在殖民地征税：因为对于帝国政府来说，无视印第安人问题并不会解决因向殖民地征税带来的宪政难题。但北美若还在英国统治下，则向西的拓殖会受到约束和管理，会更有人性，而不至于像后来那样满眼都是血腥和剥夺。

同样，如果北美仍然是英属殖民地，黑奴的命运也会有很大的不同。1775 年 11 月，弗吉尼亚总督邓莫尔勋爵决定解放那些支持英国的黑奴，被白人殖民者斥为背叛。这个插曲不仅说明军事干预的紧迫，也反映了英国对于奴隶制的态度发生了更迅速也更深刻的变化。同样，殖民地的许多群体仍然激烈地反对天主教，其程度堪比 17 世纪，但英国已开始放宽对天主教的限制。1772 年，曼斯菲尔德在萨默赛特案中的判决，表明普通法解除了英国国内黑奴的枷锁：对于北美来说，既然总是要求拥有英国人的权利，那么北美黑奴的解放迟早都会实现。还需要多长时间？在与皇家海军的联合下，英国最高当局根据 1806~1811 年颁布的法令终止了奴隶贸易，进而根据 1833 年颁布的法令解放了英国海外殖民地的奴隶。在美洲，政治现实迫使杰弗逊在草拟《独立宣言》时删去了他对奴隶制的谴责。因此美国独立战争期间，有许多黑人被殖民者强迫为英国作战，这完全是有理由的。历史学家已经争论过以下问题：19 世纪 60 年代的南北战争究竟是因为奴隶制，还是为了下级立法机关是否有权利通过脱离联邦来抵制威廉 · 布莱克斯通关于主权的不可分割与绝对性？不管是哪个原因，19 世纪 60 年代的事件都可以被视为美国的内战，处理的是上一次战争遗留下的问题。如果 18 世纪 70 年代历史朝不同的方向发展，也许会产生某种和解与妥协的方式，让北美避开第二次大的折磨。

大西洋两岸的反事实假设

不仅是英国及其前殖民地，欧洲大陆的观察家也曾对美国革命的结果有过反事实假设的思考。1776 年，法国政治经济学家杜尔哥在其备忘录中表示了希望美国能够在战后成为独立国家的愿望；但如果结果相反，英国军队投入到北美战争的规模必然使之能够进而征服从纽芬兰到巴拿马的所有殖民地，将路易斯安那的法国人和墨西哥的西班牙人驱赶出去。大西洋两岸的和平和贸易往来可以促进英属美洲殖民地的经济发展和人口增长。1776 年到 1783 年的战争极大地破坏了殖民地的经济，将其发展推迟了几十年；如果没有发生这场战争，自由主义政体下的北大西洋地区将会变得富庶而强大，其在法国引发的将会是社会改良派的改革，而非由哲学家启蒙思想激励而产生的革命。因此以下这点很明显，不用再过于强调：如果美国革命没有采取 1776 年到 1783 年的形式，法国也就不太可能在 1788 年到 1789 年在致命的财政危机中无力挣扎乃至最终崩溃。

这个假设太过宏大，离历史事实也太远，以致算不上是一种历史学的探问。如果要对历史进行反事实的假设，分析者必须要留心不能陷入一种简单回避的论证逻辑：要不是开始的某些错误、悲剧性的结果，一切本应很顺利，人类本可以避免战争而进入和平发展的黄金年代。以1914年或1939年的视角来看，英国观察家也许在回顾历史时很懊悔错失良机，会认为原本可以创造一个和平而繁荣的以英语为母语的北大西洋地区，由于拥有相同的自由主义政体和商业价值观，它会和英国联合一致、关系融洽。英国历史学中的辉格党自由主义传统将美国革命归因于英国本应很容易避免的政策失误，尤其是乔治三世的个人失败，以此让以上假设显得更为可信。但这种解释正日益失去其说服力。18世纪70年代的战争也许的确能得以避免，却也不能保证未来永远的平静安宁。

奴隶制最终会在19世纪三四十年代打破这个辉煌的帝国，就像它在此后的60年代让美国南北对立一样。18世纪60年代的印花税法案被殖民者看做是对自己财产的侵犯，如果这样轻微的侵犯在北美殖民地都招来近乎一致的反抗，那么英国废除殖民地的奴隶制会引发多么激烈的反应？一旦宗主国这样对殖民地事务进行干预，正如1834年英国在其他殖民地的做法一样，也许会让美洲殖民者联合创建一个比波士顿茶党更大的组织，以便进行更猛烈的抵抗。就像历史所表明的，19世纪60年代的奴隶制战争完全不需要英国插手，北部获得了胜利，奴隶最终也得到了解放。所以如果战争发生于英属殖民地时期，这个结果则能够进一步地巩固帝国的统治。

现实为好的可能与坏的可能覆上了一层面纱，我们迫于现实的压力，很难揭开它去一探究竟。然而，尽管有些人在回顾历史时认为英国历史上许多重要事件必然会发生，我们还是有另一种方法来说明它们原本未必会发生，其发生是当时人们始料未及的。1660年、1688年和1776年的大事，就属于这一类事件。同样，很有可能成功的一些行动在霸权意识形态的解释下，重要性被大大削减，被描述成了莽撞的冒险，比如1744年法国曾试图入侵英国，还有1797~1798年法国差点在爱尔兰登陆以支持其反抗。这两个例子中，国内势力都计划寻求外国军事力量的支援，但都没能实现；但如果它们都和1660年、1688年和1776年那样成功，历史的发展将是另一番前景。

所有重大事件的历史重构背后都有反事实假设的潜在支持，只有持有强烈目的论的意识形态才会谴责对可能性的开放性设想，并认为这种做法早已臭名昭著，是不切实际的怀旧情绪在作怪。然而怀旧的理论说法只是意识到那些没有作出也不会实现的选择，但它有时候陷在过去生活的琐碎细节里，有时候则完全不加批判地沉浸在国家或部派的神话中。但不管这种情绪内容是什么，判断正确或错误，其方法论意义都表明大众对历史更倾向于非目的论的理解。拉斐尔 · 塞缪尔提醒我们，思想正统的人有充分的理由并出于本能地反驳和贬低大众对历史的态度：不管怀旧情绪多么普遍、多大程度地反映了历史的真实经验环境，它的非目的论结构都与现代社会的严肃信仰产生了强烈的矛盾。

普遍来看，人类很少关注反事实的假设。当然，不管反事实假设在逻辑上有怎样的地位，但总是懊悔于过去可能的选择也没有什么益处：

> 泪水悄然淌下，但他们立刻拭去；
> 眼前是整个世界，何处才能安身？
> 神将会有所指引：
> 手拉着手，他们缓缓漫步，
> 穿过伊甸园，踏上寂寞的路途。

这种精神上的局限有一部分是心理因素造成的：一个重大决定一旦被采纳，一个重大的反事实假设一旦实现，就必须在后来的回顾中作为当时历史条件下的正确选择获得合理性和必然性。随后，出于赞颂的目的，人们还会将价值观施加在这个新的结果上。不过，一个更主要的原因还是方法论的考虑。W·B·加利对此有相关论述（或许其中体现的沾沾自喜有点过头），他提到历史解释怎样吸收并适应混乱无序的偶然性事件。其隐含的意思表明，即使是一场偶然发生的“空前的、让人希望破灭的灾难”，也不意味着我们必须要进行某种反事实的假设。

然而，如果更仔细地考察，就会发现任何历史探问都从偶然性和反事实假设开始，很快就向不同的方向发展。反事实假设展现了若干可能选择，这些选择很明确，也具有历史的连贯性，历史学家完全可以依靠它们去设想可能的未来。相比之下，不管我们是从事件本身的价值、出色的论证中，还是从原则或制度的内在逻辑中作出的推论，强调偶然性的观点认为，不仅事件不会这样发展，而且所有的反事实选择自身都会迅速分化为无数的可能性。如果一种反事实假设很快就分化为无数由偶然性决定的可能选择，人类也不会因此产生多少遗憾和悔恨。这些困难使得我们无法把反事实假设推向重要地位。事实上，人类对安慰的需要大于对解释的需要。毕竟，重视偶然性力量的历史学家及其强调反事实假设的同伴们同样也能告诉人们，如果夏娃没有把苹果递给亚当，也会有别的事情出错。

第三章
英国的爱尔兰

假如 1912 年爱尔兰自治议案得到通过会怎样？

阿尔文·杰克逊

总之，亲爱的英国读者，爱尔兰新教徒是站在（你所谓的联邦或帝国）那个互相吹捧成风的英国社会之外的。对于这群普普通通却并非无能的爱尔兰新教徒，你可以用权力作为交换来贿赂他们，他们会因此在事实上变成压迫的一方，让你备受欺凌、深感苦恼的同时，还要为其提供军事的给养。但你若只是用一种英国人身份的优越感来换取他们的忠诚——嗯，试试吧，你看看会发生什么！

萧伯纳

《英国佬的另一个岛》

VIRTUAL
HISTORY

英国和爱尔兰之间的关系历来麻烦不断，格拉德斯通因此提出爱尔兰自治，视其为有效的解决方法。1914年，格拉德斯通第三次提出的关于权力下放的议案被束之高阁；自那以后，自治问题成了一个笑柄，英国自由党的良知、（有时候还包括）自尊常常因此遭到取笑。自治本质上是指允许爱尔兰成立一个有限的自治政府，原本被人们认为能够一举多得：满足爱尔兰的民族情结，约束爱尔兰，使之仍受缚于大不列颠帝国，纠正英国在征服爱尔兰时犯下的错误，摆脱已人满为患的英国议会里那些豪情万丈、滔滔不绝的爱尔兰议员。正如温斯顿·丘吉尔1912年在下院所指出的："我们认为，爱尔兰已经在这个国家拥有太多的权力，在自己的国家里却权力不够。"而且，爱尔兰自治是格拉德斯通（他在1885年公开主张权力下放）最后一项重大任务，也（和这位精明的政治家提出的许多倡议一样）是一项能够同时满足个人目的和政治目的的政策——将维多利亚晚期复杂的自由主义纳入了一个简单的立法结构，同时也让这位政界泰斗有机会得以领导内部意见极其不合的托利党。

由于自治提案在1886年和1893年的两次失败，格拉德斯通没能达到其政治生涯的瓦格纳式巅峰，其追随者陷入了困惑与彷徨。1914 年，自治议案第三次被搁置，让立宪派民族主义者与胜利的巅峰再次擦肩而过，而且似乎还成了引发军事共和主义运动的政治因素——1916 年的叛乱与（1919 年后出现的）爱尔兰共和军。也就难怪，由于 1916 年叛乱、（1919~1921 年爆发的）爱尔兰独立战争以及北爱尔兰（尤其是 1969~1994 年）的持续暴乱等事件的发生，自由党的良知已转而开始思考爱尔兰现代史里重要的反事实假设：如果自治议案顺利通过并得到实行，是否能创造一个安宁统一的爱尔兰国家？是否能简化和改善英国与爱尔兰的关系？并不是只有困顿的格拉德斯通派在思考这些问题。后来的托利党人在爱尔兰问题上不堪重负，同时还对从前的托利党人在 1886 年、1893 年和 1912~1914 年坚持严格的联合主义备感困惑，因此不无忧虑地开始转向对手自由党的观点，以及自由党所描绘的田园牧歌式的爱尔兰前景。本文将进一步地探讨这段关于爱尔兰自治的、至今仍旧鲜活的历史。

自治想法的由来

当 19 世纪晚期自治问题呼声日益高涨的时候，从宪法上看爱尔兰是不合常规的。当时爱尔兰政府的正式基础是 1800 年的联合法案，这项法案废止了爱尔兰从中世纪以来就有的半独立议会，并在威斯敏斯特成立了有大量爱尔兰代表的联合王国议会。但如果（如联合党所宣称的）爱尔兰自治在宪法上是一种折中方案，那《联合法案》则同样如此——因为从宪法上讲，与格拉德斯通在 1886 年、阿斯奎思在 1912 年提出的建立立法自治区一样，不列颠王国和爱尔兰在 1800 年的合并也是不完备的。爱尔兰在合并前的许多行政机构都仍然存在，而且整个 19 世纪爱尔兰虽然名义上是联合王国的成员，但实际上却体现出极大的独特性。而且，照不列颠的说法，如果爱尔兰政府机构是“独特的”，那么可以说以都柏林城堡为中心的统治阶层非常不切实际，而且体现了一种殖民地的心态。爱尔兰只是在威斯敏斯特驻有代表，而且（理论上）由伦敦进行管理，但在都柏林却有一位由国王任命的总督，这是独立行政制度的残余。爱尔兰有以御前大臣为首的独立的枢密院；司法系统也有很大的独立性，由一位大法官执掌；检察官同样是独立的；在 1899 年以后，甚至还产生了类似爱尔兰农业大臣的职位（农业科教部的副部长）。这个乌烟瘴气的机构的中心是一群高级公职人员，他们往往是英国人，即便官职卑微也很讲究风度。这些人被派驻爱尔兰，其屈尊感与自信感掺杂其中的复杂心态，更让这个机构的内部挑衅丛生。爱尔兰政府因此处于古老的半自治机构与新的联合王国机构的混合状态：其整个组织结构都笼罩在帝国主义的阴影中。

19 世纪爱尔兰政府的矛盾在于：尽管机构的设置十分精细，大臣、官员也算仁慈宽厚，而且当地官员和警察一般都是爱尔兰天主教徒，但这套行政机构却极不受欢迎。不管从政府机构方面还是从大众政治观点来看，这个联合王国都是不完善的，很难得到民众的支持。至于原因，这里只能大致进行一下概括。首先，联合王国获得法律地位是 1798 年不列颠政府血腥镇压共和派的直接结果，它先要保障的是不列颠在爱尔兰的安全，以及既有资产的利益。尽管联合王国的缔造来自威廉 · 皮特的长期酝酿，但最终的实现则是靠不列颠王国的军事优势。其次，尽管最初皮特还想要将法案的实行与天主教平等公民权利的恢复结合起来，但后来这个政治上看十分必要的“恩惠”被搁置了。爱尔兰的天主教会考虑到有可能会得到政府的让步，因此试探性地支持过联合王国的提议，但后来感觉自己成了英国背信弃义的牺牲品：英国原本一开始就可以普遍联合天主教会，试推行联合王国制度，但相反，在这个过程中天主教会却基本上被排斥在外。这种对天主教的疏离此后还进一步扩大。从 18 世纪晚期开始，由于爱尔兰经济的好转，以及一些自由党新教徒的支持、政府在法律方面的有限让步（比如 1793 年天主教徒只要有 40 先令纯收入的证明就可以获得选民资格），天主教在政治和经济上的信心都在日益增强。随着经济增长，爱尔兰的人口也在迅速增加，尤其是信奉天主教的劳动阶层的扩大。到19世纪，爱尔兰仍在持续壮大，在政治上也获得了一系列的胜利，这包括1829年天主教的“解放”（即获得了近乎完整的平等公民权），以及1869年对英国国教教堂“爱尔兰大教堂”的废除：事实上，这些政治胜利大多数都以牺牲旧势力利益为代价，因此遭到了他们的大力反对。即使是粗略地审视，也能立刻发现联合王国的弱点：尽管皮特的初衷很好，但这个法案只是有效地保障了不列颠和旧统治势力的利益；而形成的政府体制实际上将人口最多、最有活力也最有进取精神的群体排斥在外了。

这种排斥让爱尔兰天主教徒赢得了民众的支持，但这并不意味着一场激烈的天主教民族主义运动必然会出现。尽管事后看，许多民族主义作家认为17世纪40年代天主教的联合抗议运动、17世纪80年代詹姆斯二世党人的活动、18世纪90年代爱尔兰统一运动，以及民族主义者在19世纪发起的各种各样的抗议活动之间，存在着连贯性，但天主教在政治中的实际情况，可能要比任何民族主义历史剧更为复杂。如果像艾利·凯多里的著名论断所称的，帝国主义会招致民族主义，那么不列颠在爱尔兰的统治，某种程度上促使爱尔兰的民族主义力量结成了一个强大的同盟。但并没有就此产生大众支持的共和主义（爱尔兰的共和主义基本上在独立战争时期才成为主流）：许多受欢迎的爱尔兰政治家——从解放运动发起者丹尼尔·奥康奈尔直到爱尔兰议会党的最后一位领袖约翰·雷德蒙——都想兼顾爱尔兰自治的意愿与对英国王室的效忠或者承诺不脱离帝国。但不列颠政府总是无法适应爱尔兰结合民族热情与对王室的效忠这样独特的（同时也非常成功的）传统，以致让爱尔兰人认为应该成立一个更激进、更彻底的民族主义团体。在这些立宪派的民族主义者看来，不列颠与爱尔兰政府仍然有可能保持一种联系，而这种联系之所以未能实现，是因为不列颠在爱尔兰的不当政策，以及脱离国教的共和派难以阻挡的崛起，当然还有一定的历史偶然。

1829年，天主教被允许进入议会以及大多数政府机构任职。解放法案为天主教地位的提高打开了大门，但法案并不能强迫各方接受天主教徒。尽管也有不少斯迈尔斯[①]式的成功故事[奥哈根勋爵成为现代第一位担任爱尔兰御前大臣的天主教徒（1868~1874年），基洛文的拉塞尔勋爵则是第一位信仰天主教的英国首席法官（1894~1900年）]，但总体而言，天主教徒在仕途上或某些行业里总是会遇到无形的障碍而难以继续前行。虽然爱尔兰早就派有代表参加威斯敏斯特议会，并且他们也能自由发表意见，但他们仍然是少数派，只是断断续续地产生了一些影响。因此天主教徒在联合王国里的社会、政治地位并没有得到充分有效的提高。

对于联合王国的这种缺陷，天主教要求对之进行修正和废止的呼声越来越高。奥康奈尔试图鼓动爱尔兰人起而要求废止联合王国，尤其是在1840年以后，他创立了“废止王国合并派”。他得到了天主教的大力支持，但北部新教徒和不列颠的政要却鲜有人响应。尽管奥康奈尔的倡议是否定性的（主张废止不列颠和爱尔兰王国的合并，而不是用另一个政府来取代联合王国政府），但他可以被视为爱尔兰自治运动的重要先驱。他启蒙了一大批穷困的天主教徒（他们在很大程度上被各级政府）起而要求立法独立；他还独创了一种议会施压与民众抗议相结合的运动方式，此后为爱尔兰自治运动者成功借鉴。

不过，“地方自治”的真正提出是在1870年后。新教徒律师艾萨克·巴特创建了地方政府协会，令人难以想象地融合了颇感不满的托利党人和天主教自由党人。1874年，巴特的自治党参加大选，获得爱尔兰自由党选民的支持，进而成为威斯敏斯特议会唯一的、最大的爱尔兰党派。许多爱尔兰历史学家都曾探讨过这个戏剧化结果的原因：1867年，三位革命民族主义者

① 塞缪尔·斯迈尔斯（1812~1904年），苏格兰作家、改革家。其关于人生成功与幸福、良知、信仰、道德、自由与责任的随笔最受欢迎。——译者注

（“曼彻斯特殉难者”）因谋杀一位警官被处以极刑——这在很多人看来是不公正的，对这三人遭遇的普遍同情发展成了全国性的骚动，为地方自治运动者提供了很好的机会；格拉德斯通政府提出的软弱的《土地法案》（1870 年）与《大学改革议案》（1873 年）的流产，使得对格拉德斯通政府颇有期冀的天主教徒大感失望。此外，格拉德斯通在其宣传册《梵蒂冈教令》中对教皇的攻击，使其失去了很多爱尔兰天主教徒的支持。不列颠司法系统明显的缺陷，以及从不列颠获得支持的希望，都化为泡影，激怒了天主教徒，自治运动正好利用了这一点。自治运动实现的可能的基础，一是失败的革命民族主义者在公众中获得了普遍同情（这不同于对革命民族主义的支持，因为革命民族主义始终只有少数支持者）；二是爱尔兰的自由党人和部分托利党人最初就达成共识，认为爱尔兰在不列颠政党体系中获得的机会是极其有限的。

农民的剧烈动乱则进一步推进了自治运动。这种动乱发生于 19 世纪 70 年代初农业发展相对繁荣的时期，并从某种程度上决定了自治党的特点及其纲领的性质。起初，持自治立场的下院议员常常是拥有土地的前自由党人，他们保持了立宪派温雅斯文、渐进改良的方式。不过，1879~1880 年出现的新议会党领袖、行事专断的查尔斯 · 斯图尔特 · 帕内尔，制定了更为平民化的政党路线：帕内尔控制住了 1878~1879 年经济衰退引发的骚乱；作为一个新教徒地主，他却成功地将自治运动与贫困农民的利益结合到了一起，换句话说，帕内尔让 19 世纪 40 年代推动“废止王国合并”运动的几股力量又再次形成强大的联合：民众运动以及议会上疾言厉色的要求。农业危机由于连年丰收和宽松的《土地法案》（1881 年由格拉德斯通批准通过）渐渐平息，但农民与自治运动的联系保持了下来。到 19 世纪 80 年代中期，帕内尔不仅领导着一个自律有序的议会党（1885 年 11 月拥有 85 名成员），还领导着一个协调统一的地方组织。这个组织得到了当地天主教团体两大支柱——广大的农民和神职人员的支持。

1870~1885 年，巴特和帕内尔让奥康奈尔 40 年前发起的那场旨在废止合并的民众运动得到了复苏。但即使是赢得了爱尔兰天主教团体的一致支持，自治运动者仍要面对曾击垮早期废止运动的两大障碍：来自不列颠政党的反对和北部新教徒更加尖锐的敌意。这里需要强调一下这两种反对之间的联系：事实上，如果北部的阿尔斯特新教徒默许了地方自治，不管这种默许多么不情愿，不列颠的任何一个政党也不可能进行有效的反对。地方自治运动从未成功地争取过北部新教徒的支持或让他们屈服，而新教徒的态度对自治运动的命运有极关键的意义，这值得我们更深入地思考。如果说对爱尔兰天主教有过分简化的倾向，分析有过重的决定论色彩，那么对 19 世纪爱尔兰新教徒政治的解释也存在同样的问题，正如爱尔兰天主教徒并非天生就支持爱尔兰脱离联合王国，爱尔兰新教徒也不一定都主张联合统一。18 世纪，爱尔兰新教徒主张立法自治的同时，也主张保持与不列颠的联合，制定新教徒占主导地位的宪法；北部长老会尽管政治见解不同，仍然热情地参加了 1798 年起义的队伍。联合王国统治下经济的繁荣发展，与阿尔斯特区域特性、“不列颠精神”的普及（即不列颠王室与帝国的形象、立场）相结合，大大地压制了这些早期出现的政治观点：而且更关键的是，新兴的天主教爱国民族主义势头很盛，很受民众欢迎，在政治和文化上都对爱尔兰新教构成了各种各样的挑战，这使得爱尔兰新教徒认为只能通过与不列颠的联合才能克服这些问题。但是，若认为 18 世纪晚期新教的爱国派到 19 世纪晚期转变为了联合党，也许遗漏了一点：地方自治时期，明显与爱国派一脉相承的不列颠联合党仍然保留有 18 世纪爱尔兰爱国派的许多观念。的确，爱尔兰联合党的主要矛盾在于它的产生既源于新教徒对不列颠保护的不信任，也源于对地方自治的恐惧。阿尔斯特新教徒主张联合的更主要原因在于害怕天主教占上风，害怕成为经济上的牺牲品，而不在于有关民族身份的任何抽象概念，这显然是爱尔兰联合党宣传的重点主张。

我们可以对北部爱尔兰新教联合党的反对以及1912~1914年的政治选择进行更详尽的回顾。不管是奥康奈尔还是帕内尔，都没能有效地应对阿尔斯特联合党的问题，而且这两人对北方的政治形势也只是略知一二：直到1891年，已进入晚年的帕内尔才开始认真考虑来自北部新教徒的挑战。不过，帕内尔胜过奥康奈尔的地方在于他打破了不列颠政党政治的僵局：奥康奈尔发起的废止王国合并运动曾遭到整个不列颠的反对，而帕内尔则通过利用公众舆论和议会施压的方式获得了格拉德斯通对自治运动的支持。对于格拉德斯通的个人动机，历史学家也已经充分地探讨过了：格拉德斯通显然是高估了帕内尔的政治才能，将他提出的地方自治视为一种能够维系爱尔兰与不列颠关系的策略（也许还是唯一可行的策略）。他也很确信（尤其在他大量地阅读后），应该纠正过去的错误，重建爱尔兰议会。此外，他还有一个关于政党及其领导的更迫近的考虑：地方自治可以巩固他对已高度分裂的自由党运动的控制。当然，地方自治还可以说是一项典型的格拉德斯通式的“大议题”——政治要求明确并且简要，体现了高度的道德责任，同时为他在党内的对手布下重重的障碍。1885年，媒体透露了格拉德斯通政治立场的转变；在1886年早期，他就已开始暗中起草地方自治提案（他没有就该议案与其他大臣进行商谈，而是主要征求了两位高级公职人员的意见）。1886年春天，格拉德斯通在下院公布了完整的地方自治提案。

这个倡议失败了（1886年，议案在经下院第二次审议后被否决），但格拉德斯通的行动决定了到1921年之前不列颠议会政治的轮廓与部分议题。他对地方自治的突然推动使得一些辉格党人和部分激进的内阁成员都提出了辞职，同时也引发了托利党更加强硬的联合主义态度。因此，非常矛盾的是，地方自治运动的短期效应竟促进了联合主义，不列颠两大党派与爱尔兰附属党派的关系史无前例地紧密（这或许正合了格拉德斯通的意）：自由党人和爱尔兰议会党人结成了一个非正式却很持久的“精神联盟”，而托利党人则更加坚持地支持爱尔兰的联合党。党派间的剧变也对原本存在的政治合作及友谊造成了破坏：整个结果就像经历了一场内战，参战者们因陌生而残酷的斗争伤痕累累，仍然在新的战斗集结口号下苦苦坚持。在内阁大臣中极少有政见不同的自由党人回头支持格拉德斯通（乔治 · 特里维廉是极个别之一），也极少有托利党人（甚至是那些未曾认真考虑支持帕内尔的人）表现出鲜明的联合派立场。尽管 1893 年地方自治议案再次遭到否决，尽管其他问题暂时更受关注，地方自治仍然是不列颠党派联盟的试金石。格拉德斯通 1894 年退休，1898 年离世，但他对自由党的影响仍然在持续。新一代的自由党人仍然坚持着地方自治的主张，只是热情不如从前；1906 年，自由党人以权力下放的承诺赢得大选，1910 年再次获胜，但这番承诺实际上只是停留在宣讲与口号上。1910 年 11 月，两派激烈的竞选使得他们又重新开始争取爱尔兰民族主义者的选票。尽管自由党人首相H · H · 阿斯奎思并没有“泰斗”格拉德斯通那样坚定的信念，但他在运用党派优势上却很有头脑——1912 年，沿袭格拉德斯通路线的第三个地方自治议案再度被提交给了下院。

解决问题的前景

第三次地方自治议案将是本章接下来反事实论证的焦点。与格拉德斯通在 1886 年、1893 年的前两次议案不同，这次议案得到了通过，在详细讨论其内容之前有必要作一些解释。这里需要提到两个迹象或者说前提：首先，1912 年的议案提得正是时候，比之前两次更有可能成功，因此在反事实思考中也更有价值；其次，跟 1886 年或 1893 年比，第一次世界大战前几年时间里蕴有更多的可能性选择。

1912 年乃至以后的时期里，许多自由党人都会回顾最早提出的那个地方自治议案，沮丧地想着如果当时能得到通过会带来多少好处。事实上，这样想主要是因为地方自治问题的内在困难以及爱尔兰政府在此期间出现的种种问题（和不断增长的开支），而不是由于1886年的地方自治议案有多好的前景。在保守党人与部分自由党人的联合下，第一次地方自治议案在下院遭到了决定性的否决。毫无疑问，即便自由党内部不再有意见上的分歧（这种可能性非常小），自治议案也无法通过上院的审议。因此，联合党在议会有了压倒性的优势。而且在1886年7月，英国曾就地方自治问题召开了一次选举，尽管爱尔兰的选民们坚决支持帕内尔党派，但英国的选民都力主联合。当时存在一个很有意思的可能性：如果在自由党表示默许的情况下，保守党对地方自治表示支持，那么地方自治议案很可能已经得到实施。尽管这看起来不太可能实现，但也的确并非无端的臆想。1885年，在第一届索尔兹伯里政府短暂的执政时间里，年迈的保守党大臣们（伦道夫·丘吉尔勋爵与卡那封勋爵）曾半开玩笑半认真地提过与帕内尔达成某种形式的妥协——众所周知，在1885年11~12月举行的大选中，帕内尔曾建议过英国的选民支持保守党候选人。但保守党人对地方自治和帕内尔并没有真正的热情。1885年12月，格拉德斯通原本希望保守党的地方自治措施能得到自由党人的支持，但他立刻遭到了拒绝。而且，尽管有些保守党大臣曾试图通过支持帕内尔党人在爱尔兰建立一个少数派政权，但与此同时他们也通过授予荣誉和官职来安抚爱尔兰的保皇派（即反对自治者）。对于如何支持在爱尔兰的政权，索尔兹伯里勋爵及其内阁大臣似乎一直犹豫不决。

另一方面，已有充分的论证表明，如果第二次地方自治议案在1893年得到通过，“妥善解决这个问题的可能性是很大的”。阿尔斯特联合党还没有形成准军事组织（此后在1910~1914年，尤其是1913年、1914年两年里，他们才有了自己的军事组织）；即使是口头上提出的武装威胁也是极为保留的，这取决于都柏林是否能对他们对自治的消极抵抗实行高压政策。至于爱尔兰民族主义者，他们很可能会由于地方自治议案的财政政策颇受限制，除了与他们的对手阿尔斯特联合党妥协以外别无他法（东部的阿尔斯特是爱尔兰的工业重镇）。不过，如果说 1893 年爱尔兰的局势对地方自治相当有利，那么议会与高层政要的前景仍然很黯淡。地方自治议案的确在下院获得通过，但也只是以微弱的优势通过，支持者大都不太热情；而 1893 年 9 月 9 日，上院（在一片哄笑声中）以 419 票对 41 票否决了地方自治议案。愤怒的格拉德斯通向自己的同僚提出解散议会，并就贵族们的专横态度寻求选民的支持。但格拉德斯通及其门生约翰 · 莫利只是自由党内阁中的少数派，他的同僚均拒不认可这项策略。格拉德斯通的奋力抗争不仅孤立无援，而且在第二次地方自治议案时期他已是 84 岁高龄，“体力明显下降”。即使他老当益壮还能够发起民众运动，自由党是否能在竞选中胜出也没有定数。在不列颠选民看来，提倡地方自治的是一群不热心的自由党人以及内部意见不统一的民族主义者，这显然很难有说服力。

格拉德斯通还作了最后的尝试，在 1912 年第三次提出地方自治议案。鉴于前两次议案的失败，我们很容易会觉得这次议案的前景也不容乐观。鉴于阿尔斯特联合党的激烈反对，我们需要根据即将到来的 1914 年中期的暴乱来回顾式地分析 1912 年的局势。1914 年 8 月，在第一次世界大战爆发前夕，阿尔斯特联合党建立了一个庞大的准军事武装组织——阿尔斯特志愿军，他们甚至还建立了一个北方临时政府。他们还得到了不列颠保守党盟友的坚决支持。因此，让双方在各自满意的情况下和平解决问题几乎是不可能的。传统观点认为爱尔兰完全是因为德国侵略比利时才避免了内战的爆发，这么看似乎也没什么错。

尽管 1912 年地方自治议案的前景十分复杂，但与前两次有着巨大的区别。自由党官员韦尔比勋爵认为地方自治的前景并不乐观，尽管他深知阿尔斯特联合党是个很大的障碍，但他仍然认为 1912 年早期的形势还是“相当有利的”。在下院，自由党人、爱尔兰党派与工党联合起来支持地方自治；1893

年上院曾否决了地方自治的议案，但由于1911年议会法案的通过，上院已经失去其在立法上的否决权，对于议案已经没有决定性的发言权。议会外，联合党在英格兰占大多数，但苏格兰、威尔士当然还包括爱尔兰都对地方自治持同情立场，所以联合党的优势被抵消了。而且，在韦尔比看来，英格兰的联合党“并没有像1886年那样表现出任何活跃的甚至是暴力的反对迹象”。这种说法有其合理性，不列颠和爱尔兰联合党竞选者的经验也在事实上验证了韦尔比的判断。他们发现，人们更为关心的仍然是土地和社会福利，而并非爱尔兰的效忠问题。另外，1912年英格兰的联合党发现爱德华时期的捐助疲劳现象正日益凸显：人们已经不再那样关心爱尔兰联合党在地方自治下的可能遭遇。

关于1912年地方自治议案的前景，对阿尔斯特联合党的抵制程度有个准确的判断也是很重要的。即使是在1912年，也不能将阿尔斯特联合党的战斗精神轻描淡写地一带而过。1910年11月，阿尔斯特主战派核心人物F·H·克劳福德（联合党其他高层人物显然对此已知情）给5位军火制造商写信，索要20 000支步枪和100万发子弹的报价。1910年11月，极端保皇组织奥兰治党的成员已经开始进行简单的军事训练。1911年4月，参加过布尔战争的老兵、贝尔法斯特奥兰治党人领袖罗伯特·华莱士上校吐露，他已在“尝试让贝尔法斯特进行简单的军事操练——从四路纵队变成两路纵队，诸如此类”，但很快大量购买武器的计划被搁置了。尽管1911~1912年的准军事训练有所发展，但直到1913年1月阿尔斯特志愿军建立后，才真正有了集中管理和规范的军事训练。因此，当1912年4月地方自治被第三次提出时，阿尔斯特联合党已明白地表明了他们对这个议案的关注；但他们大部分还没有军事装备，军事训练（尽管有不少出色的退役军官予以指导）相对来说还是缺乏协调和统一。而联合党所表现出的极度狂热和好战情绪，直到1914年夏天才有所体现。

1912 年，无论是不列颠还是爱尔兰联合党，对他们的领袖来说，和平谈判已经是不可能的了。不列颠联合党的领袖博纳 · 劳与卡森几次好战情绪的戏剧化表现（比如 1912 年 7 月 29 日博纳 · 劳在布莱尼姆宫情绪激愤地表示支持阿尔斯特联合党的激进观点），成了今人对其进行历史评价的基础。我们不能小看他们的这种愤怒：这两位曾进行的无数次公共演讲，充分证明了这种愤怒的力量，而他们偶尔的私下谈话同样如此（比如 1911 年卡森在写给詹姆斯 · 克雷格的一封信里毫不客气地宣称他“并不喜欢虚张声势。除非人们已经头脑清醒地准备好有所牺牲，否则大谈抵抗是没有用的”）。但要判断这些联合党高层政治家在第三次地方自治议案时期扮演了怎样复杂的政治角色，就必须将这些言论结合其特定的语境来理解，否则意义不大。对于自由党人通过议会法案成功地更改了宪法，两人都异常愤怒。同时，他们也都非常担心（事实也的确如此）新的地方自治议案和前两次一样，不会对北部联合党作出什么让步。但其实二人在私下里的态度要更灵活和温和，并不像公开场合表现出的那么好战。

博纳 · 劳在北部爱尔兰新教地区有往来的亲戚，对新教的理想宗旨怀有很大的同情。然而，在 1910 年为解决人民预算中出现的宪法问题而召开的跨党派会议上，博纳 · 劳（与F · E · 史密斯以及其他托利党人）都赞同与自由党人达成妥协，包括对地方自治问题作出让步。1911 年，托利党就有争议的自由议会法案分为了强硬派和温和派，博纳 · 劳此时再次持和解妥协的立场。他是关税改革的热烈支持者，并宣称关税改革与北爱尔兰是其政治生涯的两大驱动力，但他千方百计想要让狂热的关税改革者和对此不那么热情的联合党都接受自己。1913 年 1 月，面对国内托利党人的反对，他不得不搁置关税问题。同样，尽管在托马斯 · 琼斯看来，博纳 · 劳激进的联合主义思想或许部分是源于某种“原始的热情”，但也确实是他深思熟虑后作出的选择。

已有充分的论证表明，博纳 · 劳对联合主义的坚决捍卫其实是一种清醒明智的策略——以此巩固自己在党内的领导地位，迫使自由党政府解散并进行大选。此外，还有论证指出博纳·劳面在议会的边缘政策（指不惜将危急形势进一步升级）风险逐渐加大时态度显得犹豫不决。以上的论证都颇有道理。1913 年 10 月到 12 月阿尔斯特（包括整个爱尔兰）的局势日益紧张，博纳·劳在那时与自由党首相阿斯奎思曾有三次会面，审慎地寻求和平解决危机的可能方式。在 11 月 6 日第二次会面以后，似乎出现了一种可能，即如果让北爱地区 4 个或 6 个郡退出地方自治若干年，就有望达成和解；在规定年限已满后，这些地区要举行公民投票，决定它们以后的宪法地位。实际上博纳·劳似乎误解了阿斯奎思的意图（这位诡计多端的首相似乎只是想估计一下反对党所能接受的最低条件，而并非真的打算提出明确意见）。尽管如此，博纳·劳对这次会面的评论仍然是一针见血的：如果和解达成，“我们就失去了选举中的王牌”。另一方面，如果真的形成了意见坚决的议案，“一旦表示拒绝，我不知道我们怎样承担因拒绝产生的责任”。博纳·劳在留心自己党派利益的同时也明显体现出政治家的本能：由于托利党人并不能拒绝选民认可的合理协议，此时对党派利益的维护恰好需要表现出宽厚大度。此后，他在 1914 年拒绝坚持议会的极端策略（比如修正《军队法案》以预防北爱地区的军事胁迫），这些行动都进一步表明了他灾难预言家外表下那更谨小慎微、通情达理的性格。

卡森也是如此。在公开的会议上，在卡森副官詹姆斯·克雷格维多利亚式的气氛沉郁的家里，在巴尔莫勒尔广场（阅兵式的最佳会场），卡森不断地激发并鼓励其支持者的愤怒情绪。而在私下的场合，诸如在威斯敏斯特和贝尔法斯特关门讨论时，卡森又在极力地要求谨慎从事。1912 年 12 月至 1913 年 5 月，从有关联合党私下集会的秘密警察报告中可以看到，卡森数次劝告他的心腹“要寻求和平，采取和平的方式”。特别要注意的是，尽管一些鹰派军官极力主张整个联合党都普遍武装起来，他似乎并不热衷于此。1914 年，大批购入武器勉强得到批准，一方面是由于阿尔斯特志愿军内部某些人的不安情绪，另一方面则是由于中止与阿斯奎思的谈判也许体现出政府不可能作出任何真正的让步。当然，卡森在公开拥护保皇派军事行动（如1914年4月拉恩地区的军火走私活动）的同时，也对这些行动满怀忧虑。1914年4月，他坦承已无法控制自己的军队。1914年5月，针对地方自治议案的僵局，他试探性地提出了联邦制的设想，但遭到了他的追随者的强烈反对。1914年夏天，北爱尔兰志愿军的主战势力基本上已经完全掌控了联合党。

1914年，对政治家来说，自治问题已不太可能用和平的方式解决。但正如后来事实发展所证明的那样，造成这种局面的原因并不是因为卡森和博纳·劳个性的偏执。尽管这两个人都大谈末世预言，但本质上他们仍然是立宪派的政治家；两人都对一支难以驾驭的政治队伍有（部分的）领导权。然而，尤其是卡森（他对内战相当恐惧），他越来越无法驾驭那些好战情绪日益高涨的追随者。这并不是说他在鼓舞联合党的热情方面已无法发挥什么作用（当然在保皇派漫长的动荡岁月里，任何政治家的影响也许都被夸大了），而是指卡森和他的不列颠保守党盟友们其实是有可能妥协的，而且很可能已经准备提出妥协——但这种可能性也只是存在于地方自治危机的早期阶段。到了1914年的夏天，时机显然已经错过了。

在1912年春天地方自治危机初现苗头的时候，自由党人及其在爱尔兰议会党中的盟友是否能提出一项在某种形式上排除阿尔斯特地区的解决方案？如果这个方案在政治上的确可行，那么是否应该提出它？有一点得记住，联合党和民族主义的军事力量到1914年已大为增强，此时才出现了真正的让步，但这并不妨碍我们设想1912年达成和平协议的可能。如果地方自治议案中以任何形式排除了阿尔斯特，爱尔兰民族主义无疑会被激怒；他们将爱尔兰岛看做一个不可分割的整体，而且一向对北爱尔兰联合党的反抗不予理会。此外，任何形式的排除都会让北方的少数派——天主教徒难以得到地方自治行政当局的保护。就当时的政治局势来看，这一点并不是那么重要，但约翰·雷德蒙最有影响力的副手乔·德夫林恰巧是贝尔法斯特的天主教徒（德夫林是民族主义者地方政党组织爱尔兰统一联盟的文书）。单纯从政治决策角度看，1912 年爱尔兰议会党原本可能有更好的举措来促成和解协议的达成，而不是在 1914 年至 1916 年间屈辱地步步退让，乃至最终（在战争中期）雷德蒙接受了北方六郡暂时退出地方自治。如果是在 1912 年，自由党政府哪怕要求的让步再少一些（比如只要四郡退出），也会遭到民族主义者的强烈抵制；但爱尔兰议会党却能因此免受后来的耻辱，也不会使得民众期望的选举结果出现继而又遭到破坏。此外，雷德蒙别无选择地接受了自由党人的决定，因为尽管政府依赖于他的政党，但他在地方自治上需要政府的支持。爱尔兰议会党也许会帮助托利党人在投票中让持分离主义立场的自由党政府被孤立，但同时也会让联合党在下院变成多数派，或是导致出现一个独立的多数派的自由党政府。不管是哪个结果，都意味着地方自治问题将被搁置。

因此，1911 年末到 1912 年初自由党内阁的意见就有着重要的影响力：排除北部六郡的提议是否可行？另一个与之相关的问题是，在提出自治议案前，很明显应该首先认真考虑对爱尔兰东北阿尔斯特地区加以特殊对待。许多研究爱德华时期自由主义的杰出学者对这一点已达成共识。正如帕特里夏·贾兰所认为的，1886 年格拉德斯通低估了联合党反对的激烈程度还属于情有可原，但（自 1886 年就进入了下院的）阿斯奎思对北爱尔兰保皇实力的顽强与激烈观察了长达 25 年之后也作此判断就难以理解了。1904~1905 年，联合党从情感和组织两方面动用了全部的资源以反对权力下放；1907 年，联合党以同样的方式反对爱尔兰议会法案。尤其要注意的是，阿尔斯特联合党议会（北方保皇派反对第三次地方自治议案的中心）从 1905 年建立开始就显然成为了一个强有力的组织工具。1910 年 2 月，一个杰出的议会党人兼律师卡森出任下院爱尔兰联合党政党的领袖，这也预示了未来战斗的激烈程度。

阿斯奎思与内阁其他成员实际上也都意识到有必要单独处理阿尔斯特问题。支持对北部进行特殊处理的两位主要人物是内阁中最喜欢争论也最富才华的戴维·劳埃德·乔治和温斯顿·丘吉尔；随后，才华与热情都逊于这二人的爱尔兰事务大臣奥古斯丁·比勒尔也加入了他们的行列。早在1911年的8月，比勒尔在私下场合就曾谈及择取北方个别郡实行分治，而直到1914年2月，这项提议才（由劳埃德·乔治）摆在反对党面前。比勒尔在日常生活中对联合党坚决不妥协的精神有直接的接触和了解，而丘吉尔（其父伦道夫勋爵曾直言不讳支持阿尔斯特）和劳埃德·乔治（非国教教徒）则是出于家庭和宗教的原因表示支持。阿斯奎思在1913年9月声称他“一向认为(并表明)，作为实行地方自治的代价，我们最终可能会不得不向阿尔斯特作一些让步”。但他和他的父亲一样并不太关心这个问题，而喜欢在内阁的事物讨论中随大流，所以在北部六郡的分治问题上态度始终犹豫不决。1912年2月6日，当丘吉尔和劳埃德·乔治向内阁提出要将爱尔兰联合党集中的区域排除到地方自治之外时，他们得到了一定的支持，但最终还是被包括首相在内的大多数人投票否决了。

尽管如此，关键的一点不应被遗漏：自由党内阁者也有相当一部分人支持排除方案；即使是在1912年2月，地方自治议案提交前两个月，情况仍然如此。在克鲁勋爵和劳尔伯恩勋爵的领导下，格拉德斯通的拥趸占了上风；而赞成排除方案的人除了已提到的几个人物以外，还包括霍尔丹、霍布豪斯和阿斯奎思（至少在内阁第一轮论战中他是赞成的）。考虑到卡森和博纳·劳并非无可挽回的主战派，而且自由党内阁还出现了院外游说集团（几个月来人数在与日俱增），从宪法角度提出某种形式的解决方法显然是完全可能实现的。实际上，就已有事实来看，我们完全可以更进一步地指出，地方自治议案的良机在1912年春天被错过了。因此本文最后一部分将着力思考这种解决形式及其可能的后果。

对第三次地方自治议案的解读

地方自治下的爱尔兰会是什么样子？在对此作出猜测前，应该先明确阿斯奎思议案中的细节及其所谓的行政权下放的性质。前文的讨论表明，尽管议案中有许多保证条款专门应付恐慌的阿尔斯特联合党，但仍然将爱尔兰视为一个整体。议案开头的条款针对的是新的爱尔兰两院制立法机构及其与威斯敏斯特帝国议会的关系。尽管威斯敏斯特议会中仍保有爱尔兰的席位（103名代表中，有42名为爱尔兰的代表），爱尔兰议会代表制引起关注的焦点是在都柏林成立新的下院（它将有164名成员，任期5年），以及以之为基础产生的有40名成员的上院。此外，有关条款还就负责的执行机构作出了规定。据估计，联合党可能会赢得下院164个席位中的39个以及威斯敏斯特42个席位中的10个；（至少在短期内）他们在上院还有一定的资源，因为上院一开始是由伦敦政府任命的。爱尔兰议会党雷德蒙心里无疑很清楚，任命的目的在于“保证爱尔兰公共生活中的重要因素不至于因为选举中严格的党派限制受到排斥”，这可能指的是南部的联合党，他们分布过于分散，不可能对选举产生重大影响。

新的议会将从属于威斯敏斯特议会，而且阿斯奎思事实上也强调，“帝国立法机构具有首要的权威，可以随时废除、修改或变更爱尔兰议会制定的任何法规”。除了坚持明确帝国的支配地位之外，议案中还规定某些特定领域不受新立法机构的限制和约束，其中涉及和包括了王室的权力、发动或停止战争、陆军和海军、外交和殖民、赐爵封号、货币制度、商标以及对外贸易与航海等。还有所谓的“保留事业”，也被暂时地排除在地方自治议案之外，这包括土地购买、抚恤金、国家保险、征税、爱尔兰皇家警察队以及邮政储蓄银行、信托储蓄银行与互助会管理等。同时在法律制定方面也有进一步的约束，禁止法律对某种宗教采取支持或反对的立场，尤其是议会没有权力制定任何法律“使得某种宗教信仰或宗教仪式成为保证婚姻有效性的必要条件之一”。尽管议案的其他内容几乎都能在格拉德斯通最早的议案中找到原型，但其目的却在于安抚新教徒——他们因当时新发布的关于异教通婚的教皇谕令感到不安；但这种“抚慰”并没有什么成效。除了这些永久性或暂时性的权力限制，特别是对宗教歧视的禁令之外，议案中还提到了王室否决权，以此对爱尔兰议会加以进一步约束。实行地方自治后，爱尔兰行政机构仍然与此前在联合王国框架下一样由一位总督领导。尽管这个被重新规定的行政机构表现出更亲民的倾向（没有宗教信仰的限制，也脱离了不列颠政党政治的争斗），但它若要暂时中止或否决爱尔兰法律，仍然得看伦敦的指令行事。

议案的财政条款在当时的很多人看来陷入了一个技术性的困境，而且（至少在英国下院的普通议员看来）引发了普遍的不安和忧虑。如果 1912 年早期人们就对地方自治达成了共识，几乎可以肯定，针对阿尔斯特地区会有特殊的处理办法。这就意味着议案必须得到某种修正（如前文所提到的），但由于议案提及的财政措施都是以爱尔兰国家的整体角度为出发点的，这样的特殊处理也就意味着整个财政方案的瓦解。因此，自由党内阁中反对排除主义的人正是那些与制定地方自治财政条款最相关的人（其中最惹眼的要数赫伯特 · 塞缪尔）。如果 1912 年阿尔斯特问题得到恰当的处理，议案的财政条款就需要彻底的重新调整。这么看，议案中财政方面的内容就很值得一提，因为它为地方自治的某些关键原则提供了最有效的证据（不管有多大的缺陷）。事实上，当时对爱尔兰未来的许多思考（从不同党派观点出发）都强调了地方自治财政措施的优缺点。

根据塞缪尔精心策划的提案，爱尔兰所有的税收收入都应上缴帝国财政部。而权力下放中产生的一切开销（总数约达 600 万英镑），将主要以“转账金”的形式返还给爱尔兰；此外（起点为）50 万英镑的小笔额外资金也将被返还，作为爱尔兰新政府的回旋资金。如果爱尔兰政府征收新税，获取的收入也会被返还，但新的征税范围实际上是有严格限制的。新政府可以征收新税，前提是不与帝国的现行税制发生冲突（不列颠政府主管的财政部联合管理委员会将界定是否构成“冲突”）；还可以增税，但增加幅度不能超过10%。爱尔兰的一部分税收仍然由帝国政府征收，其中土地购买年金由那些通过向政府贷款购买土地的农民缴纳。如逾期不还，帝国政府将从“转账金”中扣除相应数额。正如雷德蒙坦率指出的那样，“爱尔兰的整个收入变成了抵押品，以此来保证土地购买法案下的资金收入”。在当时的人看来，这个问题可能为新自治政府和帝国议会间的激烈争论埋下了隐患。

至少在联合党看来，这些条款还有一个方面是有争议的，即让爱尔兰在经济上进一步获得自治的机制。很明显，塞缪尔提出的立法框架营造了一个巨大的假象，掩盖了经济方面权力下放的薄弱。但他也为爱尔兰经济的发展留有余地。如果财政部联合管理委员会裁定认为爱尔兰连续3年收支平衡或收大于支，那么委员会可以为地方自治议会向威斯敏斯特争取更完整的经济权力。爱尔兰民族主义尽管反对塞缪尔的提案，但仍寄希望于此后该提案得到更大的修订。爱尔兰联合党则预言经济将发生一场大的动荡，认为财政条款的模棱两可将是这场动荡的罪魁祸首。

我们可以用几句话概括这个提案的命运。阿斯奎思的策略从一开始就不断遭到抨击，他迟迟不修正对阿尔斯特问题的处理方式，以致反对声与妥协的呼声日渐强烈。从卡文迪什·斯夸里或萨顿·考特尼相对冷静的观点来看，或者从高级政治伎俩的角度来看，这是个符合逻辑的发展结果，但它更加激怒了本来就暴躁的阿尔斯特联合党。实际上，阿斯奎思给阿尔斯特联合党的领导集团制造了很大的麻烦，这或许是他早就打算好的，但这种战术施压也让他付出了惨重的代价。真正引起内阁关注并变通政策的是财政问题，而非阿尔斯特问题。自由党下院议员发出抗议后，在委员会审议下，政府修正了自治议案，规定新政府无权削减关税。议案中除了无关紧要的保证条款外（这些条款被视为形同虚设，错漏百出），没有针对阿尔斯特联合党提出任何明确的调解条款；直到 1914 年 1 月，当时的首相才提出“建议”，即“地方自治中的地方自治”计划。尽管 1914 年 3 月又推出了一项增强提议（结合了在阿尔斯特省择取个别郡实行分治的建议），而且该项提议被纳入了 5 月的修正议案，但仍然没能满足阿尔斯特联合党想永远被排除在地方自治之外的要求。此外，阿尔斯特联合党高涨的斗志已不需要其领袖卡森和克雷格的鼓动，那些在 1912 年原本可以成功促成和解的提议此时完全得不到支持。1914 年 7 月 30 日，双方仍然陷在僵局里，当时欧洲大战已经逼近。在阿尔斯特联合党的建议下，也为了维护这看似统一的国家利益，双方都同意暂时搁置爱尔兰问题上的冲突。阿斯奎思对这次党派间的休战表示赞成，目的是为了将地方自治议案收入法令全书，尽管当时他同时还提出在战争期间暂缓建立爱尔兰议会。

当时的人在分析议案细节或研究它在议会的曲折经历时，对爱尔兰的未来作了无数推测。这些当时人所作的反事实论证都带有明显的党派偏见的特点：联合党和民族主义者对地方自治下的爱尔兰各自得出了其特有的却常常彼此矛盾的看法。这些思考偶尔也会以讽刺或戏剧的形式出现，但即使最富有想象力或最夸张骇人的文学，也以某种政治现实（或虚拟现实）为核心。爱尔兰新教徒后裔、高产作家弗兰克 · 法兰克福 · 穆尔在第三次地方自治议案时期发表了大量作品[如《阿尔斯特的真相》（*The Truth about Ulster*，1914）、《阿尔斯特人》（*The Ulsterman*，1914）]，而他对地方自治的完整评述则出现在几十年前第二次地方自治议案时期发表的两篇小品文里。在《一个爱尔兰内阁大臣的日记》（*Diary of an Irish Cabinet Minister*，1893）中，穆尔根据保皇派的许多观点与成见，以哑剧的形式表现了一个独立的爱尔兰政府，这个新政府的最大特点就是对北爱尔兰地区的强取豪夺（不仅大幅提高收入税，还对贝尔法斯特造船业的利润另行征税），以及对天主教会的俯首帖耳（都柏林的大主教对立法有否决权、官员的任命权，他还通过刚出现的新发明——电话与内阁会议保持直接的联系）；此外，联合党的都柏林圣三一学院以及《爱尔兰时报》都遭到压制，经济形势仍然惨淡无望——国家贷款计划流产，官员薪水被拖欠，股市暴跌。继《一个爱尔兰内阁大臣的日记》出版数周后，穆尔的《马尔登总督》（*The Viceroy Muldoon*）面世，和前一本书一样假设了新的爱尔兰自治政府得以建立，并提出了种种猜想。在两本书里，阿尔斯特联合党都因为饱受盘剥而反抗都柏林政府（在《马尔登总督》里，北爱尔兰负担了整个爱尔兰税收的15/16）。《马尔登总督》想象政府机构中教权主义泛滥，而且公共生活与政治领域的混乱无序以及官员的挥霍无度，导致了商业停滞不前。两部作品都设想了水平低下的政治道德与政治辩论，并都以新统治阶层内部的混战告终，都认定野心勃勃的民族主义者将迅速突破地方自治的限制（在《马尔登总督》一书里，爱尔兰议会很快就获得了总督的任命权）。

当然，过多地去解读这两部作品并不合适（比如，两个故事都以联合王国的胜利重建为结尾）。但它们之所以成功，是因为联合党已预先认定未来地方自治政府将充斥教权主义、贪婪和残暴，而穆尔的作品正是着眼于这些看法。即使在联合党对地方自治的最严肃的评论中，也同样体现了这类观点（下文将对此作出阐述）。

其余作家的写作前提则是和解不可能达成，比穆尔更直接地描写了北爱尔兰联合党可能出现的好战情绪。第三次地方自治议案期间，至少有两个小说家思考了北爱尔兰的态度，（从完全不同的政治、民族角度）详尽地描述了北爱尔兰联合党好战情绪可能导致的与个人相关的更多结果。这二位就是乔治·伯明翰和英国小说家W·道格拉斯·牛顿。前者在《阿尔斯特的红手》[①]（*The Red Hand of Ulster*,1912）中以一个自由党新教徒的身份进行写作，后者所著的《燃烧的北部》（*The North Afire*，1914）也以爆发于北爱尔兰的内战为主题。两人都是在 1914 年 8 月欧洲战争爆发之前写作的，都没有认真考虑过不列颠的爱尔兰政策背后更宏观的外交背景。不过，他们还是值得一定的关注，因为他们抛开了战争背景对爱尔兰地方自治进行了思考，为本文最后部分中的反事实假设之一提供了主题。

乔治 · 伯明翰在半喜剧半讽刺的想象中，明确地预测了联合党即将采取的某些军事政策，也对局势可能的其他发展提供了有充分根据的猜测。比如，书中设想，爱尔兰裔的美国富翁、芬尼亚兄弟会[②]同情者约瑟夫 · 康罗伊感到阿尔斯特联合党是爱尔兰最可能发起叛乱的暴力因素，因此决定资助他们对地方自治的反抗（这看起来很不切实际，但实际上预见到了共和派里某些主战者对北方保皇派反抗斗争难掩的钦佩之情）。在康罗伊的资助下，与不列颠军队乃至皇家海军交战（与后者交战简直是异想天开）的联合党在许多小型战役中赢得胜利，为整个爱尔兰岛赢得了彻底的独立。道格拉斯 · 牛顿的创作虽然明显缺乏对爱尔兰第一手背景的了解，而且小说风格华丽浪漫，但他对阿尔斯特联合党反抗形式及其反响的推想也不是无稽之谈。小说中，英国军官科明斯 · 劳登在阿尔斯特起义期间发现针锋相对的是自己的同僚（他对联合党持同情立场），同时劳登还因爱上起义军中的一个女人而擅离职守。伯明翰笔下，联合党起义的高潮则是建立了一个具有奥兰治色彩的爱尔兰共和国；牛顿描写的反抗在短时间内爆发，激烈而血腥，但只持续了两个星期，对此作者没作任何具体解释。

---

① “阿尔斯特的红手”指红色手掌图案，该图案是爱尔兰阿尔斯特省的象征，植根于爱尔兰盖尔人（尤其是阿尔斯特省的盖尔人以及 17 世纪以前阿尔斯特地区的盖尔人部落）的文化传统。——译者注

② 芬尼亚兄弟会是爱尔兰民族主义团体，建立于 1858 年，旨在推翻英国人对爱尔兰的统治。——译者注

伯明翰的猜想之所以引发了特别的关注，原因在于他强调了联合党对暴力斗争的复杂态度，以及从政治的角度预言了驱使阿尔斯特联合党反抗地方自治的某些因素。在起义的早期阶段，领导联合党反抗的莫因勋爵及其夫人（对应的是伦敦德里勋爵及其夫人）以及天才演说家巴布雷（与卡森很相似），受到了主战派的排挤，而主战派依靠的是美国的资助和德国提供的武器（现实中保皇派的主战势力的确从北美获得了一些资助，但并不一定来自共和派的资源；同时他们还从德国秘密进口武器）。巴布雷和卡森很相像，在公开场合激烈主战，私下场合却态度温和；他强调阿尔斯特联合党的暴力倾向对其在不列颠潜在的支持者有一定的影响："我知道，如果我们目无法纪、诉诸暴力，就会失去他们的支持和同情。"另外，小说在其矛盾的结局中阐明了爱尔兰保皇派的高度局限性：保皇派的反抗更希望让爱尔兰取得彻底的独立，而不是重建联合王国或是实行某种地方自治。尽管这个结尾颇具自嘲意味，看起来也不现实，但的确也反映了当时爱尔兰联合党里更为严肃的其他观点及其对地方自治可能有怎样的态度，比如持重稳健的南部联合党人、律师A·W·塞缪尔斯以散文的笔调警告英国民众："如果抛弃了自己在爱尔兰的同胞盟友，那么毫无疑问，此后英格兰最棘手的敌人将是这些遭到背叛的人们及其后代，无论他们的命运如何。"

牛顿想象的则是地方自治法案通过几周后的情景。一名奥兰治社[①]成员在警察袭击中被杀，促使保皇派发动了一场血腥的起义。新的北爱尔兰临时政府"建议"民族主义者抛下家庭和财产，同时整个阿尔斯特地区不管是联合党还是民族主义者，都出现了少数派被攻击的党派混战现象，导致大量人员的伤亡和财产的破坏。派别斗争的同时还不时发生经济原因引发的暴力冲突（比如工人放火烧毁工厂等）。不列颠政府的大臣们最初不知所措、一团混乱

① 奥兰治社：1795年在爱尔兰北部成立的秘密社团，支持当时政治和宗教中的新教势力。——译者注

(“政府举棋不定，放任事态恶性发展”)，后来达成共识宣布戒严；王室军队和起义者之间发生了几次流血冲突后，双方达成了某种形式的妥协。尽管这番设想在某些细节上欠妥（比如作者想象阿尔斯特地区拥有众多煤矿，又给奥兰治社的一个英雄取了个爱尔兰基督教式的盖尔语名字)，但对保皇派叛乱的可能发展与直接后果提供了非常有说服力的推测。反应迟缓但最终举措有力的不列颠政府正是阿斯奎思政府的写照：拖沓却又机敏，但行动不够谨慎。整个冲突被设想成历时短暂、激烈血腥最后又无果而终，也十分合理，表现出联合党领导层并不好战的特点，以及自由党政府并不愿意卷入国内的骚乱。

不管是在政治、历史话题的讨论中，还是在文学作品中，民族主义者都远远不像英国和阿尔斯特的新教徒时事观察家们那样关心北爱尔兰；联合党政治辞令与文学作品中不断出现的灾难预言，在民族主义者那里却极少出现。关于地方自治，当时出现的最有启发性的反事实思考来自乔治·萧伯纳，他在为喜剧《英国佬的另一个岛》(*John Bull's Other Island*)所作的《给政客们的序言》(*Preface for Politicians*，1907）中认为，一个主张“保皇”的爱尔兰人是“不自然的”(共和派的社会主义者詹姆斯·康诺利也同样认为阿尔斯特联合主义是一种错误的思想)。萧伯纳着重指出了爱尔兰新教中潜在的激进精神。他认为，爱尔兰的保皇主义与新教优越的社会地位唇齿相依，如果爱尔兰的英国统治者及其上流阶层不复存在，保皇主义也将消失。在对阿尔斯特联合党的好战性作进一步阐述之前，身为都柏林新教徒的萧伯纳并没有把他的信仰同伴们看做地方自治政府的顽固反对者，而是把他们视为新政权下一股潜在的富有活力的激进力量。在萧伯纳看来，爱尔兰新教徒对国家生活的干预将使爱尔兰人更加认同“民族主义与民主的先锋力量，而不是天主教和祭祀制度”；在这方面，一些急于实现民族自由、摆脱教会权威的天主教徒也会对新教表示支持。尽管这些假设多少是将南部新教徒的一些看法强加给了北部新教徒，而且这些看法总体上归因于新教徒的民族自负心理，但有意思的是，萧伯纳和乔治·伯明翰等其他作家一样强调，激烈的阿尔斯特保皇主义和激进的爱尔兰分离主义之间只有一线之隔。两位作家都认为北部新教徒主战派所坚持的联合主义实际上不堪一击，地方自治下的爱尔兰很有可能会由主张独立的新教势力主导。

关于地方自治下的爱尔兰天主教，萧伯纳的描述同样很有意思。鉴于教会是在政治和宗教上引发天主教民众不满的主要机构之一，他将教权主义盛行的原因归结于不列颠与爱尔兰王国的合并。如果撤销王国的合并实行爱尔兰自治，爱尔兰天主教徒就可以摆脱罗马教会的束缚，建立自主的天主教会："地方自治预示着梵蒂冈教会将从都柏林堡消失，圣徒之岛①将获得自己教会的领导权。"萧伯纳在他的悖论中颇为兴奋地认为，地方自治意味着奥兰治社成员将转化为激进的分离主义者，虔诚的天主教徒则转化为激进的教权限制主义者。

最后，我们再看看分离主义者对地方自治的代表性设想。新芬党②成员特伦斯·麦克斯温利在1916年起义中被"驱逐"；1920年10月，在长达74天的绝食斗争后死于监狱。他曾在1914年出版了一部戏剧《革命者》（*The Revolutionist*），描写了残暴的地方自治政府统治下分离主义者的凄惨处境。与前述的其他文学作品一样，这部戏剧也以第三次地方自治议案成功通过为背景。主人公休·奥尼尔（可能暗指16世纪晚期的盖尔领主及其起义者）在所处的进步民族主义者圈子里面临外强中干的恐吓，同时还招致了天主教会内部有权势者的强烈敌意。和爱尔兰其他的民族主义者一样，他的一些亲密朋友对帝国的态度逐渐软化。奥尼尔被教会指斥为无神论革命家（实际上他是一个虔诚的天主教徒）；他注意到，自己认识的人都为了个人的前途在政治信仰上作出了让步。整部戏剧都贯穿了"帝国狂欢节"，这个公众活动表面

① 爱尔兰的别称。——译者注

② 新芬党，北爱尔兰社会主义政党，1905年建立，主张通过武力建立爱尔兰共和国。——译者注

上是庆祝地方自治的实现，实际却是为了引诱那些善良的民族主义者加入支持帝国的行列。奥尼尔为分离主义原则的奋争显得孤单可悲，但在一场残酷的改宗战斗之后奥尼尔死去，此时全剧达到高潮，表现出唯美的英雄主义色彩。

尽管文学作品中对地方自治下的爱尔兰的幻想有时在细节上显得怪诞甚至滑稽，但却与那些看似更严肃的政论极为相似。和文学的想象一样，这些政论显然要受到党派倾向的影响，但有些观点还是超出了党派的限制。例如像持联合主义立场的法兰克福·穆尔这样的讽刺作家，也许的确希望地方自治议案的通过在民族主义者内部造成混乱和分裂，但这样说其实夸大了约翰·雷德蒙的预言。雷德蒙（和农民激进分子迈尔克·达维特一样）希望地方自治运动的政党在“履行职责”、完成目标以后自行瓦解。事实上，雷德蒙通常都会很熟练地将对手的嘲弄转化为政治资本：当联合党预言地方自治会动摇英国宪法时（杰出的法学家A·V·戴西声称“地方自治没有终止争议——它开启了一场革命”），雷德蒙则接受了普遍观点，但同时也认为地方自治会促使英国对王国联合形式进行有益的修正。和联合党一样，他也认为议案在一些方面的措施极难让人满意。尽管和联合党的出发点不同，但他同样也指责了财政条款，认为它们最多只能算临时性的规定。另外，他很可能也察觉到了，议案中拖欠土地年税金将从“转账金”里扣除的规定是不合理的。

当然，民族主义者和自由党评论家们所提供的大体图景（用历史学家理查德·巴格韦尔的话来说）是一个“未来的和谐乐土”，与保守党和联合党设想的残酷场景形成了极大反差。地方自治运动的倡导者和联合党（出于不同的原因）都想要突出新的爱尔兰政府获得了更大的权力，但雷德蒙认为自治议案是英国和爱尔兰长久以来冲突的最终解决方式（尽管他承认在细节上还存在一些问题），而联合党则只是将之看做实现更大程度自治的跳板。一些自由党评论家设想都柏林获得更大的自主权、威斯敏斯特议会减少爱尔兰代表的席位，将此作为“提高帝国行政效率的第一步”，而联合党认为这只会在制度上造成更大的混乱（卡森的私人秘书彭布罗克·威克斯曾表示，“以为通过地方自治议案就能缓解威斯敏斯特议会的拥挤程度，显然是错误的想法”）。雷德蒙相信议案预示着都柏林将成立一个更出色的国民议会（爱尔兰的政治力量将得以保留，而不是大量流入威斯敏斯特）；而联合党认为，所谓的国民议会只会为了私利钩心斗角甚至残杀同胞（戴西评论道，“委员会15号房间里的景象预演了地方自治下都柏林的议会生活”）。雷蒙德相信爱尔兰和不列颠、爱尔兰侨民与不列颠之间的关系都会因自治议案而得到改善。他特别强调，如果与爱尔兰裔美国人的关系有所改善，不列颠将从中受益。而联合党则认为，或者说在某种程度上认为，地方自治议案仅仅是让民族仇恨情绪得到进一步发泄的空间，尤其是一旦发生战争，英国将因为这种轻率盲目的乐观付出沉重的代价。

J·H·摩根的作品《爱尔兰新宪法》（*The New Irish Constitution*，1912）或许体现了自由党或地方自治主义者对自治政府最为完整的描述。在书中，议案完美地结合了权力的大量下放以及帝国对自治政府的必要约束。评论家承认宗教冲突仍然有可能存在，但（在用萧伯纳式的华丽措辞进行论证后）他们宣称“完整而自由的政治生活是宗教上互不宽容最好的，也许还是唯一的解决方法”。著名的长老会信徒J·B·阿穆尔牧师针对普遍存在的忧虑提出（其论证也不乏萧伯纳的影子），地方自治对爱尔兰新教有利无害，因为它会让新教摆脱在人们心中的反民主、反民族主义的破坏性形象：地方自治让“人们有机会切切实实地对新教进行评断”。

关注经济问题的作家韦尔比勋爵同样也对联合党的忧虑不屑一顾，认为地方自治不会（像联合党所说的）导致一个地方保护主义的爱尔兰政府，因为对爱尔兰来说，英国市场的重要性不言而喻。联合党设想的挥霍无度的政府也没有什么根据。最敏锐的地方自治主义评论家之一乔纳森·皮姆认为，新爱尔兰可能面临的危险不是来自铺张浪费，而是来自过分的吝啬：“由于大量的农民成为选民，政府开始变得过分节俭，不愿为土地所有者增加额外的负担，政治事务因此也无法推进。”这与法兰克福·穆尔对自治政府腐败和挥霍的辛辣讽刺大相径庭，但实际上却预见到了20世纪20年代爱尔兰独立后政府对经济的管理情形。联合党预言爱尔兰将一片混乱，皇家警察队丢尽颜面、士气低落，文章对此反驳道，执行机构并不能干预立法进程，而且在民主机构面前，那些对农民骚乱的臆想都会不攻自破。

多年来早已习惯保皇派大呼小叫的民族主义者对于阿尔斯特联合党的武力威胁嗤之以鼻。有人（再次高明地偷换概念）提出，在任何形式的地方自治下，阿尔斯特联合党都能够保存一定势力，不会受到迫害。雷蒙德预测，地方自治主义政党在达成目标后会自行解散，爱尔兰联合党从而成为都柏林下院的强大势力（约占1/4的席位）；民族主义者团体的分裂、联合党内部的凝聚，将使联合党在地方自治的爱尔兰成为一股强大的势力。此外，民族主义者还相信第三次地方自治议案充分关注了联合党的敏感问题，比如前文提到的，议案条款规定爱尔兰议会不能立法对任何形式的宗教加以庇护或损害，尤其不允许立法对婚姻的宗教信仰进行限定，后者（1912年议案较前两次的新加内容）的根据是教皇关于异教通婚的谕令，意在消除保皇派中预言天主教即将占上风的激进情绪。

联合党评论家们对于自己在地方自治下的命运很感悲观。前文已介绍了联合党对爱尔兰自治的许多设想，但联合党和民族主义者一样对于即将到来的灾难作出了详细的预测。联合党里无论是讽刺作家法兰克福·穆尔，还是稳健持重的爱尔兰前任副总检察长J·H·M·坎贝尔，都认为未来会出现混乱和动荡。穆尔笔下的地方自治议会派出代表赴美国坦慕尼协会学习政治管理，而坎贝尔（很严肃地）预测实现地方自治后“爱尔兰政治形态将效仿坦慕尼协会，而非英国议院”。戴西、皮特·克尔–斯迈利（阿尔斯特联合党在下院的知名议员）等人认为，民族主义者在内部争端中表现得冷酷无情，就这方面地方自治议会将有过之而无不及。

雷蒙德预言未来的爱尔兰和不列颠将像兄弟般友好，但大多数联合党作家与评论家却认为冲突仍将继续存在。许多人都相信议案中复杂的制衡条款实际上会滋生怨怼与怀疑。彭布罗克·威克斯提出，议案对权力及其限制的规定将使新的爱尔兰政府与帝国当局不断发生冲突，尤其像前文提到的财政问题，“财政收入只有一小部分属于爱尔兰，大部分都上缴给了不列颠财政部”。出于维系和平目的而创建的、由不列颠主导的财政部联合委员会，则进一步地刺激了爱尔兰民族主义的发展。

联合党承认这样持续存在的摩擦会威胁到地方自治的稳定，也会给爱尔兰分离主义的激进分子火上浇油。他们并不像雷蒙德那样认为地方自治可以真正地、甚至是一劳永逸地解决爱尔兰的宪政问题（戴西曾哀叹道，“我们的新宪法不可能长久”）。在他们中的大多数人看来，自治议案中详尽的制衡机制若真正实施，就是对民族主义者感情的嘲弄，而若束之高阁又毫无意义。皮特·克尔-斯迈利就认为总督的否决权是“一纸空文”，对不列颠枢密院的司法上诉权也“毫无意义”。有些联合党作家预言土地购买年金将造成不列颠与爱尔兰关系紧张。像理查德·巴格韦尔等联合党人的看法则和特伦斯·麦克斯温利在《革命者》中的观点如出一辙，认为激进分离主义的不断施压将使自治政府选择中庸的执政路线。许多人还认为不列颠与爱尔兰的紧张关系以及地方自治不断恶化的动荡局势，都会激怒分离主义者。

政治的不稳定对经济会造成负面影响。法兰克福·穆尔对于地方自治下经济将混乱无序的预测，在本质上与北部一些刻板的联合党商人的看法很相近。穆尔指出，地方自治议会将对北方人和北方商人进行惩罚性的征税，联合党中一些更安分的人担心这种猜测会成为现实。不过，更敏锐的评论对于这种忧虑并不那么关注，而是注意到一个更深层的问题。如果像联合党所想的，地方自治威胁到了政局的稳定，那么也必然会殃及股市与爱尔兰的信誉。

地方自治引发的争议已经造成爱尔兰股市的下跌，假如真的实行了地方自治，联合党中有许多人认为股市的下跌将万劫不复。北部对议案最有力的抨击来自持联合立场的自由党商人托马斯·辛克莱，他认为地方自治将严重破坏北方经济——包括工业、商业和农业，其“罪魁祸首”就是无力稳住经济局势的未来爱尔兰政府。新的地方自治政府负债累累，摇摇欲坠，难以在国际货币市场上赢得信誉，这必然会对整个经济产生破坏性的影响。辛克莱的分析是严肃审慎的，但还是不禁让人想到了法兰克福·穆尔笔下的爱尔兰，穆尔的喜剧中曾假想由于 1 000 万英镑的国家贷款计划流产，爱尔兰全国陷入一片混乱。

这些对可怕未来的想象猜测地方自治下的爱尔兰局势会极为动荡，但动荡不仅是因为激进民族主义者的频频施压，还因为阿尔斯特联合党自身的反对。1911~1914 年，联合党的许多严肃评论都认为地方自治至少会导致阿尔斯特地区发生骚乱，甚至有许多人认为内战即将爆发。皮特·克尔–斯迈利将可能的经济动荡和北部骚乱联系在一起，提出新政府会因为维稳开销过大背上沉重的财政负担。彭布罗克·威克斯则用不同的方式阐述了这种联系：假如强行实施议案，“内战将在阿尔斯特爆发，爱尔兰其他地区的公众信心、社会治安乃至信贷都将遭到毁灭性破坏”。1912 年，诺森伯兰公爵七世之子、联合党预言家之一、军官珀西伯爵颇有先见之明地认为欧洲即将迎来一场灾难，并基于自己在南非的经历勾勒出了爱尔兰政治的发展趋势。珀西最初关注的是地方自治政府在军事上的薄弱，但随后提出两个假设（本章最后一部分将对此稍加阐述）：假如爱尔兰实现除阿尔斯特以外的地方自治，就会像（南非的）德兰士瓦省和奥兰治自由邦那样不可避免地走向独立。而联合党也会和布尔战争爆发前南非的英国侨民一样遭到粗暴对待。此外，珀西也想象了由地方自治政府统一的爱尔兰，最糟的情形是内战爆发、国家分裂，最好的结果也不过是“原来的宗教势力抬头，曾经的敌对情绪被重新挑起，国内混乱不堪”。基于对北方早期好战情绪的判断，珀西认为反抗（任何形式的）地方自治政府的暴动“极有可能”发生，并确信政府将调动大量军队来平息骚乱，重建都柏林政权的权威。

珀西设想的“走向末日的决战”在1914年部分地实现了。不过，按照他的设想发展的欧洲局势，至少暂时解除了他对爱尔兰发生动荡的忧虑。由于第一次世界大战的爆发，保皇派自相矛盾的武装反抗自行消退，大批反抗者转而加入国王的军队作战。民族主义者和联合党对未来的种种预测和想象，都没有提及地方自治在欧洲大战的背景下会如何发展。即使是珀西，也未敢想象战壕中的血腥屠杀可能会对爱尔兰造成怎样的影响。实际上，只有珀西对国际形势有过认真思考，但关于他隐约感到即将爆发的这场战争，连他自己也没想到其后果的影响如此深远。尽管如此，若不考虑欧洲历史与英爱历史中这个重要事件，这些预言家们也至少是准确地预测了1921年成立的爱尔兰自由邦内部的各种势力：一个节俭朴素的天主教政体，以达到完全自治为目标。是这场战争而非阿尔斯特导致了格拉德斯通自治议案的流产，而这些有党派偏向却不乏敏锐和明智的设想能够帮助我们更好地认识自由党失去的“乐土”——一个在不列颠的约束下实现自治的爱尔兰，一个宗教、文化多样但却因爱国情感而统一的爱尔兰。

地方组织下的爱尔兰

我们已经就当时的历史情形介绍和讨论了地方自治下爱尔兰政府的可能形态，描述了地方自治骚动的背景、第三次地方自治议案的具体内容，也考察了一些对地方自治政府的猜测和设想。现在，我们可以将这些不同的线索贯穿起来形成几条反事实的假设：首先，前文提到的，地方自治议案在1912年原本可以得到通过；其次，假设欧洲战争延缓到来或者被避免，自由党政府和阿尔斯特联合党不得不直面自己行为的后果（1914 年战争的爆发让它们转危为安）。

现在我们想象一下，1912 年自治议案得到通过，并且北方六郡被排除在地方自治之外。1912 年 2 月 6 日在内阁会议上，劳埃德和丘吉尔提出了要排除阿尔斯特，与会者意见不一，但由于要求先行让步的呼声十分强烈，阿斯奎思意识到有必要进行和谈与妥协，加入了排除主义者的行列。爱尔兰事务大臣比勒尔有可能在劳埃德 · 乔治和丘吉尔的敦促下，游说雷蒙德及其爱尔兰议会党接受让步。看似意见统一、铁腕强力的内阁，结合计划的暂时性，最终扭转了爱尔兰领导人（尤其是德夫林）长久以来对不完整爱尔兰政体的厌恶感。不过，如果和解未能达成，结果可能导致政府解散、联合党在选举中获胜。

于是 1912 年 4 月，地方自治议案以及附带的临时分治方案被正式提出。如劳埃德 · 乔治所预见的，保守党和阿尔斯特联合党惊慌失措，出现了分裂。议会中的保守党议员派意见出现了分歧：兰斯道恩勋爵等同情南部联合党的权势人物对议案极为不满，而相对冷静的如奥斯汀 · 张伯伦或休 · 塞西尔勋爵等人，认为自由党的提议就算不能解决争端，至少也为协商解决提供了基础。博纳 · 劳此时出人意料地采取了明哲保身的态度，他意识到自由党的提议从根本上破坏了北爱尔兰以武力讨伐不列颠的计划。他能以保卫困境中的阿尔斯特为由集结政党的力量，但如果只是分治方案的细节引发争议，他无法以此为依据左右政党或全国，因此他决定与自由党合作。

尽管如此，博纳 · 劳仍然需要爱尔兰联合党领导人的支持。此时自由党让步政策的分化作用再次体现。南部联合党和北爱尔兰分治地区以外的联合党都感到恐慌。联合党的中心地带、东北地区的领导人更为谨慎，其中的主战派（尤其是参加过布尔战争的退役军人）并没有被阿斯奎思的慷慨打动。卡森曾在 1886 年和 1893 年参与反对自治议案，但也承认阿斯奎思的此次议案和格拉德斯通的议案相比有所进步。出于政治上的老练与敏锐，他意识到从战略上看，自由党的提议会给联合党的事业制造不少难题。尽管满心怀疑，但他还是决定与自由党合作。卡森征求了不少北爱尔兰军官的意见；詹姆斯 · 克雷格的意见尤其受到重视，因为他始终以阿尔斯特东部的政治利益为其政治生命的出发点。由于自由党的提议中承诺要保护阿尔斯特东部地区，在不列颠和下院有丰富竞选经验的克雷格意识到坚持反对意见可能会相当困难，于是建议卡森谨慎地接受提议。

双方在同意分治方案的基础上达成了协议，议案也就此通过。依照新的地方自治法案，新的爱尔兰议会于 1913 年 9 月的第一个星期二召开会议。尽管面临巨大压力和不利的猜测，前爱尔兰议会党仍然维持了团结，并成为了新的都柏林下院和爱尔兰政府的主要势力：约翰 · 雷德蒙被选为第一任爱尔兰首相。下院的 164 个席位中分布有南部联合党和新芬党的代表，但联合党在上院的情形要好得多——总督不合比例地给了他们 40 个席位。属于少数派的立宪派民族主义者（比如对中间派威廉姆 · 奥布赖恩的支持者）在上下院也都有一席之地。

新的爱尔兰政府会不会像 1911~1912 年联合党评论家所预测的那样，让天主教和教权主义获得优势地位？地方自治法案正式禁止了大多数有宗派偏向的立法行为，但还是存在某些方法可以绕过禁令（一些联合党人认为地方自治政府在征税时会对教会有所偏袒）。而不少重要的民族主义者的家庭都与新教有一定关联，比如雷德蒙的母亲和妻子都是新教徒。新议会中的新教徒数量相对增加，爱尔兰议会党在威斯敏斯特议会的代表中也有了更多的新教徒。尽管在政治上他们被普遍认为是无足轻重的，但如果教权主义肆无忌惮，他们很可能抗议。不过，任何宗派势力都无法取得主导地位，主要还是由于分治方案的压力，新政府当然会向仍然蠢蠢欲动的北方显示自己对自由的维护。毫无疑问，在议会中仍然存在强大的宗派势力，尤以德夫林的政党组织古爱尔兰修道会为典型代表。但这些势力也受到了同样强大的力量——仍然广有影响的宪法中立传统以及尚未受大战影响的南部联合党——的制衡。因此我们完全有理由假设，尽管地方自治是在宗派纷争的情形下进行的，但比起 1920~1921 年实际成立的爱尔兰自由邦，新的爱尔兰政府（至少在初期）在宗教信仰的分歧问题上更为敏感。

新政权与北方的关系仍然脆弱而微妙。尽管就地方自治达成了协议，但协议的临时性质意味着阿尔斯特联合党仍然会保持高度警惕，并保留了自己的自卫组织（比如所谓的阿尔斯特临时政府）。他们的态度以及分治方案的命运都是难以预测的。不过，如许多自由党人预言的，分治方案多少缓和了阿尔斯特联合党日益增强的好战情绪。毕竟要在 6 年多的时间里一直维持有效的反抗也不那么容易，况且分治方案很有可能会延续下去。这很大程度上取决于新地方组织政府的态度。由于雷德蒙对自由党政府在地方自治问题上的让步多少有些感激，他很可能支持英国在 1914 年 8 月进行的战备工作，并鼓励招募爱尔兰志愿兵加入英国军队作战。鉴于宪法问题得到临时的妥协，阿尔斯特联合党也会被雷德蒙的“忠诚”所感染；联合党与民族主义因战争形成的一致态度也有利于巩固国内政治势力间的纽带关系。分治方案的实施、战争的爆发显然将使联合党在阿尔斯特问题上的狂热大大消减，如果新的地方组织政府在这期间证明了自己的能力（这一点很有可能），则会对此起到推波助澜的作用。因此，阿尔斯特联合党只能有两种选择：要么让分治政策继续执行，逐渐失去不列颠对他们的同情；要么加入新的地方自治政体。后一点并非不可能：1920 年以后处境不太顺利的阿尔斯特联合党中许多人（包括詹姆斯 · 克雷格）都相信，分治政策只是暂时的，战争促成的团结会在宪法上得到进一步巩固。不过，这种共识及其促成的政治团结是否能长久维持就是另外一回事了。

那么，在阿尔斯特联合党的怀疑与不列颠的歧视中，新的都柏林政府是否能证明自己的称职？鉴于雷德蒙、德夫林或约翰·狄龙等民族主义领袖出色的政治才能以及地方自治法案推行的政府规章制度，人们对这个问题有理由保持乐观态度。而且，参照此后的历史来看，20 世纪 20 年代爱尔兰自由邦的大臣们在才能与经验上都不如上述这些人，但他们运作的政府非常称职（尽管也很刻板）。地方自治政府中的宪政民族主义者曾在长期以来的抵抗运动中饱受磨炼，因此很可能会相当谨慎和周全地行使权力。

对宪政的可能威胁，并非来自爱尔兰的新统治者，而是来自他们的权力工具——地方自治法案。尽管法案中的许多制衡条款意在避免与北部发生冲突，但其中有些内容也可能导致与不列颠议会的矛盾。法案中对权力的分配以及对威斯敏斯特议会主导地位的承认，都可能引发争端，比如总督对爱尔兰法律的否决权以及不列颠议会对爱尔兰法律的轻率干预，都是会引发争议的难题。尽管威斯敏斯特议会中的爱尔兰议员席位减少，但其影响力仍然很大，（就像 1910 年时那样）当不列颠的两个主要政党势均力敌时尤其如此。如果地方自治政府与帝国政府间的冲突次数增多、程度加剧，爱尔兰就更可以利用在伦敦的这种平衡作用，在宪法上争取更多对自己有利的规定。

这些冲突对于分离主义者或共和主义者也十分有利。都柏林和伦敦哪怕发生一点小冲突，都会激怒宪政民族主义者，同时作为少数派的新芬党也对都柏林和伦敦施压，大声疾呼要实现更加彻底的独立。此外，人们反战情绪日益高涨，也对政府亲不列颠的立场愈加不满，激进的民族主义运动因此得到了更多支持。地方自治政府对此完全可以不予理会，但至少应该明白某些分离主义者提出的原因：大战结束后，人们会要求在宪法上的更多让步。考虑到战争中爱尔兰人的伤亡达到 50 000 人，这个要求有可能被满足。

在这种反事实推导下，20 世纪 20 年代的爱尔兰在某些方面与历史上的爱尔兰没有什么差别：真实出现的爱尔兰也好，虚拟的爱尔兰也好，都是一个与不列颠保持松散关系的自治领。是否将阿尔斯特地区排除在地方自治之外，对这个推论都不会有影响。地方自治这种“背叛”真正完成后，联合党人不再会热衷于重建联合王国；我们也有充分的根据认为，如果北部加入了都柏林政府，联合党不仅会拥有更大的影响力，而且还会想方设法巩固和增强自己的力量。都柏林政府中阿尔斯特联合党人的出现有可能（并非一定会）维系住爱尔兰与不列颠王室仅剩的那点关系，但即使如此，爱尔兰直到 1949 年才成为共和国。还需要强调的是，一个由联合党人主导的独立爱尔兰（在较长时期内）未必会在政治和文化上趋于稳定。实际上，形势很有可能往相反的方向发展。

如果 1912 年实现了地方自治，爱尔兰独立战争就不太可能发生；另一方面，（用麦克斯温利的比喻来说）成立的地方自治政府似乎正日益沉浸在“帝国的狂欢”中，这有可能引发激进的分离主义者对政府的大力反抗。因此，即使实现了地方自治，爱尔兰的革命民族主义传统也不可能消亡；但其斗争目标有可能变得不如从前明确，从而失去一部分支持。不过，革命民族主义者还是能够促使地方自治政府采取更有反抗精神的民族主义立场。国内一些骚乱将难以避免，但也主要是源于阿尔斯特问题引发的争议，而不是像 1922~1923 年那样在不同形式的激进民族主义之间产生矛盾。

这引发了另一套反事实推论。如果地方自治议案在 1912 年得到通过，由于自由党的温和风格和保守党的冷淡态度，阿尔斯特联合党的好战情绪刚有苗头就会被抑制。现在我们暂且搁置这种设想，回到历史就会发现，调和自由党政府和阿尔斯特联合党人的严肃方案直到 1914 年才被提出，而此时北方的战斗情绪已经非常激烈。1913 年末到 1914 年 7 月，双方在外交上的不甚往来证明谈判陷入了僵局，这种紧张关系直到第一次世界大战爆发才有所缓解。但假如没有爆发战争会是怎样的情况？或者，如前文谈到的，假如欧洲其他地区都加入战争，而英国保持中立会怎样？阿斯奎思政府是否会发动一场爱尔兰内战？

联合党领袖和自由党的大臣们显然会利用大战的爆发摆脱阿尔斯特问题带来的危机；当时以及后来的人们也的确认为，（至少从维护不列颠宪法稳定的角度来看）这场世界大战让英国避免了一场较小的但也许更有破坏性的战争。这些当时的反事实设想值得我们好好思考：如果欧洲没有发生战争，北爱尔兰地区是否会爆发内战？如果确实如此，现代爱尔兰的宪法进程会有怎样的改变？

1914 年 7 月白金汉宫会议失败后，地方自治原本应在整个爱尔兰得到推行。阿斯奎思在 1914 年 6 月提出的修正案以及在阿尔斯特实行分治的提议让各方都不满意，结果未能通过。假如大战爆发后党派间争斗没有停止，英国同时持中立立场，地方自治法案或许就已经实施，新的爱尔兰下院经选举后诞生，新政府的权力行使也开始逐渐脱离伦敦方面的束缚。

地方自治在北爱尔兰的实行使得成立于 1911 年的阿尔斯特临时政府再度恢复，成为自治政府有力的对手。临时政府此前制订的粗略计划此时可以付诸实施：切断铁路和通信线路，占领军火库和供给站，关闭通往北部的主要道路并严加看管。阿尔斯特志愿军及其政治领袖一直以来都认为爱尔兰皇家警察队是保皇派政变的直接反对势力，因此还制订了对警察的逮捕及武装解除计划。地方自治机制（比如新下院的选举）要么被忽视，要么被起义者利用。北部的选举很可能会产生一名起义者领袖（新芬党在 1918 年和 1921 年都曾这样利用选举）。几乎可以肯定，政府不会直接去镇压起义，这或许是因为阿斯奎思的确担心和平抗议演化成血腥暴动，但他也有可能是在等待更恰当的时机。

阿尔斯特临时政府计划以最小的代价夺取和控制政权（出于战略和人道主义的考虑，卡森强调阿尔斯特志愿军不会开第一枪）；同样，不列颠政府迫切希望尽可能避免与联合党的反抗发生任何流血冲突。而至少早在 1914 年 3 月，上述双方都已经筹划在爱尔兰发动内战。在阿尔斯特联合党人构想政变时，不列颠政府的主战派（丘吉尔和国防大臣西利）很可能就在讨论武力镇压的可能性。1914 年 4 月，联合党人已全副武装——他们成功（且非法）地进口了 25 000 支步枪和 300 万发子弹。除了这些武器，他们也许还有 12 000~15 000 支不同型号和年代的步枪：据估算，1914 年 7 月他们大约拥有步枪 37 000 支，而且这还是比较保守的数字。保皇派自 1910 年末就已开始接受军事训练，1913~1914 年还出现了大规模的训练营（比如 1913 年 10 月蒂龙郡的巴朗士阁训练营）。

针对保皇派的起义会出现两种完全不同但彼此关联的反应。民族主义者有自己的准军事武装组织——爱尔兰志愿军，它具有激进的分离主义倾向，这使它在 1914 年春天迅速壮大，尤其在大多数人拥护地方自治的阿尔斯特省西部得到了热烈支持。1914 年 5 月，爱尔兰志愿军从全国征募到 129 000 人，其中 41 000 来自阿尔斯特省。这些阿尔斯特人武器落后，但热情高涨，他们的指挥官（曾经是科那特突击队的军官）在 6 月声称“任何政府，只要企图将支持民族主义的地区不公平地划出爱尔兰，都必须对我们有个交代”。而实际上政府在这个问题上并不那么热衷，其手里控制的爱尔兰皇家警察队和爱尔兰卫戍部队虽是阿尔斯特联合党人潜在的对手，但却没有什么交战的热情。

1914 年地方自治的实行很有可能造成阿尔斯特志愿军与爱尔兰志愿军之间的冲突。在阿尔斯特的西部和南部（在某种程度上还包括贝尔法斯特），联合党人和民族主义者都在为各自的事业奔走，展示自己的武装力量。阿尔斯特志愿军一旦想要实施任何战争计划（比如在大都支持民族主义的南部地区夺取战略要地），无疑都将引发冲突。阿尔斯特志愿军的优良装备和（至少在北部地区的）人数优势可以暂时击退民族主义者，但会付出沉重的政治代价——造成流血事件和宗派动乱。联合党试图和平解除皇家警察队武装的粗略计划显然是过于自大的表现。大多数警察都是天主教徒，而志愿军则为新教徒，解除武装的举动很可能造成双方的冲突。不管阿尔斯特志愿军是与警察队还是与爱尔兰志愿军发生冲突，都有可能破坏不列颠对联合党人的支持；如果发生宗派流血冲突或皇家警察队遭到突袭甚至出现伤亡，很难想象不列颠的保守党会继续支持阿尔斯特联合党人。

如果上述冲突发生，阿斯奎思政府会公开表示遗憾和谴责，私下里却会暗自窃喜。此外，不列颠的军队对阿尔斯特联合党活动的态度有可能因这些冲突变得过于简单化。1914 年 3 月基尔代尔郡卡勒军营有一位准将和 60 名军官集体辞职，拒绝进军北部在阿尔斯特强行实施自治，这在当时（也仅仅是当时）被认为是“事变”或“兵变”。但导致这场危机的不是当局想要用武力威胁阿尔斯特联合党，而是由于军队司令阿瑟 · 佩吉特对国防部多少不太明确的命令理解有误。提前在阿尔斯特部署军队在他看来很可能是要大战一场的征兆，于是他单方面允许手下军官提出辞职。此事件常常被用于说明军队明显的联合党倾向，不可能反对阿尔斯特志愿军。当然，1914 年 7 月 4 日，陆军委员会表示绝不会在军事上向阿尔斯特施压。对皇家海军中类似事件的解释同样如此。但这次备受指责的事件很容易被误读。它反映的不是军队里的反抗情绪（他们并没有违抗命令），而是军队对联合党的普遍同情；如果可能的话，军队一定会避免与阿尔斯特发生流血冲突。不过，一切证据都表明，假如别无选择，军官们仍然会服从命令开赴北方。主要“反抗者”、准将高夫曾明确表示：“如果总指挥官下令让部队向贝尔法斯特进军，我一定服从，绝无异议。”

卡勒军营事件说明，出动军事力量强行实施地方自治比想象中要困难，但即使如此，我们也不能过分夸大这种困难。时间的流逝显然会淡化这次事件的影响；尤其是 1914 年 11 月，极有影响的反高压政治者、野战军司令罗伯茨勋爵的去世对阿尔斯特联合党来说无疑是一大损失。不过，如前文所述，更重要的在于，如果阿尔斯特志愿军造成天主教倾向的爱尔兰志愿军或皇家警察出现伤亡，内阁对联合党人的支持将会面临极大考验。在这种情况下，如果是命令更为明确，佩吉特脑子更清醒些，类似的“兵变”很可能不会再发生。

阿尔斯特志愿军能否赢得军事上的胜利？在与皇家警察队和爱尔兰志愿军的对抗中，阿尔斯特志愿军的军事行动多少都会取得一些个别的成功，但如前文指出的，这些成功给政府和军队的介入提供了借口，这显然有悖于阿尔斯特联合党的初衷，政治和军事的原定目标也很难实现。

阿尔斯特志愿军人数众多（约 10 万人），全副武装，熟悉当地情况。但在战争打响之前，可能会有部分人临阵脱逃，而数量庞大的武器实际上掩盖了其后勤力量的严重不足。有些武器过于陈旧；他们有大量型号各异的步枪，但手枪数量很少，机关枪和野战炮等有威力的武器就更是屈指可数。而且，志愿军的武器显然不足以用于训练，更不用说消耗军力的持久战了。因此，“如果战争全面爆发，志愿军的武器显然会严重短缺”这种看法有一定的道理。阿尔斯特志愿军或许能克服这些困难，还能凭借对当地情况的熟悉了解展开游击战，但这种战斗形式恰恰是他们想要回避的。他们宣称想要“堂堂正正地战斗”，志愿军的训练和组织就表明他们是在为迎接一场常规战作准备。毫无疑问，志愿军就像他们在索姆河与梅西纳和德国人作战那样，在与不列颠军队交战时会十分英勇；同样可以肯定的是，他们为此牺牲的人数也会和对方的伤亡不相上下。联合党的政治领袖和不列颠的公众舆论都不希望发生杀戮进一步扩大，就像小说《燃烧的北方》里的描写那样，冲突持续几周后双方完全有可能进行谈判以求和解；当然，和解过程也会考虑到 1914 年春天阿斯奎思和劳埃德 · 乔治提出的择取北爱尔兰个别郡实行分治。

一切既有的证据都表明，如果军队介入阿尔斯特，阿尔斯特志愿军将遭受重挫。自由党政府和阿尔斯特联合党间也有可能达成妥协。不过，要评价由此导致的长期结果会更为困难。在当时的人看来，北方保皇派激烈的联合主义很难逃过联合王国政府（即使是自由党政府）及其军队的羞辱；由于不列颠军队在阿尔斯特遭遇伤亡，保守党原本对保皇派的支持不太可能再维持下去。卡森和克雷格等领导人可能会因军事上的失败遭到谴责，就像雷蒙德曾在一系列政治挫败后被民族主义选民抛弃一样。根据当时的一些预测，针对地方自治有可能出现一些消极抵抗。本土作战失败，又失去了不列颠的同情，北方联合党人可能不得不逐渐加入都柏林的地方自治议会，就像 1927 年北方的民族主义者不情不愿地加入贝尔法斯特议会以及爱尔兰共和党进入下院一样。至于这些联合党人在议会的出现会促成瑞士那种多元文化的民主，或加拿大那样松散而有效的联邦制度，抑或导致像捷克斯洛伐克和南斯拉夫那样在政治上的失败和分裂，就不得而知了。不管结果如何，不列颠和爱尔兰的关系都未必比现实中的关系好多少。只有在同仇敌忾地面对不列颠的压迫时，联合党人和民族主义者才有可能团结起来。

和谐的乐土？

地方自治没有成功，爱尔兰通过 1919~1921 年的战争和 1921 年 12 月的和约，勉强获得了某种形式的独立。1920 年《爱尔兰政府法案》通过分治计划解决了阿尔斯特问题。但新爱尔兰政府的成立导致盎格鲁–爱尔兰关系一直处于紧张状态，北爱尔兰内部的宗派关系也因分治方案的性质和范围遭到了永久性破坏。用回溯的眼光来看，倘若爱尔兰实行了地方自治，就会走向稳定，都柏林和伦敦的关系也会大大改善，但这个转瞬即逝的机会并没被把握住。

然而，认为地方自治可以避免北爱尔兰“难题”的观点有一个内在矛盾——阿尔斯特问题的尴尬很大程度上不是因为地方自治的失败，而恰恰是因为地方自治的措施得到了成功的推行。北爱尔兰存在的宪法根据（《爱尔兰政府法案》）在于从法律上融合了权力下放和地区分治，而且尽管未能满足南部民族主义者的要求，但阿尔斯特联合党人却懊丧地接受了。1920 年的《爱尔兰政府法案》促使成立了地方自治议会和贝尔法斯特的执行政府，二者一直到 1972 年英国对爱尔兰实行直接统治时才解散。北爱尔兰的地方自治带来了难以摆脱的财政困难（贝尔法斯特和伦敦的经济关系始终非常糟糕，不得不在四五年后就进行修正）；同时由于联合主义占据主导地位，北方的民族主义者在政治上遭到了边缘化。反对自治的联合党人在北部地方自治政府中掌权，人们常常对此大加嘲讽。但或许真正具有讽刺意味的是，1920 年达成的妥协竟让联合党人对地方自治最悲观的那些预测应验了。斯多蒙特自治议会统治下的现实的爱尔兰，正印证了此前的想象。

然而，第三次地方自治法案未能成功通过并不是注定的。现在来看，1912 年春天，自由党政府和联合党人原本有可能达成妥协但却错失良机。爱尔兰的分治也不是不可避免的，至少不见得会让北方六郡被永久性地从自治方案中排除。尤其是在 1914 年爱尔兰承诺全国统一加入战备的背景下，阿尔斯特联合党人与都柏林政府更有可能实现暂时性的和解。

但是，地方自治议会的成立不代表它能成功地推行政策。同样，爱尔兰避免了永久性地区分治也不见得会走向和平稳定。地方自治危机要得到和平解决，唯一可能的条件就是在 1912 年北方要有 4 个或 6 个郡被暂时排除在自治区域外。最乐观的估计认为这些地区可能会在时限期满后勉强接受地方自治。但即使我们假设爱尔兰和平地实现统一，也会有 100 万拥有不同文化传统的爱尔兰人内心是不情愿的。并且，爱尔兰要成为一个成熟稳定的民主国家，必然要求对天主教和盖尔文化的广泛认同和尊重，而北部新教的大规模防御性组织可能会带来灾难性的影响。对爱尔兰人来说，统一相较分治，代价很可能会更大：统一意味着一个拥有 32 个郡但局势不稳的爱尔兰，而分治则意味着一个动荡的但只拥有 6 个郡的北爱尔兰。

不管怎么样，地方自治的失败都不意味着英属爱尔兰有所损失，因为在

1912年之前早就不存在英属爱尔兰了。19世纪，爱尔兰民族认同感增强的部分原因就在于有意识地拒斥“不列颠化”（苏格兰的情形正好相反，民族意识与不列颠化之间表现的是互补关系）。1914年后，爱尔兰议会有可能很快就会重新解释地方自治的意义，就像20世纪20年代对自治领地位的重新解释一样。事实上，地方自治可能会成为自治领的先兆。由于激进分离主义者的高压，在都柏林可能会成立一个有防卫心理的民族主义地方自治政府；自治议案中的条款有可能让这个新政府与威斯敏斯特方面结怨；再加上阿尔斯特联合党人很有可能会因遭到军事镇压被迫服从新政府，以上种种都说明地方自治并不意味着英格兰和爱尔兰关系从此走向和平，反而极有可能陷入长期的流血冲突和艰苦谈判。如果1916年的起义和爱尔兰独立战争没有发生，那北方的战争和牺牲也在所难免，政治局势不会有所缓和。认为实行地方自治就能让爱尔兰变成和谐乐土的想法并没完全依照1914年的政治现实，基本上属于格拉德斯通式的盲目乐观。

因此，即使实现了地方自治，其中的政治风险不仅是巨大的，而且很有可能成为现实。通过地方自治议案的唯一条件——地区的暂时（可能变成永久性的）分治在宪法上获得的结果将和目前大同小异。如果阿尔斯特联合党人接受了地方自治，一个稳定而多元化的民主国家很可能会迅速形成。但自由党政府为此所冒的风险是巨大的，短期的政治胜利背后可能隐藏着一场迟早会到来的大动乱。联合王国统治下的北爱尔兰可以被比做波斯尼亚，但地方自治下的爱尔兰对于英国，与其说是一个安定民主的同伴，不如说是另一个南斯拉夫。

第四章
威廉二世的欧洲联盟

假如1914年8月英国“置身事外”会怎样?

尼尔·弗格森

当时并没有直接原因表明未来会出现可怕的危险。

爱德华·格雷爵士

《假蝇钓鱼》

VIRTUAL HISTORY

在厄斯金·奇尔德斯的著名小说《沙岸之谜》(*The Riddle of the Sands*, 1903)中，卡拉瑟斯和戴维斯偶然发现有资料表明，德国曾经计划让“满载士兵的大批船只……在帝国海军的掩护下，组成7支舰队从7个浅水出海口出发，横跨北海在英国海岸登陆”。这番可怕的场景在1914年前几年并非异想天开。3年之后，威廉·鲁鸠在其畅销小说《1910年的入侵》(*Invasion of 1910*)里大肆渲染了这样一场德国人的入侵。这部小说最初以连载形式发表于诺思克利夫勋爵创办的反德倾向的《每日邮报》(*Daily Mail*)。鲁鸠刚崭露头角时就被人认为是“危言耸听者”，此前他更加关注俄国和法国入侵英国的可能性[①]。但(就像梅富根战役的英雄、童子军创始人贝登堡一样)他在比利时一群伪造者那里获得了一份德国人的进攻“计划”，从中获取灵感，生动地想象了“罗伊斯顿战役”和“伦敦保卫战”。而最为大胆的想象来自萨基(原名赫克托·休·芒罗)，他的作品《当威廉二世到来时：霍亨索伦家族统治

① 20世纪初，欧洲各国间的紧张关系促生了一种文学类型——入侵文学。萨基的这部作品就属于这类文学。——译者注

下的伦敦》（*When William Came:A Story of London under the Hohenzollerns*，1913）设想和描绘了被德国人以闪电战攻取的英国。萨基笔下的英雄默里·约威尔在“统治阶层的教育和培养”下长大，从政治黑暗的亚洲回国后发现被征服的英国“已经是霍亨索伦帝国的一个自治领，就像莱茵河畔的阿尔萨斯·洛林一样，成为了德国在北海海岸的领土”：在“帝国领土”上四处是柏林风味的咖啡馆，海德公园随处可见践踏草坪将罚款的公告。尽管约威尔渴望抵抗日耳曼占领者，但他发现自己势单力薄，托利党人已经随乔治五世逃往印度德里。国内只剩下一群勾结德国的可耻之徒，其中包括约威尔的妻子塞西莉和她波西米亚的朋友，以及很多地位卑微的官吏和“无孔不入”的犹太人。

1914 年英德之间的战争真的不可避免吗？当然，现代史里几乎没有别的事件像第一次世界大战的爆发那样引发如此多的决定论解释。不仅英国的通俗小说作家们预言了这场战争；在德国，人们也普遍认为战争无法避免。德意志总理贝德曼·赫尔维希在 7 月危机的关键时刻告诉秘书，他感到“一股远远强于人类之力的命运之势正逐渐逼近欧洲和我们的人民”。战争爆发几天后，贝德曼·赫尔维希就形成了对这场战争的看法，这种看法此后成为对第一次世界大战的经典决定论解释之一：“帝国主义、民族主义和经济唯物论决定了每个国家上一代的政策纲领，现在又立下新的目标，唯有通过一场大战方能实现。”德国的总参谋长、强烈的宿命论者赫尔穆特·冯·毛奇早在 1905 年就意识到，“战争那丑陋的嘴脸正朝自己狞笑”。1914 年 9 月他在辞职后不久宣称：“战争展示的是文明时代怎样以一种进步的方式交接更替，以及每个民族如何在世界的发展中扮演自己命定的角色。”毛奇的决定论融合了世纪末的神秘主义与“社会达尔文主义”，得到他曾经的同僚伯恩哈迪等作家的大加推崇；与毛奇地位相当的奥地利陆军元帅康拉德后来的言论中也有同样的决定论色彩。但是，与此完全不同的意识形态也得出了相似的结论。正如沃尔夫冈·莫姆森所说的，战前德国的左翼与右翼势力都认为“战争已然不可避免”。马克思主义学者希尔弗丁和考茨基直到战争爆发前才意识到其难以阻挡的趋势，而在1905年12月预言“资产阶级诸神的黄昏”即将到来的社会民主党领袖奥古斯特·倍倍尔也不是唯一持此看法的人。

英国政治家们对战争的解释有时候也会用这种预言式的口吻——尽管有必要指出，这往往更多地出现在回忆录而非战前的言论中。“各国都跌入了战争的火炉。”劳埃德·乔治在《战争回忆录》（*War Memoirs*）中有一段著名的话。为了表达当时推动局势那股巨大的力量远非人类所能控制，他还采用了别的比喻。战争是一场“大灾难”，一场让政治家感到无能为力的“飓风”。当8月4日伦敦大本钟敲响“命运的一刻”时，“回荡在脑海里的钟声如同命运一次又一次重重的锤击……我感到自己所处的星球猛然脱离了轨道……疯狂盲目地旋入那未知的宇宙”。温斯顿·丘吉尔在其《世界危机》（*World Crisis*）中也用了天体的比喻：

> 我们可以把那时各国之间的关系……看做力量间的异常组合……这就好比天体一旦彼此靠近，就会产生强大的磁场反应。而假如它们离得太近，就会电闪雷鸣，而超过一定的界限后，它们会在相互的引力中双双脱轨……而且必然会发生碰撞。

一场“危险的疫病”正在蔓延，“伟大人类的命运”正面临巨大的风险。“空气中弥漫着奇怪的气息……每片土地下都涌动着民族主义的烈焰。”和丘吉尔一样，英国外交大臣爱德华·格雷爵士在回忆录里也提到了同样“痛苦、糟糕的氛围”。劳埃德·乔治也感到自己正“被席卷入一场战争的洪流”。

这些自然灾难的譬喻意义是不言而喻的。当第一次世界大战被视为现代最惨重的灾难时，这些生动的譬喻都被用来证明政治家们认为人类无力阻止这场灾难的断言。格雷在回忆录里明确表示，战争是“不可避免的”。事实上，早在1915年5月，他就表达了这种看法。当时他提到，在7月危机时“强烈地感觉自己无力做出任何决策”。1918年4月，他坦承，“我反复地问自己，如果更有远见或更为明智，是否就能阻止这场战争，并因此颇受折磨。但我逐渐意识到，没有人能做到这一点”。

一些历史学家也继续沿用了这种意象：各个大国在巨大自然力的驱使下，跌入了深渊。霍布斯鲍姆将7月危机比做一场“雷暴”；巴尼特将英国政府比做“一个用桶穿过尼亚加拉大瀑布的人”。不过，这些人中大多数也在别处（甚至是在回忆录里）承认，在1914年8月英国决定开战之前，仍然有着斟酌、讨论和决策的余地。关于英国参战，有两个更明显的原因：首先，从道义和条约上看，英国和法律上都有义务保护比利时的中立立场。正如阿斯奎思用常见的私立学校口吻总结的那样：“有我们这样血统和历史的民族，不可能站在一边……袖手旁观一个恶霸将一个无辜者痛打在地、百般践踏。”劳埃德·乔治对此支持：“如果德国人尊重比利时的完整……英国人的参战热情原本是可能消退的。”从此时起，历史学家们就开始不厌其烦地强调由于比利时的中立受到侵犯，英国不得不介入这场战争。40年前，A·J·P·泰勒写道，“英国作战是为了主权国家的独立”。直到最近，迈克尔·布罗克仍认为，这一点是阿斯奎思内阁中大多数人支持参战的关键因素。

不过，对格雷和丘吉尔而言更重要的是另一种论证，即英国“不能为了自己的安全与独立而对德国进攻乃至征服法国无动于衷”。在丘吉尔看来，这个“欧洲大陆的暴君”正意欲“征服整个世界”。格雷在回忆录里也提到了这两点。“我们团结一致、立刻参战，是因为比利时受到了入侵。”“尽管如此，直觉告诉我……我们应该去帮助法国。”如果英国坐视不理，“德国……有可能就会主宰整个欧洲大陆和小亚细亚，因为土耳其人会选择与胜利的德国人站到一起”。“袖手旁观意味着，德国会优势大增，法国和俄国沦为附庸。害怕英国介入与希望它参战的国家都对它产生了敌意，英国因此陷入孤立。最终，德国掌控了整个欧洲大陆。”K · M · 威尔逊认为，比起前一种为比利时而战的说法，这种以英国利益为出发点的论证更重要，政府正是以此论证来平息反对声、说服犹豫不决的内阁的。总之，英国介入战争是为了保护法国和俄国，并阻止“一个潜在的军事狂热政权统一欧洲”，这是完全符合英国自身利益的。戴维 · 弗伦奇对此观点相近，最近大多数分析也持赞成立场，比如保罗 · 肯尼迪意味深长的《英德对抗发源》。

认为德国对英国形成了威胁是一种事后的合理化解释，但我们并不能因此而忽略它。正如上文提到的例子所表明的，1900 年前后至 1914 年，人们普遍认为德意志帝国意图对英国发动某种形式的军事进攻。当然，英国历史学家常常嘲讽萨基等人的作品出于排外情绪总是“危言耸听”，认为他们的言论只是激进的右翼分子为征兵使出的宣传伎俩。[其他人像P · G · 沃德豪斯也曾对此大加嘲讽。他写了一部精彩的大杂烩式的短喜剧《突袭！——克莱伦斯拯救英国记》(*The Swoop*，*or How Clarence Saved England*)，其中英国同时遭到德国、俄国、瑞士、中国、摩纳哥、摩洛哥以及索马里“疯狂穆拉”[①]的入侵。] 不过，我们应该知道，不管故事的精彩程度如何，英国外交部的高官们（包括外交大臣自己）对于德国有可能威胁英国的问题，的确都持相当严肃的态度。英国外交部对反德文学的贡献，最著名的大概要数艾尔 · 克罗爵士在 1907 年 11 月写的备忘录。他在备忘录里提醒人们注意，德国想要“在世界舞台上扮演比此前它在国际力量格局下更重要、更强势的角色”，这种企图可能会促使它“灭掉一切可能的对手，通过大肆扩张领土增强（自己的）力量，阻碍其他国家之间的结盟，最终令大英帝国走向破裂和孤立”。这里最重要的一点在于，克罗的分析实际上是将德国对英国的威胁与大革命后法国对英国的挑战作了一个历史的对比。外交部里另一个反德官员阿瑟 · 尼

---

① 穆罕默德 · 阿卜杜拉 · 哈桑，曾在 1900 年发起索马里反抗外国人的战争，英国人称他为“疯狂穆拉”。——译者注

科尔森爵士在1909年给格雷的信中写道："德国的最终目标无疑是在欧洲大陆取得主导地位，等到力量足够强大时，再与我们在海上展开竞争。"外交部的观点很清楚，德国征服世界的计划分为两步：首先，"称霸欧洲"；然后"德国的野心会无限制地膨胀"。不仅外交官们这么认为，总参谋部在建议成立大陆远征军时也做出了同样的推论。总参谋部在1909年提交给帝国国防委员会的备忘录中提到："我们不能错误地认为，掌握了海上控制权就必然能在大型陆战中取得优势。拿破仑在特拉法加战役的失利并没阻止他赢得奥斯德利兹战役与耶拿战役，成功攻取普鲁士和奥地利。"两年后有人又重提这种观点：一旦控制了欧洲大陆，"某个或某些国家就将逐渐在海军和陆军方面获得优势，这显然会威胁到英国的地位以及大英帝国的统一"。就连海军至上主义者伊舍子爵有时也表现出同样的看法。他在1907年写道："对我们来说，德国的威力要比巅峰时期的拿破仑更可怕。德国会和我们争夺海上的霸权……因此，'德国，才是我们的敌人'。"丘吉尔说，如果没有海军，欧洲"就会在一场突如其来的大动乱后……陷入日耳曼人及其体制的铁腕统治"。劳埃德·乔治也提到了同样的观点："舰队是我们独立的唯一保障……这和拿破仑时期的情形是一样的。"因此，总参谋长罗伯森在1916年12月作出的分析算不上太夸张："众所周知，过去20多年来，德国一直野心勃勃地想要横跨欧洲大陆、北海和波罗的海，将领土一直扩展到黑海和爱琴海，甚至是波斯湾和印度海地区。"

相信德国会对英国形成威胁的不仅仅是上述那些在当时颇有影响力的人物。自弗里茨·弗里舍具有划时代意义的著作《夺取世界强权》（*Griff nach der Weltmacht*）出版以来，德国史学界也一贯这么认为。就算萨基等"危言耸听者"们在细节描述上不甚准确，并且夸大了德国入侵的可能性，但他们的猜测从根本上是对的：一个军国主义集团控制下的德国正在计划"成为世界强国"，战争的爆发不可避免。而最近的德文著作（尽管有值得注意的个别例外)，从总体上看只是弗里舍观点的改良而非修正。目的论阐释产生的最经典例子是伊曼纽尔 · 盖斯的新著，其标题很值得玩味——“通向灾难的漫漫长路：第一次世界大战前的历史（1815~1914)”。这本书的基本观点认为，近半个世纪前德国的统一必然会导致第一次世界大战的爆发。

英德之间早已注定要爆发战争这种观点让人很不安——因为 80 年后，我们发现当时隐约逼近的这场战争，其代价远比带来的好处大得多。英国在第一次世界大战中的死亡人数远超出第二次世界大战，如果考虑到大英帝国总体的参战人数就更是如此：908 371 人死亡（约占参战总人数的 1/10)；伤亡总人数超过了 300 万。这也就难怪“世界大战”的阴影在英国人脑子里始终挥之不去，也在不断激发帕特 · 巴克等现代小说家们的灵感。此外，为战争付出的经济代价（英国国债由 6.5 亿英镑上升至 74.35 亿英镑)，使得英国在此后 10 年里都背上了沉重的抵押负担，严重制约了经济萧条时代政府对经济的调整。参战时英国尚为“世界银行”，战争结束后则欠下了美国约 5 亿美元的债务。最近几年，有些社会历史学家试图强调战争对国内造成的副作用“一直在持续”，其中还不包括战争对人们心理的伤害。由于难以估量的心理创伤，数百万幸存者及其家属战后的生活状况都非常糟糕。

如果说为“世界大战”作出的全部牺牲都是为了阻止德国在欧洲称霸，那么这些牺牲换来的只是短暂的和平。不到 20 年，德国对英国乃至整个世界构成了更大的威胁。而且，由于尚未从第一次世界大战的重创中恢复，英国应对新威胁的能力大不如从前。除了英国自身的相对衰落，英国欧洲盟友的实力也不如从前：法国在政治上处于分裂状态，俄国已成为斯大林领导下的苏联，意大利被法西斯势力控制。因此，诗人威尔弗雷德 · 欧文等认为在战壕中的 4 年屠杀毫无意义，也许有一定的道理。当然，劳埃德 · 乔治和凯恩斯等人（他们对战争的贡献几乎为零）很快便开始相信，对德战争只是浪费了生命和财富。如果说绥靖政策多少有存在的理由，那么 1914~1918 年的战争就毫无意义；反之亦然。

一些历史学家意识到了英国政策内在的矛盾，对英德战争的必然性提出了质疑，并认为英国政治家实际上并非如其后来（遗憾地）宣称的那样无力回天。不过，他们所提出的其他可能性仍然没有脱离英国参战这个主题。利德尔·哈特在写作时正值第二次世界大战的激烈阶段，他认为如果第一次世界大战期间英国是向比利时而不是向法国派出远征军，或者在攻打达达尼尔海峡时投入更多兵力，那么德国很快就会被击败，英国也就不会陷入一场大陆持久战。从本质上说，这很类似1914年后政治和军事领域中有关战略的众多流行观点中的两种意见。近日，霍布森提出，如果欧洲大陆在1914年之前就达成更广泛的共识，德国对法国的进攻在一开始就会受到阻止。这仍然是当时观点的发展。法国政府始终认为，如果在战争爆发早期英国明确宣称支持法国，就足以威慑德国，使之不敢贸然行动。这个看法随后被格雷的批评者劳埃德·乔治、兰斯道恩等人所沿袭。但格雷的支持者完全有理由提出疑问：难道英国大陆远征军就足以让德国总参谋部产生顾虑吗？对于这个疑问，霍布森的回答是，英国军队完全有可能通过在大陆征兵扩大到一两百万人，所需资金则直接通过提高税收或贷款来解决。但如果我们考虑到当时自由党政府统治下可能的政治决策，就会发现这个反事实的假设过于脱离实际情形。

还有第三种可能性，这是历史学家所忽略的一点：英国可以不参战。这个假设与霍布森的观点不同，它并没脱离当时的政治现实，我们甚至可以从阿斯奎思和格雷的回忆录找到它的影子。他们都曾强调，并不存在任何契约关系迫使英国必须参战。用阿斯奎思的话说，“当战争发生时，我们有着充分自由来决定是否参战……我们（和法国）没有什么重要的军事协定：我们之间的联络沟通仅限于研究各种可能发生的情况。”格雷也公开地反对任何“逼迫英国贸然作出决定的企图”，这也使得他没有在7月对法国作出任何承诺。如果说格雷遇到了阻碍，那也是来自他的内阁同僚，而非来自命运的力量。

他自己就在回忆录里提到，当时的确还有一种可能的选择（尽管他理所当然地认为自己的观点才是正确的）：

> 如果迟早都要参战，我们应该庆幸我们迅速地作出了决定——这更有利于我们的好名声，也有利于促成一个更好的结果；而如果我们试图逃避战争，就会发现自己……仍然会被迫卷入……（如果当时我们冷眼旁观）就会遭到孤立，不会有任何朋友；没有人会畏惧我们，或争取我们的支持和友谊。我们会名声扫地……被认为干了不光彩的事，遭到各方敌视。

忽略英国选择中立立场的可能性是为了让战后的情绪化解释更有说服力。我们已经开始接受下面的说法：无论是从道德上还是从战略上考虑，英国都不能“冷眼旁观”。然而在更仔细地审视当时的文件（而不是只参考具有浓厚决定论色彩的战后回忆录）之后，我们会发现英国当时不参战的可能性是相当大的。尽管 1914 年奥地利、德国、俄国和法国的大陆战争看上去注定要爆发，但实际上英国作出参战的决定却不是必然的。我们需要去理解英国冷眼旁观会导致的可能后果，只有这样才能确定它当时的决定是否明智。

反事实设想：英德协约

认为英德交战不可避免的观点可以追溯至 19 世纪末 20 世纪初困扰大英帝国的自信危机。尽管 19 世纪 90 年代帝国内部保守派和自由派思想活跃，但布尔战争却让英国政府大失民心。而政府则因不得不维持海外殖民地的巨大开支而忧心忡忡，连关于“国家效率”的言论和民众对军国主义“联盟”的热情也不足以安抚这种焦虑情绪。事实上，当时的人们往往会夸大帝国的财政负担，而忽视了英国通过维护海外自由贸易殖民地获得的利益。1885 年至 1913 年，年均实际国防开支只占到了国民生产总值的 3.4%，其中还包括了布尔战争的花费。1905 年后，这个比例一直稳定保持在 3% 到 3.3% 之间。就 1945 年后的眼光来看，这个比例非常小，同时也小于俄国、法国和德国的相应数字。但人们却普遍感到英国“在过度扩张”。在日益复杂的帝国决策机制下（国防委员会和新的帝国总参谋部对此并没有进行合理的简化调整），一种共识得以达成。对英国来说，从经济和战略上同时保护本岛和整个帝国似乎是不可能的，因此英国必须改变孤立处境，与它的竞争对手们在外交上达成一定的协议。

在这一点上，有必要再次提到一个早就出现的反事实问题（德国自由党人总是对之有无尽的思考）：如果英德两国达成某种协议（哪怕没有形成正式的联盟关系）会怎样？尽管当时德国商品开始挑战英国在国际市场上的地位，甚至渗入了英国本土的消费市场，这引发了英国人的不安，但经济上的竞争并不代表外交上无法形成友好关系。只有对无可救药的经济决定论者来说，关税争端才预示着战争。德国在经济上的崛起在招致敌意的同时也赢得了赞誉。此外，在海外许多地区，德国和英国的利益都是潜在一致的。1898 年和 1900 年，张伯伦呼吁英德联合起来抵制俄国在中国的势力。1901 年出现了建立英、德、日“三国同盟”的严肃讨论，但没有得出结论。1899 年，英国虽然怨声连连，但仍然达成协议将西萨摩亚划给了德国。同一时期，英国也和德国在葡属莫桑比克和委内瑞拉的问题上有所合作（1902 年）。甚至在奥斯曼帝国及其前领地埃及、摩洛哥的问题上，英德也有机会合作（尽管伦敦方面意见出现了分歧）。认为一个自认“过度扩张”的国家和一个自认“扩张不足”的国家无法在国际舞台上展开良好合作，这种看法原本就没有充分根据。而认为“每个国家其政策在本质上就彼此排斥”的看法，则可说是谬论。

1898 年，张伯伦和德国人哈茨费尔特、埃卡德开始了英德结盟的讨论。这场讨论间断地持续到 1901 年，但最终却无果而终。为什么？历来对这个提问的回答是，德国总理比洛希望不受任何约束，从而建立一支足以挑战英国海上霸权的海军。当然，比洛也许比英国人更夸大了英国的衰落程度，因此不愿意与英国形成正式的盟友关系（据透露，英国首相索尔兹伯里同样也不愿意和德国正式结盟），一个原因就在于人们普遍相信和英国结盟会阻碍德国发展海军力量。但“德国的国际政策消除了英德友好建交的可能性”这种说法很有误导性。张伯伦的冒失行为也有同样重要的影响：他将一项原本应该私下进行的外交事务变成了谈资和社论的内容。1899 年 12 月，比洛在国会演讲中表达了“在完全互惠、彼此体谅的基础上（与英国）和平融洽地相处”的意愿。但这却被急性子的张伯伦理解成了对英国的“冷淡态度”。他后来还抱怨提出两国结盟是“自讨苦吃”。

但这还只是故事的一部分。要解释英德联盟未能成功建立，更重要的不在于德国的强大，而在于它的弱小。毕竟，对于联盟计划的失败，英国方面的影响哪怕不比德国更强，也和德国不相上下。而英国之所以没有与德国结盟，不是因为德国威胁到了英国，恰恰相反，是因为英国人意识到德国并没构成什么威胁。英国人对于德国海军计划的反应就是很好的说明。1900 年，海军部大臣塞尔伯恩沮丧地告诉希克斯 · 比奇，如果不想“不断发展海军、增加海军预算”，“和德国正式结盟”是唯一的选择。但到 1902 年，他的看法彻底改变，认为“新的德国海军完全是出于要和我们交战的目的而建立的”。这种观点对德国人来说相当不利，因为他们很明白在海军建设过程中自己的力量仍然很薄弱。从一开始，比洛就强调，在“破茧化蝶”之前需要谨慎处理与英国的关系。但这个“蝶蛹”实在是透明可见。1905 年，第一海务大臣费希尔提倡的海军改革结束后，海军情报处处长自信地声称英国相对德国的“海上优势”已经是“压倒性”的了。英国突然意识到德国的脆弱，导致 1904 年柏林爆发了害怕英国海军会先发制人的恐慌。

当然，由于海外冲突代价高昂，英国向来首先考虑的是减少而不是增加这种冲突的可能。德国人的担心虽然不无道理，但实际上英国更有可能交战的是已经拥有庞大帝国和海军的国家，而不会与那些正在追求这些目标的国家发生太大冲突。因此，英国最终与法、俄建立了成效显著的外交关系。正如1901年11月外交部助理次官伯蒂所说的，反对英德结盟的最有力观点在于指出如果两国结盟，“我们就很难与在欧洲的邻居法国及世界上许多地区建立友好关系。而俄国在亚洲的很大部分疆界都与我们毗邻，(如果与德国结盟)我们也很难和俄国融洽相处”。在衡量法国和德国的外交价值方面，索尔兹伯里和塞尔伯恩也持有类似的观点。1901年，德国因为害怕激怒俄国而不愿意在中国问题上支持英国，更是证明了英国人的观点：德国的来势汹汹只是外强中干的表现。

英国试图改善与俄国的关系是想要避免与之在任何争端上发生冲突。英国先在中国东北和中国西藏问题上对俄国采取绥靖态度，随后在黑海海峡和波斯甚至还有（令柯曾不安的）阿富汗问题上也不愿意与俄国发生任何不必要的冲突。如果不是因为俄国被日本打败（英国与日本已于1902年缔结盟约），这种发展友好关系的意愿有可能促使英俄正式达成协定。而英国在这之前优先与日本结盟，充分体现出其外交政策的基本立场（对强国采取姑息纵容政策）。英国与法国的类似争端（主要涉及印度支那、摩洛哥和埃及）也可以用协商的方式解决，这主要是由于张伯伦在试图建立英德联盟失败后，希望通过殖民地协议建立更广泛和成熟的同盟阵线，否则上述问题仍然会维持原状。

1904年4月8日签订的英法协约就相当于一个殖民地交换协定，但它体现了三个重要意义。首先，它增强了英国进一步改善对俄关系的意愿：与法国交好预示着英国与俄国也能融洽相处。其次，如第一次摩洛哥危机所表明的，它进一步削减了与德国建立友好关系的重要性。最后，也是最重要的一点，它还意味着英吉利海峡两岸的军事规划员们第一次开始考虑当法国与德国交战时，英国从海军和陆军方面向法国提供援助。他们以前也讨论过出动海军封锁德国的想法，但一直到1905年，才出现了划分海军责任范围的想法：法国海军的主要目标集中于地中海地区，英国海军则仍然负责“本国领海海域”。同时，总参谋部还开始考虑征募一支大陆远征军以支援法国，这引发了一场热烈的讨论：究竟是派大陆远征军去保卫法德边境，还是向德国北部发动水陆进攻？在前一种战略上，又出现了保护比利时中立立场的老问题——尽管正如前常务次官桑德森所强调的，但1839年条约不是“一个承诺无论在任何情况下都会不惜风险以实质性武力来维护（其中立地位）的绝对化的誓言”；如果非要这样来理解它，那“就是一种曲解，在正常合理的情况下，没有政府会作出这样的承诺”。

总而言之，托利党的外交政策就是取悦那些对英国构成最大威胁的国家，即使这会牺牲与别的（不那么重要的）国家友好建交的机会。关键在于德国（和比利时一样）是属于后者；法国和俄国属于前者。这条原则有一个明显的例外——日本。但和日本结盟并不会在欧洲给英国造成什么麻烦，俄国在1905年之后的衰弱更是确保了这一点。而与德国结盟则不然。如果托利党同意了张伯伦提出的与德国结盟的策略，英国与法、俄帝国主义的关系很可能会因此恶化。

那么，是否有一天会爆发出另一种世界大战：英国和德国站在一起，对抗起包围英国的法国和俄国（用当时的话来说，它们都是盎格鲁-撒克逊人的夙敌）来？这看上去完全是异想天开。但在那时的英国人看来，和法国、俄国结盟与和德国结盟似乎都是不太可能的，而且这是长久以来的观念——用张伯伦的话来说，“注定会失败”。1900~1905年，英国的外交任务似乎就是在以下两种选择中任选其一：要么与法、俄等海外国家建立友好邦交，要么就得冒和这两国的一个或两个发生战争的风险——而一旦开战，英国的战场就不只是英吉利海峡，还包括地中海、博斯普鲁斯海峡、埃及和阿富汗等更遥远的地区。

英国的战争幻想

以上就是1905年12月鲍尔弗辞职以后自由党人继承下来的外交传统。我们必须要了解，这绝不意味着英国因此注定要参加第一次世界大战。当然，这个传统为英国安排好了发展外交关系的先后顺序：法国、俄国、德国（其后是奥地利、意大利和土耳其）。但英国并没有承诺在德国侵犯法国或俄国时一定会向它们提供援助。简而言之，这种外交策略并不像一些悲观主义者（尤其是罗斯伯里）所担心的那样必然导致英德之间爆发战争。

此外，初看起来，一个由坎贝尔·班纳曼领导下的自由党政府很可能和其前任政府一样，与德国发生争执或与法、俄交好。尽管英国史学界一直在尝试引入德国史学中“国内政治高于一切”的概念，但1905年鲜有观察家认为政府的变化会加大战争的可能性。不遵从英国国教的意识，科布登对自由贸易与和平的信仰，格拉德斯通对国际法而非强权政治的推崇及其对过度军事开支的厌恶，还有对庞大军队的传统反感情绪——这些只是自由党众多传统中的某些方面，都可能促使其政府采取和平政策；长期困扰自由党的爱尔兰问题和议会改革问题也会分散政府精力，从而怠于发动对外战争。此外，爱德华时期的“新自由主义”还开始关注公共资金再分配、“社会性”问题，以及各种各样关于战争的经济不合理性的有广泛影响的理论（比如诺曼·安杰尔的理论）。别的暂且不说，（用劳埃德·乔治的话说）新政府看来似乎可能会尝试“削减前任政府贸然建立的庞大军队的开支”。

然而，当自由党政府内部分歧日益严重时，“意外效应法则”更有可能起作用。早在1905年9月，阿斯奎思、格雷和霍尔丹（此时任国防大臣）成为了新政府中的“自由帝国主义者”或“自由联盟派”，以便对抗其他人尤其是国王所担忧的激进主义倾向。这个集团第一次最重大的成功就是格雷出任外交大臣。格雷远非一个狂热的帝国主义者，而且他显然相当熟悉安杰尔关于战争理论之虚幻性的观点。一方面，他同意激进派“制定不需维持庞大军队的欧洲政策”，在控制印度政府的问题上也欢迎约翰·莫利等格拉德斯通主义者的支持。另一方面，他极力主张维持并深化与法国的协约关系，并且还计划与俄国建立类似的关系，这与内阁中一部分人发生冲突，他们主张“为和平不惜任何代价”，厌恶与大陆国家发生任何纠葛。这种根本上的分歧原本早就该引发麻烦了，不过，（在 1908 年接替坎贝尔·班纳曼出任首相的）阿斯奎思巧妙地掩盖了格雷的立场。对内阁和议会对外交政策的直接影响加以限制，让这二人很是满意（更不用说外交部的那些外交官了）。1906 年 6 月，格雷抱怨自由党下院议员“现在相当明白如何提问和挑起讨论的艺术，有许多被关注的外交事务原本不应被过问”。显然只有格雷才会发这样的牢骚。当内阁同僚对外交事务表态时，格雷会尝试“说服他们，在有些问题上他们只会碰壁”。

在这方面，反对派对格雷政策的默认无疑是对他的帮助和支持。我们应该牢记一点，1906~1914 年自由党中的多数派一直在不断地减少。1910 年，战前进行的最后一次大选中，自由党和托利党分别赢得 272 个席位，这使得政府中的多数派取决于 42 个工党议员和 84 个爱尔兰民族主义者的政治倾向。因为保守党人在下院此后的补缺选举中赢得了 20 个席位中的 16 个，到 1914 年 7 月，多数派只剩下了 12 个席位。这有助于解释关键时期政府为什么会在预算和地方自治问题上犹豫不定。此时，反对派的影响就会大大增加。如果格雷的外交政策像劳埃德·乔治的财政政策、阿斯奎思的爱尔兰政策那样没有得到保守党领袖的认可，他也会和这两人一样遇到重重的阻碍。但保守党没有这么做，他们相信格雷是在延续他们的政策。正如托利党领袖威普·巴尔卡雷斯在 1912 年 5 月所说的，托利党“认为格雷延续了兰斯道恩勋爵开创的英国和法、俄的友好关系，因此 6 年来一直对他予以支持”。鲍尔弗则不得不处处小心，以避免因为过于“亲近”政府而惹恼保守党内的右翼势力。而实际上格雷在内阁的小团体在反对派中获得的支持反而比在内阁中要多，这就意味着格雷政策的细节（其问题恰恰在于）经不起议会的仔细推敲。而且，当时原本可以对格雷政策进行审查的行政和军事部门内部一片混乱。尽管伊舍作了不少努力，但由于自由党掌权，帝国国防委员会的重要性大大降低。海军部和战争部关于战略规划的意见无法统一，而且后勤方面陷入了因技术专家管理带来的困扰，正如著名的《战争手册》的记录那样，在用语精确严密的同时，对战事动员的目标和经济意义的阐述却语焉不详。

综合以上各方面因素，格雷所获得的行动自由事实上要远远大于他在回忆录中所提到的。而且，他并没有浪费机会。从他战前出版的一部不那么著名的作品《假蝇钓鱼》（1899 年出版）中，我们可以明显看出这一点。对于假蝇钓鱼，如果是有决定论倾向的人就很难应付得来；而从童年直至晚年，格雷都对这项活动充满热情。书中用抒情的笔调表达了其难以确定、无法预料的特点带给了他很大的愉悦感。尤其值得注意的是，有一段文字描写了他钓到一条重达 8 磅的鲑鱼：

> 当时并没有直接原因表明未来会出现可怕的危险……但我突然意识到，这整件事会持续很长时间，而且最难的还在最后：鱼上钩不算数，还得把它拉上岸……而只要尝试用网把它拉上岸，我就会面临极大的危险。我不止一次地失败，每次失败都是可怕的……用细小的鱼竿、精细的钓具出乎意料地钓到一条大鱼，对我来说没有比这更让人兴奋的事了。

在解释 1906~1914 年英国的外交政策时，我们脑子浮现的应该是河岸边兴奋焦急的垂钓者格雷，而不是回忆录中忙于自我辩护的、消沉失意的格雷。虽然使用这个比喻有点过度，但我们可以说当时大多数时候（尤其是 7 月危机时期）格雷的确表现得如同垂钓者。他希望能钓到鱼，但也很明白有可能会遇到“可怕的危险”。无论哪种情形，都不可能提前预知有什么样的结果。

在某种意义上，这个比喻有误导之嫌，因为在英国和俄、法关系的问题上，格雷似乎也是别人钓到并拖上岸的鱼。就对俄关系而言，格雷后来坚持认为自己有效地延续了前任的缓和政策，尽管激进派和国防部对此表示了不满和怀疑。但仔细考察会发现，格雷确实比兰斯道恩走得更远，这部分是因为他可以在下院议员们的支持下削减印度的防御开支，从而能更轻松地搁置“西北边疆”引发的传统情绪。而且，他在波斯问题上向俄国作出了大量让步，甚至还对俄国历来对土耳其和巴尔干的野心显露出支持的态度，以此来平衡德国日益强大的影响力。这些让步也许会使俄国外交部长萨佐诺夫认为，战争爆发后俄国能够得到英国的支持。1914 年 5 月就海军问题展开联合会谈的决定，自然也不会让格雷改变观念。

对于一个自由党外交大臣来说，奉行亲法政策比亲俄政策要容易得多，而格雷在任职前就已表现出了亲法的倾向。这么来看，似乎托利党的政策又得到了延续。但如格雷自己承认的，他所做的大大超出“前任政府在这方面的要求”。英、法两国在 1905 年末举行的军事对话，就是一个新的开始，而这曾经一直被认为是格雷最大的错误——他上了法国大使保罗 · 康邦的钩。格雷允许军事规划员们讨论，法国和德国如果爆发战争，英、法在陆地和海上协同作战的可能性，这向法国透露出英国前所未有的防御承诺。更为重要的在于，总参谋部成功地论证如果法德战争爆发，英国要立刻向法国或比利时派出一支不少于 10 万人的远征军，原因在于仅动用海上力量无法阻止德国入侵法国。这些讨论还有接下来的英国陆军计划，都相当于给两国关系附加了一项秘密军事协定。外交部中的主战派当然对此求之不得。早在 1906 年 1 月，伯蒂（后出任驻巴黎大使）就谈到要提供“不局限于外交的支持”以帮助法国维护在摩洛哥的利益，意味着明确地“承诺对法国加以军事协助”。较之对地中海和北海地区进行的海军责任范围划分，这个承诺的意义更重大。我们甚至可以与弗里茨 · 弗里舍观点截然相反地认为，确定英德战争基调的、真正的“备战会议”，是大英帝国防卫委员会于1911年8月23日召开的会议（而不是威廉二世和军事头脑在16个月后召开的那场臭名昭著的会议），此次会议确定了总参谋部的远征军策略，而没有采纳海军部提出的在德国北海岸进行海上封锁和两栖联合作战的设想。在会议室外，军事行动署署长、上将亨利·威尔逊爵士则在积极地向格雷等人（尤其还包括了劳埃德·乔治）兜售总参谋部的这番策略。因此，1914年早期格雷私下向康邦保证“如果（英国）遭到非法威胁甚至是攻击，英国政府不会拒绝（法国）陆海军的援助”，此时他非常清楚这种保证意味着什么。

前任政府建立的海外友好协议被格雷发展成了向法国作出的、几乎已十分明确的“大陆安全承诺”。为什么？传统的回答是，德国的世界政策在英国看来已经威胁到英国在非洲、亚洲和近东的利益；更重要的是，德国海军已经开始对英国的安全构成了严重挑战。然而细心考察会发现，殖民地问题或海军问题都不必然会导致1914年前英、德之间开战。正如丘吉尔后来指出的，“我们并不是德国殖民扩张的敌人”。事实上英国差点就和德国达成协议，帮助其在南非的前葡属殖民地扩张势力。1911年，格雷本人也提到，“我们在非洲的邻居是德国人还是法国人并不太重要”。他想要本着“倾向德国的精神”“尽快”将“被抛弃了的”葡属殖民地予以“划分”。但他的部下拒绝公开违背13年前英国向葡萄牙作出的承诺，从而制止了英、德间公开达成协议；而有关的德国银行（主要是沃伯格家族银行）明显认为这种对承诺的固守仅仅是出于礼节。即使在格雷倾向于法国利益的地区（摩洛哥），英、德关系也没有陷入完全的僵局。1906年，格雷一直在考虑将英属大西洋海岸的一个装煤港口给德国。尽管在摩洛哥阿加迪尔危机后英国政府变得更富侵略性，以此明确警告德国“不要小看英国的内阁”，但连阿斯奎思也承认，法、德就非英属非洲地区和势力达成的协议，和英国没有太大关系。不管怎样，德国政府在阿加迪尔事件后作出了让步；而且，当转而关注土耳其时，格雷如果在海峡问题上采取反德国的方针，就正中俄国下怀。格雷对于1912~1913年巴尔干战役中德国的表现很满意，因此没有过分担心利曼·冯·桑德斯事件（即任命一名德国将军为土耳其军队教官）。并且，德国还在柏林—巴格达铁路的问题上对英国的担心作出了安抚性的回应，两国关系因此得到了进一步的改善。如此来看，《法兰克福特报》在1913年10月的观点不无道理：英、德之间“恢复友好邦交”，“互不信任、外交无果的日子成为过去”。直至1914年6月27日（萨拉热窝事件前夕），英国外交部仍然认为德国政府“情绪平和……迫切想要与英国保持良好关系”。甚至到7月23日，劳埃德·乔治还在宣称英、德关系比起“几年前”已经“大大好转”。

将海军军备竞赛看做是第一次世界大战的一个“起因”，这同样也有误导性。英、德两国都有充分的理由在海军问题上达成协议。两国政府都发现，不断增长的海军花费将带来难以应付的政治难题。自由党人掌权前曾承诺要削减军备开支，因此很难让下院的普通议员和激进的新闻界接受海军预算的增加。同时，国防开支的增加使得政府在经济上实行社会政策改革时比从前更加困难。德国政府的财政压力更大。不断上升的国防开支让德国陷入极为紧张的局势，政府面临巨大威胁：失去保守党的支持；社会民主党要求在全国范围内提高税收的理由更加充分。那么，为什么英、德没有达成协议？曾出现过很多机会：1907年12月，德国提出与英、法签订北海协约；1908年2月，威廉二世否认德国旨在“挑战英国的海军优势”；6个月后，威廉二世在科伦贝格会见英国外交部常务次官查尔斯·哈丁；1911年3月，他又呼吁签订一份“限制海军开支的海军协议”；最为人所知的是，1912年2月，霍尔丹前往柏林，表面上是“讨论大学委员会事宜”，实际上是与贝特曼·霍尔维格、蒂尔皮茨和威廉二世讨论就海军、殖民地和互不侵犯等问题是否有可能达成协议。对于协议未能达成，传统观点认为是德国不肯做出让步。更多的谴责则是针对蒂尔皮茨和威廉二世，认为他们在霍尔丹抵达德国前夕宣布再度增加海军开支，实际上破坏了达成协议的可能性。此外，还有观点认为，只有英国无条件承诺在法、德爆发战争时保持中立，德国才会与之讨论海军问题。然而这并不是事实的全部。阿斯奎思后来提出，德国所谓的中立是指“假如它以任何借口攻击法国，我们都不能向法国提供援助”。而实际上贝特曼·霍尔维格的手稿里是这样说的：

缔约国……任何一方不得对另一方发动无端进攻，不得参与以侵略另一方为目的的组织或计划……如果任何一方……被卷入战争并且不是侵略方，另一方起码应对其保持善意的中立。

格雷最多只能承诺英国“不发起或参与任何对德国的无端攻击”，因为用他的话说，“‘中立’这个词……会让人感觉我们力不从心”。

同样，英国此后声明海军问题升级是德国单方面造成的错误，这也很值得怀疑。事实上在霍尔丹访德期间，德国已表示了真正的让步；会谈受阻的原因在于中立问题而非海军问题。而且，态度强硬的恐怕是英国——这并不奇怪，因为英国对自己的军事实力有恃无恐。尽管1909年在英国一度出现“恐慌”，但德国仍然很难有机会缩小两国在海军实力上的差距。海军部也从未怀疑过，一旦爆发战争英国能够有效封锁德国的进攻。英国也的确设想过从海上进攻德国，其残酷程度是蒂尔皮茨的草拟计划难以匹敌的。依据费希尔在1906年的预测，与德国开战几周后，皇家海军会彻底“清理”全世界海域的德国商船，随后完全无视海牙会议达成的《伦敦协约》，对德国实行严厉封锁。英国的优势如此明显，以至海军高级将领费希尔、伊舍和威尔逊等人很难想象德国敢于冒险与英国交战。因此，格雷的态度非常强硬：任何海军协议都必须保证英国处于“永久性”的优势地位。正如丘吉尔在进入海军部后发现的，1913年德国政府其实已经接受了这一点。他作为第一海事大臣，首要关心的就是保证英国海军的力量“始终占据60%的优势地位……这个比例不仅是相对德国，也是相对全世界而言”。他对此直言不讳：“为什么会有人认为我们不能击败德国？研究一下参战舰队的力量对比就足以打消他的疑虑。”1914 年，丘吉尔回忆道：“海军力量的竞争……已经不再是导致摩擦冲突的原因……我们的领先地位无疑将永远保持下去……谁也不可能取代我们。”甚至连阿斯奎思后来也承认：“海军军备竞争本身不会立刻造成对我们的威胁。我们已经下定决心，而且也有能力维护我们在海上的主导地位。”

因此，我们就不难理解为什么格雷立刻拒绝了贝特曼·霍尔维格的提议——接受英国海军的主导地位，但条件是英国对大陆国家的中立态度。很简单，因为英国即使不答应这个条件，也可以保持它在海上的霸权。而难以理解的是，格雷认为基本上任何有关英、德交好的想法都是不可行的。既然在殖民地和海上德国都没有对英国构成威胁，为什么格雷还要如此坚决地反对德国？很简单，格雷比其前任保守党人更加看重与法国和俄国的友好关系——如前所述，格雷的不同在于更倾向安抚法、俄（自然就会不那么看重与德国的关系）。1905 年 10 月，他声明：“在德国问题上，我们的做法在任何情况下都不会损害与法国既有的良好关系。”第二年 1 月他又写道：“对德国以礼相待的危险在于有可能让法国认为我们对友好协议缺乏诚意。”1910 年 4 月，他向驻德大使爱德华·戈申明确指示：“我们不能和德国在政治上达成协议，这会损害我们和法国、俄国的关系。”当格雷提出与德国建立的任何关系都“不得影响我们与其他国家既有的关系和友谊”时，他事实上已排除了与德国达成任何有意义的协议的可能。在这一点上，他与常务次官尼科尔森的意见是一致的。1912 年，尼科尔森反对与德国签订协约，主要是因为这会“严重损害我们与法国的关系，而这种损害会立刻对我们与俄国的关系产生影响”。

如果更进一步地考察就会发现，格雷的逻辑实际上有很多漏洞。他认为与法、俄关系的恶化会导致战争，这种看法没有什么根据。格雷当时所处的形势与其前任有很大不同。格雷自己也承认，俄国需要10年才能从日俄战争的失败与1905年革命造成的破坏中恢复过来。在他来看，法国也不构成威胁：正如1906年他对罗斯福总统所说的，法国“很平和，并没有什么好战情绪”。与法、俄签订协议的初衷是为了处理海外的争端，而这些争端一旦得到解决，英国与这两个国家任何一个发生战争的可能性都是很小的。有趣的是，1912年9月，格雷在与《曼彻斯特卫报》编辑C · P · 斯科特会谈时指出：“如果法国在对抗德国时没有得到我们的支持，就会转而与德国乃至欧洲其他国家联合起来，对我们发起攻击。”至于对法国或俄国“投靠同盟国”的担忧，也是无稽之谈，但这都是外交部常常关注的问题。早在1905年，格雷就担心“失去法国又没有争取到德国，因为后者一旦成功地离间了我们和法国，也不会再想与我们交好”。伯蒂则警告，如果法国对阿尔赫西拉斯的表态没有得到英国的回应，“我们将……被法国人看成叛徒，并……遭到德国人的蔑视”。尼科尔森则呼吁法国和俄国正式结盟，“以防止俄国倒向德国……并阻止法国投靠同盟国”。格雷及其部下都过分地担心英国在别国看来没有“结盟的价值”，在“四面楚歌”（“缺朋少友”）中亡国。他们经常会设想的可怕场景，就是俄国或法国投入“日耳曼人的怀抱”。因此，德国的一切政策在他们看来都以“破坏……三国协约”为目的。特别是格雷还认为，“假如……由于不幸或错误，我们与法国的协约遭到了破坏，法国将不得不与德国达成协议。德国则能够继续破坏我们与法国和俄国的关系，从而在欧洲大陆取得支配性的地位。那么，我们和德国之间迟早会发生战争”。然而，格雷决心为了维护与法国的协约而作出军事上的承诺，这其实加大了与德国交战的可能性。这完全是种循环论证：他希望英国与德国开战，否则英国与德国可能会爆发战争。

当然，他的论证中最有力的部分在于指出德国自大狂妄、野心勃勃，对法国乃至英国都会构成威胁。我们已经看到，保守党派记者和有反德倾向的外交家普遍持有这种看法。然而，外交部在战争期间从柏林获取的许多情报信息实际上与这种焦虑担忧是矛盾的，这一点历来都为历史学家所忽视。的确，1914 年前由于现代谍报系统尚未出现，关于德国的准确情报并不多。但驻德英国外交官与领事们作出的报告质量非常高。丘吉尔在 1909 年 11 月的报告中，作出了比 1907 年克罗的报告更为精彩的分析。丘吉尔并不是个亲德主义者，但他认为（显然是基于以上提到的那些情报），“资金方面的日益紧张”正极为有效地“阻碍德国海军的扩张”：

> 德意志帝国过度的开支让这个帝国负担沉重，社会和政治上的统一受到了威胁……关税收入的主要来源——食品税的繁重已经造成农民和工业家之间出现严重裂痕。国家和地区早就忙于进行大量的直接征税。而帝国议会在投票通过后即将再次侵袭已枯竭的征税领域，这使得有产阶级因共同的忧虑而彼此团结……另一方面，对流行的各种嗜好进行新的征税或是提高既有税收，大大增强了左翼党派的势力，他们原本就反对军备及其他许多方面的开支。同时，帝国背负的债务在过去 13 年的和平时期里增加了一倍多……帝国信誉已经掉至意大利的水平……以上种种都表明，德国国内即将出现一段时期的紧张局势。

察觉到德国经济弱点的不只是丘吉尔。早在 1908 年 4 月，格雷自己就指出“未来几年内德国会遇到严重的经济困难，从而在发展上受到限制”。事实上第二年德国大使梅特涅就让格雷注意到了德国国内针对海军开支的政治“反抗”。1911 年，戈申也评论了德国的经济问题，而且就威廉二世对经济问题的否认表示质疑。1913 年军队议案引发争议期间，戈申注意到“每个阶层都……乐意看到财政的重担被硬推给其他阶层”。1914 年 3 月，尼科尔森甚至预测“除非德国已经准备在经济上作出更大牺牲以追求军事上的目标，否则它在欧洲的霸权（原文如此）将时日无多”。德国与奥地利、意大利的同盟被普遍认为是脆弱而不堪一击的。简而言之，英国观察家们认为德国是弱者而非强者，政治上和经济上的困难使之无法赢得与英国的海军军备竞赛，也无法在与法国和俄国的陆军军备竞赛中胜出。而在丘吉尔看来，唯一的危险是德国政府可能放弃“平息国内局势”，“转而向外扩张以摆脱所处的窘境”。格雷在 1914 年 7 月再度（从德国的角度）提出了在军事实力差距进一步拉大之前，先发制人地进攻俄国和法国的推论。

> 事实上，既然德国政府原本就有过侵略意图……现在自然会对俄国的军备活动及其军队规模潜在的扩张感到焦虑，尤其是俄国还在法国政府的坚持和资助下即将在德国边界修筑铁路……德国并没有害怕，因为它相信自己的军队是无懈可击的，但它担心的是几年后自己也许会开始害怕……让德国畏惧的，是未来。

尽管如此，格雷及外交部里的大多数高级官员、总参谋部仍然还在想象德国企图建立一个拿破仑式的帝国，进而对英国形成直接威胁。如果他们不是在编瞎话，这可能是因为他们希望对法国作出军事承诺，而为了让这种承诺有充分的依据，就很有必要强调甚至是夸大德国对英国的威胁。准确地讲，他们希望英国和法、俄结盟，因此把称霸欧洲的野心强加给了德国。

德国的要求：建立欧盟

关键的问题出现了：1914 年德国的“战争目标”是什么？按照弗里茨·费希尔的说法，这些目标像英国反德人士所担心的那样极端。发动战争的企图是“实现德国的政治野心，一言以蔽之，就是称霸欧洲”，方式则是吞并法国、比利时也许还有俄国，成立中欧关税联盟，实现对波兰和波罗的海国家的直接或间接控制。另外，德国还会在非洲建立新的殖民地，从而使其中非地区的殖民地连为一体，实力大大增强。同时德国还会通过煽动革命来分解英、俄两国的力量。然而，太多的历史学家都放过了费希尔推论中的一个根本漏洞。他作出了一个具有典型决定论色彩的假设：德国在战后宣称的战争目标等同于其战前设定的目标。因此贝特曼·霍尔维格的“9月计划”可以被看做是德国在战前对战争目标的第一次公开声明：要以德国在西线的迅速胜利为前提，草拟出与法国达成单方和平的“临时政策方针”。如果的确如此，那么战争不可避免的说法就说不通了。英国政府显然不会接受“9月计划”向法国和比利时提出的领土和政治条件，因为德国会从中获得对比利时海岸线的控制，从而重现“拿破仑时代的恐怖景象”。然而有个不可回避的事实：费希尔和他的学生并没有证据说明德国在英国参战前就已经确定了这些目标。也许德国人没有就这些目标建立书面档案，或者相关文件已丢失或被摧毁，也许知情者后来没有遵从《凡尔赛和约》中有关“战争罪”的条款隐瞒了实情，但这似乎并不可能。费希尔只是为我们展现了战前一些泛德主义者和商人（特别是瓦尔特·拉特瑙）没有官方依据的无稽想象，以及威廉二世偶尔鼓动战争的言论。这位德国皇帝对政策的影响并不像他自认的那么持久和重要。

为了找出德国在战前制定的目标，首先需要认识到丘吉尔对德国弱势的分析相当精准。德国在海军军备竞赛中输给英国，在陆军军备竞赛中输给俄国和法国，主要原因的确是经济方面的落后。它的主要盟国奥地利其实并不可靠，而它一直在拉拢的国家（主要是意大利和土耳其）就更不值得信任。与之形成对比的是，关于英、俄海军会谈的传言，似乎证实了协约国（英、法、俄）的强大。在这种形势下，德国会在军力衰竭前抢先对俄国和法国发动进攻——德国总参谋长毛奇历来持有的这个信念在萨拉热窝事件之前就开始赢得广泛的认同。可以肯定的是，最初贝特曼·霍尔维格在1914年7月提出的目标其实是要取得外交上的成功。他希望奥地利对塞尔维亚的突袭会巩固法、俄两国同盟，瓦解英、法、俄的协约同盟，因为他认为英国未必会支持俄国代表塞尔维亚对战争加以干涉。不过，对于德国与法、俄交战，他从一开始就满怀信心。假如俄国成为侵略国，德国就将准备参与大陆战争，而英国在这种情况下多半不会干涉——至少不是“立刻”干涉。

有一点很重要，如果英国没有立刻干涉，那么德国的战争目标则会与“9月计划”中所设定的大大不同。1914年7月29日，贝特曼·霍尔维格对戈申表达的意见清楚地表明，德国将保证法国和比利时（还有荷兰）的领土完整，以此来换取英国的中立态度。如果英国真的没有介入，打破这项约定就很不明智。因此，德国当时的目标极有可能没有包括“9月计划”中提到的领土交易（有关卢森堡的建议或许除外，这也没有涉及到英国的利益），也不包括控制比利时海岸线的目标（这是英国绝不能容忍的）。因此，“9月计划”中的以下提议或许才是德国的原定目标：

> 1.法国……以分期方式支付战争赔款，数额足以使之在此后15到20年里无法在军备方面进行较大的支出。此外，制定一项商业条约，使法国在经济上对德国产生依赖性，确保德国产品的法国市场……这份条约必须保证德国在法国的金融自由和工业自由，使德国企业与法国企业享受同等待遇。
>
> 2.德国必须通过签订共同的关税条约来建立一个中欧经济联盟，成员包括法国、比利时、荷兰、丹麦、奥匈帝国，有可能还会吸收意大利、瑞典和挪威。这个联盟不具备宪法式的最高权威，其全部成员彼此之间为平等关系，但实际上由德国领导，而且必须确保德国在中欧的经济主导地位。
>
> 3.关于殖民地的建立，首要目标为建立一个连为一体的中非殖民帝国。对这个问题的考虑稍后进行，有关俄国的目标亦同。

> 4. 荷兰。以何种方式和途径让荷兰与德意志帝国建立更亲密的关系是必须考虑的问题。鉴于荷兰人的性格，这种关系不能让他们感到被强迫，也不能改变荷兰人的生活方式，同时还不能让他们承担新的军事义务。因此，荷兰必须看似独立，但实际上则依赖德国。德国也可以考虑在殖民地建立攻守同盟，或至少建立一个紧密的关税同盟……

实际上，“9 月计划”中没有包括吞并法国和比利时。除了以上所说的几点，还应该再附加上此后制订的一些详细计划——“在德国东部边界将俄国击退得越远越好，打破它对附属的非俄罗斯民族的统治”。这些计划设想的是建立一个新波兰（与奥属加利西亚合并），割让波罗的海省份（它们可以独立、加入新波兰，或者被德国吞并）。即使是这样一份修订过的“9 月计划”，也很可能夸大了德国领导层战前的野心。比洛当然已经不再是德国总理，但他在 1908 年向王储表达的意见基本和贝特曼 · 霍尔维格的意见一致：战争会增强左翼势力，削弱帝国的内部力量：

> 欧洲战争不会给我们带来太多好处。如果攻打强大的斯拉夫人或进攻法国领土，我们不会有什么收获。如果吞并一些小国，我们也只能增加帝国内部的离心因素，这是德国人绝对不愿意看到的……轻率地挑起战争，即使胜利了，也会对德国产生极大的副作用……每一场大战之后，自由主义都会盛行一段时间。

以上概括的有限的战争目标是否对英国造成直接威胁呢？是否表现出某种拿破仑式的野心呢？几乎没有。“9 月计划”在经济方面的内容只是告诉我们，约 80 年前德国所提出的由它主导的欧洲关税联盟，与今天的欧盟并没有太大差别。的确，关于这个问题，当时许多官方论调都惊人得相似，比如汉斯 · 德尔布吕克认为“欧洲只有通过建立关税共同体，才能拥有足够的力量，才能与大西洋彼岸（意指美国）庞大的生产资源相抗衡”；古斯塔夫·穆勒热切呼吁建立一个“欧洲合众国”（威廉二世在战前也用过这个说法），“包括瑞士、尼德兰、斯堪的纳维亚国家、比利时、法国，甚至还包括西班牙、葡萄牙，经由奥匈帝国延伸至罗马尼亚、保加利亚和土耳其”；路德维希·冯·法尔肯豪森男爵也希望“为了与美国这个强大、封闭的经济体抗衡，英国和俄国应该加入由欧洲全部国家组织的经济集团……这个集团以德国为领导，有双重目的：第一，保证该集团所有成员国，尤其是德国对欧洲市场的控制；第二，让欧洲各国联合起来成为一股力量，以便在市场准入条件问题上与世界上其他国家抗衡”。不同之处在于，1914 年的英国不可能加入威廉二世控制下的“欧盟”。正相反，由于英国拥有海上霸权，它完全可能凭借自身的力量成为超级大国。

当然，英国并没有成为超级大国：德国提出的以英国中立为条件的约定遭到了拒绝。然而，德国历史学家们草率地将贝特曼·霍尔维格的提议看做不切实际的妄想，甚至认为德国人并没指望过英国的中立，这多少都有些草率，也无法在文件档案中找到相应的证明。相反，历史档案证明贝特曼·霍尔维格对于英国置身事外的希望并非没有道理。他没有料到格雷和克罗的观点会在最后一刻压倒人数上占优势的不干涉论支持者，而这也是情有可原的。

大陆问题上的“不承诺”

如果认为英国在战前对可能发生的法德战争制订军事计划导致战争的发生不可避免，就是一个严重的错误。内阁成员中大多数人（暂且不提议会）起初都隐瞒了英法会谈的情况。桑德森曾对康邦说，在对法国进行军事承诺的问题上，“意见产生了很大分歧”，“一旦更为明确地提出来，就会立刻遭到内阁的否定”。特别是连首相坎贝尔·班纳曼一开始也并不知情。当得知有关情况后，他表达了自己的不安："对于联合备战的强调……极似一种高调的承诺。"霍尔丹于是不得不向总参谋长利特尔顿明确表示，"我们绝不会因为刚开始谈判就作出承诺"。既然如此，格雷也就不可能如外交部主战派马利特、尼科尔森和克罗所愿地推动英国与法国的正式结盟。在1909年3月帝国防卫委员会小组委员会召开之前，行事风格更为谨慎的常务次官哈丁在其声明中强调："我们并不能保证在大陆战争中支援法国，并且……对于军事援助，法国唯一抱有希望的根据只是法国武官与我国参谋部间进行的半官方会谈。"因此，小组委员会的结论是，"如果德国对法国发动攻击，是否向法国派出陆军或单纯依靠海军对之进行军事援助，则只有当这种情况出现时，由政府即时作出决定"。军事干预的可能性（及其后勤问题）只是刚刚进入讨论范围，就像"冷战"时期美国曾考虑如果苏联进攻西欧时美国有可能对之核打击一样。在这两种情况下，有一点是必须突出的：不能简单地因为拟定了战争计划，就断定战争不可避免。1911年2月，就连反德派的艾尔·克罗也不得不承认，"其实从根本上说……协约并不是盟约。就紧急状况来说，协约可能派不上任何用场，因为协约仅仅是想法的框架，是两个国家政府在一般性政策上共同意见的表达，但过于含糊其辞让它没有实质性的意义"。

最终作出决定的不是格雷，而是内阁；按格雷的讲法，总体上政府是"相当自由的"。对大法官劳尔伯恩来说，介入"一场纯属法国人自己的争端"，是一个难以想象的决定，因为这意味着面对"保守党与内阁中大多数人的反对……政府将骑虎难下"。1911年11月在内阁投票中，两个明确拒绝对法进行军事承诺的决议以压倒性优势（15票对5票）击败了格雷。1912年11月，这个问题再次被提上议程，内阁中的激进派在海军至上论者汉基和伊舍的支持下，成功迫使格雷在下院否认曾向法国作出任何秘密的军事约定。霍尔丹认为自己在内阁会议中，"在任何问题上都游刃有余"，但阿斯奎思呈递给国王的内阁结论并非如此："总参谋部在与他国参谋部的会谈中，不得直接或间接承诺对该国进行陆军或海军方面的军事干预……若涉及陆海军方面的协同行动，必须预先得到内阁的同意，方可继续就该议题进行商谈。”这也就难怪驻德法国武官认为，如果法国与德国交战，“英国几乎不可能对我们提供援助”。克罗仍然坚持要求“将我们与法国的一般性协定扩大化、具体化”，但反对结盟的意见占了上风。1912 年丘吉尔关于海军责任范围划分的解释（法国海军集中于地中海区域，而英国海军则负责本土海域）便是最好的说明。丘吉尔认为，这种划分“是两国独立的决定，因为就各自的利益来说是最好的安排……它们并非来自任何海军协议或约定……如果我们决定在某种情形下置身事外，任何陆海军协议都不应该强迫我们介入”。

由于哈考特和伊舍在公开场合和私下里都反复地强调这一点，格雷别无选择，只能告诉康邦“政府并没有承诺……在战争中进行合作”。英国与俄国间的会谈则几乎没有涉及军事上的承诺。事实上，对于俄国在近东地区毫不客气的野心，英国当局的不安情绪正日益强烈。1914 年 5 月，格雷告诉康邦：“哪怕在最宽松的条件下，我们也不能与俄国建立任何军事协定。”1914 年 6 月 11 日（萨拉热窝事件前几天），他不得不再次向下院保证：“如果欧洲国家之间发生战争，对英国是否英国参战，政府或……议会的决定将不受任何未公开协议的限制或束缚。”

因此，格雷策略唯一合理的根据（英、法的军事协定可以阻止德国进攻法国）也无法成立了。他在出任外交大臣后不久就表示：“英国与俄国、法国的协约将是绝对安全的。”“如果有必要限制德国，我们完全是可以做到的。”以上观点促使他、霍尔丹乃至国王在 1912 年向各界的德国代表声明，英国“无论如何都不会允许法国被践踏”。这些声明常常被历史学家看做是英国作出的明确承诺，只是被德国不顾后果地忽视了。但德国政府也已经意识到，协约并不像格雷希望的那样“绝对安全”。实际上，在内阁同僚的压力下，格雷不得不公开否认与法、俄结成防御同盟的想法。一旦遭到德国攻击，法国唯一能找到的慰藉，只能是温切斯特公学和牛津大学贝列尔学院出身的格雷作为一个英国绅士所作出的私人承诺。但格雷只有说服内阁的大多数人同意自己的意见才能兑现这个承诺，而 1911 年他的尝试完全失败。如果他无法说服内阁，他甚至政府官员都将辞职——德国人因此会松一口气。那么，贝特曼·霍尔维格愿意在这个问题上下赌注是否别有原因？既然 1914 年 7 月《曼彻斯特卫报》能那样自信地宣称“不存在什么同盟条约会将英国卷入奥地利和塞尔维亚的冲突的危险”，既然阿斯奎思在 7 月 24 日表示“除了旁观，我们没必要多做什么”，那么贝特曼·霍尔维格为什么会有其他想法？两相比较，英国在立场上的不确定反而会增加战争爆发的可能性，因为这反而促使德国开始考虑先行出击。但可以肯定，英国的介入并不是必然的——1914 年 7 月，形势的发展正好相反。

在萨拉热窝事件发生之后，伦敦方面很清楚奥地利政府实际上是想要“回敬塞尔维亚，让它吃点苦头”。格雷的第一个反应是担心俄国会作出怎样的回应。由于看到奥地利和俄国可能会发生冲突，他试图通过德国间接地平息奥地利的报复行为，以期重现此前他在巴尔干外交政策上的成功。起初，格雷力劝奥地利和俄国“一起进行商谈”，希望他们能就塞尔维亚问题达成一致条款，但恰好在圣彼得堡的法国总统庞加莱否定了这个建议。由于无法肯定自己确有能力缓和俄国情绪，同时出于对德国政府会借机“怂恿”奥地利人的担心，格雷改变了策略。他向德国大使利赫诺夫斯基提出警告，俄国会站在塞尔维亚一边，并且预言一旦爆发大陆战争就同时会爆发第二次 1848 年革命，建议其他四个国家（英国、德国、法国和意大利）对奥地利和俄国进行调停。

从一开始，格雷就极不愿意透露英国会对这场冲突的升级作何反应。他知道如果奥地利在德国的支持下向贝尔格莱德提出过分的要求，同时俄国为保护塞尔维亚而进入备战，法国很有可能会介入这场战争——法、俄间的协约对此有所规定，而且这也非常符合德国的军事战略。英国与法、俄签订协约，就是为了阻止这样的法德战争。不过，格雷也担心，英国将对法、俄施以军事援助的过强信号（如克罗和尼科尔森所预言的），也许会鼓励俄国冒险发动战争。他发现自己进退两难：怎样才能既不鼓励法、俄的军事协定，又能阻止德奥同盟？不幸的是，他给人造成的印象却和他的想法正好相反：7月26日（周日），法国认为可以指望英国的军事援助，而德国则很“肯定”英国会采取中立立场。正如雅戈对康邦所说的，“你有你的消息来源，我们也有我们的”。不过，他们获取情报的来源其实都一样。德国政府仍然毫无顾忌，表面上对格雷的调停建议感兴趣，实际却并没打算采纳。

公平地讲，格雷精心打造的含糊性策略几乎成功了。塞尔维亚政府认为自身不堪一击，于是接受了奥地利的最后通牒（尽管其中的条款在格雷看来“极为可怕”），仅仅要求稍稍作些改动。而且，让贝特曼·霍尔维格和毛奇不安的是，尽管他们一直在极力劝说奥地利不要把格雷的调停建议当回事，但威廉二世却认为塞尔维亚的回应是德国在外交上的胜利，督促维也纳“在贝尔格莱德停止前进”，即暂时据守塞尔维亚首都（和1870年普鲁士占据巴黎一样），以确保奥地利的要求得到落实。雅戈曾提到，如果俄国只在南部备战（这就意味着俄国要对付的是奥地利不是德国），德国将不会有所行动。这番声明很令人困惑，而威廉二世的举措则加深了这种困惑。格雷在意识到德国政府并非真心支持四国会议的计划时，曾再次提出俄国与奥地利之间进行双方会谈；此时，俄国外交部长萨佐诺夫在这个问题上的立场有了出人意料的变化。一度看来，大陆战争是可能避免的。然而对格雷来说，不幸的是柏林和圣彼得堡之间早就存在巨大的隔阂。一方面，萨佐诺夫不打算任由奥地利占领贝尔格莱德，因为这在他看来会严重削弱俄国在巴尔干半岛的影响。另一方面，贝特曼·霍尔维格对奥地利最后通牒的态度也没有任何回旋的余地。

局势发展至此，战争逻辑开始逐渐取代外交权衡。甚至在奥地利炮轰贝尔格莱德之前，萨佐诺夫及其军事部门的同僚们就已经下达了局部军事动员的命令；在得到德国正在计划进入全面战备的警告时，他们立刻试图将局部动员令改为总动员令。这正中德国下怀，有此借口，它不仅可以针对俄国，还可以针对法国下军事动员令了。没人再想起俄奥双方谈判的建议，取而代之的是一场奇怪的“反向拉锯战”。为了避免国内舆论的压力，德国希望俄国先发起军事动员，而俄国也是这么考虑的。大陆战争一触即发。当贝特曼·霍尔维格最终明白德国一旦攻击法国，英国也许会马上参战时，他开始试图说服奥地利进行谈判，但奥地利仍然拒绝终止军事行动。英国王室从伦敦向圣彼得堡紧急要求停止动员令，同样也是徒劳无功。因为用俄国总参谋长亚努什克维奇的话来说，他已经“砸了电话”，以免再接到沙皇的撤销令。如果俄国继续执行动员令，德国人就会坚持认为除了进入战备状态外已别无选择，这就意味着德国对比利时和法国的入侵。总而言之，当俄国决定下部分动员令时，泰勒所谓的“有计划的战争”已不可避免——这是一场在欧洲大陆国家之间有计划、有步骤进行的战争。而不同于战争回忆录和决定论史学观点的是，英国此时仍然可以避免参战。

法国和俄国政府此刻开始严肃地要求格雷表明英国的立场，这其实不足为怪。法国人认为，如果格雷“宣布德、法一旦开战……英国会对法国施以援手，战争就不会爆发”。格雷一直以来都向利赫诺夫斯基暗示英国在这个问题上的立场，但他知道单凭自己是无法对法国作出这个承诺的。他已争取到外交部主战派的支持，认为协约本身已经“形成”了某种“道义上的承诺”，否认这种承诺会“让我们的好名声招致怀疑和抨击”。但是，1912 年的情势表明，格雷如果得不到内阁同僚和党内的支持，就无法行动——而且还不能忽略“公共舆论”这种模糊不清却又被经常引用的抽象概念。他是否能赢得这几方面的支持，从而能够公开作出对法国的军事承诺，还不得而知。前文已经提到，自由党中有大量政治家和记者对这种承诺持强烈的反对态度。伦敦当时因战争威胁而出现的严重经济危机更是增强了这股反对力量。7月30日，外交事务委员会后座议员席的22名自由党成员通过阿瑟·庞森比透露："任何赞成英国参与欧洲战争的决定，不仅都将遭到史无前例的反对，还将让政府大失民心。"此时，内阁也像在1912年那样意见不一，而且赞成支援法国的人也只占少数。因此最后的结论是不作任何决定，正如地方政府管理委员会主席赫伯特·塞缪尔所说的，"如果双方都不知道我们会怎么行动，那他们也不会想冒这个险"。

格雷最多只能是"为了避免自己将来被斥为背信弃义"，再次私下告诉利赫诺夫斯基，"如果德国和法国卷入战争，那么……英国政府会被迫立刻作出决定，不可能再置身事外、犹豫不决"。较之格雷在此前的声明，这番话对贝特曼·霍尔维格造成了更大的震动。因为这是格雷首次向德国暗示，一旦有必要，英国会迅速对法国进行支援。而贝特曼（在得知格雷对利赫诺夫斯基的警告之后）为争取英国中立而提出的条件，也在伦敦方面造成了同样的震动，主要原因在于这明显暴露了德国进攻法国的意图。但是，尽管德国提出的条件遭到了断然拒绝，英国也不会因此必然介入战争，而且7月30日丘吉尔在海军方面进行的有限战备工作在重要性上也不能等同于大陆军队的动员令。正相反，格雷在发出警告之后，在对德国的官方言辞上明显变得温和，试图最后再为四国斡旋计划作一次努力。实际上，在7月31日早上格雷甚至对利赫诺夫斯基说：

> 如果德国可以提出任何合理建议来表明德国和奥地利仍然会维持欧洲和平，同时俄国和法国也没有理由拒绝这样的建议，那么我一定会对德国表示支持……甚至可以说，如果俄国和法国拒绝了这样的合理建议，那么由此产生的任何后果与贵国政府无关。

格雷所说的"合理建议"，是指"如果俄国与德国发生战争，而且法国保持中立（或仅在自己的国界上部署军队），德国同意不对法国进行攻击”。就连悲观的利赫诺夫斯基也开始认为，“假如发生战争，英国很可能会持观望态度”。巴黎对此反应很冷淡。8 月 1 日晚上，格雷坦率地告诉康邦：

> 即使法国无法从这种形势中（即德国提出合理建议）受益，因为该盟约并没有涉及英国，我们对其中的条款一无所知……所以法国届时必须自己作出决断，不要指望我们的援助，因为我们目前无法作出承诺。……我们此时不能向议会提议派出军队远征大陆……除非战争深刻涉及到我们的利益和责任。

正如格雷向康邦所说的，私下里警告利赫诺夫斯基“并不等于……对法国作出了某种承诺”。

在这段关键时期里，格雷的行为反映出阿斯奎思内阁中严重的意见分歧。在 7 月 31 日举行会谈的 19 人，因意见不同分为了三派：支持立刻宣布中立的莫利、伯恩斯、西蒙、比彻姆和霍布豪斯等人（与自由党内大多数人意见一致）；支持参战的格雷和丘吉尔（只有这两人）；犹豫不决的克罗、麦克纳、霍尔丹和塞缪尔等人。莫利强烈反对站在俄国的立场上参战，这也是大多数人的倾向。不过，格雷提出如果内阁采纳“坚决不进行军事介入”的意见，他就辞职——这番威胁让意见各方陷入僵局。内阁达成的一致意见认为，“国内舆论让我们现在无法支持法国……我们不能作出任何承诺”。在获悉德国向俄国发出最后通牒后，8 月 1 日晚丘吉尔说服阿斯奎思下达海军动员令，但僵局并没有打破。这只是促使莫利和西蒙在第二天的会议上提出辞职，大多数人又再度意见一致地反对格雷多次提出的请求（明确声明英国立场）。那个关键的星期天召开的首次会议最后也仅仅是同意“如果德国舰队开入英吉利海峡或穿过北海对法国海岸线，或法国船舶发起攻击，那么英国舰队将不遗余力地对之进行保护”。即使是这一点（这根本还算不上战争宣言，因为德国海军极不可能如此行动)，对商贸管理委员会主席伯恩斯来说也是难以容忍的，他因此宣布辞职。正如塞缪尔所强调的，“如果这个问题引起了争议，阿斯奎思也许会站在格雷一边……其他三人坚持己见。而我们这些余下的人都会辞职”。当天在比彻姆家用午餐时，7位部长包括劳埃德·乔治都表示，即使是有限的海军动员，他们也对之持保留意见。如果他们知道格雷已经偷偷地撤回了向利赫诺夫斯基提出的建议（即如果俄、德开战，法国应持中立态度)，而且利赫诺夫斯基当天早上在与阿斯奎思一起吃早餐时伤心落泪，他们也许已经开始实施保留意见了。结果，在格雷以辞职为要挟说服内阁向比利时作出承诺之后，莫利、西蒙、比彻姆三人也和伯恩斯一样提出了辞职。查尔斯·特里维廉这位年轻的部长也紧随其后递交了辞呈。

与托利党的斗争

如此多的官员辞职，为什么政府并没有垮台？答案正如阿斯奎思在日记里所说的，劳埃德·乔治、塞缪尔和皮斯呼吁辞职者“留下来，或者至少推迟离职时间”，因此“他们同意像往常一样坐在议会席中，但不发表意见”。但为什么这些原本犹豫不决的人在这个关键时刻会反对辞职？传统看法认为，只有一个原因——比利时。

当然，外交部向来认为，“如果德国的进攻……意味着对比利时中立地位的侵犯，出于维护比利时中立的责任（1839年签订了两项协定)，英国会更容易”下决心代表法国介入战争。同时，我们可以发现，劳埃德·乔治等人将侵犯比利时的中立地位看做是促使他们乃至英国的“公共舆论”转而赞成参战最为重要的理由。乍看来这个理由是无懈可击的。1914年8月6日，阿斯奎思在下院进行了“我们为什么而战”的演讲，内容包括两个主题：在法律和荣誉的名义下，英国负有“崇高的国际义务”维护比利时的中立地位，维护“小国不应被践踏的……原则”。劳埃德·乔治在威尔士征兵时的演讲同样也是围绕这样的主题。如果后来像格雷夫斯和沙逊这类斗士的回忆录是可信的（暂不提当时的《笨拙》杂志），那么比利时问题的确是引发了广泛共鸣。不过，这仍然是值得怀疑的。我们已经知道，1905年外交部认为1839年条约并未规定英国必须“在任何情况下、不惜代价”来维护比利时的中立。当1912年这个问题浮现时，只有劳埃德·乔治提出，一旦爆发战争，比利时应该“要么对这个国家表现出完全的友善，要么表现出……明确的敌意”，因为中立将破坏英国的封锁战略。值得注意的是，7月29日内阁提出这个问题时，认为如果德国进犯比利时，英国的反应应该基于“政策”而非“法律义务”；政府应该含蓄地警告德国，一旦进犯比利时，英国舆论将“有所转向”。因此，对于德国在这个问题上的搪塞态度，格雷代表意见一致的内阁向德国提出警告：“如果比利时的中立受到了侵犯……英国公众的情绪将是难以抑制的。”但这并非政府本身的承诺，毫不奇怪，因为很多部长更希望在比利时问题上逃避履行义务。

正如比弗布鲁克回忆的，劳埃德·乔治等人认为，德国人“只会从比利时的南部最远端经过”，这只是“对中立的轻微破坏”。“你知道，”劳埃德指着地图说，“这只是很小的一个地方，德国人会对造成的破坏作出赔偿。”不管怎样，人们普遍相信，比利时人不会寻求英国的援助，而只会对德国的经过发出正式抗议。德国在7月30号试图争取英国的中立，明显表现出入侵比利时的意图，但甚至在8月2日早上雅戈明确拒绝维护比利时的中立地位之后，劳埃德·乔治、哈伯、比彻姆、西蒙、朗西曼和皮斯仍然坚持，只有“比利时全境遭到进犯时”，他们才会考虑军事介入。查尔斯·特里维廉持同样意见。因此，克罗最后递交给国王的内阁决定在措辞上非常谨慎——“（对比利时的）实质性侵犯会让我们面临格拉德斯通先生在1870年遇到的遭遇，即不得不介入并采取军事行动”。8 月 3 日，德国对比利时下最后通牒的消息传到阿斯奎思那里，他因此松了一口气。用他的话说，毛奇要求畅通无阻地通过整个比利时，阿尔伯特一世随后向乔治五世发出请求以及德国次日对比利时的入侵，“让问题变得简单了”，因为这让西蒙和比彻姆撤回了辞呈。毛奇和利赫诺夫斯基为争取比利时战后的领土完整进行的最后努力，因此也是白忙一场。贝特曼 · 霍尔维格在戈申前痛惜地说，“就为了一纸空文”，“英国竟然为了比利时的中立向德国人进攻”，其实他没有说到问题的关键——毛奇要求穿过整个比利时，这在无形中挽救了英国的自由党政府。

然而，正如威尔逊所说的，促使内阁决定进行军事介入的原因，与其说是德国对比利时的威胁，不如说是英国自身感到了危险——格雷和主战派一向认为法国沦陷后，英国就会面临德国的威胁。8 月 2 日，阿斯奎思留给维尼夏 · 斯坦利的便条就可以看出这一点。阿斯奎思在便条里提出了自己遵循的六条原则，只有第六条才涉及到英国“有责任阻止比利时被德国利用和同化”。第五、第六条更重要，主张尽管英国对法国没有任何义务，但“如果作为一个大国的法国被消灭了，我们的利益也会受损”，而且“我们不能允许德国将英吉利海峡作为反对我们的基地”。同样，8 月 3 日（即德国向比利时下最后通牒的消息到来之前）格雷在下院进行了一场著名的演讲，其主要观点就是“如果法国在一场生死较量中被击败……我相信……我们无法凭自己就能决定性地……阻止我们之外的整个西欧……落入某个国家的掌控之中”。从战略上看，对法德战争不进行干预所冒的风险（被孤立、被敌视）大于介入这场战争。正如格雷在次日的私下会谈中所提到的：“侵略比利时并不是结束。接下来是荷兰，然后是丹麦……如果德国因此得以统治欧洲，英国也岌岌可危。”他告诉内阁：“德国和拿破仑一样极富侵略性。”这种观点显然会赢得仍然举棋不定的哈考特等人的支持。因此，莫利认为比利时实际上相当于“代表法国向英国提出了干预的请求”，其实也有一定道理。

不过，关于英国为什么会在1914年8月4日晚上11点参战，或许还有一个更重要的原因。在7月31日至8月3日这整个期间，内阁无一例外都担忧一件事情：托利党的乘虚而入。早在7月31日，丘吉尔就私下通过F·E·史密斯问博纳·劳，如果有8个以上的成员辞职，反对派是否会“联合起来填补政府机构中的空缺……从而挽救政府”。博纳·劳拒绝回答，但他在与鲍尔弗、兰斯道恩和朗磋商后致信阿斯奎思，明确地表达了托利党的观点：“在目前的紧要关头，如果在支持法国和俄国的问题上举棋不定……将是致命的错误。”博纳·劳认为，“政府应提供一切必要的措施”进行“毫不犹豫的支持”。其中隐含着某种威胁，即如果政府不同意实行这些必要措施，保守党非常愿意接替自由党入主政府。托利党报刊，尤其是诺思克利夫的报纸，在批评政府时往往言辞激烈，这让阿斯奎思更加坚定了决心。他对内阁说，在一个四分五裂的政府中辞职现象是很平常的，但“目前国家的情况并不平常，我很难说服自己另一个党的领袖或成员就能解决这些问题”。塞缪尔和皮斯立刻领会了他的意思，转而告诉伯恩斯：“对内阁大多数人来说，现在离开就意味着将成立一个战时政府，这其实是他最不愿意见到的。”正如皮斯所言，“另一个政府必然不像我们这样希求和平”。3天后，他对特里维廉也是这么说的，而当时西蒙和朗西曼又正提出辞职。

初看起来，保守党比自由党更倾向参战的事实似乎让决定论观点得到了支持：如果阿斯奎思下台，博纳·劳也许会宣布参战。会这样吗？让我们设想一下：劳埃德·乔治刚提出的财政议案被否决，本人又因金融恐慌问题颇感困扰，同时还要面对《卫报》和《不列颠周报》和平主义社论的百般质问，种种因素促使他在关键的内阁会议上背弃了格雷；格雷将要提出辞职，丘吉尔也会很快转而支持博纳·劳。由于爱尔兰自治问题，阿斯奎思原本微弱的多数派优势已濒于瓦解，现在是否还能继续维持下去？看来不太可能。但一个保守党政府的形成又能有多快呢？政府的上一次更迭就用了很长时间：鲍尔弗政府早在1903年就因为关税改革问题出现了分裂迹象，1905年7月20日在下院彻底失势，1905年11月失去张伯伦派的信任，12月4日才最终宣布辞职。直到1906年2月7日，确认自由党获得国民支持的大选才最终结束。我们可以设想，如果阿斯奎思在1914年8月初被迫辞职，政府的变更或许会更快些。丘吉尔提出联合政府计划当然意在阻止对参战的任何拖延，但在大选前的形势下，英国有可能对德宣战吗？这很大程度上取决于国王，而国王和他在柏林、圣彼得堡的表亲一样，认为战争只会将国家拖入深渊而对之毫无热情。我们有理由认为，英国远征军的派遣会因政府的更迭至少拖延一周。

就算政府维持原状，派遣远征军也不是一个预先注定的结果，而且也不符合威尔逊与法国总参谋部商谈制订的计划。如前文所述，这是因为政府从来没有明确地作出大陆战争的允诺，以致战争刚一爆发，此前反对参战的观点又卷土重来。海军至上论者仍然坚持强调，仅凭海上力量就能决定战争。他们也认为本土应保留部分甚至全部军队以维持社会治安、抵御可能的侵犯。其他人担心的是，即使是有6个师（外加一支骑兵师），也不足以形成决定性的军事力量。质疑“英国能够投入战场的几个师能起到重要作用”的，并不是只有德国皇帝威廉二世。另外，对于远征军的目的地以及在多大程度上接受法国人的指挥，也存在着意见上的分歧。在两天讨价还价式的争论后，内阁终于作出决定：向亚眠而非（如威尔逊一直倾向的）莫伯日派出4个师和一支骑兵师的远征军。

这个决策是否如其支持者（后来的辩解者）所声称的，对战争的结果起到了决定性的作用？人们有时候会认为，即使英国不派远征军，毛奇制订的施利芬计划也会因其漏洞百出而失败。如果法国人没有试图发起进攻而是集中精力在防御上，就算没有得到援助，也能抵挡住德国人的进攻，但他们没有这么做。而且，德国人犯了一些错误，同时英国军队尽管在8月26日的勒卡托战役以及9月6日~9月9日马恩河会战中最初阵脚慌乱甚至撤退，在奥斯坦德的佯攻也遭遇失败，但的确也大大减小了德国胜利的可能性。不幸的是，英军并没有击败德国。安特卫普沦陷以及第一次伊普尔战役（10月20日~11月22日）之后，西线开始进入了长达4年的血腥对峙。

假如英国没有派出远征军

假如英国没有派出远征军，德国赢得这场战争是毫无疑问的。即使德国人在马恩河受阻，如果英国没有对法国提供实质性的援助（基奇纳早在8月10日就招募了军队），他们无疑也会在一个月内攻破法国人的防线。而且，即使英国确实派出了援兵，但由于伦敦方面的政治危机，军队迟到了一周或者被派到别的地点，毛奇或许就能够重现他叔叔[①]所取得的胜利。至少他不至于把军队撤退到埃纳省。那么，形势又会怎样发展呢？关于英国进行军事干预以便阻碍德国实现其野心的争论仍然会继续，尤其是在博纳·劳任首相期间，但情形会大为不同。法国的失败会显得英国派出远征军毫无意义；如果英国已经派出远征军，很可能有必要进行一次敦刻尔克式的大撤退。海军至上论者原本打算在德国海岸线登陆，这个计划也会被废弃。从事后的眼光来看（考虑到丘吉尔很有可能还在海军部），当时最有可能的是出兵进攻达达尼尔海峡。此外，除了冒这种风险（如果英国远征军的全部实力能得到充分发挥，行动会取得更好的结果），英国最有可能做的是在海上向德国宣战（这是费希尔一贯提倡的策略）：包围德国商船，骚扰与敌方进行的中立贸易，没收德国在海外的资产。

---

① 指赫尔穆特·卡尔·伯恩哈德·冯·毛奇（1800~1891年），德国军事家，军事理论家，元帅。1870年普法战争爆发后，曾在色当战役中取得决定性胜利，终结了法国的强国地位与拿破仑三世的王权，直接促成德意志的统一。——译者注

这样双管齐下的战略自然会让柏林方面相当为难，但也未必会赢得战争，因为事实表明，封锁战术并不会像其推崇者所想的那样迫使德国投降。英国即使战胜了土耳其，也不会对已在西线取得胜利的德国造成多大影响，尽管这会让一直以来觊觎君士坦丁堡的俄国人有机可乘。若非西线上的消耗战，英国的人力、财力以及优越的金融资源，也不可能被充分地投入战争，给德国造成巨大压力，从而确保战争的胜利。一个更可能出现的结果是外交上的某种妥协（基奇纳及此后兰斯道恩所主张的）：德国承诺保证比利时的完整和中立以及奥斯曼帝国某种形式上的分裂，而英国则终止对德战争以作回报。这也恰恰是贝特曼·霍尔维格始终坚持的目标。法国战败了，德国也同意了恢复比利时的完整，英国政府很难有理由再让海战继续，或在中东进行无休止的持久战。为什么？我们可以想象，尽管黑格不为所动，恼怒的自由党人仍然还在呼吁向德国的“军人阶层”宣战。而且，贝特曼·霍尔维格在1913年税收议案时期就开始与社会民主党人合作，并因此成功获得战争贷款；如果他继续这种合作政策（这很有可能），自由党人的这个观点就很难再坚持下去。不过，假如战争的缘由是俄国试图维系其对波兰及波罗的海国家的控制权呢？英国会将君士坦丁堡奉送给沙皇吗？尽管格雷有时看似已经对这样的战争胸有成竹，但他肯定会遭到总参谋部长罗伯森的驳斥。直到1916年8月，罗伯森仍然认为应该维持“一个强大的……日耳曼……中欧国家”，以便使俄国受到牵制。

分析到最后，历史学家应该提出这样一个问题：如果德国在欧洲大陆获得胜利，是否真的会如格雷等反德派以及后来费希尔派历史学家所认为的，英国利益将因此遭到损害？对此，本文的回答是不会。伊舍·克罗一向关注这样一个问题：“如果战争来临时英国置身事外……（并且）德国和奥地利赢得战争，法国被征服，俄国受辱，那么孤立的英国会有怎样的处境？”历史学家回答道：“这总比1919年精疲力竭的英国要好。”对德国战前目标的重新考察表明，如果英国置身事外（哪怕只是拖延几周再介入），欧洲大陆或许还是会发展出一个和现在的欧盟类似的组织，英国的海外势力也不会由于两次世界大战而遭受巨大打击。俄国可能不会陷入恐怖的内战，尽管在城市和农村仍然存在一定的骚乱，但战争很快会结束，在尼古拉二世退位后，一个正常的君主立宪制或议会共和制更有可能得以确立。当然，美国的金融、军事势力也就无法大量侵入欧洲事务，进而取代英国成为世界的金融中心。的确，20 世纪 20 年代的欧洲或许还是有可能出现法西斯主义，但煽动人心的极端民族主义者更有可能在法国而不是德国。我们甚至还可以设想，由于没有世界大战的压力和负担，20 年代初、30 年代初的通货膨胀与通货紧缩都不会那么严重。如果威廉二世赢得战争，德国成为中欧的核心，希特勒可能会因为艺术事业的失败成为一名不折不扣的士兵，心满意足地过完一生。

伊曼纽尔 · 盖斯在 1990 年发表的一篇文章中写道：

> 欧洲只有团结一致，德国和位处欧洲大陆的俄国西部地区才能维持原状——这种看法并没有什么错。而联合后的欧洲自然地会由最强的国家德国来领导……欧洲国家的联合是为了抵抗一个正逐渐强大的经济政治主体（意指美国），但它们对于德国这样一个与自己地位相当的国家成为领导者必然会心有不甘。德国必须让它们心悦诚服……明确告诉它们欧洲的整体利益与德国先进的自我利益是一致的……以便能在 1900 年之后使欧洲达到类似联邦共和国的状态。

尽管盖斯的看法或许在无形中反映了联邦德国和民主德国统一后的狂妄心理，但某种程度上他的确很有道理：不进行两次世界大战就能在欧洲大陆取得霸主地位，对德国来说当然更好。但这个想法没有实现，其错不全在德国。是的，德国的确在 1914 年向不愿开战的法国（以及蠢蠢欲动的俄国）发起了战争。但正如威廉二世所言，决定将大陆战争演变为世界大战的是英国政府。跟德国第一次“争取欧洲联盟”可能会引发的冲突（如果一切按计划进行）相比，这场世界大战的时间延长了一倍，为此牺牲的人数也要多得多。通过 1914 与德国的作战，阿斯奎思、格雷及其同僚更加确定了一点：当德国最终控制了欧洲大陆，英国的力量就不足以成为它的障碍了。

第五章
希特勒统治下的英国

假如希特勒在1940年入侵英国会怎样?

安德鲁·罗伯茨

最后，连约瑟夫爵士也看出来了：几天之内英国就已经失去常规军及其盟军的全部供给和装备，敌人离海岸已不到25英里，此时装备齐全、训练有素的英国军队只有几个营的兵力，它要在地中海地区与一个数量上远胜于己的敌人作战，城市成为了空袭的目标，而敌机起点甚至比它的岛屿更接近它的本土，它的海路则受到了十来个新军事基地的威胁。约瑟夫爵士说："从某个特定角度来看，我认为这是一场巨大而明确的胜利……战争已进入了一个辉煌的新阶段。"

伊夫林·沃

《多插几面旗》

VIRTUAL
HISTORY

纳粹的铁蹄踏入伦敦，德军沿着林荫路向白金汉宫进发。电影和小说中时常出现这番情景。但现实中德国入侵并占领英国究竟有多大的可能性？在纳粹失败50年后，我们自然倾向于认为在1939年英国会抵抗希特勒，而且尽管在动荡的1940年，英国面临的敌人有着压倒性的优势，但英国仍然会投入战斗并最终获得胜利。在1995年庆祝欧洲胜利日的活动中，没有人提到事情原本可能有不同的结果。正相反，人们都相信，盟军的胜利不仅是正义的，而且也是必然的。

然而，历史事件——尤其是军事与外交领域的历史事件——几乎很难被真正地定义为不可避免会发生。当我们回到20世纪20年代初，思考英国在欧洲政治日益恶化的形势下有什么出路时，我们可以看到，向1939年占领波兰的德国宣战（更不必提丘吉尔领导下那充满“血腥、艰辛、眼泪与汗水”的漫长5年）是最不可能的选择之一。1939年通向战争的道路曲折而复杂。我们只需要想象其中一个或两个事件（不需要是那些重大的事件）发生改变，就能看出历史很容易发展出截然不同的结果。

希特勒的副官弗里茨 · 维德曼宣称，哈利法克斯勋爵（1937 年张伯伦派往德国的使者、慕尼黑协定时期的外交大臣）曾经说过，他“希望元首进入伦敦并与国王一起站在欢呼的英国民众当中，这将是我最大的成就”。当然我们知道，哈利法克斯在签订《慕尼黑协定》时就已经开始质疑绥靖政策，而且 1939 年正是他建议英国承诺支援波兰。但是如果英国的威慑手段失败，他对英、德之间战争的前景持极其悲观的态度；1940 年局势恶化之后，众多有影响的人士都主张与希特勒妥协以求和平，他也是其中之一。我们知道，尽管随着法国的迅速崩溃，英国也即将走向孤立无援，但丘吉尔仍然拒绝了妥协的请求。我们也知道，英国可以坚持战斗，一旦苏联和美国对德宣战，最终会赢得战争。但这些都绝不是预先注定的结果。

一个早先的反事实假设：非绥靖政策

关于导致第二次世界大战爆发的那些事件，人们已经提出了许多“假如……会怎样”的问题。但是直到最近几年，历史学家才开始考虑有没有可能在更早些时候做得更多，以阻止希特勒掌权，或者有没有可能在他掌权之后做些什么迫使他下台。假如英国能早点勇敢面对第三帝国会怎样？对英国和希特勒的传统假设便以这个问题为基础。而这个问题最初是由丘吉尔提出的。正如他后来写的：“假如法国和英国能够及时勇敢地面对最后不得不冒的战争风险，明确有效地对德宣战，那么我们今天面临的前景会有多么不同。”对丘吉尔来说，第二次世界大战是一场“不必要的战争”。他和其他人都相信，如果法国、英国和苏联强烈声明抵制德国入侵捷克斯洛伐克，德军内部的希特勒反对派就算不能推翻他下台，至少也可以迫使德国的政策有所改变。丘吉尔认为：“如果同盟国成员在希特勒掌权早期就对之实行强烈抵制……那么德国人（尤其是在高层）中的有识之士们凭借其强大的影响力，有可能会阻止德国陷入那个疯狂的体制。”

假如20世纪30年代的英国政府没有只想着空中防御，还建立了一支强大的陆军，它不是一种威慑手段，而是能够真正抵御德国对法国的入侵，情况又会怎样？假如英国和法国在1936年抵制德国在莱茵兰再度军事化的措施，情况会怎样？希特勒自己也承认，“如果法国攻入了莱茵兰”（这在20世纪20年代早期的确发生过），“我们将不得不灰溜溜地撤退”。尽管英国在陆军方面的弱点众所周知，但假如政府明确地表示（哪怕只是虚张声势），捷克斯洛伐克一旦遇袭，英国将出手援助，情况会怎样？假如1939年英国和法国说服斯大林共同抵抗德国，而不是任由里宾特洛甫在斯大林面前得寸进尺，情况会怎样？这些都是多年来历史学家针对20世纪30年代提出的一些能够被人们接受的反事实问题。然而，事实上就实现的可能性而言，完全可以再提出一个令人不太愉快的设想——假如德国战胜了英国？

1914年英国参战时还是个强大自傲的帝国，而战争结束后便徒有其名了。在经济方面，英国努力想要恢复到战前的经济水平，但战争使其背上了沉重的债务，英镑大幅贬值。从1920年开始，史无前例的大规模失业成为周期性复发的难题，出现了成百上千乃至上百万人（英国历史上的第一次）的失业人群。1929年华尔街危机和1931年欧洲金融危机爆发之后，资本主义似乎陷入了垂死挣扎。这在政治上直接造成了两个结果，深刻影响了英国的外交政策。第一，英国在社会治安方面的开支史无前例地增长，速度大大超过缓慢发展的经济。由此导致了第二点，国防经费严重受限，达到100多年来的最低水平。1920年到1938年间，英国国防开支始终低于年均国民收入的5%——这是英国历史上的最低纪录，而当时英国需要维护的帝国区域几乎达到了历史上最大的范围。在财政方面，英国优先执行的是战前的传统政策——保证强势的货币政策和预算的平衡。由于在战争中积欠的庞大债务以及紧缩政策导致的失业问题，使可用于国防开支的经费大大减少。然而，英国国防经费的持续缩减只是引起了丘吉尔（第一次世界大战期间任第一海事大臣）等主战派的忧虑，不幸的是，丘吉尔及其同伴并没有得到公众太多的支持。在第一次世界大战期间，丘吉尔得了个战争贩子的称号，加里波利战役惨败后又被人叫做笨蛋。他的名声不只这些污点。由于他对工会与俄国革命的敌视，他在工党中极不受欢迎。自由党人认为他是个傻子，因为他在20年代担任财政大臣时对经济管理不善，巧合的是，当时他也削减了国防开支。到了30年代，由于他反对印度政治改革措施，此后又支持爱德华八世与辛普森夫人的婚姻，保守党内部也对他十分不满。

大多数选民已经厌倦了战争。英国共产党及其来自剑桥的年轻新成员伯吉斯、菲尔比、麦克莱恩和布伦特等人坚决反对一切“帝国主义”战争（直到苏联改变了方针以后）。工党领袖乔治 · 兰斯伯里承诺“关闭所有征兵站，遣散陆军，空军实行裁减”——简而言之就是要“废除整套战争设施”，在这个承诺下工党确定了和平主义的立场。像约翰 · 梅纳德 · 凯恩斯这样的自由党人，甚至战争时期的前任首相劳埃德 · 乔治，也认为第一次世界大战是对年轻生命的浪费：1914年外交决策的错误导致德国统治欧洲的野心没有受到任何阻碍，同时还伤害了德国民众的感情。许多保守党人都暗中对战后德国怀有同情，这从很多方面形成了绥靖政策的基础。

试图避免战争的心情是很容易理解的。战壕里那明显毫无意义的屠杀让人们开始深深地反感起“为祖国牺牲是无上的光荣”这种观念——曾经有一代公学背景出身的英勇（而短命的）军官都以此为座右铭。此外，还有人担心，技术革命带来的进步会制造新的战争，会比第一次世界大战夺取更多的生命。首相鲍德温预言：“轰炸机总是无所不能。”丘吉尔自己也预测，会有40 000伦敦居民在第一周的密集轰炸下死亡或受伤。在1934~1935年进行的所谓和平投票中，多达1 000万的投票证明，美国总统伍德罗 · 威尔逊的理想是相当吸引人的：外交不再意味着秘密协定和盟约，而是为了维系一个新的国际联盟。不仅仅是约克大主教坦普尔和坎特伯雷大主教等神职人员出于善意拥护所谓“共同安全”这个诱人但不现实的原则。1933 年，牛津大学辩论学会对此所展开的讨论和论证或许是最著名的，这令人吃惊是因为牛津人向来以保守著称。西里尔 · 乔德在主张“这个学院拒绝在任何情况下为国王和国家作战”时提出警告：“一旦向任何欧洲国家宣战，炸弹在 20 分钟内就能投到英国。仅仅一枚炸弹就会让一平方英里以内 3/4 区域的生物全部遭到污染。”计票员的统计结果明确而惊人：275 票赞成，153 票反对。丘吉尔称之为“卑怯、可怜、无耻的声明……这种现象让人不安、反感”。他的儿子伦道夫虽然试图将这条主张从辩论学会的会议记录中删去，但没有成功。

在内维尔 · 张伯伦不走运地出任首相期间，财政的紧张与公众的和平主义倾向，共同导致了英国在外交上的软弱。对德国实行绥靖政策在受凯恩斯影响的很多人看来是合情合理的，因为他们认为 1919 年的《凡尔赛和约》对德国过于苛刻。实际上，绥靖意味着认可德国貌似合理的要求，以便避免（或至少推迟）战争。其中最重要的是主张“自决”，在凡尔赛会议上，这个词多被用来证明波兰、捷克斯洛伐克和其他中欧国家的独立是正当要求；但在德国问题上这个词被刻意回避了，德国不得不向邻国交出自己约 10% 的领土。问题在于，如果欧洲所有德国人都被纳入一个统一的德意志国家里，这个国家将比 1914 年的德意志更加广大——因为其中还包括了奥地利以及捷克斯洛伐克、波兰和立陶宛的部分地区。这是绥靖政策的一个根本缺陷：德国的“后院”（这个词常被用来辩护莱茵兰的再度军事化）太大，对欧洲和平是潜在的威胁。直至后来战争接近的时候，绥靖政策的提倡者（尤其是哈利法克斯和英国驻柏林大使内维尔 · 亨德森）都没能意识到这一点。

哈利法克斯自己在谈到德国人时，也表达了许多保守党贵族的观点：“民族主义、种族主义的力量非常强大。但我并不认为这是不自然或不道德的……我自己无法怀疑这些人天生就仇视共产主义！我敢说，如果我们处于他们的立场，也会有同样的感受！”这种庇护的态度（当哈利法克斯与希特勒第一次会面时，曾一度误把将希特勒看做侍从，差点将外套递给他）相当典型。当希特勒告诉这位前任印度总督怎样处理印度的民族主义问题（“枪毙甘地”）时，哈利法克斯“注视着他，眼里满是惊愕、反感和怜悯”。同样，戈林在他眼里就像个“大孩子”。他不由自主地“很是喜欢……矮个子的”戈培尔。然而，他告诉希特勒，“随着时间的推移，欧洲秩序或许会有变化，但泽、奥地利、捷克斯洛伐克有可能就是其中的可变因素”，这就不只是递给希特勒一件大衣，他递给希特勒的似乎是整个中欧。

当然，在德国1938年急不可耐地想要发动战争时，英国在军事上并没作好准备，此时实行绥靖策略并不是不合理的。希特勒实际上已经感到张伯伦的智高一筹：希特勒想要对捷克斯洛伐克发起战争，而且从1938年春天开始就在着手筹备，但张伯伦在外交上的努力有效地制止了这场战争。在出版的戈培尔日记里，张伯伦被描述为一只“冷冷的”“英国狐狸”，使尽了手段，让希特勒与捷克速战速决的希望化为泡影。很明显，张伯伦在贝希特斯加登的外交策略有时有点夸张，但却成功地让德国人相信英国的干预并不是虚张声势。“事情发展到这一步，”戈培尔写道，“张伯伦却突然起身离席，好像他责任已尽，没必要再继续讨论，他可以撒手不管了。”9月28日，希特勒要求张伯伦的副官霍拉斯·威尔逊“直言英国是否希望爆发世界大战”，由此可以推断他担心张伯伦可能会有这个打算。6天前戈培尔还自信地宣称“伦敦相当地害怕武力”，此时却被迫认为“我们没有战争的借口……我们不可能为了修正案而冒世界大战的风险”。

假如张伯伦没有去推动慕尼黑四国会议（这个会议具有关键性的作用），而是明确作出保证捷克斯洛伐克一旦遭到攻击英国势必会施以援助，情况又会怎样？我们知道，在1938年8月30日的会议上，内阁一致同意“如果希特勒进军捷克斯洛伐克，我们应对他宣战”；但张伯伦仍然坚持不公开这个决议，因为他并不希望“对希特勒先生提出这样的威胁”。假如他公开了内阁的决议呢？这是否会像人们所认为的那样，将成为对希特勒实行军事打击的信号？这看上去不太可能，不仅是因为在内阁会议召开前几天，关键人物总参谋长路德维希·贝克①已经辞职（直到会议之后他辞职的消息才公开）。总之，张伯伦对于颠覆希特勒始终持怀疑态度。慕尼黑会议前夕，张伯伦向法国将军甘末林这样问道：“谁能保证德国以后不会变成布尔什维克国家呢？”

今天，我们认为慕尼黑会议是对捷克人彻头彻尾的背叛——这当然没错。 为了阻止战争的爆发，张伯伦有效地迫使捷克人不仅放弃了苏台德地区，还放弃了自我防卫。然而当时希特勒并没将此看做自己的胜利，而是感到挫败：他原本打算速战速决，而不是外交上的妥协。他怒气冲冲地回到柏林，而德国国内民众对和平的热情更是让他大发雷霆。他下令开始进行一轮新的宣传战，鼓动德国人支持战争。而张伯伦回到英国后却被当做英雄受到了热烈的欢迎。慕尼黑会议时期张伯伦的声望相当高，如果他那时（接受心腹顾问的建议）举行大选，无疑会获得压倒性的支持——其优势会比 1931 年和 1935 年更为明显。

当然，结果证明张伯伦在慕尼黑所取得的成就是短暂的。1939 年 3 月 15 日，希特勒撕毁《慕尼黑协定》，单方面进攻捷克斯洛伐克。这常常被看做是战争不可避免的标志性时刻。但当时仍然存在强烈的呼声，要求在这之后继续执行绥靖政策。4 月初对波兰的保证也并非必然的选择。事实上，张伯伦对布拉格被占领的第一反应是希望“有可能缓解紧张局势，恢复与独裁者的正常关系”。直到战争真正爆发后，在情报部门的推动下，英国民众才开始关

① 路德维希·贝克（1880~1944 年），德国一级上将，1933 年希特勒上台后，出任陆军管理局军队办公室（实即陆军总参谋部）首脑。1935 年德国公开宣布扩军后，正式成为陆军总参谋长。积极从事扩军工作，但坚持军官团的传统特殊地位，同希特勒发生分歧。1938 年 8 月辞职。1944 年策划“七·二O事件”，失败后企图自尽未遂，随即被枪杀。——译者注

注起对波兰的支援。劳埃德·乔治和许多社会主义者大肆批评波兰政府，认为它是反犹太的、不民主的政府，而且它曾在慕尼黑会议期间从捷克斯洛伐克夺取了特申地区，正因此受到应有的惩罚。劳埃德·乔治还认为，允许波兰独立就相当于把一块精致的怀表送给一只猴子。如果希特勒又使出苏台德问题上的策略（德国有权利要求但泽以及贯穿普鲁士的“波兰长廊”实行民族“自决”），就有了充分的开战理由。毕竟在但泽，有80%的居民都表示愿意加入德国。

促使英国下决心保护波兰的关键人物实际上是怀有忏悔心理的哈利法克斯。如果不是他成功地影响了张伯伦、威尔逊、约翰·西蒙爵士、塞缪尔·霍尔爵士、R·A·巴特勒、约瑟夫·鲍尔等人结成的强大势力，英国就不可能作出保护波兰的承诺。结果，英国在未经协商的情况下作出了这个保证，同时德国即将入侵波兰和罗马尼亚的无根据谣言还在英国国内引起了一片恐慌。英国不断收到关于纳粹德国真实意图的情报，无论是公开的还是秘密的，它们都给予了哈利法克斯以重要支持。1938年11月，所谓的“水晶之夜”（实质上是希特勒发动、戈培尔组织的由国家支持的大屠杀）进一步揭示了纳粹德国号称“种族政策”的真实面目。布拉格的沦陷、立陶宛的梅梅尔[①]被德国攫取，都表明了一年前哈利法克斯认为希特勒“并不打算像拿破仑那样大肆征战”的看法完全是错误的。德国攻占了已割让苏台德地区的捷克斯洛伐克，希特勒无法证明这代表的是民族“自决”的胜利。正是这种后知后觉（即“德国愚弄了我们”），促使英国下院一致反对继续实行绥靖政策。在这种情况下，张伯伦还能像放弃捷克斯洛伐克那样放弃波兰吗？大概不会。

不过有一点很重要——希特勒希望张伯伦能这样做。8月22日，希特勒告诉上萨尔茨堡的指挥官们：“英国在两三年内都不希望发生战争。”里宾特

① 今天的克莱佩达。——译者注

洛甫的高招（次日在莫斯科签订《苏德互不侵犯条约》）更让希特勒有恃无恐。如果希特勒得到了斯大林的支持，英国又怎么可能威胁德国声称要对波兰实行干预？尽管希特勒的确因此表现出暂时的犹豫，打算推迟原定于8月26日进攻波兰的计划，但4天后他又恢复了好战的本性（“英国人认为德国很软弱。他们将看到，这不过是自欺欺人的想法”）；次日，希特勒否定了戈林和戈培尔的看法，尽管他们都对英国的不干预声明表示“怀疑”，但“元首相信英国不会多管闲事”。

当然，希特勒错了。但既然他能在战争爆发前夕还这么想，就说明他很难想象英国会坚定地阻止战争爆发甚至推翻纳粹政权。事实上，有一个反事实的假设更为合理可信：英国对德国继续执行绥靖政策以避免战争，浑然不觉纳粹主义的本性会促使其采取不断扩张的外交政策。

和平共处：查姆莱的反事实假设

20世纪30年代，人们曾多次严肃讨论与德国达成正式协议（即使不是盟约）的可能性。在《我的奋斗》成书之前，希特勒就已数次表达了这样的意愿。从1933年11月开始，他试图与英国在海军方面达成某种协定，并且在1935年终于成功了一次。“英、德联合，”他当时指出，“将产生其他国家不可匹敌的强大力量。”4年以后，当希特勒开始为英国可能干预波兰感到紧张时，他再次有了这样的想法。1939年8月25日，他曾对亨德森保证，他“始终希望德国能够与英国联手”。

对于英德间的妥协，30年代的英国就算没有狂热的支持者，也不乏有人对此持积极态度。除了极端反犹分子威廉姆·乔伊斯（人称“呵呵勋爵”）、亨利·汉密尔顿·比明什和阿诺德·里斯等人（在战争期间，他们实际是站到了德国一边），还出现了英国法西斯联盟。该联盟的创始人及首脑奥斯瓦尔德·莫斯利曾经是工党的风云人物，此后跟随墨索里尼走上了法西斯道路。但还有一些不那么极端的亲德派。一些帝国主义拥护者认为德国对英国并没造成什么威胁，保守党和天主教徒认为德国构筑了一条抵制苏联布尔什维克的防线，报业的巨头们欣赏独裁者们颇具感染力的演讲辞令，商人们则认为绥靖政策有利于商贸的发展。也许更为有趣的是，英国贵族中有很大一部分人有着亲德甚至有时是亲纳粹的倾向。比如，里宾特洛甫出任驻英大使的初期，就赢得了阿思隆伯爵等同时拥有英德血统的贵族、洛西恩勋爵等亲德分子的支持。洛西恩将纳粹的反犹太主义看做是“德国对第一次世界大战以来所受外部压迫的反射作用”。在听说戈林计划访问英国时，德比勋爵邀请他逗留诺斯利以便观看全国越野障碍赛马。伦敦德里侯爵与赫特伍德的艾伦勋爵、斯坦普勋爵首次与希特勒见面时，都表现出极大的感动。

还有一个出身名门的英国人原本会对促进英、德友好作出极大的贡献，不过他为了爱情放弃了自己颇有影响的地位——或者说是因为当时的首相鲍德温出于维多利亚时期的思维担心离婚会造成公众这样那样的看法。国王爱德华八世不仅爱上了辛普森夫人，也很欣赏希特勒。还是王储威尔士亲王时，他“很强的亲德倾向”就为人所知，据说他还宣称：“我们无权干涉德国关于犹太人或其他的内部事务……独裁者现在非常受欢迎，也许不久后我们会希望英国也出现一位。”1935 年，他的父亲乔治五世不得不因为他在演讲中体现出明显的亲德倾向而对他予以指责。一年后，爱德华即位，并且几乎是立刻想要说服当时的外交大臣安东尼·伊登不要反对莱茵兰地区的再度军事化。为了回应德国大使的一项诉求，他竟“派出了首相”鲍德温；根据另一个版本，他当时的说法是“告诉那个老家伙，如果希特勒发动战争我就退位。那真是可怕的景象啊，不过你不要担心。根本不会爆发战争”。当里宾特洛甫出任驻英大使后，德国大使馆同样也千方百计地拉拢辛普森夫人。

假如斯坦利·鲍德温没有劝服爱德华退位会怎样？有很多可能，比如按照报业巨头比弗布鲁克的提议，实现王室成员与庶民的通婚，允许辛普森夫人未获得正式的王室头衔就嫁给爱德华。或者他也可以放弃爱情选择王位。这似乎与第二次世界大战历史没什么关系，但问题其实很关键。因为 1940 年 5 月，挪威惨败后张伯伦在下院遭到羞辱，此后国王起了重要的作用。爱德华的弟弟、不愿意解体王位的乔治六世坚定地支持绥靖政策，不希望张伯伦辞职，在下任首相的问题上支持哈利法克斯而非丘吉尔。但除了坐视满腹牢骚的哈利法克斯靠边站，他也并没做什么。如果是爱德华八世是否会有不同的举措？他有可能更偏向丘吉尔，毕竟在退位危机时丘吉尔曾为他挺身而出（尽管这种举动显得有些不切实际）。但在对德战争的可能性问题上，他的亲德倾向也许会产生重大的影响。

1939 年 9 月英国因波兰战争向德国宣战，但此时仍有可能与德国进行和解。希特勒因英国的宣战感到惊慌，他告诉阿尔弗雷德 · 罗森伯格，他“搞不清楚”张伯伦“究竟要干什么”。“即使英国胜利了，”他指出，“真正的赢家也是美国、日本和苏联。”因此，他在 10 月 6 日又提出了和谈要求，但再次遭到了张伯伦的拒绝。但直到 1940 年，戈培尔的宣传部门仍然在强调以下观点：“英国有着极珍贵的日耳曼种族因素，它迟早会被诱发出来。在将来白种人与黄种人或日耳曼民族与布尔什维克主义的长期对抗中，英国迟早会与德国并肩作战。”1940 年 5 月，希特勒想要“试探一下英国是否有意愿与德国分享整个世界”。一个月后，他又谈到了是否有可能与英国达成某种“合理的和平协定”。希特勒常常对英、德之间开战表现出遗憾之情，因为（用里宾特洛甫的话来说）他并非那么“想要摧毁大英帝国”。7 月，距希特勒最后一次和谈建议还有 6 天时，他告诉哈尔德自己“不喜欢”和英国开战，“因为如果我们摧毁了英国的军事力量，大英帝国就会瓦解。这对德国来说毫无意义……却会让日本、美国和其他国家得利”。

这些年，约翰 · 查姆莱等持修正主义的历史学家认为，这种分析相当有先见之明。他们认为，英国在1945年取得的胜利其实是得不偿失的。所以，有必要提出另一种可能。假如1939年英国先行宣战，随后向德国提出和谈会怎样？答案就是，德国会全力与苏联作战，而大英帝国完好无损，执政的仍然是保守党，英国经济也不会遭到破坏。在查姆莱看来，1940年夏天，在法国战败后通过墨索里尼展开的公开谈判，不仅对哈利法克斯和巴特勒有意义，很多人也都认为是有意义的。他认为，虽然丘吉尔认为希特勒提出的条件必然是苛刻的，但我们不能毫不置疑地接受这种看法。丘吉尔在出任首相之前，自己也力劝张伯伦对于德国“不要排斥任何真正的和平提议”。5月26日，当战时内阁举行会议讨论是否要通过谈判来实现和平时，丘吉尔也无法否认，由于英国的战略地位和经济地位都处于危险的境地，这样的提议相当诱人。他尤其担心的是缺乏美国的实质性支持，而这被他看做是战胜德国的关键。他甚至还说道：“如果放弃马耳他、直布罗陀和非洲的一些殖民地能让我们摆脱这种困境，我会毫不犹豫这样做。”当然，他还补充道：“我们很难想象希特勒会认可我们所接受的条件”。两天后他又重申了这个观点：“德国人会要求得到我们的舰队……我们的海军基地，还有别的很多东西。我们会变成一个被奴役的国家。”但查姆莱认为这是丘吉尔一己之私的想法；丘吉尔知道自己首相地位的基础就在于“不惜一切代价争取胜利”（或者说“要么胜利，要么灭亡”）的政治路线。阿兰 · 克拉克将这样的对比斥为“极危险的想法”。克拉克认为，直到1941年春天，英国还是有可能与德国达成某种协议的，谈判的筹码就是英军在非洲战场上的胜利、意军的败北。希特勒希望在转身对付苏联时能确保侧翼的安全。赫斯曾飞往英国，试图进行谈判，而丘吉尔对赫斯此次访英的任务秘而不宣。

假如首相不是丘吉尔，英国是有可能与德国单方面达成和平协议的，这样一来希特勒就可以放手对付斯大林。如果德国单纯针对苏联作战，有可能会获得英国右翼势力的支持。毕竟，许多保守党人都认为共产主义比法西斯主义更有威胁性。1940 年，芬兰人对斯大林的抵抗已赢得了广泛的支持。所以，这样一个场景是不难想象的：圣乔治军团[1]（指挥官或许是约翰 · 埃默里）向共产主义开战，而且还会像东线上西班牙和法国的法西斯党徒那样服从德国人的指挥。丘吉尔及其关系密切的支持者开始出现亲苏倾向，而政府内部还存在一些人对促使希特勒对抗斯大林的策略表示赞同。不过，直到 1942 年，托利党部长约翰 · 穆尔–布拉巴宗还因为公开表示纳粹德国与苏联之间的对抗"符合我们利益"而被迫辞职，事实上他只是说出了很多人私底下的想法。亨利 · 基辛格对两伊战争的立场也是如此："遗憾的是，它们不能两败俱伤。"这其实是修正主义观点的一个简要概括。

但是当双方最终决出胜负（这迟早都会发生）时，又会发生什么呢？假如不是地中海地区的战争分散了注意力，墨索里尼进攻希腊的失策让英军有机会在利比亚向意军发起攻击，恐怕很可能意味着德国获胜了。德国对地中海战场的介入不仅是向利比亚派兵，而且还会攻占保加利亚、南斯拉夫、希腊和克里特岛，这将使针对斯大林的巴巴罗萨计划被耽误一个月，而这一个月的时间相当关键。不过，假如希特勒与英国达成了某种协定，他就不会因地中海战场而分心，从而按计划进攻苏联，并且也可以在进攻时全面调动陆海空的军力。西边第二战线获胜无望，也没有护航队和盟军，经历了大规模清洗运动的苏联红军（连弱小的芬兰也无力攻占）很可能会被击败，被迫退回到乌拉尔山脉以东。然后德军攻入斯大林格勒，围攻列宁格勒，并抵达莫斯科外围的地铁站。假如照修正主义观点提出的，英国与德国在 1940 年或 1941 年达成了某种协议，那么德国更有可能在苏联的欧洲战场上获胜。正如迈克尔 · 伯利提到的，英国虽因此会陷入弱势地位，但仍然很具有威胁性。

---

① 1943 年德军曾筹划建立大不列颠自由军团，最早建立的组织就叫圣 · 乔治军团。随后德国人开始在众多英军战俘中寻找人员来建立该组织，可是仅有极小部分人愿意加入。——译者注

更糟的想象：攻占英国

查姆莱和克拉克的论点有一个中心假设——希特勒向英国提出的和谈要求是真诚的（至少看上去是真诚的）。但在考察希特勒可能的亲英倾向时，我们必须对以下两种情况作出区分：第一，根据希特勒所认为的盎格鲁-撒克逊人与日耳曼人之间的种族亲缘关系得出一般性的推论；第二，希特勒战略中的实权政治观点最晚从1936年就开始暗示英国应该臣服于德国。希望破灭的里宾特洛甫[①]将英国看做是已走向颓败和衰落的大国；受他影响，希特勒在1936年得出结论认为，“英、德即使发展出诚实友好的关系，对德国也没有实质而积极的益处”，所以德国“对于和英国达成协议不感兴趣”。1937年11月，希特勒在一场军事首脑会议上指出，英国（和法国一样）是“满腔仇恨的敌人”，它们“不可能长期屈从于强权政治的控制”（这段话载于恶名昭著的《霍斯巴赫备忘录》）。里宾特洛甫始终在强调这个观点，认为英国“是德国最危险的对手”。

在计划进攻奥地利、捷克斯洛伐克和波兰时，希特勒的想法摇摆不定，有时认为英国实力弱小无法进行干涉，有时认为德国完全能够应对英国的介入。1939年5月，希特勒在和指挥官们的谈话中表示，他相信“德国不太可能会与英国达成和平协议。我们有必要作好最后摊牌的准备。我们的发展在英国看来意味着建立霸权，它的力量会被削弱。所以，英国是我们的敌人，与它的决战将是生死攸关的一战”。希特勒对英国的真实态度，在1939年1月27日制订的“Z计划”海军指令中得到了最明显的体现：他要求创立一支在1944~1946年足以对抗任何海上力量（也就是英国或美国）的舰队。约翰·基根曾就海军问题提过一个更大胆的反事实假设：“如果德国在战争一

① 从1936年8月起，里宾特洛甫出任德国驻英大使，两年任期里遭到英国社交界的排挤，为此他十分恼怒，认为英、德的对立无法调和。——译者注

开始就组建一支由300艘U型潜水艇组成的海军军队（德尼茨曾建议希特勒，这对于赢得大西洋战争十分必要），那么早在太平洋战争促使美国参战之前，英国就已经被击垮了。”英国仅有一半的食品供应来自国内，并且全部石油、橡胶和有色金属都依赖进口，所以一旦遭到潜艇的海上封锁，英国只能宣布投降。

当英国向德国宣战时，希特勒的确十分吃惊；不过，我们并不能就此认为他向英国抛出橄榄枝是出于真诚的想法。1939年10月，在提出和平建议两天后，希特勒对布劳希奇和哈尔德说：“德国的战争目标……必须包括在西线上取得最终的军事胜利……出于宣传的需要，我们要时不时地对这个根本目标作一些调整……但调整不会影响目标本身……即彻底摧毁法国和英国的军队。”甚至在进攻苏联的决定里也包括了反对英国的用意。1940年7月31日，在德国提出和平建议仅12天后，希特勒称：“苏联是英国最大的依赖……如果苏联被碾碎，英国最后的希望也就破灭了。”希特勒屡次调整策略，将“生存空间”的种族目标和自己的宏观战略混合到一起，这让历史学家们很难认清他最终的意图。有一点事实是很简单的：从1936年开始，希特勒就认为英、德的最终决战是不可避免的，尽管从种族亲缘的角度看这令人遗憾，而且这场决战的到来还提前了5年。认为可以和“那个家伙”（丘吉尔对希特勒的称呼）达成和平，从而保住大英帝国和保守党势力的地位，无疑是在想入非非。假如英国没有因波兰而参与战争，假如英国在1940年5月或巴巴罗萨计划之前试图寻求和平，假如德尼茨上将推荐的潜艇部队让英国俯首投降……不管以上哪种可能真的实现了，结果都是一样的：英国将屈从德意志第三帝国。

所以，丘吉尔是对的。1938年10月5日星期三，当人们沉浸在一片欢乐中时，丘吉尔在下院起而谴责《慕尼黑协定》，明确地指出了事实的真相：

英国的民主与纳粹势力之间绝无友谊可言。这股势力践踏基督教伦理，在野蛮的异教信仰下为自己的事业摇旗呐喊；它鼓吹好战与征服，从迫害行为中获取力量与病态的快感；并且如我们所看到的，它残忍无情地以谋杀作为威胁的手段。这股势力不可能成为英国民主值得信赖的朋友。我最不能容忍的，是我们的国家正在逐渐陷入纳粹德国的势力、影响和掌控，而我们的存在正开始受其意志或喜好的摆布。

然而，当丘吉尔说英国正日益陷入德国的“势力、影响和掌控”时，也没有考虑到最坏的可能。这种可能性是存在的：英国被德国彻底攻陷和占领。

1940 年 5 月 24 日星期五，海因茨 · 古德里安将军的第一装甲师部队抵达法国格拉沃利纳以南的阿河，在一场血战后夺取了对岸的桥头堡。此时，他们离困在佛兰德斯海滩上筋疲力尽的 40 万盟军士兵只有 10 英里。正当这位出色的坦克指挥官准备让当时最强大的机械化部队实施 20 世纪最大的军事行动之一时，他收到了停止进攻的命令。尽管他提出了抗议，但 3 天后命令仍然被强制执行。与此同时，盟军加固了防线，此后 9 天里，338 226 名盟军士兵按照“发电机计划”撤退到英国[①]。

古德里安始终认为，希特勒不顾总参谋长弗伦茨 · 哈尔德与马歇尔 · 瓦尔特的反对下达的这个命令，是“一个有重大影响的错误，因为即使是俘虏英国远征军……也可以为德国成功入侵英国创造必要的条件”。长久以来，历史学家始终在讨论发布这个命令的原因，但很少有人会问：假如英国远征军整个被俘虏会怎样？东堤那条 1 400 码长、5 英尺宽的木质栈桥曾让 20 多万盟军士兵得以安全撤退，假如一个星期以来一直在实施轰炸的斯图卡式俯冲轰炸机终于击毁了它，又会怎样？

1940 年 5 月 21 日，海军元帅埃里希 · 雷德首次和希特勒讨论向英国发

① 即史上有名的敦刻尔克大撤退。——译者注

动攻击，而在上一年 11 月 15 日，他已经派人研究了这种可能性。但希特勒对此并无热情。6 月 20 日他们第二次进行讨论时，希特勒对马达加斯加重新安置犹太人的问题显得更有兴趣。尽管希特勒准备发布第 16 号元首令，开始“准备向英国发起登陆战争”，但已经错过了理想的攻击时间。7 月末，希特勒将摧毁英国海空防御力量的目标时间随意地定在了 9 月 15 日。这个目标显然是不可能实现的。进攻时间被三次推迟。到 1940 年 12 月，为此所做的战备工作只是成了进攻苏联的掩护（在希特勒看来，进攻苏联显然比跨英吉利海峡作战更保险）。但是，假如希特勒在最高统帅部对“海狮”行动作了多年准备，而非不冷不热地在最后关头才通过海军参谋部发出指令，情况会怎样呢？假如他在 5 月末就已划拨出一支庞大的船队（大概需要 1 722 艘驳船、471 艘拖船、1 161 艘摩托艇和 155 艘运输船），并且这支船队已经开往马斯河与斯凯尔特河的河口呢？空军元帅艾哈德 · 米尔希曾提出一项计划，在英国东南部皇家空军的 7 个重要防区空投 5 000 名伞兵，旨在撕碎英军指挥司令部核心。假如戈林没有否定这个计划，而是付诸实施呢？假如希特勒的目标不是巴黎而是伦敦呢？

历史与文学中对德国进攻英伦三岛的分析大都认为进攻可能会发生在 1940 年 8 月或 9 月甚至更晚一些。但如果德国军队 1940 年 5 月末抵达英国，就不会与刚回国不久的英国远征军交战，而只是需要应付英国本土余存的少数军队。武装这些军队所需要的 483 924 支斯普林菲尔德步枪要到 1940 年 8 月才能从美国运抵英国，而且英国南部的 18 000 个掩体到 6 月中旬才刚打下水泥地基。当时伦敦南部只有 48 门野战炮和 54 门反坦克炮。正如纳粹德国最高统帅部京特 · 布卢门特里特将军战后所哀叹的：“假如计划及时，我们原本可以在敦刻尔克行动之后率强大的军队跨越海峡直攻英国。”而哈尔德的看法正相反，他认为进攻英国“一直是希特勒想要避免的念头”。

如果最初德国的 13 个精锐师能够穿过英国南部海岸的广阔前线强行登

陆，英国显然会派出低空飞行的飞机，投下第一次世界大战留存的1 495吨毒气弹以阻止他们前行。不过，对于经过充分准备和训练的德国士兵来说，这完全是意料之中的障碍。如果他们最终能够通过22英里的英吉利海峡，那么很难想象还有什么人工或天然的障碍（比如拉伊至海斯的皇家军用运河）能够长时间有效地阻挡他们北上。根据德国陆军元帅格尔德·冯·伦德施泰特1940年9月14日发表的《英国战场早期战况预测》，“首次进攻中会先行使用规模不大但装备齐全的装甲部队”。假如英国皇家空军没有及时配备雷达或德国空军的密码没被破译，抑或空降兵部队总司令库尔特·施图登特将军成功挡住了道丁指挥部关键的防御火力，那么空中的战争很可能是另一种不同的结果。

事实上，艾伦·布鲁克将军直到7月20日才接替艾恩赛德将军出任英国本土地方志愿军的总司令。他立刻下令将现有坦克调遣到离海岸较近的地带。不过，如果德国在5月末发起攻击，就会发现英国大部分装甲部队仍在内陆的防线上设法进行防御，德军不费吹灰之力就能占领南部海岸的桥头堡。而尽管战后所有的将军都为自己辩护，比如伦德施泰特在1945年对俘虏他的人说，海狮行动“只是某种游戏，因为很明显的是，任何进攻都是不可能实现的”，但德国人自己原本希望开战后能够尽快到达肯特郡的阿什福德。尽管他们预测在9月中旬登陆时会遭到猛烈抵抗，但如果他们在5月份就发动攻击，就会惊喜地发现进攻格外顺利。正如研究英国防御的官方历史学家巴兹尔·科利尔所指出的：“负责谢佩岛到拉伊关键防区的伦敦第一师只有24门野战炮，没有反坦克炮，没有装甲汽车，没有装甲战车，而反坦克步枪的数量只占正常装备的约1/6。”至于防御牢固的地区比如舒伯里内斯的6英寸口径火炮阵地，实际上和马其诺防线一样完全可以轻易地绕过。

首次横渡英吉利海峡至少需要12个小时，德国的空军和海军是否能在这段关键时间里成功挡住英国皇家海军？由于这个行动的风险，德国将不得不投入整个海军的兵力。不过，从另一个角度看，只需很短的时间（半天）就足以保证军队渡过英吉利海峡。而且，我们很有必要注意到，英国参与“发电机计划”①的55艘驱逐舰中有9艘被击沉，还有23艘遭损坏。1940年6月，英国皇家海军可用的只有68艘驱逐舰，而1919年它的舰队规模曾达到433艘。因此，874年以来德国第一次成功入侵英国的情形并非难以想象。

关于合作的反事实假设

占领意味着什么？迈克尔·伯利曾就德国在东欧胜利的可怕后果作出分析。西欧国家的经历（对英国来说更切实）显然是大为不同的。在法国、荷兰和其他被占领的西欧国家，种族政策并没有像在东线那样获得至高无上的地位，只有犹太人仍然被不论国籍地送往东部的集中营。另外，德国对西欧的盘剥主要是基于经济原因而非种族差别。特别是法国，几乎成了德国推进战争的摇钱树；而且很多法国战俘在被变成劳动力的同时，还是德国用来要挟维希政府的人质。

最近流行一种看法，即英国人对被侵略和占领的反应不会与法国人、捷克人或卢森堡人有什么差别。当然，这个问题涉及到了英国民族认知的核心。《卫报》记者马德琳·邦廷在她论述战时海峡群岛的著作中认为，“岛上居民向侵略者表示了妥协，并愿意与之合作和友好往来，就像欧洲其他被占地区的人们一样”，因此他们的做法“直接挑战了那种认为第二次世界大战证明英国人与其他欧洲人本质上有所不同的信念”。她认为1940年至1945年海峡群岛的经验削弱了“英国民族性格与欧洲大陆民族性格截然不同这个神话”。根据她的研究，应该走出“对战争的狭隘民族主义的理解”，“就欧洲这段共同

① “发电机计划”是敦刻尔克大撤退的军事行动代号。——编者注

的动荡历史形成一种认识"。在回顾她的著作时，剧作家约翰 · 莫蒂默将海峡群岛描述为"考验高压下英国人的性格与美德的理想场地 "。他的结论是，"英国在这场考验中的表现与欧洲其他地区的人没有什么不同"。甚至是保守党《观察家报》撰稿记者安妮 · 阿普勒鲍姆也认为："一旦被纳粹占领，英国人的表现和其他战败国的人们相比不会有太大差别。"还有作家想象了这样的英国："英国人和德国军人的关系渐渐有所发展……医院里很多孩子会收到带着陌生口音的圣诞老人送来的礼物。"另一位历史学家相信，"许多正派的普通英国人会开始和德国人合作，他们放弃抵抗，只是为了实现和平"。

所有这些评论者都没有发觉，海峡群岛和英国内陆实际上存在深刻的差异。首先，群岛已经收到战争部的命令不要抵抗入侵者，因为它们在战略上无足轻重；但 6 月 4 日，丘吉尔呼吁英国本土的人们"到海滩上与敌人作战"。丘吉尔认为伦敦可以吃掉整支德军，而圣赫利尔[①]则很难做到。其次，海峡群岛 1/3 的人口已经撤出，其中包括适合从军的、体魄强壮的青年男子（他们中有 10 000 人曾在战争中有英勇杰出的表现）。德军用了 37 000 多人来看守岛上余下的 60 000 人——照这种比例，占领并驻守伦敦的德军则需要 3 000 万人！最后，海峡群岛虽然和萨里郡在建筑风格上非常相似，但从总体上说，岛上的居民并不能完全等同于英国本土的居民。根西岛人仍然把泽西岛人叫做"克拉坡"（绰号，意为蟾蜍），而且在 1939 年，岛上仍广泛地使用原始方言——诺曼法语。群岛人口只占本土的 0.1%，从统计学角度看，完全不足以作为样本来说明英国其他地区的政治倾向。海峡群岛的地理和社会情况也让居民无法组织有效抵抗：地势平坦，人口稠密，而且战争期间当地每平方英里的德国人比例比德国本土还要高。由于没有政党、商会或明显的抵抗中心，群岛的情况也无法用来说明伦敦东区、威尔士南部矿区和格拉斯哥

① 圣赫利尔，海峡群岛组成岛屿之一泽西岛上的主要城镇。—译者注

贫民窟对于纳粹军队的入侵会有怎样的反应。就连邦廷也承认，“群岛并没有反抗权威的传统。当地社会严格遵从等级制度，习惯了顺从”。

实际上已有迹象表明，如果德国真的在英国登陆，那么就算他们凭借武器与战术上的绝对优势在精心策划的战斗中获胜，接下来也不得不面对这样一个民族：他们满怀对敌人的仇恨，尽管武装是临时拼凑的，但仍然会不屈不挠地坚持抵抗。为了征服整个英国，德国步兵必须占领所有的乡镇和城市。因此，一支仅有坦克和集中营的军队并不必然会胜利。我们已经了解，在1940年5月，德军的侵略不管多么猛烈，也会遭到极大的困难。

5月14日，国防大臣安东尼·伊登继续在广播中号召“17到65岁的男人们站出来”，加入地区防卫志愿军。在他的讲话结束前，各地警察局就接到无数报名的电话。第二天早晨，人们排起了秩序井然的庞大队伍；不到24小时，就有25万英国人自愿报名。战争部原本计划招募15万人，到5月末报名应征的人就达到了40万，而且人数还在继续增加。截至6月末，至少有1 456 000人自愿报名参加抵御侵略的战斗，他们中超过1/3的人都曾参加过第一次世界大战。

可以肯定地说，这是一支装备极差的军队。志愿军常常是还没接到上级指令就开始进行巡逻，随身携带的只是农用工具、猎枪和自制武器。只有1/6的人有步枪。当然，也正是在1940年的这一时期，诺埃尔·科沃德写出了地方军的哀叹：

> 请给我们一架布伦机枪，
> 或者，有几颗手榴弹也可以，
> 我们这样的武装
> 派不上用场太无力，
> 看看赫斯上校

还把那支火绳枪拿在手里，
它是一名老兵，
曾在滑铁卢战争服过役。
拿着牧师的手揿泵、草耙和铁锹，
怎样才能保卫机场？
所以，不能给我们布伦机枪
地方军最好回地方！

不过，西班牙内战和华沙起义的例子说明，非常规武装下的人们可以通过游击战有效地进行反击。6月，情报部在怀特岛贴出的公告则清楚地显示政府鼓励人们采取一切形式发起抵抗："岛上居民应集体反抗侵略者，每一个公民都应将阻止与挫败敌人视为自己的责任，采取一切机智有效的方式帮助自己的军队。"同时当时散发的小册子《绝不后退》劝阻那些过分投入的人："平民不得独自攻击敌军。"

最有效的抵抗将来自军事集结地区。一位"后修正主义"历史学家这样描述战时的伦敦："整个民族团结一心，带着尊严、勇气、决心和令人吃惊的幽默感，在猛烈的轰炸面前毫不后退。""大众观察民意测验"运动发起者汤姆·哈里森几乎把打破战时神话作为自己的事业，但他同样认为，在德军对伦敦的空袭中，"如此众多的英国人在最后取得了令人吃惊的成就。或许用不朽来形容其意义也不过分。他们没有辜负士兵们和领袖的期望"。我们有理由认为，在面临被侵略和占领的威胁时，他们的反应会与此时有些不同——事实上他们的抵抗情绪很可能比此时更强烈。对伦敦的轰炸直到1940年9月才开始，所以此时英国人的抵抗士气会比1945年5月的德国人更加高昂——当时的德国人已经饱受4年的轰炸和一年毁灭性的千机轰炸。

在唐宁街，在林荫路与骑兵路交汇处的怀特霍尔街军事掩体里，丘吉尔都曾就死亡问题大谈特谈，不过，他很可能在尼斯登丢了自己的性命。伦敦北部高地的“围场”表面上是格拉德斯通公园的一部分，在其地下却有一座城市，战时内阁及其 200 名成员就被安置在那里。丘吉尔也许就是通过那里的广播室重振了伦敦的抵抗运动。1995 年，这个地方向记者开放，之后有一家报纸这样说道：“‘围场’原本可能是丘吉尔最后的一道防线。当德国坦克开进多利斯山路，那些只知道维护市政绿地的官员很容易被碾碎，大英帝国的灭亡或许从这里开始。”丘吉尔在战后写道：“双方必定会展开一番残酷持久的厮杀……我还曾想过用‘让我们拼个你死我活’这样一个口号。”

当然，要想通过比较来论证英国人在德国占领下的反应和行为，海峡群岛并不是唯一可能的参照。在某些方面，与法国进行比较更有意义。有些人认为英国政府也会像维希政府一样；但他们并不明白，1940 年的英国与当时的法国在民族问题上有许多深刻的差异。跟英国的国王兼印度皇帝、伊丽莎白女王比起来，法兰西第三共和国下的国民忠诚度要弱得多。1924 年至 1940 年，法国内阁经历了 35 次更迭，而英国仅有 5 次。1934 年 2 月 6 日，在法国协和广场附近发生了 15 人死亡、2 000 多人受伤的街头冲突，而此时伦敦争议最大的政治问题是驾照考试。法国社会与政治出现了两极化趋势，这意味着在 1936 年的选举中，37.3%的选票投给了左翼人民阵线，35.9%的选票则投给了新法西斯党派；此时在英国的情况是，左翼和法西斯正逐渐失去人们的信任。法国的行动派夏尔 · 莫拉斯提到莱昂 · 布卢姆这位犹太籍的部长时，认为他“应该被枪毙——不过，是从背后给他这一枪”，而英国政界从没有像这样评价过莱斯利 · 霍尔 · 贝利沙。20 世纪 30 年代的法国政治，充斥着腐败、党派积怨、蛊惑人心的宣传、反议会团体、反犹主义，还包括对宪法本身的普遍反对，而这些现象在英国很少见。在法国，德雷福斯冤案经历长达 50 年之久的意见纷争后仍悬而未决，因此团结一致抵抗纳粹主义是不可能的。1940 年 7 月 9 日，安德烈 · 吉德在日记中写道：“如果德国人能让我们变得富足，10个法国人中有9个人会接受它的统治，同时，其中3个或4个还会面带微笑。”

然而，几乎就在同一时期，哈罗德·尼科尔森写信给妻子时说，他宁愿服毒自尽（或“一剑了断”），也绝不愿屈从纳粹的统治：“如果为了荣誉需要立刻结束生命，我毫不畏惧。”尽管在20世纪30年代中期的英国，和平主义思潮广泛流行，但战争爆发后，它作为一种真正的政治势力已经消失；“假战”时期召开会议时与会者很少，工党内部几乎没有出现和平主义情绪，就证明了这一点。无论如何，英国的和平主义源自宗教和道德原则的推动，而在法国，拒绝服兵役的背后是一种与道德无甚关联的虚无主义思想。“为但泽去送死？”1939年夏天，巴黎很多报纸的头版上都这样提问。1936年9月，不会有英国评论家像罗歇·马丁·迪加尔这么说：“不管怎么样，不要战争！怎么都行……哪怕法国也实行法西斯主义：苦难也好，奴役也好，没有什么事会比战争更可怕。不管怎么样，就算希特勒来了也比战争强。”在政治腐败方面，英国也没有发生类似法国斯塔维斯基事件①的例子。法国曾在1870年和1914年两度遭到普鲁士入侵，并经历了比英国在第一次世界大战中更为惨烈的伤亡，与此同时却出现了以“远离普鲁士进攻路线”为噱头的房屋广告。

当然，作为臣民最重要的忠诚对象、国家合法性的最终保证，英国王室或许会由于战争局势的不利发展而被迫离开英国。BBC（英国广播公司）曾计划一旦广播大楼倒塌，就将伍斯特郡的伍德诺顿大楼作为避难所；同样，考虑到在战争中有可能无法继续留在温莎宫，王室也指定了4个高贵的地点（主要是比彻姆伯爵在伍斯特郡附近的宅邸曼斯菲尔德庄园）作为避难所。

① 1933年法国发生的政治事件。S·A·斯塔维斯基是法籍俄国人，因长期从事投机诈骗活动，发行大量伪债券而暴富。1933年底事情败露，翌年初其诈骗和曾先后贿赂1 200名政界人士的罪行被公之于世，成为轰动一时的丑闻。——译者注

据猜测，他们会从那里转移到利物浦，然后到加拿大继续指挥英国的抵抗。1939 年，被报纸裹着送进温莎宫的王冠，也会随之被送到渥太华，以象征国王乔治六世的正统地位将继续下去。关于王室的迁移过程，有一个细节并不为人所知，但这个细节也许会促使我们产生一个疑问：王室最终目的地究竟是渥太华还是百慕大的总督府？1940 年 5 月 25 日，罗斯福总统和国务卿科德尔 · 赫尔的谈话提到，国王和王后如果到达加拿大，“将对美国产生不利的政治影响。两人都认为政敌们会利用这一点指责总统在北美确立君主制度。此外，他们还就一项建议达成了共识，即国王可以到百慕大避难，这就不会刺激到美国人的共和情感”。

罗斯福将商讨结论告知了伦敦驻华盛顿大使洛西恩勋爵。丘吉尔因此大发雷霆，但由于美国的支持对于英国本土的最终解放至关重要，如果美国政府执意要求，王室也许真的会改变计划，迁到百慕大、堪培拉或奥克兰。有一点必须引起我们的注意，对于英国银行的黄金、债券被移送至加拿大，美国并没有提出异议。6 月 24 日，它们将搭乘“绿宝石”号离开格林诺克。在接下来的 3 个月里，英国所有的有形资产都将以同样的方式被储存到加拿大永明人寿保险公司蒙特利尔办公室地下三层的地窖里。该地窖由 24 名加拿大骑警看守。

英国大城市中的抵抗运动也许由科林 · 格宾斯上校担任先锋，他后来也是特别行动执行局的创始人之一。格宾斯是第二次世界大战中的无名英雄，他在 1940 年 5 月组织了预备队。他的组织是“留守”组织，有可能形成民族抵抗运动的核心力量，所以他原本可以成为英国的“让 · 穆兰”[①]。以位于史云顿海沃斯附近的科尔希尔别墅为基础，3 524 名男女组成的预备队接受了爆破、伏击、游击战术和短波通信等方面的训练。四处的树林、地窖甚至是

① 让 · 穆兰（1899~1943 年），法国政治家和民族抵抗运动英雄。——译者注

废弃的獾窝，都成了他们的隐蔽处；到了夜间，三五个人组成的巡逻队会从敌人背后对之进行袭击。根据欧洲其他德占区的记录，预备队（及其可能多达百万的、未经训练的支持者）的遭遇非常惨烈，德国人一般都会对人质进行野蛮的报复。敦刻尔克大撤退之后，希特勒在欧洲大陆的战俘集中营已关押了25万的人质。当地的显贵（市长、郡议员、乡绅和扶轮社主席等）也都被抓起来，以确保民众不出现反抗行为；只要有一个德军士兵被杀，这些显贵就会按照1 ∶ 10的比例被枪决。正如丘吉尔所说的："他们也许会实行恐怖统治，而我们则将不遗余力地反抗到底。"

毫无疑问，德军的报复有可能会让一些人改变持续抵抗的态度。如果夏姆里格林村也像捷克斯洛伐克的利迪泽村或法国格拉纳河畔的奥拉杜尔村那样，遭到了德军毁灭性的报复，这种态度会转变得更为明显。东部民防区域长官、剑桥大学前任副校长威尔 · 斯彭斯爵士认为，一旦德国战胜英国，他的首要责任是保护人民的安全。他威胁格宾斯的参谋长皮特 · 威尔金森，"只要发现在他的管辖范围内有预备军成员，一律进行逮捕"。

1940年9月9日，被指派统治英国的德国集团军总司令冯 · 布劳希奇陆军元帅签署了"关于驻英军事政府的组织与职责的命令"：英国必须在投降后24小时内上缴所有武器和无线电设备；为确保英国人不进行反抗，抓走必要的人质；张贴标语口号者就地处决。最残酷的一条要求是：所有17岁到45岁的健康男性必须在最短时间被拘留并押往大陆，除非当时局势有特殊要求。阿尔贝特 · 施佩尔[①]因此获得了大量的劳动力来参与他的建筑工程。防御经济指挥部的官员们也会从英国榨取原材料和战略设备。罢工者、示威者和私藏军火者都将立刻被送往军事法庭。只要战争还在继续，这就意味着饥饿与艰难；法国的经验已经表明，形势越是恶化，对抵抗运动的支持者就会越多。

① 阿尔伯特 · 施佩尔（1905~1981年），德国建筑师，纳粹德国时期成为装备部长，帮助希特勒管理帝国经济，曾逼迫大量战俘和犹太人在极为恶劣的劳动条件下从事非人的重体力劳动。——译者注

对英国43万犹太人来说，情况会更糟糕：他们必然会被纳入“东部再安置”计划，也就是被运往波兰的死亡集中营。鉴于远在克里特岛和法国南部的犹太人都曾被迫经过长途跋涉到达奥斯威辛，希姆莱也不太可能在英国本土建造毒气室。马德琳·邦廷认为，在围捕犹太人时，英国民众和警察可能会与德国人合作，至少也会采取袖手旁观的态度。这实际上忽略了一个事实：英国并没有像很多法国人那样，把战争或社会动乱归咎于犹太人。另外，英国法西斯联盟在1937年末只有40名正式成员，而且从未赢得过议会席位，这也充分说明英国的反犹主义远不如法国普遍。因此，尽管军情五处和警察特别分局千方百计地搜寻，甚至有时还凭空捏造，但战时英国并不存在所谓的纳粹第五纵队。保护犹太人的英国人（例如伦敦东区的劳动者都与莫斯利[①]手下的暴徒有过对抗），始终要比谴责犹太人的英国人要多。在英国的战场上，犹太人很有可能像“自由波兰”和“自由捷克”等抵抗力量那样，成为民族抵抗运动中最坚定的反纳粹斗士，并得到人们的尊重。

1940年8月1日，戈林命令党卫队中央保安局的莱茵哈德·海德里希在“军事进攻的同时进行活动，针对英国大量重要的反德组织和团体展开逮捕和有效的打击”。这些组织和团体包括商会、共济会、私立学校、英国教会甚至还有童子军。德国建立了6个特遣队来协助肃清政敌的工作，分布在伦敦、布里斯托尔、伯明翰、利物浦、曼彻斯特和爱丁堡（如果福斯桥被炸毁，就换成格拉斯哥）。纳粹党卫军上校弗伦茨-阿尔弗雷德·西克斯被海德里希任命为党卫军和高级警察的领袖，他曾经是柏林大学经济学系系主任，如今负责对肃清运动进行监督。结果，西克斯最后死在斯摩棱斯克而非伦敦，在那里他屠杀了大量的苏联人民委员，这番罪行后来让他被判了20年的监禁。为了帮助西克斯确定要逮捕的组织和个人，中央保安局列出了包括

① 奥斯瓦尔德·莫斯利（Oswald Mosley），英国法西斯联盟头目。——译者注

2 820个姓名和地址的名单，他们都应被“保护性地监禁”。这份“特别搜索名单”（或者说“黑名单”）的拟定是仓促而就的。比如，其中提到的人物西格蒙德·弗洛伊德死于1939年9月，而利顿·斯特雷奇早在1932年就已不在人世。尽管如此，这份名单显示出了有哪些人和组织被纳粹视为潜在的敌人，涉及的领域不仅限于政界，还包括了文化界、文学界。除了明显的政治人物（丘吉尔、伊登、马萨里克、贝内斯和戴高乐），名单里还包括H·G·韦尔斯、弗吉尼娅·沃尔夫、奥尔德斯·赫胥黎（1396年开始在美国定居）、J·B·普里斯特利、C·P·斯诺和斯蒂芬·斯彭德，以及移居国外的艺术史家弗里茨·萨克斯尔和左翼出版商人维克托·戈兰茨。当丽贝卡·韦斯特发现名单上有自己和诺埃尔·科沃德时，向后者发电报称：“天哪！我们要和这些名人一起死！”虽说德国人认为“温斯顿·斯宾塞·丘吉尔首相”会耐心地留在“肯特郡威斯特汉镇得查特维尔庄园”坐以待毙，显得有点过于乐观，但名单的确清楚地表明纳粹试图对英国公共生活的上流阶层进行彻底的大清洗。那些主张与德国和平相处的人没有被列入名单，包括著名的乔治·萧伯纳（他曾于1939年10月7日在《新政治家》中写道“我们的任务就是与德国缔结和平”）和戴维·劳埃德·乔治（他曾在1936年宣称“希特勒的确是个伟人。‘元首’这个称呼对他来说非常合适，因为他天生就是一位领袖——是的，他天生就是一个政治家”）。

以赛亚·贝尔林爵士认为，找出哪些人会真的与德国人同流合污实在是“英国人所能玩得最恶毒的游戏”。尽管由法西斯党徒、官场失意者和不满现状的野心家组成的乌合之众很有可能会接管政府，但卖国政府为了在公众眼里确立其合法性，必然需要吸收一些广为人知的傀儡领袖。最适合的人就是温莎公爵，1939年他曾经在私下场合表示对战争的反对，甚至到了1940年12月，他还向美国记者透露英国应该和希特勒达成和解，否则布尔什维克必然会渔翁得利。不过，对于1940年夏天温莎公爵的言行，那些捕风捉影的描述实际上夸大了他与纳粹的同谋关系。研究那一时期历史的历史学家都认为，公爵性格的自负与幼稚导致他并没有做出什么叛国行为。但如果英国真的沦陷，他会怎样做就很难想象了。如果里宾特洛甫不无恭维之情地请5月末在法国的公爵（其中也许还顺带提及了公爵夫人，这是个类似麦克白夫人的厉害女人）继承一个实为傀儡的王位，以此抚慰人民情绪，公爵也许会乐于接受。他为自己找到的理由可以是：让大英帝国继续作为一个独立完整的国家存在和发展（希特勒经常宣称自己并不反感英国）。当然，公爵重新即位意味着要撤销已存在4年的退位书。到时候，戈培尔的宣传机器有可能在BBC总裁威廉姆·乔伊斯（即“呵呵勋爵”）的运作下，改变整个英国对退位的看法。我们大致能推断出乔伊斯采用的宣传策略，因为他在1940年9月发表的政治声明《英国上空的曙光》中这样写道：

> 在鲍德温、坎特伯雷大主教这类老练阴谋家的煽动下，神圣的宪法和流行的代表制原则在几个小时内就被全盘推翻，这实在是太有趣了……爱德华一周之内被赶下了王位……关于国王或总统的任免，人民是最有发言权的……然而在赶走英国国王前，没有人问过人民一声。

因此，爱德华八世的复位将被看做是对民主精神的倡导。

由于随英国战败而来的困惑、沮丧和绝望，有些亲德者无疑会率先以爱国主义的面目（不管是否是某种伪装）出现。艾伦·马西在他的小说《忠诚问题》中写道，当德国的胜利变为既成事实，至少在一开始时，维希政府的一些领导人是以保护人民为其出发点的。也许还会有英国人认为，“国王的政府必须继续存在”，而且人们肯定会援引1688年光荣革命甚至是玫瑰战争作为先例，来说明新政权的合法性。英国贝当政府[①]的领导候选人可能会包括劳

① 亨利·菲利普·贝当（1856~1951年），法国陆军将领、政治家。德国占领法国后，成立傀儡政府（即维希政府），贝当任元首、总理。——译者注

埃德·乔治、奥斯瓦尔德·莫斯利、塞缪尔·霍尔（这些人都没被列入德国中央保安局的“黑名单”），以及哈利法克斯勋爵（名单上有他的名字）。劳埃德·乔治和贝当一样是第一次世界大战的英雄，他也曾担任过英国首相。1942年1月，希特勒曾告诉马丁·博尔曼，他相信劳埃德·乔治会与他合作，“如果给劳埃德·乔治必要的权力，他一定会促成德国与英国的友好关系”。德国人知道他对英德开战持怀疑态度，所以劳埃德·乔治必然会成为新政权领导的首要人选。劳埃德·乔治在战争爆发时曾告诉哈罗德·尼科尔森：“如果机会对我们不利，我们应该在第一时间与德国达成和平。”1939年10月3日，他在下院再次重申了这个观点。到1940年8月，比弗布鲁克认为“公众分成了两派意见，一派认为温斯顿应该逮捕他，另一派则认为希特勒会扶他上台”。劳埃德·乔治自己则在1940年10月对秘书说，“我会等到温斯顿身败名裂的那一天”，这也许能说明他充分相信自己有责任重新执政，以避免最坏的事情——德国直接统治英国——发生。

相比之下，即便莫斯利跃跃欲试准备投靠德国人（考虑到他1940年5月9日曾下令要一直战斗，直到“把外国人全部赶出我们的土地”，因此不太可能投靠德国人），傀儡政府也不太可能由他执掌。英国法西斯联盟在和平时期已经声名狼藉，如果此时让任何一个右翼人士担任首相，都会明显暴露政府的傀儡性质。而法国的例子已经说明，德国人想要为新政府赢得某种合法性，不管这种合法性有多么虚伪。由于莫斯利更推崇的是墨索里尼而非希特勒，因此在战争爆发时，他与德国人的关系并不太密切。1940年12月，在盘问了莫斯利之后，诺曼·伯基特·KC认为他“完全不用考虑”所谓“德国人一旦登陆英国，莫斯利会立刻叛国，拿起武器替德国人作战”的看法。无论如何，当德国人到来时，在1940年5月22日被关押的莫斯利，很可能已经在布利克斯顿监狱的牢房里被处以绞刑。他如此不受欢迎的原因，在于他战前的行为、锒铛入狱以及报纸对他持续不断的口诛笔伐。

虚荣的塞缪尔·霍尔爵士曾经是主张绥靖政策的主要人物，5月末他成为英国驻马德里大使。他也是希特勒眼中可能取代丘吉尔成为首相的人选。如果德国人对此有所示意，他很可能会扬扬自得。外交部次官R·A·巴特勒同样也认为，对从政者来说，权力政治比情感更重要。他曾在6月17日告诉瑞典特使布乔恩·普吕茨，他“现在的官方态度是战争必须继续，但他要确定的是，如果可以就合理条件达成一致，就不应该放过任何妥协机会，任何顽固分子都不能加以阻挠”。巴特勒擅长妥协调停，认为政治“就是寻求可能性的艺术”，而且对丘吉尔这样有着坚定信念的政治家表示怀疑。他还告诉普吕茨，政府在与德国打交道时应该以“遵从常识、不虚张声势”为行事原则。当被问及维希式的英国政府时，他的朋友、同僚伊诺克·鲍威尔简要地说：“巴特勒在行政管理方面非常出色。”巴特勒和张伯伦一样推崇绥靖主义，他很可能也认为，通过与侵略者达成某种妥协来减轻英国人民的痛苦，实际上是履行了自己的爱国义务。

另一方面，哈利法克斯可能会受丘吉尔的委任，负责送国王和王后（他与王后非常熟悉）去加拿大，并在海外组织抵抗运动。作为殖民部前次长、印度前任总督和自1938年初开始任职的外交大臣，哈利法克斯对帝国的情况有非常广泛的了解，私下也很熟悉殖民地的那些政客（流亡政府到了海外后不得不与他们打交道）。如果他在劝说下愿意离开他深爱的约克郡，哈利法克斯或许有可能成为流亡政府的首相。当他在5月初将首相之位让与丘吉尔时，他仍然在政界享有广泛支持。所以如果丘吉尔死了，他可能会重获支持。还有一个潜在的领导人是张伯伦，但他因为癌症已奄奄一息。到10月时他已经无法活动，最终在11月去世。

如果德国在英国实施与在法国同样的政策，即占领人口密集的工业化地区及其首府，并在乡村选择一个疗养胜地作为傀儡政府的首都，那么小镇哈罗盖特最有可能被选中。小镇上有大量维多利亚时期的旅馆、酒店（如

Cairn、Crown、Majestic、Old Swan、Granby和Imperial等），可以被改造为农业部、健康部、交通部及内务部的办公场所。外交和国防政策则将由布劳希奇或希特勒指定的“总督”或“帝国卫士”来负责。法兰西共和国是在一个改建的电影院里自行解散的，但英国残余的下院至少还有皇家巴斯会堂。

不管是哪个英国政治家接管了傀儡政府或是流亡加拿大的政府，首先要考虑的就是帝国的身份问题。尽管希特勒在1937年“保证”大英帝国不会消亡，而且1939年10月6日他又在演讲中伸出了橄榄枝，但如果德国真的占领英国，就不可能长期让英国人自己治理英国。一旦希特勒战胜苏联后将注意力投向美国，英国在加勒比海地区的基地对德国海军来说是极为重要的前方港口。大英帝国很可能会和法兰西共和国一样，由于存在两个英国政府而冲突不断。如果哈罗盖特政府（即傀儡政府）和渥太华政府（即流亡政府）都声称自己对印度及英属其他海外殖民地拥有权力，那么冲突势必会发生，就像1940~1942年法国维希政府与非洲的“自由法国”政府之间那样。而英国人之间发生对抗，最后的胜利者显然是纳粹。

戈培尔会怎样向英国民众解释发生的这些灾难呢？这并不难预测。他会鼓动人们将他们的挫败都归咎于犹太人、社会主义者、优柔寡断的“老派”民主政治家、丘吉尔式的战争贩子、北美那些制造军火的资本家和国外金融家等。他也会指出，王室和哈利法克斯采取的是怯懦的逃跑路线。（此时我们的脑海里几乎可以形象地浮现出“呵呵勋爵”对他们“落荒而逃”嗤之以鼻的画面。）但仍然还是存在一些希望的。正如乔伊斯在书里写道的，“英国将转败为胜”。20世纪初张伯伦曾提出英德联盟的建议；劳埃德·乔治和希特勒有可能再次讨论这项建议，并“成功”地达成一致。德国和英国的联盟将被描述为雅利安人的天然联合，以便共同对抗斯拉夫人（布尔什维克主义）和美国人（北美资本主义）。欧洲其他德占区的经验表明，戈培尔宣传这些思想的方式除了无线电，还有那些向当局献媚的报纸。波兰被侵占后，“总政府”

在不同城市发行了8种（大体相同的）日报和6种期刊。这些报刊的稿件都是由战前就住在波兰的德国人撰写的，并且还得到了约120个波兰人的协助。一些政治中立的专业杂志，涉及范围从助产学到家禽饲养，都被保留了下来。

如果德国像1943年的东线战争中那样遇挫，英国的报纸也会和波兰的一样，在腔调上产生微妙的变化。宣传重点从对德国武器、文化的赞美转向共同的“反对布尔什维克主义的泛欧洲斗争”。维希政府在宣传中强调欧洲共同的未来，以此促进人们荣誉感和自尊感的恢复，英国的傀儡政府也会照搬这种策略。希特勒曾经告诉马丁·博尔曼：“英国应该努力地促进整个欧洲的联合而不是竞争。这样一来，英国仍然有机会在国际事务中扮演仲裁者的角色。”1942年，德意志第三帝国经济部长和帝国银行总裁瓦尔特·丰克博士写出了《欧洲的经济社会》的第一章，其中呼吁在欧洲发行统一货币。该书还描画了纳粹关于共同的农业政策、汇率机制、统一市场和中央银行等问题的蓝图。其中一章《新欧洲及其共同特点》是由化工巨头法本公司的安东·赖特勒博士撰写的。纳粹会不断地宣传未来的新欧洲秩序，部分是为了让英国人接受战败这个既成事实，部分是为了遮掩德国对英国赤裸裸的统治，部分是为了在英国人中激起对苏联和美国的反感。

纳粹还会鼓动各地区的独立运动，从而削弱伦敦的影响力。1940年夏天，在比利时的“喀里多尼亚”广播电台试图煽动威尔士和苏格兰的民族主义者起来反抗英格兰压迫者。戈培尔为了削弱英国人的民族认同感，将不惜采用任何手段。1941年，希特勒曾说道：“苏联广袤的大地上居住了许多民族，我们针对他们实行的政策鼓励任何形式的挑拨与分裂”。这番话同样适用于英国的凯尔特极端分子。不过，苏格兰人并不那么好骗。曾经有人在敦刻尔克的海滩上听到一个苏格兰高地人对同伴说：“如果英国人也投降了，这场战争可就漫长了。”另一方面，如果有人相信纳粹会尊重爱尔兰自由邦的独立，那他很快就会大跌眼镜。

纳粹还希望用另一种方式来剥夺英国民族认同感——建筑，这是新秩序中希特勒相当感兴趣的一点。众所周知，他花了许多时间来计划柏林与德国其他城市的重建项目，一旦赢得了战争，这些项目就会得到实施。这项政策的另一面，就是当德国征服一个城市时，就会对其建筑进行掠夺。在备忘录《对英国的计划》中，德国中央保安局三处设想了从建筑上对被征服地区进行羞辱的方案。"纳尔逊纪念柱对英国来说是海军力量及其世界统治地位的象征，"报告中提到，"如果纳尔逊纪念柱被运往柏林，将更明确地表明德国的胜利。"纳粹还开出了冗长的清单，上面列有将被洗劫的英国珍宝。毫无疑问，如果英国无法将国家美术馆储藏在北威尔士矿井里的美术作品安全地运往加拿大，这个国家最伟大的艺术作品就会被戈林夺走，就像他在欧洲其他国家所做的那样。纳粹还计划将埃尔金大理石雕运回希腊。

绝不投降？

当然，所有设想英国战败的书、电影和戏剧，其最终结局都是英国重获自由。不管是因为纳粹在东线上的消耗、美国投放原子弹，还是由于纳粹战线过长导致经济崩溃，人们总是会假定在"新世界"（美国）的帮助下，英国最终得以解放。然而，这是最不可能发生的。正如我们所看到的，美国只是在希特勒对它宣战之后才加入了欧洲的战争。认为美国会出于对英、美"特殊关系"（那时还没有出现）的依恋感参战，这完全是种一相情愿的想法。如果皇家海军落到德国人手里，或者说它更有可能被德军重创或击沉，那么美国也许不得不单独应付德国、日本、傀儡法国也许还有意大利的舰队。丘吉尔拒绝向罗斯福承诺一旦德国入侵英国，皇家海军将驶往加拿大。希特勒可能再次获得恰当时机进攻苏联，而不必在南斯拉夫和东南欧浪费最关键的几个星期。即便假设美国在与日本进行太平洋战争的同时愿意与纳粹德国对抗，它也不可能以英国对法国与荷兰的援助规模对英国的抵抗运动提供援助。将大西洋广袤的水域与英吉利海峡稍加对比就能说明这一点。（当美国和英国在战争中支持苏联时，他们有机会进出苏联控制下的友好港口，但在被纳粹占领的英国就没有同样的好事了。）我们还需要记住，制造原子弹的很多科学家在1940年5月还住在英国，因此，如果德国成功入侵英国，他们很可能被德国人抓捕。假如希特勒自己发展出了原子弹（时间有可能是在40年代末），战争的力量均势中又将出现一个新的可怕因素。

因此，当古德里安在回忆录中写道，希特勒在5月24日下达了停止进攻命令，“其后果对战争的整个前景产生了极为不利的影响”，这么说也许是对的。一切都取决于纳粹是否能够以军事上的猛烈进攻征服英国。为了得到答案，我们必须记住，这个国家在那段关键的时期从整体上体现出了怎样的精神面貌。作家马格里·阿林厄姆在1941年写道：

> 1940年5月、6月的那几个星期里，我想99%的英国人都会发现，自己的精神变得光辉而欢欣。如果你一生中从不曾对任何事抱有狂热的信仰，当被一个纳粹呼来喝去时，你坦然发现自己想要诚实而平静地死去，那么，这就是你一直以来活着的意义。

格宾斯上校的参谋长皮特·威尔金森在1940年5月末给军官道格拉斯·多姿–帕克下达的命令可能更为现实：

> 如果英国被侵占，转战外围，到南非、澳大利亚、加拿大去。要不停地转战，同时与英国本土的预备军保持联系。记住，希腊人摆脱土耳其人的统治只花了600年。

第六章

希特勒统治下的欧洲

假如纳粹德国打败了苏联会怎样？

迈克尔·伯利

等待我们去完成的是怎样一个任务！未来的100年，我们都将无比欢悦。

阿道夫·希特勒

VIRTUAL HISTORY

1941 年 6 月 22 日凌晨时分，伴随着 6 000 门大炮的轰鸣声，德国巴巴罗萨计划展开了。到了早晨晚些时候，纳粹空军已经击毁了 890 架苏联飞机，其中有 668 架是在地面被俘获的。到 7 月 12 日，苏联有 6 857 架飞机丧失战斗力，而德军只损失了 550 架飞机。超过 300 万人的德军及轴心国部队（包括芬兰、罗马尼亚、匈牙利、意大利和斯洛伐克）分为北部、中央和南部三个集团军，穿过苏联国境分别开往列宁格勒、莫斯科和乌克兰，其根本目标是摧毁德维纳河—第聂伯河以西的苏联红军。他们推进得极其迅速。早在 7 月 3 日，德军总参谋长弗伦茨 · 哈尔德就已在日记中写道："我们将在两周后赢得对苏联的战争。"此后他转而提到从苏联人手里夺走其赖以恢复国力的经济资源，来自英国的不断牵制，以及穿过高加索地区直攻伊朗的可能性。这种自信还反映在装备政策上。1941 年 7 月 14 日，希特勒下令将对陆军的优先待遇转移给海军和空军。

众所周知，实际的情形越来越不符合哈尔德的乐观判断。地图上的道路实际上要么在烈日下尘土飞扬，要么在大雨中泥泞难行。装甲车与摩托化步兵也许可以不顾机械耗损勉强前行，但步兵与载着供应物资的马车会被远远地甩在后面。沉重负荷的步兵们行进在景色单调的路上，一眼望去看不到尽头。他们大汗淋漓，饱受蚊蝇的叮咬。步兵们开始愤怒，士气也开始低落。尽管德国俘虏了大量的苏联士兵（例如在斯摩棱斯克有 30 万人被俘，基辅有 65 万，维亚兹马和布良斯克有 65 万，他们中大多数人后来都在恶劣的环境中死去），但苏联的决心并没有因此动摇。苏联似乎总能很轻易地组织起新的军队，不管是从西伯利亚招募还是由民兵临时组建的义勇军。斯大林的第 279 号令准许逮捕逃兵的家人，或至少剥夺投降士兵的家人获得任何国家资助的权利，这让那些可能叛变的人不得不坚定作战的决心。帕夫洛夫等将军成了斯大林失误的替罪羊被枪决。民用生产被迅速转变为军事生产，自行车工厂很快开始生产火焰喷射器，同时大量工厂被拆卸，与工人一起被疏散到乌拉尔山、西伯利亚西部、哈萨克斯坦和中亚地区。比如，1941 年 12 月末，乌克兰扎波罗日钢厂在 6 个星期内被转移到乌拉尔山地区的车里雅宾斯克附近，尽管当时在打地基之前必须将地面加热，而且水泥在零下 45 摄氏度时会冻结。对德国人来说，这番巨大的努力不亚于“一场经济上的斯大林格勒战役”。

由于德国的失算，苏联的抵抗愈演愈烈。7 月末，一些将军希望能集中进攻莫斯科，但希特勒却不顾他们的建议，命令中央集团军驻留斯摩棱斯克，让侧翼的装甲部队转而突袭列宁格勒，并对南部的顿涅茨盆地和高加索地区发起猛攻。8 月 11 日，自信心大减的哈尔德注意到被德国人所忽略的几支苏联军队一直在对德军进行滋扰，他们“按照我们的标准来看，武器和装备都算不上什么……但这些俄国人的确存在，而且如果我们击倒他们中的十几个，又会站出来十几个”。作为德国中央集团军攻打莫斯科的延续，台风行动于 10 月展开，此时危险的冬季即将来临。12 月初的气温已到零下 30 摄氏度以下，导致润滑油和汽油开始凝固，地面也开始冻硬。衣着单薄的德军士兵将报纸或宣传册塞进外套里取暖，瑟缩在炉火旁，而这些炉火消耗的是珍贵的储备汽油。他们用斧头削砍已冻成块的马肉，聊以果腹。希特勒拒绝考虑战略撤退的可能性，反倒向提出这项建议的将军挖苦地问道："先生，以上帝的名义，您想撤到哪里去？您想撤多远？向后撤 50 公里？您觉得那里会暖和一些吗？" 12 月下旬，当莫斯科终于只有一步之遥时，已精疲力竭、惊惶失措的德军遭到了斗志昂扬、穿着厚大衣、抱着冲锋枪的西伯利亚军队的攻击，最终在离莫斯科 280 公里处被全部歼灭。德国希望在冬天到来之前用闪电战术击垮苏联的战略宣告失败，随之而来是一场漫长的消耗战。希特勒在 2 月 19 日对博尔曼说："博尔曼，你知道，我一向讨厌雪，一向憎恨它。现在我知道为什么了。这是种不祥的预感。"

在下达狂热的命令抵挡苏联的冬季攻势之后，希特勒在 1942 年夏季的战争（"蓝色行动"）中降低了目标，主要攻击目标定在南部的油田。他意识到闪电战的失败正导致一场消耗战，德国要对抗的是几个主要国家形成的联盟，这个区域的自然资源十分重要。正如他所说的："如果我不能获得迈科普和格罗兹尼的石油，我将不得不了结这场战争。"他再次对军队的部署实施了决定性的干涉，以两个不同目标对之进行了划分——夺取南部的石油和与伏尔加河以西的苏联后备军决一胜负。他像斯大林那样，将斯大林格勒战役转变成一场同时具有现实与象征意义的意志之战。每一堆烧焦的砖块和每一层被摧毁的房屋，都是大炮、手榴弹、火焰喷射器和狙击火力的争夺焦点。3 天内，中央火车站就在双方间易手达 15 次。当保卢斯的军队试图将苏联军队从废墟中赶出来时，苏联采用钳形攻势对其实行重重包围，不给他们任何喘息之机。这也使得德军飞机无法为他们空投供应物资，最终保卢斯及其 9 万士兵举手投降。斯大林格勒战役之后，芬兰、匈牙利和罗马尼亚盟军开始要求希特勒和苏联进行和平谈判。但 1943 年 7 月 4 日，希特勒再次发动攻击。这次攻击是在相对紧缩的 150 公里前线上展开的，直指库尔斯克突出部。这场第二次世界大战中最大坦克战的结果是使苏联取得了战略上的主动权，从而开始控制战争的进程。

德国对苏联的进攻，既是两种意识形态的对抗，也是在政治和种族意义上针对犹太人和斯拉夫人等“劣等人种”发动的“圣战”，因此与其在西线进行的战争在性质上有着根本的不同。以下事实可以充分证明这一点：1939~1945 年，西方盟军的战俘有 3.5% 在德军的监禁中死去，相较之下，有 31.6% 或者说 100 万德国人在苏联的监禁中死去，而死在条件恶劣的德国集中营或死在去集中营的路上，以及直接在党卫队保安处手上丧命的苏联人竟高达 57%，其中大多数死在 1942 年夏天之前。希特勒在 3 月 30 日对 250 位将军的演讲定下了对苏战争的基调：“我们必须摆脱所谓军人之间的同志友谊。共产主义者自始至终都不是我们的同志。这是一场歼灭战……这场斗争与我们在西线进行的战斗极为不同。我们现在在东线战争中的冷酷意味着将来的温和。”1941 年 5 月 13 日有关军事公正的命令、6 月 6 日军队高级指挥官在进攻之前宣布的臭名昭著的《纳粹党行政命令》，这些充满纳粹意识形态的指令和方针，都旨在模糊常规战与种族–意识形态战争之间的界限，让德国军队多少有点心甘情愿地在党卫军及其各种警察大队的劫掠中充当同谋。

这些命令也证明，纳粹事先已经对军事犯罪有所预谋。为战争预先确定的意识形态性质以及军队日益的政治化，不仅导致 220 万犹太人在德国战线内遭到系统的屠杀，“吉普赛人”、精神病收容所里的病人遭到杀害，而且还由于“特工”、“土匪”、“游击队员”、“破坏活动者”、“间谍”或“抵抗者”等概念的肆意滥用，使整村的居民被枪杀或被吊死在电线杆上，或在谷仓和教堂里被烧死。希特勒曾说过，游击队活动“让我们有机会除掉所有反对我们的人”。这是一个典型的诡辩，因为受害者完全有可能并不“反对”任何人。正如党卫军埃里希 · 德姆 · 巴赫–齐列夫斯基将军承认的：

与游击队的战斗渐渐成了别的行动的借口，比如消灭犹太人和吉普赛人的行动、系统削减约3 000万斯拉夫人（从而保证德意志民族的优越性）的行动，以及对平民采取枪杀和劫掠等恐怖手段。

每当一个民兵在平斯克被枪毙，就有4 500个犹太人被杀害，源于对这样一个公式的遵从："有游击队员的地方，就有犹太人；而有犹太人的地方，也会有游击队员。"稍微有点脑子的德军军官开始担心"6 000/480"的问题，即从6 000名死去的游击队员身上只搜出了480支步枪，这是一个谜样的问题。其实游击队员的存在既是德国实行严苛占领政策的产物，也是斯大林要求在敌占区继续保持战斗的结果。暂且不提那一小部分富有牺牲精神的核心队员，对大多数游击队员来说，成为"志愿者"（这是委婉地指那些只要开小差其家人就会被暗杀的应征入伍者）和在德国统治下生活并无二致。

对"千年德意志"的假设不断地激发着那些通俗小说作家、军事历史迷和一些专业的历史学家的灵感。比如，莱恩·戴顿、罗伯特·哈里斯和更近一些的美国政治家纽特·金里奇等人，都在不同的历史精确度上将第三帝国作为惊悚故事的背景。其他人比如最近的拉尔夫·乔达诺，则对"假如希特勒赢得战争"后可能的历史进行了比较现实的想象。不过，这些作家都忽视了一个事实，即纳粹内部力量存在很多矛盾，代表了意识形态倾向上的多重性，因此可能出现的结果不会只有一种。而且，这些作品都着重反映（英、美或德国）对苏联经济、政治力量的潜在焦虑，表现出人们对这个国家深深的憎恶。与此相比，军事历史学家在这个话题上的大多数贡献严格地说是"运筹学上的"，他们只是根据自己研究的喜好在想象中调遣军队。而专业历史学家约亨·蒂斯等人则属于完全不同的层次，他们从纳粹打算战后进行的建设计划中，推导出其"统治世界"的计划，专注于研究纳粹狂妄自大的象征性表现，或者探索和设想纳粹建立的伪欧盟或单一货币的计划。

不过，在东线的问题上，留存有大量关于近期与长期未来计划的历史文件档案，这让我们没有必要再对之进行假设。在3年多的时间里，德国人进攻并占领了苏联的广大地区，在有些地区战线甚至深入到2 000公里。由此可以很清楚地推测出德国如果赢得战争会怎样处理解体后的苏联。我们能在留存的历史文档中查阅到大量计划，唯一需要想象的是德国在军事上取得了胜利。

罗森伯格的反事实假设

如果希特勒听从将军们的建议，并采取军事历史学家詹姆斯·卢卡斯想象的“沃顿计划”，在1941年冬天到来前成功攻占了莫斯科，历史又会怎样发展？我们不妨有点冒险精神地大胆假设，在斯大林及红军最高指挥部撤离被困首都之前或在撤离过程中，某件事情的发生导致红军意志崩溃，无法再组织起有效反抗。在仔细阅读有关的历史记载时，我们会发现，如果当时德国没有决定将希特勒信奉的露骨的纳粹种族教条与军事–经济需要相结合，很容易想象出德国在被攻占的苏联还可能会采取其他哪些统治策略。占领者可以利用分离主义情绪，在波罗的海、白俄罗斯、高加索地区和乌克兰建立一系列傀儡政府。通过解除集体化制度、恢复私有制和宗教信仰自由等，布尔什维克主义大厦将被颠覆。鉴于乌拉尔山地区的地形以及仍然存在的军工厂，苏联人的抵抗不可能停止，但由于认为布尔什维克大势已去，许多人会决定与德国合作，从而抵消了这种抵抗力量。

这种策略显然会是有效的。在德国进攻之前，乌克兰西部利沃夫的民族主义者在班德拉的领导下发起了一场反苏联的暴动（和大屠杀）。在各个被占领地区，当地居民都表现出很大的合作意愿。约100万苏联人与德国军队有不同程度的联系，其中大多数都是无武器装备的预备军成员，而且当时还有超过25万人的武装军事力量与德国合作，包括卡明斯基旅（曾在1944年协助镇压华沙起义）、弗拉索夫的俄罗斯自由军，和来自哥萨克人、卡尔梅克人或鞑靼人的各种小编队（不过它们在波罗的海和乌克兰的党卫军同伴们掩盖了它们的名声）。一些民族主义者在德军里的头衔比在红军中还高。

因此，那些对政治斗争有更深理解的人（比如德军宣传部里的人员）提出警告，认为不应该通过与激进的流亡分离主义者保持暧昧关系来离间大俄罗斯地区的民族，而应该以“自由，而非征服”的口号在克里姆林宫和苏联人民之间制造分裂。从另一个不同的角度来看，德军东部占领区首脑阿尔弗雷德·罗森伯格和希特勒一样极其憎恶苏联，但他同时还注意到其他民族之间的差异及其战略用途。他设想建立一系列保护国，包括立陶宛、拉脱维亚、爱沙尼亚、白俄罗斯、扩张后的乌克兰、高加索联邦，以及这个包围圈之内、大大受限的新“莫斯科大公国”——德国将利用这个公国的力量转而进攻亚洲。他还草拟了在高加索或者说“莫斯科大公国”建立帝国总督区。罗森伯格及其东部专家团甚至还想象从苏联的中亚地区划出一个克里米亚区或一个广大的“泛图兰”地区，并在德国的宣传中修正对鞑靼人和土耳其人（传统的“劣等人”）的描述。

正是在苏联的这一区域（准确地说，是在北高加索地区），德国在制定占领政策时，会试图通过对当地民族作出让步来获取更多的利益。这些民族都不是斯拉夫人；在德国人到来之前，车臣人和卡拉恰伊人就在摆脱苏联的控制；德国需要给邻近的土耳其留个好印象；军队仍然控制在德国人手中——以上这些事实都促使德国采取了一种明显的妥协路线，这在下列军事指令中有所体现：

> 1. 像对待朋友一样对待高加索人……
>
> 2. 不得给那些想要废除集体农场的山民制造任何障碍。
>
> 3. 允许所有教派的宗教场所重新开放。

4. 尊重私有财产，征用物品必须付钱。

5. 注意行为举止，以获取人们的信任。

6. 任何对人民有所影响的严厉措施都应说明实施理由。

7. 尤其要尊重高加索妇女的名誉。

德国当局认可了卡拉恰伊民族委员会，并将苏联的国有企业和森林交付给它管理。巴尔卡尔的穆斯林在其重要节日宰牲节上也欢迎德国的访客，送给他们马匹以便交换《古兰经》和武器。当党卫军保安处准备谋杀鞑靼人或山区的犹太人时，当地委员会将为他们向军队求情，军队则会要求党卫军保安处取消计划。牧群再度私有化，劳动力也很少被征用。作为回报，大量牧民加入德军作战，希特勒则为此宣称“我认为只有穆斯林是可靠的”。在战争期间和战争结束后，这些牧民将与苏联放逐到哈萨克斯坦的约350万人一起为此付出沉重的代价。

希特勒勾画的图景

问题在于，以上与少数民族合作的建议提出者在政治上都缺乏影响力。作为对比，希特勒本人的言论很清楚地表露出，从政治上分析德国在军事上取得胜利后的各种可能结果，将是最不可能发生的。希特勒的《席间谈话》中收录了他对雅利安人的耶稣、恺撒军团的素食主义、史前的狗的评论，以及诸如“鞑靼人喜欢偷猎”的只言片语等。由这些言论可以看出，希特勒在被“东方”吸引的同时，又表现出厌恶之情。他称苏联为“一片荒原”，事实上并没有任何讽刺的意思，他认为他发动的这场战争将让这个国家成为历史。大量的道路会沿山而建，这样风会吹走路上的积雪；这些道路将穿过德国的城镇和村落。克里米亚将成为德国的里维埃拉。

很值得注意的是，希特勒对这番图景的另一面有更清楚的认识，即将“当地人”纳入一种极为野蛮和残酷的殖民统治之下，这种统治是惨无人道的，就像他读过的某本书里所描写的那样耸人听闻。他自己更偏爱将这种统治与英国在印度的统治作一种拙劣的对比：“我们在苏联的角色和英国在印度的角色差不多……苏联就是我们的印度。我们会像英国人那样，让少数人来对这个国家进行统治。”他计划将苏联这个“空间”留给德国的“农民兵”（即服役 12 年的老兵）安居，虽然波罗的海地区也有很大的空间，但这些空间留给了丹麦、荷兰、挪威和瑞典的移民——而这种所谓的“特殊安排”，并没有什么针对性，显得很古怪。德国殖民者将享有大片的农场、气派的官员宅邸和地方总督的“豪宅”。这个德国殖民地社会无论从实际来看还是从隐喻意义上说，都将称得上是一个“堡垒”，不容外人侵入，原因则在于“我们最不济的马夫也比任何当地人优越”。当地人“天生就是一群奴隶，他们感到需要有一个主人”。外来者（即德国人）让当地人有了组织性社会的概念，而他们原本只会像“野兔”一样违反社会法则地行动。健康和卫生问题都将成为过去：“不得给苏联人种牛痘，也不要给他们用来清洁身体的肥皂……不过，酒精和烟草就让他们尽情享用吧。”1941 年 10 月 17 日，希特勒冷漠地说道：

> 我们不会扮演小孩的保姆，我们对这些人也绝对不需承担什么责任。消灭肮脏杂乱的住处、驱赶各种各样的虫子、提供德语教师、出版发行报纸——我们可不会做这些……我们只需要让他们看懂公路的标志，免得他们被我们的汽车碾死！

如果苏联人发动反叛，“我们将不得不在他们的城市上空投放炸弹，问题很快就解决了”。经济方面则充满了剥削的味道：

> 到了收获的季节，我们会在所有重要的地区中心建起市场。我们将

在市场上收购所有的谷物和水果，再把我们自己生产的没什么用的东西卖出去……我们的农业机械厂、运输公司和家用品生产商，都会在那里找到巨大的市场。便宜的棉制品也会有极好的市场。这些棉制品色彩越鲜艳越好。我们为什么要反对这些人对亮丽色彩的向往呢？

至于乌克兰人，头巾、串珠“以及殖民地居民喜欢的任何东西”，都将是他们可望而不可即的。

希特勒这样的情绪（他的将军们也同样如此）为德国在苏联的占领政策确定了基本方向，完全没有利用对布尔什维克政权的不满（尤其是在 1939 年《苏德互不侵犯条约》规定斯大林掌控的地区），也没有利用苏维埃内部潜在而深刻的民族宗教裂隙。希特勒不愿意仅仅为了赢得当地人的支持而撇开纳粹专横的意识形态。他关于德意志种族的优越性意识，使得对任何民族自治区的让步都是不可能的——除非是纳粹不愿意移居的地方，或该区域居住有大量穆斯林或土耳其人。

这对罗森伯格及其支持者来说，有着直接的政治影响。罗森伯格在他那广大（只是概念上）的封地上，对高级官员的任免竟没有决定权，因此他不得不容忍埃里希 · 科赫被任命为乌克兰行政长官（他和希特勒一样蔑视斯拉夫农奴）、欣里希 · 洛泽被任命为奥斯兰行政长官（为向三个波罗的海国家下放极有限的自由权，罗森伯格百般努力，但不出我们所料，都被他否定了）。实际上，分离主义（或者更准确地说，是政治地理的重新划分）的活动受到德国严格控制，而且不允许出现丝毫的自决因素。各种各样的法西斯主义者、民族主义者或宗教流亡者，都狂热地想要利用德国人的入侵来为自己谋取利益，但大多数都计划落空。他们被拉拢、被忽视，有时甚至被监禁、被杀掉，他们中很多人后来在伺机报复的苏联人民内务委员部那里也遭到了同样的命运。

查姆莱的反事实假设

不过，反对罗森伯格政策的不仅仅是希特勒。罗森伯格和洛泽都发现，他们在当地的权力都受到了经济特工的威胁，这些特工直接由柏林独立部门调遣，罗森伯格对之无权利干涉；更重要的是，希姆莱的党卫军高级官员和秘密警察头子也插手地方事务。

德国在经济和军事上的需要，让任何企图通过改革布尔什维克社会经济秩序来迎合当地的想法都无法实现。正如前文所述，希特勒对未来德俄经济关系的构想完全以赤裸裸的剥削为基础。出于现实需要，他会对集体农庄作一些徒有其表的改变。取消集体化制度必然会带来混乱，这就会大大增加军队粮食供应的难度。对党卫军来说，将集体农庄转变成领地比农场私有化后的“合理化改革”要简单得多。正如尽职尽责的农业部长巴克所说，如果布尔什维克没有建立集体农庄制，德国人自己也会发明出来。德国宣传海报声称：“集体农庄被消灭了！农民重获自由，重获自己的土地！”同时还用漫画表现了德国士兵用步枪枪托将苏联农民肩上正在豪饮伏特加的官僚推翻的场景。而事实正好相反。罗森伯格在1942年2月15日的《农业法令》原本可以以个人农场为基础建立“公社经济”，但半封建的“工作日制”和什一税式的上缴义务和之前几乎没什么不同。在工业经济中，所有权之争在德国人之间进行，涉及各类行政部门、个人派系等，而诸如弗利克、克鲁帕和曼内斯曼等公司则充当起其在苏联分公司的“养父母”。

有一点是很有趣的，我们可以想想，如果这种经济剥削也像德国在西欧的政策那么有效，又会怎样。然而，现实情况是它并不成功。这主要是由于对被占领地区的政策决定权逐渐被揽到纳粹最邪恶的继任者党卫军首领希姆莱手里，而他最先考虑的不是经济，而是种族问题。实际上，希姆莱对东欧的计划或许能让我们推断出德国人一旦取胜，最有可能实行怎样的统治。

希姆莱相信东方“属于”党卫军，党卫军可以将那里所有人驱逐出境、遣返回国，甚至是尽数消灭。在巴巴罗萨计划之前，党卫军已经在被占领的波兰赢得了这种特权。1939 年 10 月 24 日，在获得加强德意志民族委员会帝国委员的头衔后不久，希姆莱就对波森省的党卫军头脑们作了有关德国人在波兰如何安顿的演讲。每个安顿区域都要有一个由士兵-农民构成的领导核心（从党卫军中挑选），围绕它的是从“旧帝国”过来的移民者的农庄，外围是一圈德国人，而波兰人会成为他们农场中的雇工和劳工。这位党卫军元首还颇卖弄学问地制定了农场砖墙的厚度，坚持要求“为了那些汗流浃背地从农场回来的农民”在地下室安装浴缸和淋浴器，还禁止在农舍内“看低级趣味的作品或出现城市里那种喧哗”，因为农舍应该“既不奢华也不粗俗”。

1940 年 5 月，希姆莱在一份重要的备忘录《关于如何对待东方异民的一些想法》中，概括了当地波兰人此后的命运。根据当地的确存在的或者被想象存在的那些种族，波兰将被分解为相应的几个部分。他还带着恶意地、故作庄重地说道，如果“一个人认为物理上消灭一个民族这种方式从根本上是非德国的、不可行的”，那么一些被认为不适合被重新德国化的（亦即那些在“这个大杂烩”里“被剔除出”的）人将被贬低为农奴。农奴会接受最基本的教育，即“最多到 500 的简单算术，怎样写自己的名字，还会明白对德国人的顺从是上帝的命令，要诚实、勤劳、循规蹈矩。我认为没有必要教他们阅读”。在占领地区的“总政府”里也会存在这样“残存的下等人”，属于没有领导者的劳动阶层，为德国的大型工程（比如采石场、公共建筑和公路）提供劳动力。1940 年 6 月 24 日，希姆莱提到了波兰农民劳动力的问题。波兰人可以被用来建立城镇、乡村，改善基础建设，此后他们中有“7/8”的人会被转移到占领区的政府，在那里他们会成为一支季节性的后备劳动力队伍，进入采石场工作或是在收获季节进行劳动。德国人和波兰人之间不会有任何深交，关系则“无异于我们与黑奴之间的关系”。波兰人如果与德国女人发生性关系，将“受到折磨并被处以绞刑”；德国人如果结交波兰人，将被送到集中营。希姆莱“加强德意志民族委员会”的规划人员（尤其是39岁的康拉德·迈耶教授，一个野心勃勃的农学家和党卫军区队长）将这些零散的想法整理成为冰冷、现实、专横的政治计划，比如1940年2月的“东方地区重建计划要点”，其中提出要“毫不迟疑”地放逐340万波兰人和犹太人。迈耶只是一个小团体中最著名的一个，这个团体的成员都是多少有些古怪的学者，从种族关系、种族生物学到适合寒冷天气的农作物，他们为党卫军提供各种各样的专家建议。很明显，希姆莱认为和这些人在深夜里交谈是繁忙事务之余的一种放松形式。

1940年10月22日，希姆莱在马德里宣称，在波兰的重新安置工作正以“最新研究成果为基础向前推进，将带来革命性的成果”。20万平方公里面积的整个地区都将得到彻底的重建——这个“总计划”将在1941年上半年开始实施。实际上，当时很可能并不存在这样一个计划，但四处宣扬这样一个概念是很有用的，它能够帮助希姆莱在竞争对手之前进行整个人口的迁居工作，而这些人的确也被迁移了。到1940年底，瓦尔特兰地区驱逐波兰人约261 517人，上西里西亚驱逐17413人，但泽—西普鲁士地区驱逐31 000人，泽西瑙驱逐15 000人，总数近325 000人。只有由于巴巴罗萨计划规定的运输优先，在1941年才没出现更大规模的驱逐行动。1945年以前，在被吞并地区有超过40万波兰人被迫不断改变居住地，以便为德国人腾出空间。而在地理分界线的另一边，苏联人的命运也同样如此。

入侵苏联将使希姆莱的活动获得一个潜在的巨大区域。因此，入侵苏联的两天里，他让迈耶教授在3周内提交一份德国在这片占领地区的安置计划大纲。即使在党卫军内部，对于该如何计划也是众说纷纭。1941年10月2日，波希米亚–摩拉维亚保护国新任长官赖因哈德·海德里希在布拉格对占领军政府高级官员发表就职演讲时，也概述了自己关于东方安置工作的计划。

他的计划以两种不同的道德体系为基础。第一种体系中，德国人将对与自己同源的民族，比如荷兰人、佛兰芒人和斯堪的纳维亚人相对宽容。而远在东方，（“如果极端地说”）“农奴们”将受到德国上流军事阶层的管理，他们将成为主要工程的劳动力。随后将形成某种由人构成的圩田。最外围一层是农垦兵，他们会“永远”阻挡住“亚洲洪水般的”人潮。在这第一道防线之后，是起于但泽—西普鲁士和瓦尔特兰的一大圈辅助性“堤坝”，它将确保在一个又一个“空间”里德国人能够安全地定居下来。

1941 年下半年，党卫队中央保安局制订了自己的“东方总计划”。在罗森伯格东部占领区政府中负责种族政策的官员埃哈德 · 韦策尔，在 1942 年 4 月对这个计划提出了重要批评，我们可以从中推断出该计划的内容。如果从战争结束后就开始实施该计划，到计划全部完成需要 30 年。它涉及到波兰、波罗的海国家、白俄罗斯、乌克兰部分地区、“英约尔曼兰”（列宁格勒周边地区）以及“哥德高”（克里米亚）。制订计划的党卫军成员设想让 1 000 万德国人在被占领的东方定居下来；当地 4 500 万居民中将有 3 100 万人被驱逐至西伯利亚。韦策尔在这一点上的数字作出了仔细的纠正。这 4 500 万人中似乎还包括有五六百万的犹太人，在驱逐前就应该将这些人“清除掉”。而且，如果考虑到出生率等因素，当地人口实际上应该在 6 000 万到 6 500 万之间，其中应该“被重新安置”的则是 4 600 万到 5 000 万人。计划建议按照不同比例对目标人群进行驱逐。因此“80%~85%”的波兰人（或者说 2 000 万到 2 400 万人）应该“被撤出”。韦策尔认为这只会让波兰人在流放中建立一个更强大的波兰，因此并不赞成这种做法。尤其是波兰人的出现会与西伯利亚人发生冲突，而韦策尔希望能拉拢西伯利亚人对抗大俄罗斯地区的民族。至于如何处理波兰人（既然“人们理所当然地认为不能像清除犹太人那样清除波兰人”），韦策尔提出了另一种策略，即“鼓励”波兰人中的知识分子阶层移民至巴西南部，以便让当地的德国人回国。波兰的下等阶层可以被迁至西伯利亚，在其他民族也“被推到”那里之后，他们可以形成一个非天然形成的、“美国式”的大杂烩，与他们的俄罗斯邻居有着显著区别。65%的乌克兰人与75%的白俄罗斯人将与波兰人一起向东迁移。韦策尔严厉地批评党卫军计划中没有提到俄罗斯人。相比之下，他提供了大量有关如何抑制俄罗斯人口繁衍的建议；在他看来，这个问题是未来战争可能的诱因。除了要求工厂大量生产避孕用具以外，他还建议将助产士重新培养成堕胎医生和训练不足的儿科医生。此外，他还提出自愿节育、终止一切避免新生儿死亡的公共卫生措施等建议。在评论的最后，他提到该计划中涉及地区的某些气候并不适合让日耳曼民族定居，建议在乌克兰干草原上种植树木以改善气候。

中央保安局计划中明显的数据错误和逻辑缺陷使得希姆莱（他负责向希特勒面呈计划）将这项任务委派给了更为专业的迈耶。1942 年 5 月，迈耶交出了备忘录《东方大计划：东方发展的法律、经济和空间基础》，这项计划只是一个概要，提出要建立三个广大的“边界定居地”（英约尔曼兰、梅梅尔-纳雷夫、哥德高），其中将包括50%的德国殖民地和36个“定居据点”，这36个据点的居民有25%是德国人，彼此相隔100公里；“边界定居地”就通过这些据点与德意志第三帝国连接起来。计划从实施到完成需要25年的时间，将涉及500万德国拓殖者，将耗费660亿马克。“边界定居地”将是党卫军的控制范围，东部占领区行政长官无法在这里发号施令。希姆莱对整个计划的大方向非常满意，尽管他希望完成时间能缩减到20年，将阿尔萨斯和洛林或波希米亚—摩拉维亚等地区也纳入计划，并且加速“总政府”、爱沙尼亚和拉脱维亚的德国化进程。于是迈耶开始着手制订一个“大安置计划”，吸收以上希姆莱提到的意见对之前的计划进行修正。

早些时候，历史学家们认为这些计划不过是学者在书斋里的胡思乱想，不过现在很多德国历史学家认为这些计划的制订都是严肃认真的。纳粹在占领区东南部的扎莫希奇的活动证明了这种看法。1941 年，希姆莱命令地方党卫军和秘密警察头子奥迪洛·格洛博奇尼克开始实行该地区的“德国化”。希姆莱之所以选择这个地区，除了作为“莱因哈特行动”背后的组织者格洛博奇尼克能够有效忠实地执行他的命令之外，还有很多理由。首先，扎莫希奇是通往乌克兰和黑海地区的门户之地，同时，德国人定居地从波罗的海到特兰西瓦尼亚环环相扣，而扎莫希奇是其中第一个环节。当地土壤肥沃，德国人众多，波兰人和乌克兰人之间的紧张关系也有利于对“当地人”分而治之。其次，对武装党卫军来说，卢布林是通往苏联东南部的交通要道和重要补给点。关于党卫军控制的城镇，其发展计划中包括了建设可供三个武装党卫军团的营房和党卫军控制下的各种工厂（这些工厂将由附近马伊达内克集中营中的劳动力修建和运转）。

1941 年 11 月，格洛博奇尼克同意先安置 8 个村庄的人口以试验计划的可行性。东线的局势使得试验行动被推迟，直到 1942 年 11 月才再度开始。当年秋天，党卫军制定出“挑选”标准，将安置人口分为四个等级。第一、第二等级由 5%被认为拥有日耳曼血统的人组成。第三等级为 14 到 60 岁的波兰人，他们将被驱逐并成为第三帝国的劳动力，而他们那些“无法被雇佣的依附者”（即他们年幼或年长的亲属）则将被集中到附近犹太人腾出的村庄里慢慢死去。第四等级（包括扎莫希奇 21%的人口）将被直接送往奥斯威辛集中营。乌克兰人则会被集中到赫鲁别舒夫，然后被重新发配到新的德国定居地，作为“减震器”转移当地波兰人对德国人的憎恶。扎莫希奇地区的重新安置还有一个最终目的。1943 年冬天，火车在把第三等级的人从扎莫希奇运至柏林后，又在柏林装载上他们的家属和所谓的“武装犹太人”，这些人随即被用船运到奥斯威辛杀害。然后，火车返回扎莫希奇，再将第四等级的波兰人送往奥斯威辛。新来的德国定居者坐的不是这样的运畜车，他们坐的是正常的客车。

1942 年 11 月 28 日到 1943 年 8 月，两次大的清扫行动从 300 多个村庄驱赶出超过 10 万波兰人。天刚破晓，村庄就被包围了，村民只有几分钟时间收拾行李。关于这种做法的传言很快传播开，造成许多人产生恐慌而逃走，因此第一次清扫行动中，德国人“仅仅”搜到了 1/3 的人，其中许多都是老人、病人和孩子。约有 4 500 名儿童被从父母身边夺走并送往德国以供领养。年轻点的男女都逃进树林，参加了游击队，这意味着 1943 年夏天的第二次清扫行动在很大程度上成了一场“平定”行动——摧毁整个村庄，杀掉所有的居民。因此，尽管扎莫希奇驱逐计划在执行上有一定缺陷，但证明了大面积的“种族清洗”是可行的。

明天的世界会怎样？

战争局势的恶化让迈耶教授的计划不得不在 1943 年春天终止，然而在红军穿过东普鲁士前线之后很长时间里，希姆莱仍在幻想东部安置计划。正如我们已经知道的，最终，同盟国在道德与物质上的力量让党卫军无法实现这些可怕的计划。无数德国人从东欧逃走或被驱逐，此后 45 年里德国都处于分裂状态。但有一点很重要，德国在东线胜利的结果原本不只是会对苏联人造成重大影响。

历史学家一直在讨论这样一个问题：希特勒最终只是征服东欧的“生存空间”，还是这“仅仅”是他征服整个世界的一个前提（最终与英国和美国决一胜负）。有些历史学家，比如休 · 特雷弗–罗珀和埃伯哈德 · 雅克尔，坚持认为希特勒是一个“大陆主义者”，他的最终目标是在东方获得“生存空间”并解决“犹太人问题”。其他历史学家尤其是京特 · 莫尔特曼、米兰 · 豪纳和迈尔 · 米夏埃里斯等人，认为希特勒的野心是“全球性的”。其实这两种看法并不是矛盾的，只是它们强调的重点不同。前一种观点关注的是希特勒在东方进行扩张的频率，将他更多关于扩张的言论归为某种臆想；

而后一种观点则拼合了希特勒关于殖民地或与美国交战等主题的零散谈话，并严肃地对之进行思考。有些历史学家，比如安德烈亚斯·希尔格鲁伯，已将希特勒的言论系统地整理为了一份侵略"计划"：

> 征服苏联后我们就可以在欧洲大陆建立起一个帝国。帝国扩张的第二个阶段应征服中非的其他地区，并建立一个基地体系，以便支持大西洋和印度洋上的强大舰队。德国将与日本结盟，如果可能的话，也将与英国结盟，随后首先孤立美国，将其势力限制在西半球。此后，下一代人会发起"大陆间的战争"，"德意志民族的日耳曼帝国"将与美国争夺世界霸权。

他此后的研究虽然没有对这个"计划"的设想提供什么论据和支持，但的确进一步强调了希特勒的目标在于全球。希尔格鲁伯注意到，赫尔曼·劳施宁对1933~1934年希特勒言论的记录（其内容比较随便，并不那么忠实原话）的初衷，原本是为了防止他的保守党同伴和纳粹主义发展出危险的关系。在"执掌大权"后不久，希特勒宣布他将要在巴西"创立一个新德国"，并接管荷兰殖民地国、中非和"整个新几内亚"。号称在北美占据主要地位的盎格鲁-撒克逊势力将被颠覆，"成为德意志世界帝国吞并美国的第一步"。与此同时，他还发布了一些声明，自视如救世主般地提出要"重塑世界"或让人类摆脱理性、自由和道德的束缚"获得解放"。

希特勒及其属下在取得最初的一波波胜利时，曾重提这些话题。1940年，里宾特洛甫与外交官们在思考用一个"补充殖民区域"来扩大"大欧洲经济半球"，这个区域包括英国和法属西非、法属赤道非洲、比属刚果、乌干达、肯尼亚、桑给巴尔和北罗德西亚，马达加斯加则用来"重新安置"犹太人。纳粹党种族政治办公室开始草拟详细计划，为在非洲建立殖民政府、调整白人与黑人之间的关系作准备。而在欧洲，宣布中立（不管是否出于善意）都无法保证自己不受到攻击。“冷杉行动”的目的在于征服瑞士，它将被它的邻国瓜分；“北极狐行动”是为了攫取瑞典的铁矿资源；而“伊莎贝拉计划”和“费利克斯计划”则是要分别夺取葡萄牙和直布罗陀，对于后者，德国不会在意佛朗哥是否同意。

在取得东线上的胜利后，希特勒就能够趾高气扬地和英国谈条件了。如果英国再次拒绝他提出的和平共处建议，那么他将与英国来一场持久的空战，其间东部占领地区的资源将被全部调用来保证德军的战斗。假如德国赢得这场战争，那么“海狮行动”（见前一章）最终将得以实施。到那时，战争也许会因此一直拖到20世纪40年代末。也许只有等到苏联人在乌拉尔山后重振旗鼓、美国携原子弹参战，纳粹在欧洲大陆及苏联被占领地区的统治才可能无法得到巩固——但如果英国被击败，上述假设的两个前提就很难实现。事实上，如果德国能够更有效地发挥与日本结盟的作用（日本于1940年9月加入了德意轴心国联盟），一起对付苏联或英国，那么以上所说的情景就近乎不可能了。比如，希特勒同意合力将英国人赶出埃及和中东，让日本军队对付新加坡和印度的英国势力。或者，他也可以让德国和日本协调一致，共同进攻苏联。无论什么情况下，德国和日本都会产生钳形效应，这是极难对付的。而美国人也将继续观战，因为珍珠港不会遭到袭击。

当然，事实正好相反。就在巴巴罗萨计划实行前两个半月，德国允许日本与斯大林签订了中立协议，并且在1941年日本袭击美国时，希特勒也表示了支持。随后就在12月6日，苏联人发动了反攻；两天后日本袭击珍珠港，美国宣布参战。而希特勒则错上加错地在12月11日向美国宣战。这个决定常常被人们认为是短视而致命的错误。然而希特勒似乎早就预想到与美国的战争了。他曾一度幻想，英国会认可德国在欧洲“复兴”后的领导地位，并与德国一起与美国对抗：“我将看不到那一天了，但我代表德国人民感到高兴：有一天，我们会看到英国与德国一起进军美国。”但如果德、英有可能结盟、经济封锁的威胁都不能让美国屈服，他似乎也考虑过跨大西洋进攻的可能。他想象着从亚速尔群岛和加那利群岛的基地对美国发起空袭，下令研制发展梅塞施米特式四马达轰炸机——这种飞机能在8吨有效载荷下飞行11 000~15 000公里。1939年1月27日，在海军特别命令“Z计划”中，也表露出他的野心：建立一支舰队，目标是在1944~1946年能够从其位于特隆赫姆的大型基地向公海上任何国家的海上力量提出挑战。这支舰队将拥有800艘船，其中包括长达300多米、装备有53厘米口径大炮的10万吨级战舰。

总之，希特勒的野心看上去似乎是没有止境的。他在规划未来时似乎也不受成本、人力或别的什么因素的妨碍，因为在他看来，战争对于种族和民族的“健康”而言具有积极、再生的价值。他曾这样说道：“我们也许还要再战斗100年；如果的确如此，那再好不过了——这会让我们不至于整日昏昏欲睡。”

如果希特勒至少实现了其计划的一部分即成功地打败了苏联，纳粹帝国会维持多长时间？会如他自己所说的存在100年吗？当然，他这么说是基于对战后德国城市进行重建的宏伟计划。希特勒，这个不及格的建筑学学生、小镇艺术家，对建筑规划极为痴迷。在战争最后几周时间里，苏联士兵已经在柏林的废墟之中疾行，希特勒却仍然花费大量时间重新摆弄在模拟日光的聚光灯下的那些建筑模型。他的建筑的主要目的是通过庞大的规模产生威慑力，并且通过人类在建筑面前的渺小来为他的政权营造出强大与永恒的光环。希特勒在1941年的讲话中明确地表达了他对建筑功能的看法：“那些走进帝国总理府的人应该感觉到，他们正面对着的是世界之王。”然后他以其特有的方式猛然转换了话题，又谈起了苏联被征服地区的幸存者：“……每一年都应该带一群吉尔吉斯人从德意志首都穿行而过，让他们充分领略它那些石碑强大的力量和气势。”

他不仅要求建筑能引发人们的敬畏，还近乎幼稚地迷恋着大型的尺寸和规模。1941 年，希特勒在与希姆莱深谈时这样说道：

> 美化柏林，怎么做都不为过……人们沿着宽阔的大道走向柏林，经过凯旋门、万神殿、人民广场——它们都美得令人窒息！唯有如此，我们才能让这世上唯一的对手——罗马黯然失色。我们要把柏林建造得宏伟壮丽，让圣彼得大教堂及其广场相形之下只算得上是玩具！

在他重建汉堡的计划中也明显体现出这种热衷竞争、好大喜功的心理。其中包括在易北河上建造一座桥塔高达 180 米的巨大悬索桥。在向军队指挥官们解释这项工程时，希特勒是这么说的：

> 你们也许会问：为什么不修建一条隧道呢？我认为隧道没有什么用处。但就算我认为它们有用，我还是会在汉堡造一座世界上最大的桥。这样任何一个从国外回来的德国人，或任何有机会将德国与其他国家作比较的人，都自然会得出结论："美国还有它的大桥有什么了不起？我们也能做到。"这就是为什么我要建造与美国那些大楼一样"令人惊叹"的摩天大楼。

这些摩天大楼包括一座新的纳粹党地方总部，如果要评选最高建筑的话，它的高度将超过帝国大厦。（由于地基条件差，大楼高度不得不削减 250 米，我们由此大致想象出它的规模。）现代性、自大狂妄和粗鄙的象征手法，都将被糅进这座大楼的设计中——它的顶部有巨大的纳粹万字霓虹灯，在夜晚为进入易北河的船只导航。

最大的建筑当然要建在柏林。1950 年工程竣工后，这个城市将被重新命名为"日耳曼尼亚"；重建后的柏林将呈现巨大的棋盘式格局，其中的街道宽达 100 多米。当人们从比纽约中央车站更大的火车站走出来时，放眼望去尽是宏伟的风景和大理石贴面的高楼大厦。一个高度和宽度都比巴黎凯旋门大两倍的凯旋门上面刻有阵亡者的名字，同时专门建有底座来陈列死去敌人的武器。新建的“元首宫”拥有可容纳上千人用餐的餐厅和一个私人剧院。经过“元首宫”，就到了世界上最大的礼堂，能够容纳25万人，仅穹顶上的天窗就足以绕罗马万神殿圆顶一周，其内部空气的凝结甚至导致了室内下雨的问题。离地面约290米上方是一盏灯，灯顶最初的设计是一只鹰盘踞在纳粹万字标志上，不过后来的修订方案将万字标志改成了地球模型。这些建筑及其附带的阅兵场将成为上百万人在100盏探照灯雪亮的光芒下游行、唱歌与欢呼的场所，它们将一直存在。希特勒曾经说过：“花岗岩将确保我们纪念碑能够永存。一万年以后，它们仍然矗立着，一如最开始那样，除非海水再度淹没我们这片土地。”建筑材料将来自党卫军在采石场附近新建的一批集中营。

德国以外的建筑规划主要包括了威廉·克赖斯为死去士兵建立的纪念碑，它们将成为从非洲到俄罗斯平原的一道风景。更重要的是，德国政府计划对欧洲基础设施进行重大改变。新开凿的运河河道让苏联的谷物和石油得以由多瑙河运至德国，三车道的高速公路让人们可以乘着大众汽车一路飞驰地从加来到达华沙，或从克拉根福到特隆赫姆。1942年初，希特勒及其总工程师弗里茨·托特开始计划建设一条轨距达4米的铁路，从而能够让双层火车以每小时190公里的速度开往里海和乌拉尔山。在斯大林格勒战役和库尔斯克战役失利后的一段时间里，希特勒仍然着迷于设计配有客厅和餐厅的车厢，以便让德国殖民者在德国和苏联间往返。

当然，有些历史学家强调指出了第三帝国混乱无序、最终会走向自我毁灭的特征，他们试图说服我们，这些计划都只是纳粹的幻想，因为第三帝国在1945年必然会被摧毁。不过，有一点他们并没有给出清晰的解释：纳粹必然失败的结论在多大程度上基于对各种可能的现实性评估？又在多大程度上只是一相情愿的目的论推想？纳粹计划的很多方面在我们看来的确显得很古怪，以至我们很难想象它们会实现。但这并不是全部。当希姆莱策划他的种族革命、希特勒构造他的建筑模型时，其他机构也在为普通德国人规划未来，这些规划对他们来说是十分现实的。罗伯特·莱提出了建立庞大的德国劳工阵线组织，在这个素来以压迫和恐怖闻名的政府中，这个组织当属一个更具社会"进步性"的部门。它还有"劳动的美"与"欢乐的力量"两个下属组织，着力于改善劳动条件、赋予劳动者更多的休假、组织运动，从而培养劳动者作为"德国工人"更强烈的自豪感，因此在破坏阶级团结的同时，还提高了劳动产量。甚至流亡的社会民主党领袖也不得不承认这些政策所具有的效力，哀叹这些政策在他们原本的支持者中引发了"小资产阶级的倾向"。战争前几年里，纳粹党的科学劳动学会制订了涉及健康、保险和养老金的详细计划，因此激起并答复了当时的贫困人群对战后回报的期望。罗伯特·莱及其工作人员认为，改善公共住房条件是福利改革的一项总任务（此前由于对纪念性建筑的强调，这个问题始终未被提及），因此提出了一些建议，而这些建议从表面上看与《贝弗里奇报告》[①]有些相近之处。比如，他们建议建立一项新的全民养老金制，让 65 岁以上老人的养老金能够达到其最后 10 年工作期间平均收入的 60%。这些计划还增加有一份儿童福利计划和医疗服务改革的措施。

只有在仔细考察了这些计划之后，我们才会发现，过去的"表现"并不必然决定此后的收益，有许多人总会因为种族或"有反社会的"行为被彻底排斥在福利体系之外。计划中的医疗改革（包括公共诊所、厂医、可负担的疗养及疗养院），以及冰冷的口号"你的健康不属于你自己"，或者像"维护引擎"一样对德国人进行"周期性大检修"，都体现出对人类的一种集体化、

① 英国经济学家、福利国家理论建构者之一威廉·贝弗里奇 1942 年发表《社会保险及相关服务》（亦称《贝弗里奇报告》），提出建立"社会权利"新制度，涉及失业及无生活能力之公民权、退休金、教育和健康保障等理念。——译者注

机械化的态度。只有对于那些既没被监禁和绝育，也没有被当做“存在的负担”、“反社会者”或种族“外来者”杀害的德国人，这里才是一个福利国家。也许，这方面才是德国胜利这个反事实推论中最令人不寒而栗的地方——正是因为其表面上具有的“现代性”，我们很容易想象出它成为现实后的场景。

第七章

斯大林：战争还是和平

假如“冷战”被避免会怎样？

乔纳森·哈斯拉姆

假如根本就没有什么雅尔塔会议，结果也还是一样。我想历史仍会自行其是，不管有没有雅尔塔会议。

——格拉德温·杰布

VIRTUAL
HISTORY

什么叫“历史仍会自行其是”？为什么结果“也还是一样”？1945 年或 1945 年之后不久有没有可能发生别的事情？

我最好在一开始就承认，我对这类问题的意义始终是持怀疑态度的。历史学家常常会武断地选择某个他偏爱的变量，改变一下它的重要性或真实的构造，而对于同一个等式中其他变量却不作任何变动。这往往体现为先选出一个失败的历史人物，再限制其他人，削弱其他更为实质的历史力量的重要性，然后重新为这个人物安排一场胜利，所有人就都心满意足了。当西方编纂苏联历史时，这种一相情愿的做法并不少见。自认为反斯大林思想的马克思主义者莫西 · 莱温认为，布哈林原本可以避免苏联农业的被迫集体化，从而促进工业化、确保社会主义在未来的发展。当然，更正统的马克思主义观点会认为，特定人物的成功或失败应该取决于更宏观的环境因素的彼此作用，而非决定于某个单一的独立变量。危险在于，历史学家对某个特定人物的偏爱（伴随而生的是对其主要对手的厌恶），会导致他忽略推动事件发展的其他因素。不过，针对反事实主义的一个更严重的批评，是由意大利历史学家、历史哲学家贝内代托·克罗齐提出的。他认为，由着自己的喜好选择某个点武断地切入历史，再以这个点为基础重新整理历史事件而无视过去对现在的影响，这种做法完全是不合理的。为什么不选择别的点呢？

克罗齐的质疑不无道理。所以，在选择反事实假设时，一定要尽可能地清醒、谨慎，保持思路的开阔。也许，我们还不应局限于某一点，而且如果在某一个点上多取一些变量来表现可能的结果，也许就能看出每个因素的作用。因此，就"冷战"起源问题，我们现在要从三个角度提出反事实的假设：

1. 假如美国没有原子弹会怎样？
2. 假如苏联情报人员没能成功渗入英国和美国的上层机构会怎样？
3. 假如斯大林将苏联的扩张限制在民主国家见惯不惊的程度上会怎样？

第一个问题要研究的是原子弹对莫斯科与西方的关系有怎样的影响。已有人指出，原子弹的投放不是为了打败日本人，而是为了威慑苏联人。这就涉及一个关键问题：苏联人和民主国家的对抗模式究竟是由美国政策决定的，还是由苏联政策决定的。美国史学中的"修正主义"学派始终坚信，"杜鲁门在1945年早期的对苏策略在很大程度上源于这样一个信念：一旦原子弹通过测试，美国的外交地位就会大大加强"；"杜鲁门掌权后不久，就采取了与此前合作政策迥然不同的策略，发动强大的外交攻势以限制或消除苏联在欧洲的影响"；整个1945年，"斯大林的试探似乎都是非常谨慎而有节制的"。

第二个问题针对的是重要的间谍问题。众所周知，苏联人在英国政府高层安插有很多间谍。同样众所周知的是，苏联人所雇佣的间谍给他们提供了原子弹制造实验进程的关键信息。美国政府透露的一些文件也显示，针对原子弹问题的间谍数量庞大。假如苏联人在1945年8月前没得到原子弹的任何消息，假如他们也无从获悉他们针对民主国家的扩张在西方世界引发了怎样的反应，斯大林还会冒险吗？

第七章
斯大林：战争还是和平

战争期间，苏联、英国和美国都曾提过建议，要在欧洲划分出苏联与西方各自的势力范围。这些提议的发出者是马克西姆·利特维诺夫、E·H·卡尔和瓦尔特、李普曼，他们都设想在势力范围的划分上，采取相对温和的传统形式，这样划分区域国家的国内事务与经济结构不会受到毗邻大国的干涉，国防与外交方面的政策除外。但这并不符合斯大林对势力范围的设想。对他来说，划分后就意味着对势力范围的全盘控制，这种看法的意义及其在东欧和中欧的实施，都引发了苏联与西方的矛盾。假如他选择了利特维诺夫、卡尔和李普曼提出的形式，情况会怎样呢？“冷战”是否会因此被避免？

这些问题是我们接下来要思考的。不过，在进一步深入前，读者应该先了解作为“冷战”起源解释基础的资料其本身存在的某些问题。第一批相关著作完全基于美国国国家档案馆的文件，因为最先披露保密材料的是美国政府。后来，英国和法国也披露了更多有关20世纪40年代的档案。但苏联坚决拒绝这样做，只有官方历史学家才有机会进行有限查阅。因此，历史研究的结果自然是有偏向性的。自始至终，研究英、法、美外交政策的历史学家只能够对苏联的行动动机得出不确定的结论。这也就解释了保守倾向的历史学家与“修正主义”历史学家之间的巨大分歧——对于苏联外交政策的动机，除了推理别无他法，因此意识形态上的偏向取代了基于历史文档的判断。

1991年苏联解体，使得莫斯科在这之前始终不予公开的一些机密文件得以面世。1992年，俄罗斯外交部同意向研究人员开放这些文件，自那时起，1945~1955年的大量资料也都不再保密。不过，由于外交部执行部门的抵制，最重要的文件（大使馆与外交部就外交工作进行联系的大量密报）没有被公开。此外，其他收存有外交事务文件的档案馆——如俄罗斯近代历史文件保存研究中心（拥有中央委员会国际部的档案）、国防部、克格勃和总统档案馆（拥有政治局关于外交事务的文件）——也都拒绝研究人员查阅这段时期的档案。因此，任何研究苏联外交政策、想要找出“冷战”根源的人从俄罗斯获得的档案，都完全无法与美国、英国和法国档案馆里提供的档案相提并论。不过，人们也不是束手无策。利用从外交部获得的一些材料（包括外交信函、备忘录、大使日志和年度报告），再结合西方档案馆中的材料，仍然能有重要收获。我们这里讨论的是目前进展中的研究，所得结论也并不完整。

因此，我们要在以上条件的限制下来讨论之前提到的三个问题。

假如美国没有原子弹会怎样？

尽管大量证据表明，杜鲁门政府决定用原子弹对付日本时，其主要是为了能抢先一步发动一场同盟国对日本的全面、血腥的进攻，不过，同样也有充分的证据显示，此举也是希望原子弹的使用能制约苏联的行为。自从苏联军队在 1944 年进驻罗马尼亚和保加利亚，1945 年进驻波兰和中东欧其他地区，西方国家的领导人已经意识到，太平洋战争告一段落时，苏联人没有兴趣展开全面的合作；此外，还有人认为苏联人已经超出了合法的势力范围，坚决地走上了继续扩张的道路。

在投放原子弹前，杜鲁门曾在波茨坦会议上将斯大林拉到一边，警告他美国将对日本使用一种新型的致命武器，斯大林当时不置可否。但私下场合里，外交部长莫洛托夫说："他们正在增加赌注。"斯大林笑着回答："随便他们。今天我们必须和库尔恰托夫（苏维埃计划负责人）商谈怎样加快我们自己的工作。"原子弹对斯大林及其随行人员是有影响的。斯大林显然不希望美国垄断这种新的武器系统。不过，迫使斯大林加快原子弹研发进程的，与其说是美国向日本投放原子弹的举动，不如说是原子弹的成功爆炸。因此，杜鲁门原本希望对苏维埃计划加以遏制，但却并没有什么成效。

持有原子弹决定性地加速了东西方关系的恶化这种观点的人，还进一步认为，美国想要利用手中的原子弹威胁苏联人，却适得其反地加速了"冷战"

的到来，因为它让苏联人出于恐慌而构建起抵制西方影响的壁垒，并对西方世界想要保护的对象施以打击。

不过，假如不存在原子弹，东西方的关系是否就会有另一种发展？武器系统是导致“冷战”冲突的根本原因——这种假设在主张核裁军的人中间十分流行。从本质上看，这种假设与1914年前后出现的看法（即第一次世界大战的爆发源于大国之间的军备竞赛）并无二致。要证明或反驳这个观点，我们需要研究一下能够说明苏联对原子弹态度的证据，因为认为原子弹在未来局势发展中起到了决定性作用的人暗示，苏联的政策纯然是种条件反射，苏联人实际上是在应付美国引发的恐慌。

应该说苏联的态度是自信，而不是恐慌。有充分证据表明，斯大林并不认为在战争中原子弹具有决定性的作用乃至成为外交谈判中讨价还价的砝码。斯大林对美国其实有某种程度的蔑视，因为在他看来，美国并没具备称霸全球所必需的野心。

首先要提到的证据，是代理人民委员利特维诺夫的一段陈述。他坚决反对苏联政策的新动向，所以打破一切规则，不太谨慎地向西方记者和外交官透露了一些源头难寻的情况。1946年6月，美国记者霍特利特就美国垄断原子弹以及苏联对于国际核能控制的问题向利特维诺夫提问。利特维诺夫“认为苏联不会同意对核能的控制，苏联人并不认为原子弹有多么重要，也不害怕核战争”。他还补充道，苏联领导人坚信“广袤的国土、巨大的人力、充沛的资源以及广泛散布的工业，在很大程度上能保证这个国家的安全”。9月，斯大林也告诉《星期日时报》的沃思，他“不像有些政治人物那样认为原子弹是多么严重的威胁。原子弹只能用来威吓那些神经脆弱的人，它无法决定战争的结果，因为根本就没有足够的原子弹。”丘耶夫注意到，莫洛托夫后来在回忆录中再度表现出这种观点：“他们（美国人）很清楚，现在没有条件发动战争。他们总共只有一两枚原子弹。”斯大林的这番断言很不寻常，因为这等于承认苏联情报机构（关于这个问题，详见下文）已经掌握了美国核武器库存（不用说当时根本还谈不上核武器的储备）的机密。显然，这种表现中丝毫没有虚张声势的因素。如果美国人企图凭借原子弹来威胁敲诈苏联人，那么对苏联人来说，重要的是表明这种威胁毫无分量。但利特维诺夫并没有按斯大林的指令行事——正如莫洛托夫后来所证明的，他被视为一个叛国者。"利特维诺夫对我们总是充满了敌意，"莫洛托夫回忆道，"我们截听了他与美国记者的谈话记录……他这是彻底的背叛。"

正如利特维诺夫已经指出的，对原子弹的平静态度反映了以苏联力量的强大和西方明显的弱势为认识基础的战争观。假如西方不愿意派地面部队进入苏联打败苏军，进而占领这个国家，那么它就不可能将这种威胁变为现实；假如它做不到这一点，苏联人又何必把这些威胁当真呢？1946 年 12 月 21 日，斯大林在与阿利奥特 · 罗斯福会谈时自信地说道：

> 他不认为和平遭到威胁、可能发生军事冲突有什么可怕。即使某大国政府有心为之，它也不可能在现阶段发起战争对抗另一个有盟友的大国。因为现在没有一个国家能在没有人民支持的情况下发起战争，而人民不想打仗，他们已经对战争感到厌倦……我认为，威胁要发动新的战争是很不现实的。

最后一项证据则出现在苏联人在 1949 年 8 月末引爆第一个核装置之后，1952 年 7 月，面对同情苏维埃的意大利社会主义者南纳，斯大林就正在进行的朝鲜战争发出评论："当然，美国有些人在讨论战争，但他们并没有能力发动战争。美国有技术，但没有战争所需要的潜在人力。它有空军，有原子弹，但到哪里去找到发动第三次世界大战所需要的士兵呢？"他又说："对美国人而言，毁灭莫斯科是不够的，就好像摧毁纽约对我们也不是终点。占领莫斯科和占领纽约都需要军队。"最后，美国前国务卿贝尔纳斯承认，苏联人"并不在乎”原子弹。

重建欧洲的马歇尔计划第一次明确地表现出美国对苏联在欧洲的扩张主义动了真格。1947 年 7 月，该计划形成。苏联的反应多少有点歇斯底里。斯大林督促东欧共产党建立共产党和工人党情报局，以便在 9 月实施整合。此外，西欧国家的街道上出现了一波波的罢工与军事示威游行。不过，直到 11 月，苏联领导人仍然向意大利社会主义者南纳表示，他们不认为战争“正在逼近或迫在眉睫。美国没有条件挑起战争。它在发动一场‘冷战’，一场神经的战争，目的是‘威胁’。苏联无法容忍自己受到威吓，仍然会坚持自己的政策”。一位苏联外交官也谈到了法国的美国人问题：“几年后，他们就会被赶出去。”

苏联对核武器威胁的自信（在斯大林去世后对原子弹的判断开始变得更为冷静清醒），在很多方面都有所体现。这种有些不可一世的态度现在看来是难以置信的，因为我们知道轴心国军队在苏联已经造成了大量破坏，而且苏联在战争中损失了约 2 800 万人。但莫斯科对力量均势的估计主要还是基于所谓在生产方式上社会主义相对资本主义的优越性，以及认为美国缺乏战争意志的观点。此外，如果美国发生新的大萧条（莫斯科很多人都对此翘首以待），那么它必然会受到更大打击，华盛顿很有可能又陷入 1928 年后的孤立状态。

事实表明，斯大林及其幕僚并非不畏惧美国（尽管畏惧的程度并不像西方国家所希望和认为的那样），只不过由于他们认为美国最重要的武器的效力非常有限，资本主义社会经济存在的结构性问题必然将导致其进一步崩溃，美国与国力正日益衰退的英国大多数时候关系都不太稳定，美国人终究没有斯大林在丘吉尔眼中看到的那种坚定决心，所以这种畏惧被削弱了。尽管在疏远西方国家方面明显有些轻率——在中东欧打击反共产主义势力，在民主德国驻留大批军队，向土耳其提出领土要求（1945 年），试图在伊朗北部建立维持一个共产主义政权（1945~1946 年），占领捷克斯洛伐克（1948 年），对西柏林实行封锁——但斯大林这些看似冒险的举动也是经过精打细算的，他只是在虚张声势。

假如西方情报机构没有被渗透会怎样？

斯大林对美国潜在军事力量的局限作了相对乐观的估计，这部分是因为他认为核武器并非那么有威慑力，部分是因为他参考了情报分析的结果。这些情报让他了解了核武器储备不足，1948 年夏天飞往伦敦的B-29 战斗机实际上无法携带核武器。这都是我们耳熟能详的“冷战”故事了。假如斯大林没有得到这些情报，情况会有所不同吗？他会变得更谨慎，甚至因考虑到原子弹威力而在态度上有所保留吗？

答案取决于我们如何理解苏联战后的扩张动机。通常而言，有两种可能：斯大林冒着爆发战争的风险有意识地在进行扩张；或者，他是在实行防御性的计划，以便阻挡一切可能的敌人。利特维诺夫对于斯大林和莫洛托夫政策的分析或许可以认为是最准确的，因为他的视角来自苏联内部。他认为这种政策中上述两种可能兼而有之，不过假如没有提前采取行动挽救局势，这种政策足以导致一场战争。利特维诺夫向霍特利特指出，苏联又回到了“一种过时的领土安全观念——得到的越多就会越安全”，如果西方国家迫于压力作出让步，那么“西方国家很快就会因此面临一系列新的要求”。至于这个政策背后的动机，他说道：“据我所知，根本原因在于这里盛行的意识形态观念，即认为共产主义世界和资本主义世界之间的冲突不可避免。”这番话是在 1946 年 6 月说的。在就类似问题进行深入交谈时，英国代表团副团长罗伯茨提出，克里姆林宫也许不希望发动战争，对此“利特维诺夫表示同意，但仍然补充道，‘希特勒也不希望发动战争，但假如路线选择错误，事态就会失去控制'"。这看上去已经足够有说服力了。不过，真正重要的问题在于斯大林眼中，扩张究竟有多重要，是出于防御需要还是抱有进攻的目的。所有证据都表明，不管是哪种可能，原子弹对之都不会有什么实质性影响。斯大林的行动计划早在原子弹出现前就确定了。1945 年 7 月、8 月，原子弹试验以及被投放到日本或许让他产生了暂时的忧虑，但随即转变为了坚决的蔑视——假如不能说是熟视无睹。

但斯大林的沉着究竟多大程度上要归功于有关西方军事能力及其意图的准确情报呢？苏联人获取情报的方式非常惊人，一个例子就足以说明这一点：在共产党和工人党情报局的档案中，你可以看到菲丁的一份报告。菲丁是苏联人民国家安全委员会（外国情报）一部的负责人。这份报告是写给共产党和工人党情报局总书记迪米特罗夫的，详细列出了未来几周内苏格兰警察特别分局计划监视的英国共产主义者的姓名和地址。我们所要关注的是，这是一个 5 人构成的间谍小组：菲尔比、伯吉斯、麦克莱恩、布伦特和凯恩克罗斯。他们有办法获取任何国家在外交、国防和情报策略方面的核心机密。在英国，苏联人民国家安全委员会（克格勃的前身）一部三处整个战争期间都在集中研究"核研发、战争经济以及英国与其他国家的关系"（这几点的重要性排列视情况而定）。菲尔比在英国秘密情报处身份相当于副处长；伯吉斯的各种任务中包括了在情报部一段短时间的工作以及外交部的工作（后来成为国务大臣麦克尼尔的秘书）；麦克莱恩也进入了外交部（自 1935 年开始），最终在成为美国部负责人之后变节；布伦特在军情五处工作；凯恩克罗斯则在内阁办公室、代码暨密码部工作，后来进入了财政部。"冷战"早期，菲尔比、伯吉斯和麦克莱恩还曾同时或分别任职于英国驻华盛顿使馆。尤里 · 莫金曾这样描述他们提供的情报遭遇了怎样的命运：

来自伦敦的情报大都是以密码电报的形式抵达莫斯科的。那时我们

> 秘密情报部门的上头与政治局（也就是斯大林、莫洛托夫和贝利亚）有密切的合作。我们的情报很少会送到外交人民委员的下属机构。实际上，莫洛托夫一人独占了我们提供的情报，对情报处置也是视喜好而定。

通过这些渠道，克里姆林宫“对原子弹研发的技术、政治情况了如指掌”。

当然，他们知道的远不只这些。10月，菲尔比被任命为反共产主义分部（英国秘密情报处第九分部）的负责人。人民国家安全委员会总部认为这是一个“难以估量”的成就。1945年2月，菲尔比的确报告说，秘密情报处头子孟席斯发布了一道让“‘旅馆’（即秘密情报处代称）在红军占领区域对苏联机构采取积极行动”的命令。政治密报的重要性也不容小觑。在1945~1949年召开的同盟国会议上，莫洛托夫很清楚同盟国背后是如何议论苏联政策的。我们知道，当国务卿马歇尔在1947年6月提出他的欧洲复兴计划时，莫洛托夫强烈地感觉到，苏联应该接受他的提议。结果，莫洛托夫带着一个代表团前往巴黎，就莫斯科的加入问题进行商谈。但很快他们就走出会场，而且还带走了东欧国家的代表。此时，关于英国外交大臣贝文与美国财务部部长克莱顿谈话的情报已经送达，大意是西方将利用这个计划迫使苏联在东欧作出必要的政治让步。我们也知道，当莫洛托夫最初到达巴黎时，有报道说他勃然大怒，因为当时他并没有看到“文件”（即英美秘密会谈的情报），只是听说伦敦和华盛顿方面都没听说他们的代表团已经到达巴黎！

然而，收到情报和正确地利用它们完全是两回事。似乎斯大林和莫洛托夫都只相信能够确证他们不能信任盟国的情报，而否定或怀疑那些从更好的角度反映英、美意图的消息。这也意味着，斯大林和莫洛托夫会先就一个问题达成基本的假设，随后人民国家安全委员会就疲于奔命地寻找能够证明这个假设的情报。最关键的例子就是英、美矛盾程度的问题。前驻英大使麦斯基似乎就已说服领导层相信，战后世界的主要矛盾是大英帝国与美国之间的对抗。当然，在莫斯科与其盟国的关系开始严重恶化后，克里姆林宫不得不修正这个假设。但对它的修正不是根本上的，苏联人仍然期待英国人和美国人迟早有一天要闹翻。苏联人越来越坚决地否认西方正形成一个牢固的集团，也否认苏联人只有通过及时让步，才不至于因为促进了这个集团的团结而损害自己的利益。莫金回忆说："中央还是一如既往地关注英、美关系，以及英、美之间有可能产生的各种麻烦。"对于原子弹工程的特别关注，自然也助长了对英、美产生矛盾的期待。美国人吸收了英国人的专业技术，却拒绝和英国人分享工程的好处。"我们也知道，"莫金说，"美国人每进展一步都想把英国人完全蒙在鼓里。毫无疑问，美国人在研究上是落后于英国人的，他们的策略是利用盟国的技术……然后一旦他们开始奋起直追，就立刻抛弃他们。这就是他们的所作所为。"

假如没有这类情报，斯大林有可能会更谨慎乃至避免"冷战"吗？在回答第一个问题时，我们得出结论认为，斯大林最终走上了他所追求的那条路，他并不真的那么畏惧美国，因此始终没有偏离自己那条路线，但他的决定并不是（像他的继任者赫鲁晓夫后来那样）鲁莽轻率、只凭直觉的冒险，而是基于对风险的精打细算。如果他的看法是正确的，而且现存证据也对其作出了证明，那么可以认为对于他的判断，情报形成了关键的基础，所以莫洛托夫对情报非常痴迷和依赖。苏联情报部门内部的历史学家曾极少见地引用过一个例子，来说明斯大林在从情报部门获悉美国将采取什么样的立场后，放弃了之前的想法。这个例子的内容涉及 1945 年、1947 年苏联两度向土耳其提出领土上的要求。尽管文件中尚未出现有关这个例子的证据，但斯大林完全有可能是在收到有关西方当局的情报后，认为自己不可能成功地切断西方国家通向苏联占领区中央这个自由之岛的所有途径，所以说服自己在 1949 年就西柏林问题作出了让步。因此，一旦西方国家在内部讨论中表现出坚定的决心，斯大林通过情报了解到这一点后就会谨慎行事；不过，这使得他非常了解英、美之间的不和甚至冲突，我们似乎可以认为，他因此会在导致英、美不和或冲突的问题上敢于表现出目中无人的态度。假如斯大林没有掌握这些情报，那就正如利特维诺夫指出的，每件事都取决于西方国家立场的坚定程度以及斯大林对它们这种坚定的确定程度。

假如斯大林接受了西方关于“势力范围”的定义会怎样？

假定斯大林大大超乎西方的预料，很早地确定了行动的路线，那么这种假设是否必然正确呢？与极权主义理论家和简单化传记作家正好相反，斯大林一直以来所采取的决策方式，是预先对各种可能的前进道路进行讨论，而非只盯着一种可能。在战后的欧洲和远东，斯大林都制定有应对不同将来的方案，其中之一就是利特维诺夫手下一个委员会提出的。这个计划主张在战后的欧洲实行“盎格鲁–苏维埃”的共同统治，但合作基础是西方国家都已熟知的势力范围的概念，而非斯大林最终所采纳的那种。假设斯大林接受了这样一个模式，没有坚持他的决定，情况会怎样？“冷战”会因此被避免吗？

或许这么说有些幼稚，但的确是直到苏联红军解放了中东欧地区，西方国家才真正明白了斯大林所谓的势力范围实际上更接近于人们理解的殖民地。公认的势力或利益范围是美国在美洲实行统治所遵循的门罗主义——除了美国可以间或、短暂地实行军事干预，该地区以外国家对其内部事务的干预将遭到强力阻止，以便该地区内国家根据自己需要在很大程度上实现自我管理。低地国家与英国的关系也遵从同样的原则。英国认为自身的安全取决于这些国家不受外力的直接干涉，而这个关键原则也是英国在 1794 年、1914 年参战的部分原因。与刚经历了纳粹恐怖占领的国家相比，近期尚未被侵犯的大国更容易接受这种对国家安全进行最低纲领式的维护方法。不过，西方国家认为在德国被盟军击败后，莫斯科将把它的盟国看做它在欧洲一个重要的

（如果不能说是主要的）安全保证。

常常有观点认为，苏联与西方在划定势力范围上未能达成共识，是由于美国总统罗斯福坚决拒绝作出承诺。然而，丘吉尔和斯大林在1944年10月达成的协议在实行时，也改头换面成了苏联用以殖民的方式，而违背了英国签订协议时的初衷。而且让西方国家不安的不仅是苏联的野心，还有苏联的作风。因此我们没有太多根据认为假如罗斯福在这个问题上态度能更友好，苏联就能对他以礼相待。

但假如斯大林满足了西方的预期，结果会如何？在认为他不可能有这样的转变之前，我们有必要回顾一下斯大林在外交政策上一直表现出的实用主义，而经他许可而成立的一个委员会的确也推荐这种做法。对于美国政治学家R·C·塔克这样的实在论者而言，斯大林的性格注定了会出现这样的结果。但是，如果将斯大林外交政策全部归因于他的性格，那又怎样解释20世纪30年代他在政策上有悖初衷的彻底转变呢？也许我们可以谨慎地假设，斯大林在很多方面表现出狂妄的倾向，但他的决策中仍然体现出了实用主义的特点，因此在某种程度上使他能够受到其他人的有效影响。

在西方，以传统方式划分势力范围的建议是由瓦尔特·李普曼（美国）和E·H·卡尔（英国）提出的。明确地提出这个主张是在1943年3月10日的《泰晤士报》上。卡尔在文中提到，“除非东欧得到安全，否则西欧也谈不上安全。而东欧的安全只有在苏联军事力量的支持下才有可能实现”。他继续说道：“英国和苏联应该密切合作——任何一个开明而公正的人都不会否认这样一个明显而中肯的事实。”他还特别强调，如果“英国的边境在莱茵河，那么在同样的意义上，苏联的边境在奥德河（尽管人们嘴上并没有这么说，但这种说法是很贴切的）”，那么伦敦方面和莫斯科方面应该由衷地达成无条件的协议。

这样一篇引发了很多争议的文章，自然也会对莫斯科有所影响。并非巧合的是，仅过了一周，1944 年 3 月 31 日，在外交部副人民委员利特维诺夫的主持下，一个筹备和平条约和战后建设的委员会成立了。早在 9 月 21 日调查程序完成之前，利特维诺夫 8 月 4 日就开始构思他的调查报告；11 月 15 日，他提交了报告。自从 1939 年 5 月被解除人民委员职务以来，尽管利特维诺夫在美国因珍珠港事件参战后担任了驻美大使，但斯大林仍然没有对他给予信任和尊重。假如斯大林决定和西方国家发展更为密切的关系，他会再次需要利特维诺夫；因此，他活了下来。他一开始就因为信任西方国家而被开除了。莫洛托夫是绝不会有这项罪名的。不过，在国际关系问题上，斯大林不会排斥任何可能的选择，这也促使他成立了利特维诺夫委员会。诚然，这个委员会只是做了些外国剪报，除此之外没有别的情报资料，其相对低下的地位也是事实。不过，利特维诺夫的敏锐和 20 多年的苏联外交经验仍然有其价值。利特维诺夫认为，苏联与英国之间的长期对抗，与其说是由于意识形态的差异，不如说是围绕亚洲边界发生的帝国主义争端。换句话说，利益冲突并非无可挽回，而是可以进行协商的。在他看来，沙皇时代如此，苏维埃时期也是一样。至少从 1920 年开始，他就一直持有这种观点。而正是因为他处理外交事务的这种非意识形态方式，让他与苏联的主流思想发生了不一致。利特维诺夫在 20 世纪 30 年代关于集体安全政策的失败，就说明了他与主流思想存在着不可逾越的意识形态鸿沟。不过，利特维诺夫希望能够在反对希特勒德国同盟的短暂共同利益基础上，建立一种持久的结构。他感到战后最危险的对抗来自英国和苏联，因此认为双方应该达成一种协议，进而实现对欧洲的盎格鲁–苏维埃共同统治。

很明显，利特维诺夫所谓的势力范围与英语国家所说的有着同样的含义，因为他引用了李普曼和《泰晤士报》上卡尔的文章作为论据，来说明同盟国的行动应该采取这个方向。“这样的协议是能够实现的。”他写道，

> 但条件是在睦邻合作原则下对欧洲安全范围作出某种界定。苏联在其中是最大利益范围的拥有者，应该考虑芬兰、瑞典、波兰、匈牙利、捷克斯洛伐克、罗马尼亚、巴尔干半岛的斯拉夫国家以及土耳其。英国的势力范围则无疑包括了荷兰、比利时、法国、西班牙、葡萄牙和希腊。

他还建议与英国在伊朗、阿富汗等地的势力进行调解（并对其利益作出一定让步）。

这种模式符合卡尔在《泰晤士报》社论中的提议。但是，这位令人尊敬的、通常还颇具权威性的英国外交政策喉舌人物，不再代表官方意见的取向。事实上，西方国家对此都不乐意。由于重大外交决策都需要议会参与这种政治体系的束缚，美国人也坚决避免这样的做法；尽管当 1944 年 10 月丘吉尔访问莫斯科时，英国似乎正在按照利特维诺夫的路线行动。不过，当时斯大林已经派兵进入了罗马尼亚和保加利亚，局势不可逆转。利特维诺夫在后来的谈话中暗示，他认为苏联与一次真正的良机擦肩而过；假如民主国家早一点有所行动（最好是在苏联还没强大起来时），协议也许就能实现。

假如斯大林和莫洛托夫作出了这种选择，而不是将自己的体制强加于那些被解放和占领的国家，“冷战”是否能就此避免呢？允许东欧其他国家对国内事务自行管理很可能会让西方国家相信，苏联并不打算用武力来扩张共产主义。而这也就证实了卡尔的断言：这种革命的雄心壮志在战争结束时就已经偃旗息鼓了。而且，正像 20 世纪 20 年代那样，西方很有可能会担忧苏联支持中欧和西欧的共产主义革命，其原因在于战争使物质资本遭到严重破坏，社会与经济陷入极大的混乱。这样的形势难道不正好是社会动荡因素的温床吗？这会导致希腊出现那种革命吗？在法国和意大利，对共产主义党派大量可观的投票，也清楚地表明了西欧舆论的倾向，英国的工党政府当选也是如此。此时，苏联红军占领地区展开的苏维埃化运动显然打破了人们认为革命不会再爆发的想法。

当然，事情不总是一帆风顺的。令人吃惊的是，利特维诺夫的建议中忽略了德国，而德国恰好是伏罗希洛夫委员会简报中的主题。在很多方面，德国都是东西方分歧的关键因素。斯大林坚信德国的命运不应该不经苏联表态就让西方国家来决定。而且，就算不是斯大林，他的拥趸中也有人怀抱十月革命后十几年的古老希望，认为红旗可以一路插到柏林。要确保莫斯科在德国问题上的决定性地位，唯一的方式就是保持军事占领的状态，而如果不能保证波兰境内通信安全，又如何确保和维持这种占领？假如波兰人可以自行选举政府或随意发动军事政变，其当权者无疑会敌视苏联在波兰的利益，那么又如何保证得了通信安全？

有一点似乎是肯定的，不管东欧是否实现苏维埃化，同盟国内部仍然会就德国问题发生争执。无论是斯大林还是沙皇掌权，都会发生这种情况。但这也说明，关键问题在于东欧的苏维埃化不仅仅是针对长期安全问题的地理政治学式的回应。许多人都曾为此百般努力（包括卡尔和利特维诺夫），但无论如何，我们也无法从国际关系中剔除意识形态的因素，代之以 18 世纪和 19 世纪下半叶有关力量平衡的机械论哲学。在这个意义上，正如格拉德温 · 杰布所说，“冷战”也许确实是不可避免的。

第八章
“卡梅洛特”的继续

假如约翰·F·肯尼迪还活着会怎样？

黛安娜·孔兹

请不要遗忘
曾有一个地方
在短暂辉煌的那一刻
它被叫做卡梅洛特

——《卡梅洛特》①

① 《卡梅洛特》，1967 年上映的电影，讲述了英国历史中著名传奇人物亚瑟王的故事。卡梅洛特是传说中亚瑟王的宫殿所在地，象征了繁华灿烂的境地。——译者注

VIRTUAL
HISTORY

“冷战”结束了，列宁的塑像轰然倒地，而约翰·F·肯尼迪的形象（尽管不乏污点）却仍然完好如初。在他死后，一个关于波托马克河上卡梅洛特王朝的传说就在人们心里生了根。这个神话在很大程度上从肯尼迪家族和肯尼迪政府传播出来，约翰·F·肯尼迪在其中俨然就是一个身着现代服装的亚瑟王，而他的顾问团就是现代的圆桌骑士，而杰奎琳·肯尼迪则是他高贵的圭尼维尔王后。最近人们发现，肯尼迪的私人生活绝不是亚瑟王式的，但他作为“公众人物”的声望——一位年富力强却遭到枪杀的伟大总统——并没有遭到什么质疑。

有关肯尼迪的传说中，最持久的一种说法是：假如他还健在，美国绝不会陷入越战的泥淖。这种想法并不令人吃惊。那场发生在美国人丝毫不了解的陌生国度里的战争，严重削弱了民主党的力量，也让很多美国人开始质疑民主的价值。这并不仅是因为在战争中美国第一次成为显而易见的输家，还因为美国在这场战争中的角色十分丢脸，1975 年春天最后一批美国人不光彩地从西贡（今胡志明市）撤离。这一切引发了一场强烈反对现行体制的运动，造成了美国社会的深刻分裂。如果人们能相信越南战争惨败不是因为美国的计划不合时宜、构思欠妥，而是李·哈维·奥斯瓦尔德的个人错误导致的，那生活就美好多了。

许多看似体面的人都很支持肯尼迪神话。比如，前任总统顾问麦克乔治·邦迪和罗伯特·麦克纳马拉等人都认为，肯尼迪会在1964年总统大选后终止美国的军事承诺。不如他们体面但名气更大的电影导演奥利弗·斯通在电影《刺杀肯尼迪》（1991年）中提出，正是因为肯尼迪打算命令美国军队撤离越南，一群军火制造商和军官联合密谋（或许还得到了林登·约翰逊的支持）安排人刺杀他。

肯尼迪神话的形成还有一个国内的因素，即美国社会内部在种族问题上始终存在着分歧。肯尼迪及其弟弟罗伯特对美国黑人持有一种独特的同情。毕竟，是杰克[①]让民权运动得以开始。1963年8月那场激动人心的华盛顿游行在美国人心里还记忆犹新，至今各个种族的美国人仍然怀念着肯尼迪兄弟。人们认为，如果杰克还活着，美国南部的第二次重建也许会硕果累累，而不是像过去30年那样充斥着鲜血和种族隔阂。

童话故事是用来满足孩子们的。历史学家应该了解真相。事实上，约翰·肯尼迪是一位平庸的总统。如果他再次连任，20世纪60年代的联邦民权政策不会有多大成效，而美国在越南的境遇也不会有多大改变。他悲剧性的被刺身亡对于美国历史进程来说，并不是一个悲剧。

肯尼迪神话的起源

约翰·菲茨杰拉德·肯尼迪生于1917年5月29日，他的名字显示他

① 美国人对约翰·肯尼迪的昵称。——译者注

拥有双重的爱尔兰血统。他的祖父也叫约翰·菲茨杰拉德，是从新教徒后裔的上层美国人夺得政治权力的第一代爱尔兰政治家之一。哈尼·菲茨（约翰·肯尼迪的曾外祖父）曾于1906~1908年、1910~1914年两度担任世界上最爱尔兰化的城市波士顿的市长。他天生就是一个政治家，但由于与一个叫图多斯的23岁香烟女郎传出丑闻，被迫退出公共生活，他的女儿罗丝则在天主教妇女崇尚家庭生活和奉献精神的世界里，成长为一个家庭主妇。

在波士顿爱尔兰移民社会阶层中，肯尼迪家族处于较低的地位。帕特里克·肯尼迪是酒吧老板的儿子，后来成为当地的政治家和权力掮客。他的儿子约瑟夫·P·肯尼迪进了美国最古老的大学哈佛大学。但约瑟夫·肯尼迪在剑桥市的求学生涯与新教徒后裔出身的西奥多·罗斯福、富兰克林·罗斯福完全不同。这两位罗斯福在回忆光辉的学校生活时，精英学生俱乐部占据了重要地位，而这些俱乐部对约瑟夫·肯尼迪来说是大门紧闭的——爱尔兰天主教徒在这些地方不受欢迎。两位罗斯福在早年就已经将政治作为自己未来的事业。相形之下，尽管约瑟夫的父亲和岳父都是政治家，但他更想去挣大钱。1912年毕业后的20年里，约瑟夫在经济上的发展是不断向上的：银行家、钢铁商人、电影大亨、私酒贩子和股票市场上的投机家。1929年春夏之交，他明智地抛售了手里大多数的华尔街股票，因此在经济崩溃时全身而退，拥有的财产足够让他获得社会地位和政治权力。20世纪20年代，约瑟夫还对波士顿和纽约社会嗤之以鼻。1932年，他在民主党总统提名时力挺富兰克林·罗斯福，希望能够因此有所回报。作为当时新成立的证券交易委员会主席，约瑟夫从“偷猎者”摇身一变成为“警察”，规定禁止他人用他曾用过的欺诈手段来挣钱。尽管接下来的海事委员会主席职位让他不甚满意，但他还是尽量地运用自己在政界的影响力。他在重建官僚政治方面取得的成功，外加他“做得好不如让人家觉得好”的行事观念，为他在公众中赢得了稳定支持。

为了奖励约瑟夫·肯尼迪的突出业绩（同时也为了让他远离华盛顿），罗斯福在1938年任命他为驻英大使。由于从小就生活在新教徒后裔美国人对爱尔兰人的歧视里，约瑟夫对于成为第一任被派驻圣詹姆斯宫的爱尔兰裔美国驻英大使颇感得意。和他一起去伦敦的还有罗丝和他们的9个孩子。最大的孩子小乔自然被父亲选中来实现下一阶段的政治成就——小乔也会踏入政界，而且会不顾一切地往上攀爬。而与兄长相比，显得孱弱多病的杰克成了家里人取笑的对象。但肯尼迪家族的孩子都是在一个原则下长大成人的：成功就是成功本身，不代表任何一切；为了成功要不惜任何代价；不要有任何偶像，除了家族自己（即肯尼迪家族）。对于为什么这个家族如此渴望政治权力，这里不进行讨论；只是我要指出，对于他们来说，权力的回报就是权力本身。在这种观念的影响下，1960年杰克发现埃莉诺·罗斯福（富兰克林遗孀）并不喜欢他时，就认为其原因在于"她不喜欢我父亲，而且无法忍受事实证明他的孩子比她的孩子要优秀得多"。他从没想过，埃莉诺有可能是因为政治立场的不同而不喜欢他。毫无疑问，这个家族的自我崇拜就道德而言是还不错的优点，但民主原则的基础在于为思想而献身，并非拘泥于血缘之情。尽管肯尼迪家族成员们认为自己是华盛顿、杰弗逊和罗斯福的继承者，但他们显然更接近美第奇家族。

杰克的事业反映出他所接受的教育和培养。哥哥小乔死于战争，他因此难以推卸地成为了继任者。他照着小乔的轨迹，遵从父亲的安排，在1946年成功进入了国会，1952年成为参议员，1960年当上了总统。至今仍然有谣言坚称肯尼迪势力在大选中的成功是通过"窃取"得来的。据说，库克县庞大的民主党势力首领、芝加哥市长戴利截留了芝加哥对民主党的大量投票，直到伊利诺伊州对共和党投票数清点完毕才公布。结果，芝加哥票选中对肯尼迪的支持使得这个州转而支持起民主党候选人。另外，也有人注意到，得克萨斯州的票选结果也让该州稍稍偏向肯尼迪和约翰逊，副总统候选人林登·约翰逊的盟友们也进行了暗箱操作。但表面上看，每场选举都是家族努力的结果，包括罗丝为民主党女士们举办的茶会，弟弟博比出色的协调指挥，还有最重要的——约瑟夫的资金。有其父必有其子，杰克的激情平均分摊给了权力和女人。约瑟夫征服的女人不仅有名人（如影星葛洛丽亚·斯旺森），还有他子女的那些普通朋友。他儿子则范围更广，包括玛丽莲·梦露，传说中的纳粹分子、东德间谍，黑手党情妇，他朋友的妻子以及他妻子的朋友。

第二次解放

美国的民权运动在肯尼迪时代达到了顶峰。运动的发起者——非洲裔美国人希望获得在一个世纪前南北战争时期被否定的法律和宪法权利。1954 年，联邦最高法院在布朗诉教育委员会一案中判决宣布隔离设施不合法，由此在美国南部诸州掀起了主张改革和反对改革的激烈争论。在这个判决的支持下，非洲裔美国人前所未有地团结组织起来，摧毁了学校、公园、公共汽车、住房和公共场所体现双重制度的种族隔离设施——这些设施曾经是美国梅森-狄克森线（宾夕法尼亚州和马里兰州之间的分界线）以南诸州的特征。同时，南部的白人也紧密团结，决定捍卫“我们的生活方式”不受任何威胁。时任总统的德怀特·艾森豪威尔个人并不希望联邦最高法院推翻国家原本支持的隔离政策。1957 年，他极不情愿地向阿肯色州小石城派出联邦军队，以便在解除中央高中校园中的隔离设施时维持治安秩序。当时已经是参议员的肯尼迪批评了总统派兵的做法。当时拍摄的联邦军队用枪指着愤怒父母的照片，为苏联的宣传提供了极佳的素材。

1960 年的竞选中，肯尼迪一方极力避免让民权问题成为争论焦点。但 10 月 19 日，马丁·路德·金在试图解除亚特兰大里奇斯百货的种族隔离时，遭到地方警察的逮捕。金后来很快成为了民权运动最杰出的人物。其他示威者被保释出狱，但 6 天后金却被宣判处以 4 个月监禁。人们完全有理由担心金会在监禁期间被杀害。副总统、共和党总统候选人理查德 · 尼克松相信金“是被冤枉的”，但由于从法律角度看这个问题过于微妙，他拒绝对此进行干预。罗伯特 · 肯尼迪当时是他兄长杰克的竞选主管，他作了些努力让杰克给金的妻子打电话表示慰问。结果，1956 年投票支持共和党的金以及他的父亲、支持尼克松的老马丁 · 路德 · 金牧师都改变了立场。老路德 · 金牧师宣布：“我有一箱子宣判，现在要全部带给肯尼迪先生，倒在他的衣兜里！”鉴于非洲裔美国人一直对林肯的党派心怀感激，尼克松原本指望能获得他们的支持，但他的希望落空了。

1 月 20 日，在不同寻常的寒冷天气里，肯尼迪发表了他的就职演说。他号召美国人“为迎接黎明肩负起漫长斗争的重任”，“不要问国家将为你们做些什么，而要问你们能为国家做些什么”。尽管马丁 · 路德 · 金并没收到就职仪式的邀请，但他上百万的追随者认为肯尼迪的激昂言论是在号召他们的行动。1961 年春天，种族平等协会成员发起了所谓的“自由之行”运动，目的是要考察联邦法院在 1960 年 12 月裁决（即无条件对州际旅行者解除种族隔离设施）的实施情况。当他们到达南卡罗来纳州的岩石丘时，一群白人暴徒暴打了“自由之行”队伍中一名 55 岁的白人。随后，在亚拉巴马州的安尼斯顿，形势一片混乱。一群白人伏击了两辆巴士，在“自由之行”成员绝望地试图避开着火巴士时，这些白人对他们进行了猛烈的攻击。5 月 15 日，有关这些暴行的照片迅速传遍了全世界，肯尼迪遭遇了他的第一次民权危机。他气恼自己没能控制住“自由之行”，同时也由于他们给共产主义宣传攻势创造了机会而大动肝火。肯尼迪与弟弟罗伯特（当时的美国司法部长）商谈后得出了两个结论：首先，“这整个事件和涉及到的人都是烫手山芋”；其次，尽管不情愿，但联邦政府还是得站在“自由之行”一边。肯尼迪按照一贯的做法，试图在他认为的两个极端（民权示威者和否认民权者）之间寻找中间道路。总统最希望的是避免在这个问题上出现任何对峙——无论是和非洲裔美国人还是和南部的白种人。

尽管身负政治责任，肯尼迪仍然不愿意介入这个问题。国会中最有势力的就是南部的民主党人。由于南部实行的是根深蒂固的一党制，因此形成了一股强大的势力，足以影响到手握实权的国会委员。南部这些所谓的“迪克西民主党人”有能力阻碍肯尼迪想要实行的任何一项法令。他的办法不是与之争论，而是收买他们。比如，他按照南部参议员提议的，将最坚持种族隔离主义的律师派往亚拉巴马州联邦法院。总统力图避免的就是对道义的呼吁。他认为美国尚未准备好处理民权运动领袖提出的日程，希望黑人们能采用更为坚忍和低调的方式。美国的黑人在为平等权利等待了一个世纪后渐渐不耐烦的情绪是可以理解的。他们不愿接受总统的日程安排，而是不断地迫使肯尼迪面对民权问题。1962 年，空军退伍军人詹姆斯 · 梅雷迪思提议废除密西西比大学里的隔离措施。第二年，一些志愿者试图废除亚拉巴马大学里的隔离措施。在这两个事件中，对于哗众取宠地主张隔离主义的州长们（比如密西西比州的罗斯 · 巴涅特和阿拉巴马州的乔治 · 华莱士），总统最初都是迎合态度，而没有派出联邦军队。他左闪右挡，试图避免像以往总统那样向人们发出总统的号召。他自己并无什么道义，也就不会为了美国而发出什么召唤。

但民权问题是不会消失的。正当肯尼迪兄弟思考怎样选择时（其中最为重要的是政府是否应该提交一份新的联邦民权议案争取国会的通过），他们用了一个令人吃惊的情报收集系统。美国联邦调查局局长J · 埃德加 · 胡佛在调查民权运动中是否有共产主义的涉入时，窃听了金的律师、法律顾问斯坦利 · 利维森德的电话。当胡佛首次向他名义上的上司司法部长提议继续监听时，罗伯特除了同意别无他法。联邦调查局局长手里握有关于杰克性生活的资料，这让总统和司法部长只能对其言听计从。尽管肯尼迪兄弟没有利用金的性生活情报（其实肯尼迪的癖好也和他差不多），但这让他们更不愿意与金打交道。最后，亚拉巴马州长乔治 · 华莱士的戏剧化举动迫使肯尼迪在电视上发表关于民权问题的讲话，而这个主题是他一直以来想方设法回避的主题。针对华莱士在位于塔斯卡鲁萨县的亚拉巴马大学校门前表明的姿态，总统不得不在全国性的节目上作出回应。1963 年 5 月 21 日，他发表了 18 分钟的讲话，呼吁林肯精神，最后他还发出了白人不可能忽视的一个道义号召。一周之后，肯尼迪要求国会通过一项主张废除公共住房种族隔离制度的民权法案，其中还包括了联邦实施条款。电视讲话的代价立刻显现了：6 月 22 日，政府为《地区开发法案》提出的无关痛痒的拨款法案在众议院以 209 对 204 的差额被推翻。差额的产生来自 19 名南部民主党人和 20 名共和党人，他们在肯尼迪的民权演讲后都对议案投了反对票。

事实上，肯尼迪提出的立法议案在国会也被长期拖延，直到 1964 年才成为法律。而且是肯尼迪的去世才使其得以通过。因为暗杀事件的发生使得一个热衷并重视民权问题的总统取代了一个不关心这个问题的总统。约翰逊来自得克萨斯一个贫困的家庭，他对各种族的贫困人群都怀有一种本能的责任感。他相信 1964 年民权法案、1965 年选举权法案中体现的理念和原则。此外，在立法方面，他也很有手段促使这些法案在国会得到通过。约翰逊并不是个幼稚天真的人，他知道对法案的推动将使自己失去“坚固的南部”的支持——民主党将在美国南部地区失势。然而他使出浑身解数，将肯尼迪最初的民权提议变成了 1964 年的民权法案。他毫无疑问是当时同辈中最富天分的参议员。他轮番应付参议员，软磨硬泡，终于将持续了 80 天的阻挠势力击垮。1964 年总统选举时赢得多数派支持让约翰逊坚持到了最后。在那场竞选中，约翰逊发动了“消灭贫困之战”，目的是“通过向每个人提供体面、有尊严的生活的机会”，赶走贫困和匮乏。第二年，他的法案在国会得到通过，计划变成了现实。同时，他还引入和实现了选举权法案。这位来自得克萨斯的总统对美国贫穷的下层人民表示了同情，而富有家庭出身的约翰 · 肯尼迪绝对做不到这一点。只有这样一个经历过贫穷和歧视并愿意付出巨大政治代价来处理这些问题的总统，才有可能让美国社会中出现权利和财富的再分配革命。

肯尼迪永远不会像约翰逊一样为了民权问题用自己的政治未来冒风险。我们可以想见，假如他还活着，在 1964 年很可能会遭遇一场比约翰逊面临的更为艰苦的战斗。即使最后他获得了胜利，他也不会像约翰逊那样不顾政治筹码地去推动民权法案的通过。肯尼迪会按一贯的作风，对各种选择的利弊仔细衡量，这样一来，非洲裔美国人将无法从法律、道德和经济上获得支持。而正是由于他们获得了这些支持，20 世纪 60 年代的美国社会才有可能发生那样巨大的变化。

美国最漫长的战争

美国对越南的介入开始于 1945 年。此时，英国对法国在印度支那的帝国主义统治实际上采取了赞成的态度，而华盛顿方面决定对此不表示反对。美国这场介入持续了 30 年，直到共产党军队占领了西贡，最后一批美国人才很不光彩地撤离。

这场战争是"冷战"时期美国在亚洲与共产主义的第三次交锋。1949 年，毛泽东带领中国共产党成功地建立了新中国。许多美国人长期以来都认为美国和中国之间存在某种特殊的关系，而富兰克林 · 罗斯福则将中国提到与苏联、英国、美国一样的地位，认为它是控制战后世界的"四大国际警察"之一。在此后的 20 年里，民主党都因为"谁丢了中国"这个问题备感困扰。随后，在 1950 年，美国在亚洲自此遭遇了共产主义。朝鲜战争让杜鲁门政府卷入了一场美国人难以想象的战争中。在一场残酷的持久战中，美国决定向法国提供重要的援助，因为法国为维持对印度支那的控制已陷入了极为困难的境地。阵亡的美国人达 50 000 名，而朝鲜的局势却仍然维持原状，这成了民主党政府的又一个污点，杜鲁门关于扭转战争局势的豪言壮语随之销声匿迹。

1954 年，英国和苏联共同主持召开了日内瓦会议，宣布老挝为独立、中立的君主制国家。日内瓦会议还试图就越南战争达成某种协议。法国放弃了对越南的控制权。胡志明领导的越南独立同盟已经击垮了帝国主义军队，获得了北部地区的临时控制权。南部地区拒绝接受越南保大皇帝的领导，转而支持 1955 年 10 月 26 日建立的一个共和国，其领导人为吴庭艳。日内瓦协议号召 1956 年夏天在全越范围内进行选举。艾森豪威尔和国务卿杜勒斯考虑到胡志明作为民族主义领袖的威望以及北方地区人口较多，必然会导致共产党赢得选举，因此极力鼓动吴庭艳取消这次选举。艾森豪威尔没有向越南派兵，但他在任期间的美国政府延续了原属法国的责任：训练越南军队，向越南提供资助。1961 年，吴庭艳政府在美国对外援助对象中已经名列第五，位于南越的美国大使馆也是世界上最大的大使馆。美国提供的资金被部分用于难民的安置。在美国的鼓励下，约有 100 万人从越南北部逃到南部。这一大批逃难者都是天主教徒，因此对与他们有共同信仰的吴庭艳表示支持。而在吴庭艳的庇护下，这些人在当地享有的地位高于占当地人口大多数的佛教徒。

吴庭艳也求助于美国的天主教团体以及“中国游说团”，这个团体在蒋介石 1949 年逃往中国台湾后，狂热地促使美国对他提供支持。需要注意的是，杰克 · 肯尼迪是美越友好协会组织者之一，他在 1956 年解释道，“越南是东南亚自由世界的基石、中流砥柱，意义举足轻重”。吴庭艳是顺化皇宫里一名官员的后裔，和肯尼迪一样对家族有着至高无上的信仰。他的兄弟之一吴庭儒极端偏执，是个瘾君子，掌管着国内安全部门，其中还包括人人惧怕的国家警察部队；另一个兄弟吴庭俶是顺化天主教会的大主教；还有一个兄弟吴庭练是驻英大使。他的嫂子吴庭儒夫人成为了政府的主要发言人，但令美国人大感失望。

20 世纪 50 年代盛行的反共产主义思想，让公认的民主党候选人在竞选总统职位时不得不与外交政策领域的右翼势力发生争执。肯尼迪对艾森豪威尔的外交与国防政策提出了强烈的批评。这位年轻的马萨诸塞参议员指出，曾经当过将军的老迈总统正在让美国的声望衰退、国防力量变弱。他总结道，这很有可能让苏联在“冷战”取得胜利。同时，在与尼克松的电视辩论中，肯尼迪也批评艾森豪威尔政府在中国金门和马祖岛的问题上对中国共产党过于软弱，而且还让古巴落到了共产党的手里。这种军事态度在肯尼迪的就职演说中也有所体现：

> 让每个民族都知道，无论它对我们怀有善意还是恶意，我们都会承担一切代价和重负，不畏任何艰难，支持一切朋友，反对一切敌人，从而保证自由的存在和胜利。我们宣誓要做到这些，并且还要做得更多。

刚赢得选举，肯尼迪就得知艾森豪威尔的确曾制订过一项反对卡斯特罗的计划，即由中央情报局支持策划政变。肯尼迪对这份计划秘而不宣，不过他将为此后悔不已。1961 年 4 月 17 日发动的“古巴入侵计划”失败，成为了肯尼迪政府遭受的最严重的挫败，导致美国及其领导人显得软弱无能。6 个月后，柏林危机似乎更加表现出美国的虚弱。苏共中央委员会总书记赫鲁晓夫与民主德国领导人瓦尔特 · 乌布里希决定围绕西柏林修建一圈高墙，这个挑战让西方世界无言以对。赫鲁晓夫显然在维也纳峰会上已经掂量过对手，认为它不足为惧。历史学家现在认为，柏林墙的修建实际上表示苏联承认了美国的力量；但在当时，它象征的却是美国的软弱，就像肯尼迪决定接受老挝停火谈判一样。

在美国人看来，老挝问题的处理让越南的处境岌岌可危，同时对于美国来说，它对国际共产主义的对抗也因此显得更有价值。1961 年 1 月 19 日最后一次会晤时，艾森豪威尔提醒肯尼迪，老挝的局势已经严重恶化，恐怕会导致危机。但正如肯尼迪对他的官员们所说的，“如果我们不得不在东南亚进行战争，那就让我们在越南开火”。自1959年以来，南部局势就在持续恶化，在当地活动的共产党游击队南越民族解放阵线已经得到了胡志明政府的许可，开始对吴庭艳政府加大进攻的力度。1960年，越南北部党代表大会再次重申了这个决定。两个月之后，西贡爆发了一场军事起义。吴庭艳的决策让这场起义变得更加简单。他对农民加强了控制，这迅速导致许多人直接倒戈投向南越共产党；而他的“专制手段以及通讯不畅”，也让那些愿意反共的人离他而去。吴庭艳引进了北部的官员来治理乡村，但这些官员很快就将农民贬至近乎农奴的地位，这让他们又想起了法国人的统治，引发了仇恨情绪。在宣传失败后，南越共产党决定在劝说中软硬兼施，西贡政府很快就失去了对农村的控制。

慌乱的肯尼迪政府作出了两个步骤的回应。由于被《时代》等权威杂志指责在共产主义问题上态度软弱，所以总统明白自己必须在越南问题上立场明确——与其说是因为这个国家非常重要，不如说是因为美国无法接受在与国际共产主义的较量中再输一次。总统建立了一支越南特别工作组，由副总统林登·约翰逊开赴越南南部。1961年5月3日，工作组提交报告，建议美国政府“进行军事上的安排，明确地表明支持越南反对共产主义进攻的决心”，同时，工作组还督促美国政府从经济和政治上全力支持吴庭艳政府。一周之后，肯尼迪批准了第52号国家安全行动备忘录，重申美国的目标是通过“一系列彼此支持的军事、政治、经济、心理和政府方面的行动”，防止共产主义者统治越南南部。备忘录还指出，国防部要对“随时有可能开赴越南的军队的规模与结构进行充分全面的考察”。与此同时，华盛顿方面要“尝试增强吴庭艳总统及其政府对美国的信心”。这些行动中的关键在于约翰逊的访越之旅。这位副总统并不属于肯尼迪的小圈子，他于5月11日到达越南，对之进行了36个小时的访问。约翰逊被造访的达官贵人簇拥着，听吴庭艳滔滔不绝地讲述越南南部的历史、艰辛和困难，完全插不上话。最根本的问题在于，美国这位盟友对华盛顿方面的想法并不感兴趣，仅仅关心美国不断增加的援助。尽管约翰逊在西贡公开地称赞吴庭艳是越南的温斯顿·丘吉尔，但其实他并没抱什么幻想。在飞离西贡的途中，有记者问约翰逊，他的评价是否是真心的，约翰逊答道：“吴庭艳是我们在越南唯一的同伴。”他的报告表达出支持该政府的态度，同时还强调，美国有必要帮助南越建立一个军事与经济改革的大型网络。

他的建议是在春天提出的，夏天到来时就已经成了政策。美国政府要员对西方国家处境的不断恶化感到惊恐，更急切地推行这些政策。正如美国国家安全委员会成员罗伯特·科默对同僚沃尔特·罗斯托所说的，“老挝之后，柏林问题又迫在眉睫，此时我们只能全力以赴，彻底清理南越”。

然而，种种建议在其一致目标背后有着各自对战略的不同看法。肯尼迪为寻求一个解决方案，在10月向越南派出了一个专门的实地调查团，由马科斯韦尔·泰勒带队，成员还包括罗斯托和反恐怖主义专家爱德华·兰斯代尔。总统特别交代泰勒，“对东南亚条约组织军队或美军进入越南后产生的可能后果进行评估”。调查报告于11月3日呈交总统，报告极其乐观地建议美国将军事行动升级。总统的使节们都相信一场“赫鲁晓夫所谓的‘自由之战’”一触即发，局势虽然“严峻”，但也“绝非毫无希望”。因此，报告中还建议“美国应调整与越南的关系，由建议转为部分参与……在各个层次上，美国都应该作为朋友和伙伴（而非像有所顾忌的建议者那样）告诉他们应该如何行动”。接下来的12天里，总统及其高级助手、属下一直在讨论美国在越南将要实行的政策。泰勒希望美国士兵能在越南得到部署，罗斯托也持相同意见。国防部长麦克纳马拉则是政府内部的强硬派人物之一，认为“南越一旦陷入共产主义，就会导致共产主义控制势力迅速扩张到东南亚大陆的其他地区，直到印度尼西亚”。不过在督促总统升级军事行动的同时，国防部长也告诫总统：“我们必须明白军事承诺的最大限度……我相信我们可以基本确定美国地面军队最多不会超过 6~8 个师，约 22 万人……”

肯尼迪仍然一如既往地就所有可能的选择征求不同来访者的意见，其中包括 11 月 7 日抵达白宫的印度总理尼赫鲁。8 天后，总统召开了国家安全委员会重要会议。显然，总统对于美国进军越南南部仍然存在疑虑。他在会上提到“他甚至会强烈地反对在一万英里以外的地区用 20 万人的美国军队，来对付 1.6 万人的游击队员。美国已经在那里投入了上百万美元，却看不到任何成效”。肯尼迪还问莱姆尼策将军，在古巴仍然存在共产党政府的同时，如何为越南的扩大军事行动正名。莱姆尼策“很快地补充道，参谋长联席会议即使在此时也仍然认为应该进军古巴”。但正是部分因为美国还没打算进军古巴，1961 年 11 月 22 日，肯尼迪批准了第 111 号国家安全行动备忘录。在征询过国务院法律顾问，确定国际法允许美国向越南派兵之后，肯尼迪同意了泰勒在报告中提出的增加兵力的部分要求。同时，他还批准增加美国对越南南部共和军的后勤供应、人员及设备上的支援，以求改善“军事政治情报系统”，同时增加特定的经济援助“以支持越南南部政府有效进行洪涝地区的赈灾工作与人员的重新安置”。总统拒绝了两种极端做法——要么谈判，要么直接部署美国战斗部队。肯尼迪习惯性地选择了中间路线，将美国的身份由建议者转换为合作者。如此一来，他就将战争进行了美国化，让美国承诺进行军事介入成为了既定事实。未来争论的焦点不是美国是否应该放弃这个盟友。让美国官员备受困扰的问题是：美国是否应该承认自己在应对一场共产主义暴乱时遭遇失败。而转折点已经出现：肯尼迪已经不能回头，此后他和他的继任者都无法全身而退了。

美国向越南派出的顾问在 1961 年 12 月时还是 3 205 人，一年之后已经增加到 9 000 多人。随着装甲运兵车和 300 多架美制军用飞机的抵达，一个经过扩充的反暴动计划“比弗亚普计划”展开了。不过，美国提供的人力与物资都没能扭转局势。到 1962 年底时，越共已经获得了主动权。12 月 12 日的新闻发布会上，总统最多只能说：“我们看不到隧道的尽头，但我必须说我认为这条隧道不会比一年前更黑，在有些方面它甚至开始有些光亮了。”考虑到古巴导弹危机已让美国人再没机会在离美国海岸 91 英里的古巴军事基地上消灭卡斯特罗，总统的这些话显然不是什么好消息。不久，1963 年 1 月 2 日，亚普贝克战役彻底粉碎了美国人的幻想。多年来，美国军队高层始终认为，假如越共放弃游击战术转而进行阵地战，南越政府军就能够获胜。在美国顾问约翰 · 保罗 · 范恩的召集下，1 200 多人的南越精锐部队被美国直升机送到亚普坦泰村，试图俘获一台越南共产党无线电发报机。在那天，3 名美国顾问和 61 名南越政府军士兵战死。而越南共产党在击落 5 架、击伤 9 架直升飞机后，带着毫发无伤的发报机顺利撤离。更糟糕的是，南越政府军将军拒绝下令让手下人进攻。正如《纽约时报》记者戴维 · 哈伯斯塔姆写到的，西贡的美国官员对局势的这种突变感到迷惑不解。

越来越多的美国人将原因归为吴庭艳政府的失败。吴庭艳认为，假如南越政府军指挥官听从美国顾问的意见，对越南共产党采取密集猛烈的进攻，他的政府无法承担这样做产生的政治后果。相反，南越领导人命令前线指挥官避免扩大遭遇战，结果就造成了在亚普贝克的溃败。而且，虽然吴庭艳口头上答应进行政治、社会和经济改革，但 1962 年里他反而开始镇压他的批评者。他听从了那个形迹诡秘、日益癫狂的兄弟吴庭儒提出的建议，驱逐了 CBS（哥伦比亚广播公司）和NBC（国家广播公司）的记者，禁止销售《新闻周刊》。这暴露出美国在与这个盟友打交道时的挫败和无奈。整个“冷战”期间，美国常常不幸地遇到腐败的盟友。

越南南部政治形势在 1963 年 5 月也决定性地恶化了。吴庭艳的天主教少数派政府和占总人口 80%的、满怀仇恨的佛教徒之间长期存在的敌对情绪，终于在 5 月 8 日爆发为公开的对抗。佛诞日当天，当地警察使用了催泪弹，拿起棍棒和枪械，试图阻止佛教徒升起有宗教象征的旗帜，以致庆祝活动演化成了一场血腥的骚乱。据美国官员报告，有6名儿童和2名成人在骚乱中死亡。警察的镇压引发了进一步的抗议。佛教徒原本只是想争取与天主教徒同等的宗教自由权利，但吴庭艳坚持认为“越南南部民族解放阵线和越南共产党正在利用这种局势”，拒绝作出让步。双方的对峙在6月11日达到了顶峰。73岁的和尚释广德在西贡的一个交通繁忙的十字路口自焚身亡。突然间，地方冲突转变成美国的危机。肯尼迪自己也认为“历史上没有别的照片能像这张照片一样让整个世界震惊”。在华盛顿方面看来，更糟糕的是，吴庭艳拒绝接受美国建议对抗议者作出让步。与佛教徒的谈判毫无结果，又有一名和尚自焚。吴庭儒夫人在8月1日对CBS新闻频道表示，佛教徒只是“用进口汽油拿这个和尚做了烧烤”。国务院指示美国大使弗里德里克·诺尔廷建议吴庭艳把他嫂子逐出越南，因为白宫对现行南越政府的改变不抱任何希望，而在美国顾问看来，这个政府只有作出关键性的改变才能赢得战争。

美国的答案很明确：再建一个政府。正如国务院所得出的结论，“我们不知道吴庭艳是否真的会做那些为了维持他的政权而应该做的事情”。华盛顿方面断绝了与这个它长期援助的家族的关系。美国外交官告知南越副总统，美国将在吴庭艳失势后对他加以支持。美国总统此时签署了第249号令，再次选择了一条中间道路，既不同意美军从越南全部撤离，也不主张全力进行军事斗争，仅仅是建议增加军事援助与顾问的数量。肯尼迪还选择了强硬派人物、共和党人亨利·卡伯特·洛奇二世担任美国大使和总统特使，并在8月15日与他会面时提到“吴庭艳政府显然已经走向末路了”。肯尼迪的决定将他的预测变成了现实。当然，吴庭艳政府长期以来始终处于一次次未遂政变带来的无尽烦恼中。但到8月，当最严肃的一次请求遭到拒绝后，南越的将军们耐性尽失，洛奇提前同意发动政变。

肯尼迪试图从战场传回的混乱报告中理出头绪，于是他在9月向南越派出了两个调查代表团。参谋长联席会议主席泰勒再次出现在代表团里，随同他的还有国防部长麦克纳马拉。他们情绪乐观地回到美国，向总统报告说，如果进展顺利，数量已达 1.6 万人的美国顾问也许就能在 1965 年全部撤回美国。泰勒和麦克纳马拉还建议到年底时先撤回一个 1 000 人的工程营。10 月 11 日，肯尼迪同意实施两人的建议，但下令不得公开宣布部队在实行撤离。美国与吴庭艳的关系仍在继续恶化。吴庭儒已经在公开抨击美国，认为美国对援助的削减已经“让越南开始出现瓦解”。华盛顿方面不断地听到谣言，暗示吴庭儒正在与共产党接触。南越政府军再次试探美国，希望美国能明确对可能的政变的态度。同时，在南越，认为自己的地位相当于总督而不仅仅是总统特使的洛奇，一方面对南越政府军中持不同政见者表示着支持，另一方面通过一系列私人电报不断地向总统汇报情况。10 月末，肯尼迪最关心的就是“控制和停止”，即保持对政变局势的控制，如果事态恶化还可以矢口否认。最终，11 月 1 日万圣节时，事情按照预期的那样发生了。南越政府军按照美国编写的“脚本”，占领了西贡政府。“脚本”里并没要求他们处死吴庭艳、吴庭儒，他们拙劣地谎称二人是自杀。总统因为他们的死颇为不安，尤其在得知美国原本可以保住他们的生命时。然而，在准备 1963 年 11 月 22 日下午进行的一次演讲时，总统打算警告美国人，他们“不能厌倦”支持南越这项任务，不管这个决定会是多么“冒险和昂贵”。

假如肯尼迪还活着会怎样？

当肯尼迪在演讲那一天身亡后，这个国家决心要在这位总统墓前表示格外的崇敬；而实际上这位总统活着的时候，他并没有受到特别的尊敬。将约翰 · F · 肯尼迪当做神话般的人物，受到肯尼迪家族的大肆鼓励，因为他们要让借助杰克的死来开拓他弟弟的事业。尽管罗伯特在兄长死后一段时间里仍然支持战争，但 1968 年初林登 · 约翰逊对战争的升级，让罗伯特随时都可能遭到质疑，于是肯尼迪家族的宣传机器开始掩盖他过去的表现记录。在6月罗伯特遭刺杀以后，神话已经形成了：假如肯尼迪还活着，他就会从越南撤军。

然而，正如我们已经看到的，并没有真正严肃的历史证据来支持这个假设。比如，大多数资料都来自肯尼迪在1963年9月与美国最受尊敬的电视记者克朗凯特的会谈（这段会谈还专门被安排在30分钟晚间新闻前的时段播出）。肯尼迪决定用这段会谈向吴庭艳及其兄弟施压，他解释道："总之这是他们的战争。胜利还是失败都是他们的事。"总统随后在全美直播的电视上明确地告诉吴庭艳他应该怎样处理国内的事务：停止镇压性质的反佛教徒行为，改换政策与人事，否则将失去美国的支持。同样，11月14日，肯尼迪在他最后一次新闻发布会上，将"我们的目标"规定为"把美国人带回家，并允许南越作为一个独立而自由的国家继续存在"。但就在两个月前，他曾在另一个广播节目上说，"我们不应该撤离"。这个声明更符合他一直实行的政策。这类矛盾的言论只是反映出肯尼迪在面对错综复杂的选择时感到了焦虑。艾森豪威尔此前面临过，后来的约翰逊和尼克松也不例外。这4位总统都发现，要抽身而退并彻底抛弃南越是不可能的。

肯尼迪留给约翰逊的是一个有毒的酒杯。政变领导人已经证明自己比吴庭艳更无能；1月29日，在中央情报局的支持下，第二次政变推翻了原来的政变者。泰勒促使麦克纳马拉"撇开强加给自己的、已对我们形成限制的那些约束条件，大胆地采取那些可能会冒更大风险的行动"。尽管约翰逊已觉察到美国在不断增加投入时有可能面对的风险，但他还是发现被卷入了自己所担心的战争扩大化。战争一旦失败，美国国内就会产生强烈的对抗反应，出于这种恐惧，加上对多米诺理论的相信，约翰逊选择了将战争升级：1964年，国会通过了总统的《北部湾决议》，决定不再限制战争投入；1965年，第一批美国战斗部队抵达；截至1967年，美国在越南的军队已经超过100万人。

然而，假如杰克·肯尼迪还活着，他就发现自己喝的几乎是同一个毒酒杯里的酒。是他的两项决定使得这场战争被美国化。1961 年，他大幅增加运往南越的人员和物资，将美国的身份转变成了合作伙伴。两年后，他又决定积极推翻吴庭艳政府，这显然再度加深了对南越的介入，并有可能继续深入。吴庭艳的愚蠢在于他没有遵从美国为他开出的获胜妙方，为此还丧了命。这是一场肯尼迪输不起的战争。吴庭艳的死让美国注定要对南越负责到底：肯尼迪的手已经沾染了鲜血，他不可能从这场战争中脱身了。1963 年他决定不撤出军队也暗示了战争不可避免地将要升级。作为一个根基尚不牢靠而且想保证自己和兄弟政治前途的总统，肯尼迪绝不敢走一步连尼克松都不会走的棋——后者在其他的决策上都曾有过态度上的逆转。

如此，我们就面临了一个重要的反事实问题，它是肯尼迪神话的拥趸们很少能想到的：假如肯尼迪还活着并参加 1964 年总统大选，他能否胜出？答案可能是肯定的（尽管他相对约翰逊的胜出优势并不明显），但前提是他维持了他对越南的军事承诺。因为反共产主义是 20 世纪 60 年代国内政治的一个普遍现象：政治家们对此已习以为常了。我们很容易遗忘这样一个事实，截至 1968 年，已经有 3.6 万美国人战死在越南，大学校园的反战游行一浪高过一浪。但在民意测验中，仍然有一半美国人认为应该增加对越南的投入。如果再早 4 年，肯尼迪很有可能遭遇共和党右翼势力的领导者巴里·戈德华特。（尼克松在 1962 年竞选加利福尼亚州州长失败后大发雷霆，因此受到了排挤；东部集团的候选人纳尔逊·洛克菲勒因为离婚和轻率再婚，也不再为共和党所接纳。）如果旁边有戈德华特的密切关注，肯尼迪只要对共产主义有一点心慈手软，就会被戈德华特察觉，因此肯尼迪必须不断重申自己的承诺，不论他是否愿意。

即使在 1964 年以后，肯尼迪似乎也不太可能减少美国对南越的支持。他会作出约翰逊在选举年作出的那个决定（而且是根据手下的建议），所以同样将面临约翰逊在1965年面临的压力。他必然也会像约翰逊那样在每个环节都采取中间路线。他会拒绝军方要求的升级规模，但不会寻求达成和平条约。对于战斗部队，他的领导和约翰逊的领导并不会产生什么不同。如果的确有什么不同的话，那就是肯尼迪会许下更可观的承诺。因为肯尼迪骨子里更倾向成为一个外交方面的总统，和约翰逊相比，他在国内事务处理上表现平平。为了自己在历史上的地位（更不用说他兄弟的政治事业了），他绝不会冒政治上的风险，作出从越南撤军的决定。

肯尼迪偶尔会考虑反对向越南派遣美国战斗部队，这种说法也并不能说明肯尼迪或许根本就不会派兵。和许多高层官员一样，总统会将进出自己办公室的人作为征询不同意见的渠道。可以说，肯尼迪的决策几乎算是全面而完美的。但事实是一旦越南的矛盾激化，他也看不到什么出路。所有人中，肯尼迪最不可能放弃当时在美国的主导信念——美国必须进行“冷战”。这是他自己培育出的一个信念。简而言之，他将始终抱着这样的信念。

正如诗歌里所说的，约翰·F·肯尼迪的任期是短暂的，但却谈不上辉煌。而且，假如他还活着并获得连任，情况或许也不会有什么变化。不可能提早从越南撤军，也许很可能不会出现“伟大社会”[①]。

现在，美国人也需要放弃自己的一个偶像了。

① “伟大社会”是美国总统林登·约翰逊所实施的社会经济改革纲领。——译者注

第九章

没有戈尔巴乔夫的1989年

假如社会主义阵营没有瓦解会怎样?

马克·阿尔蒙德

伟人时常被埋怨
他们尽责不够。
他们则回答：我们原本可以
大肆作恶，但我们却没有。

——乔治·克里斯托夫·利希滕贝格

VIRTUAL
HISTORY

我们应该记住，没有任何专家事先预料到1989年柏林墙的倒塌，或者1991年克里姆林宫永久性地降下红旗，这是现代历史上鲜有发生的。伟大革命与帝国崩塌后留下的废墟总是让人震撼，其规模之巨开始引诱人们去寻找这背后根本的、长期的原因。不过，寻找历史变化的深层原因是职业历史学家的通病。有时候，发生的事情也不必然如此；或者说，只有到了发展晚期，它才变得不可避免。

1989年秋天发生的戏剧化事件离我们还很近，以致我们还无法对之作出恰当的分析，但有一点已经很明确：西方注定会在与这个共产主义国家的对抗中胜利这个神话完全站不住脚。如果真如他们所说，那么西方未来所有的敌人都注定会因其内部矛盾而遭受羞辱性的失败；但这种观念太过一相情愿，难以服人。不管怎样，自从1989年弗朗西斯·福山信心满满地发表《历史的终结》以来，反复无常的命运已经好几次戳中了这种自我满足感的痛处。现在谁还能自信地说民主终于取得了胜利？对当时很多观察家来说，1989年东欧剧变的突然与彻底似乎证实了分布在其体系内部的溃疡已经侵蚀了它的关键器官，令它奄奄一息。

普遍产生的不满情绪并不能解释东欧政权的瓦解。这种情绪一直都存在，只是被遏制了。问题在于，当公开抗议活动开始时，为什么形势有所松动却没有得到迅速的遏制？人民或许是历史中值得同情的角色，但1989年他们就像是一大批临时演员（这是经常出现的情况而不仅限于革命时期），其乖张的表演转移了历史学家与其他观察家的注意力，没能关注到真正的形势。毕竟，如果1989年中欧发生的事件让人们想到了1848年短暂的“人民的春天”，1849年的发展自然也是不难想象的。从很多方面讲，20世纪90年代在中东欧第二轮自由选举中，其共产主义政党重新掌权潜在地说明了事态的进程恰如1849年那样，不同的只是在于没有采取暴力形式，而且速度也放缓了很多。1989年的巨变严重缺乏组织性，各国的不满分子都没有足以撼动整个社会的手段——只有波兰的团结工会是个例外。

关于1989年，真正的问题是：为什么共产党政权的警察、士兵和民兵一枪未发？它的“利剑与盾牌”这次出了什么问题？更重要的是，为什么克里姆林宫消极地放弃了社会主义政权，并对数十年的对手北约打开了大门，任其社会经济制度或许还包括军事力量进入这个地盘？为什么苏联上层放弃了中欧？即便是在1989年，平息公众抗议并不需要太大军力。雅鲁泽尔斯基将军在1981年用来对付团结工会的最强武器也不过是高压水枪。8年后在东德，蔓延至全国的示威游行者们是手无寸铁的。

这让我们注意到一个更基本的问题：戈尔巴乔夫在1985年的改革是否真的有必要？如果20世纪80年代中期的苏联领导人不是他，会实施根本不同的政策吗？是不是除了改革就别无出路？只有武断的决定论才会坚称戈尔巴乔夫的出现是因为他不得不出现。哪怕戈尔巴乔夫自己采取了不同的策略，结果也可能有重大变化。戈尔巴乔夫取消了审查制度，西方学者因此不得不面对自己长久以来对苏联社会问题及其供需矛盾形成的谬见与自圆其说；而在此之前，学术界与当时政府对于苏联体制的意见又有多大的不同？“开放”与“改革”10余年后，我们已经很难再回忆起当时的看法。然而，如果像一些西方人最初所担心的，戈尔巴乔夫能够随意地操纵公众舆论（在见到戈尔巴乔夫之前，科尔总理将他的宣传手段和戈培尔相提并论），那么大多数西方的决策者与评论家都无法看到这些问题，它们将会被继续掩盖下去。狂热的里根派“冷战”主义者曾试图让人们注意到这些问题，但这反而削弱了它们在“公道的”学者与政治家眼中的重要性。与此相反，1980年塞韦林·比亚莱什等专家则在《时代》杂志上正告广大读者，苏联是第一个能同时提供“枪炮与黄油”的国家，它在生活水平与军事实力上都将与西方国家不相上下。1984年，J·肯尼思·加尔布雷斯以其经济学家权威的身份深信不疑地宣布，苏联的人均劳动生产率高于美国。一年后，社会主义者戴维·莱恩指出：

> 如果对公民而言，合法性在于心理上的认同……那么苏联的体制与西方的体制一样是“合法的”。对它的理解必须考虑到它自身的历史、文化和传统。现实世界是不存在“真正的”民主的。苏联政权正得到越来越多的支持，也不再需要用高压手段来维系自己……我们不应指望戈尔巴乔夫或苏联其他领导人作出激进的改变……这是一个团结一致的政府：它的决策没有受到（公开）质疑……它是一个被接纳的政府，它的程序和结构都为民众“理所当然地接受”，因此是合法的。有组织的政治异议分子很少公开露面，英美的共产主义者也是如此。

直到1990年，美国著名的苏联问题专家杰里·霍夫也仍否定“苏联正在失控”的看法。他认为：

> 这种看法仅仅反映了1989年政治发展中出现的新鲜事物，并不是一种严肃的判断……这个国家将要四分五裂的说法也是没有根据的。美国

人并没有经历过以语言为基础的种族骚乱，因此对苏联出现的现象有过度的反应……比较来看，在多民族国家中苏联是比较稳定的……1989年的动荡局势对戈尔巴乔夫很有利……也从经济上给他带来了好处。

这里采用以上引述并不是因为它们有什么高见（事实正好相反），而是因为它们代表了西方那些可能的知情者共同采用的一种语言套路。

意识形态（及其理论专家）的末路

从某个角度来说，戈尔巴乔夫的举动让共产党内部大多数人都丧失了信仰，但用宗教信仰的类比来解释苏联共产党的失败其实是有误导性的。毕竟，共产党是一个由上百万平凡人构成的政党。

支持对意识形态的终结是戈尔巴乔夫的一个巨大的错误。鉴于西方长期以来都呼喊着口号，要求苏联解除对西方知识界意识形态的武装，对于克里姆林宫来说，嘴上谈谈“趋同共存”是有利的，但如果付诸实施则无异于自杀。然而戈尔巴乔夫却将这作为其主要的政治论调。1988年12月，戈尔巴乔夫在联合国发言时提到了布尔什维克革命70周年和即将到来的攻占巴士底狱200周年，他这样说道：

在很大程度上，这两场革命形成了目前仍然在社会意识领域中流行的思维方式……但今天我们面对的是一个不同的世界，因此必须制定一条不同的发展道路……我们已经进入这样一个时代，只有在人类的普遍利益下，进步才有可能实现……引导世界政治的也应该是人类的普遍价值观。

事实上，苏联体制的稳定从本质上要求与西方世界断绝接触。由于戈尔巴乔夫和克格勃相信苏联必须在西方标准下与之进行竞争，但又试图维持其固有的控制力，他们错误地实行了一系列的灾难性举措，动摇了原本停滞而稳定的基础，结果没有任何真正的收获。当然，列宁多次提到过，在重压之下，革命者最好的路线就是撤退到一个更有利的位置，但戈尔巴乔夫日益增长的压力却是自我施加的。苏联内部司空见惯的冷漠氛围或许会让政府觉得沮丧，但很少会导致政府垮台。

毫无疑问，1989 年变化的真正动力来自体制的内部，尤其是来自秘密警察。戈尔巴乔夫与克格勃的关系已有详细的档案记载，而他欣赏的东欧改革者们都与克格勃有来往，或者直接沟通，或者通过自己的安全部门进行联络。比如，罗马尼亚的伊利埃斯库 20 世纪 50 年代在莫斯科求学时期，就曾被招入克格勃，尽管他极力否认那时曾见过戈尔巴乔夫。另一位改革派共产党领袖汉斯 · 莫德罗，既是德意志民主共和国的最后一任共产党总理，也是隐蔽在东德秘密警察中的大改革家马库斯 · 沃尔夫的密友。此外，现在很清楚的一点是，1989 年 11 月 17 日在布拉格发生的关键性事件涉及到了一种典型的挑衅。由于不满分子无力挑起足够的不满情绪劝说共产党领导作出改变，秘密警察只能自己组织游行抗议。当然，许多学生受到临近民主德国事态的影响而参加了游行（这让人想起 50 年前那场反纳粹抗议游行）。但最主要的事件即所谓的“大屠杀”，其实是刻意上演的。学生马丁 · 施密德实际上并没死，而且他还是一名秘密警察便衣。他所谓的“被殴打致死”引发了后来布拉格的群众大游行和强硬派的倒台。

不过，多党民主制在操作上是有难度的。这也是斯大林偏爱人民民主的原因，在这种制度下，所有的党派都要承认共产党的“领导角色”，甚至连波兰和民主德国名义上独立的党派也不例外。不过在 1989 年，当突然有机会真正发挥作用时，这些“阵线党”就像匹诺曹一样活了过来。实际上，在多党选举的条件下，这些党派此前懒散消极的领袖们完全有理由扮演独立的角色，与共产党保持距离——从1989年3月苏联第一次差额选举、6月波兰大选，到第二年有争议的民意调查引发的骚动，也都出现了这种现象。

到1989年秋天，事态已经很明显，仅仅将昂纳克及其亲密同伴撤职已经无法平息民主德国民众新发起的抗议活动。随着政府一步步退让，游行规模扩展至全国。昂纳克的倒台并没有促生一个成功的共产党改革派政府，而是令民众受到鼓舞最终推倒了柏林墙，连同这个国家。当改革进程威胁到沃尔夫·莫德罗集团实施伪民主体系的计划时，莫德罗开始设法将其他与秘密警察有关联的改革派共产党人安排进政治决策层。律师、暗探格雷戈尔·居西就是其中之一。1989年11月21日，莫德罗对秘密警察头子们说："居西就属于等着我们调动的那种聪明人。"

不幸的是，所谓的这些"聪明人"无法胜任工作，至少民主德国的情况是这样。一旦政府产生动摇并开始玩起权谋政治，伪装和操纵就失去了作用，这很大程度上是因为戈尔巴乔夫和沃尔夫都低估了民族主义与德国马克对民主德国人的双重吸引力。为了私利，这些想要操控大权的人聪明反被聪明误，被接下来的事件打了个措手不及。勃列日涅夫这只精明的老狐狸绝不会天真或过于自信地认为，克格勃在让人们获得自由后还能让他们对自己俯首帖耳。玩弄帝国命运最后却一无所获——这实在是种非常特别的政治智慧。

关于戈尔巴乔夫，公平而论，他的失策主要归因于他缺乏与现实的接触。最高领导人的光环与特权（尤以他在克里米亚半岛弗洛斯镇的豪华宅邸为代表），让他对苏联的现实一无所知，因此与西方领导人的接触并不能让他产生对自己的质疑。在他们的赞美与吹捧中，戈尔巴乔夫相信了自己的宣传——这是一个他之前的领导人从未犯过的错误。在几代领导人将苏联安全地领至超级大国的地位后，跃跃欲试的戈尔巴乔夫掌管了船舵，让苏联径直撞向了岩礁。

经济危机的政治

这么看来，部分原因或可归结为戈尔巴乔夫个人的理想主义，但从来没有一个纯粹的理想主义者能爬上中央政治局的最高位置。戈尔巴乔夫再三宣称的苏维埃爱国主义不仅表达了真正的社会主义信念，而且也反映出他相信苏联必须继续扮演超级大国的角色。他一相情愿地认为苏联可以在技术能力上与美国竞争，这种想法促使他改变了自斯大林时期以来已被公认可靠的国内政权结构。西方仿马克思主义（Marxoid）学者坚持认为国内政策是政治的基本要素，但作为克里姆林宫领导人的戈尔巴乔夫出于对国际地位的迷恋，公开指责国内的停滞状态对体制造成了威胁。克格勃里掌握了西方技术先进程度的顾问和专家也都支持他的这种看法，但他们没有意识到，至少要在几十年后才可能会出现试图直接和苏联进行军事对抗的美国政府。事实上正相反，西方国家十分愿意看到苏联及其体制以一种不具威胁性的形式继续存在。

颇具讽刺意味的是，戈尔巴乔夫打破了停滞状态，却也让苏联失去了一个绝佳的机会。原本苏联可以不作什么努力就能在国际力量格局中获得有利位置。他对经济改革的狂热尝试实际上破坏与扭曲了苏联本身的经济结构，情况变得比勃列日涅夫留下的烂摊子更糟糕。

民主德国的经济在 1989 年崩溃了吗？简单地说，是，但这是从资本主义的角度来回答的。当然，在损益的意义上，数年来民主德国一直在走下坡路。它努力获得硬通货来支付对西方债务的利息，经济方面日益艰难，但为应付西方银行承受的真正压力并非来自苏黎世或德雷斯顿的那些银行家，而是来自克里姆林宫。民主德国要从西方获得新的贷款并不困难。凯恩斯曾有一个著名的说法：假如一个人欠银行 1 000 英镑无力偿还，他会有麻烦；而假如他欠银行 100 万英镑无力偿还，就轮到银行着急了。设想假如民主德国在硬通货债务上持一种“还不了，也不想还”的态度，西方的银行难道还会派出法警吗？显然，他们很可能会重新调整还贷计划并提供新的贷款，最坏的情况也就是把债务一笔勾销。实际上，民主德国在经济上感到的压力来自东方。戈尔巴乔夫想要终止数十年来对“小兄弟们”的慷慨资助。在1973年欧佩克第一次上涨油价后，苏联调整了对东欧阵营的能源价格，但仍然大大低于世界水平。跟东欧阵营内部贸易完全市场化的价格相比，苏联能源价格的上涨并没有让东欧国家过于为难。1989年之后，前社会主义阵营国家在工业与其他经济部门发生了崩溃，这也展示了假如戈尔巴乔夫坚持改革他们会遭到的命运。

波兰和匈牙利与“华沙条约组织”的其他国家有所不同，因为它们在1989年以前就已尝试了自由化经济改革的一些措施。1989年以后，它们就分道扬镳了。波兰采用了最为激进的休克疗法（尽管它并不像其推崇者所认为的那样无所不能），而匈牙利的私有化进程则相对平缓。1989年夏天，团结工会领导的政府赢得了选举，在此之前，尽管雅鲁泽尔斯基及其部长们想方设法奖励和刺激合作制企业和事实上的小型私有企业，但波兰经济仍然停滞不前。为了解除对波兰企业家的束缚，政治改革迫在眉睫——尽管那些带头下海的人往往都是共产党员（他们已经拥有积累多年的资本和广大的人脉）。

不过在匈牙利，巨额的债务并没有随着1990年非共产党政府的当选而消失。1994年匈牙利共和党改革派重新执政后，债务仍然没有消失。匈牙利经济的人均负担仍然比墨西哥还要沉重；政府急于支付债务利息，无暇对少数几个盈利的国有部门进行私有化。但无论如何，匈牙利挺了过来。

市场希望苏联也能挺过来。尽管资本主义市场有其吸引力，但它会犯错，也的确出现过问题。不幸的是（在这里不太恰当地引用拉杰克的党“绝对正确”的声明），错误地顺应市场往往会比正确地反对它获利更大。当然，直到1988年，克里姆林宫首次发行的欧洲债券（10年后到期，利息仅为5%）还被全世界资本家争相收购。瑞士的金融规范机构对这个新商业伙伴相当有信心，竟没有按照惯例要求它公布债务和外汇储备的状况。而正是由于苏联领导人不顾稳定而发起的政治改革，引发了西方借贷者与潜在资助者对苏联的信心危机。

戈尔巴乔夫和总理雷日科夫坚持认为经济互助委员会成员国不应再从苏联以廉价价格进口能源与原材料，而应在内部交易中实行硬通货结账体制。1989 年之前，经济互助委员会的其他成员国在用可转换的卢布体系进行支付时，仍然能够不可思议地避免或消除讨厌的贸易不平衡。苏联领导人随即决定强行用美元取代卢布作为成员国之间的结账货币。这个决定的迅速和残酷让华沙条约组织各成员国的经济面临崩溃的危险。事实上，在市场强令对各国造成全面影响之前，它们的政治体制已经瓦解了。新当选的民主政府不得不接手这个糟糕的局面。

苏联有必要执行这项措施吗？如果再次从纯粹的市场角度来看，这当然是有意义的。苏联对兄弟国家的资助，的确影响到国内生活水平的提高。但是它这么做并不是出于社会甚至经济的需要，而是有政治意图。由于经济资助和军事统治，东欧国家不得不紧密地依附苏联。实际上，它们的贫穷让苏联得以成功地维持其统治地位。假如它们成为市场化导向的国家，以世界通行的价格购买原材料和能源，那么它们没有理由一定要从苏联那里购买。出于经济方面的许多考虑，它们会转向西方的供货商。

因此，苏联对苏维埃阵营国家经济实行改革的尝试将大大动摇现有的政权。东欧那些曾是苏联附属国的国家抵制戈尔巴乔夫的改革，这让他愤恨不平。而实际上，对于是什么在维系着苏维埃阵营这个问题，昂纳克和齐奥赛斯库的认识远比这个斯塔夫罗波尔新贵清醒。苏维埃阵营中一些小成员国的领导人认为在戈尔巴乔夫还是小孩的时候，他们就已经是积极的共产主义者了，所以论事理，他们更明白。毫无疑问，这种观点激怒了戈尔巴乔夫。而讽刺的是，戈尔巴乔夫始终坚持认为自己是列宁和斯大林的直系继承者，是马克思列宁主义真正的阐释者，而他实际上正在一一清除他们留下的遗产。

1991 年 8 月，戈尔巴乔夫集团已造成政权出现瓦解的危险，当他的一些同志试图阻止它陷入混乱局面时，为时已晚。在被监禁释放后，戈尔巴乔夫的举止表现出他本人的幼稚。他没有如很多人期待的那样通过大肆进攻已奄奄一息的苏联共产党来挽回自己的地位，而是大谈共产党在社会重建中的作用。这些尴尬的言论只是证明了他是多么不切实际，而只有西方才把他当回事。

改革加速了苏联在基础设施方面的衰退。戈尔巴乔夫的“破坏”效应使得苏联那些原本还能自行发展的经济领域也遭到破坏，至于提高苏联经济能力以便在高科技方面进行竞争就更不用提了。苏联经济原有的能源与原材料基地在 1985 年令人惋惜地遭遇了管理不善、浪费和偷窃的命运。石油和天然气管道的破裂（人为因素和生态灾难共同导致）在那几年屡见不鲜。即使是曾经的苏联体制对于这些方面也不可能如此漫不经心。（斯大林的确不关心计划与工程的人力成本，但他并不喜欢浪费物质资源。只有在社会失序时，才会灾难性地大量出现对基础设施的漠视。）

尤其从 1991 年开始，苏联的原材料（比如有色金属）及石油、天然气资源遭到了大肆开采，从前的国家管理者在一场对资产史无前例的大肆倒卖中，中饱私囊，贿赂自己的政治后台。这种行为导致世界市场上这类产品的价格直线下跌，而由于新兴的资本主义企业家们无暇填写纳税申报单，国家的生存面临危机。苏联解体后的国家税基不稳，而被大肆倒卖的又都是不可恢复性的资产，生存危机的出现是必然的。尽管人们常常把前苏联资产倒卖的资本主义阶段与美国一个世纪前的“强盗式资本主义”阶段进行比较，但实际上前苏联对资产的廉价售卖与 19 世纪晚期石油大亨与铁路巨头们对管道、铁路和钢厂的全面建设有着明显的差别。后苏联时期的原材料商人其实是在自掘坟墓。

改革与“休克疗法”只是毁了苏联的资产基底和基础设施。它们是否给人们带来了物质上的好处仍待商榷。但是，与斯大林经济模式导致的贫穷经济不同，改革后的经济甚至不足以产生支持政权的力量。僵化的体制也许并不理想，但对于苏联而言确实比改革更有好处。回顾历史，我们会发现它的致命性被夸大了。作为一个足以支持政治与军事实力发展的体制，它仍然在发挥作用。当然，它是否能够让苏联在高端武器方面与西方进行长期的竞争，这还很值得怀疑；但即使在中期，西方国家也不太可能考验苏联的防御能力。不管怎么说，国家控制下的原材料及能源出口将为苏联非法购买技术、保证特权阶层的奢侈生活等传统的做法提供资金。假如每年都有17亿美元流入西方的银行账户和房地产而不会再回到苏联，即便不那么大规模地抛售流动资产，也能提供足够资金来维持苏联内部的稳定。

苏联的瓦解并不是因为客观的经济规范，而是由于苏联领导人的错误分析与期望。国外引发的狂热无疑滋长了这位总书记的自大情绪：假如资本家们能被我感动，集体农庄的农民当然也会被我说服！

西方对苏联瓦解的反应

西方对南斯拉夫解体、俄罗斯进攻车臣的反应说明，苏维埃集团如果仍然存在，欧洲或美国的政府未必会觉得有多遗憾。

正如1991年夏天布什总统在乌克兰最高苏维埃的蹩脚演讲《基辅鸡》中指出的，美国并不希望苏联消失。他在演讲中用了“苏维埃民族”一词，还反复抨击“自杀式民族主义”对戈尔巴乔夫领导的苏联造成的威胁，连乌克兰共产党代表也感到莫名其妙。同时，他的国务卿詹姆斯·贝克三世也一如既往地声明美国绝不会承认脱离后的斯洛文尼亚或克罗地亚。可以说，布什就像共产主义终结时期的梅特涅。他和19世纪的梅特涅一样，努力地维护一个遭到民主主义与民族主义攻击围攻的旧秩序；也像梅特涅一样，这番努力以失败告终。

撇开撒切尔时期的英国不谈（此后的首相梅杰在政策上有所变化），布什的欧洲盟友同样希望看到欧洲能继续保持“冷战”时期的秩序。1989 年 10 月，据说是科尔（联邦德国总理）最亲密盟友的法国总统弗朗索瓦 · 密特朗仍然坚持认为：“那些讨论重新统一德国的人其实一无所知。苏联绝不会接受德国的统一，因为这会导致华沙条约的终结。你们能想象那种局面吗？民主德国就和普鲁士一样。它绝不接受巴伐利亚的玩笑。”在 11 月 27 日，即柏林墙倒 18 天后，科尔对于德国重新统一问题发表了言辞谨慎的演讲，此时密特朗仍然希望克里姆林宫能阻止德国统一：“戈尔巴乔夫会非常愤怒。他绝不会接受。不可能！我不需要亲自反对，苏联人会替我做到这一点的。他们绝不会接受一个德国……”密特朗对于戈尔巴乔夫的反对者同样也持有敌意。1991 年，以他为首的法国政府仍然拒绝承认叶利钦。俄罗斯总统在访问欧洲议会时还遭到了让-皮埃尔 · 科特的训斥，而欧洲议会主席巴龙 · 克雷斯波则郑重告诉他：“我们宁愿要戈尔巴乔夫。”当然，这些都发生在无武装立陶宛人在维尔纽斯电视塔被屠杀之后，俄罗斯军队在巴库杀死几十个平民的不久之前。1991 年 8 月爆发了反对戈尔巴乔夫的政变，此后密特朗在电视上表示，“暴动在第一阶段取得了成功”。他继续提到了“新苏维埃当局”。（当然，后来当叶利钦主使坦克攻击国家杜马或车臣时，西方对他十分关注，急切希望道义上的反击不会削弱他的地位。）

和密特朗一样，欧洲其他的政府首脑都希望由苏联来阻止德国的重新统一，必要时还可以通过武力。比如，意大利总理朱利奥 · 安德烈奥蒂就反对两德重新统一，并主张将坦克开上街道（“有时它们是必要的”）以碾碎维尔纽斯和别的地方那些反苏维埃的游行者。只有撒切尔夫人表现出一定的民主原则，对重新统一表示遗憾，但对柏林墙的垮塌表示欢迎。

科尔总理或许会发现，就在自己家门口发生了难以处理的大屠杀，不过他的反对者无疑会被驳斥得哑口无言——民主德国示威者正威胁着原已缓和的局面，而且正唤醒新纳粹主义对统一德国的怀念情绪。科尔在重建柏林墙之前也许不得不说点大话来应付局面。当然，社会民主党和西德上层知识分子会支持一切镇压莱比锡示威者的行为，将已习以为常的、不可打破的缓和局面维持下去。毕竟直到 1989 年，由于民主德国成立了自己的（非法的）社会民主党，联邦德国社会民主党才开始表示支持，并且开始小心翼翼地与他们在民主德国的“同志”联合办报和举行会议。

在联邦德国，并不存在严肃的政治势力鼓吹重新统一。绿党反对统一。社会民主党甚至在口头上也不会提及这个理想。自由民主党对这个问题避而不答。他们的联合伙伴基督教民主党，因为抢先诱使昂纳克在 1987 年 9 月访问联邦德国而扬扬得意，这是勃兰特和施密特没做到也没有勇气去做的事。阿克塞尔 · 施普林格的《世界报》在 1989 年夏天不再坚持拒不承认民主德国的态度（时机的把握恰到好处），并终于放弃了在提到民主德国时总是加上引号的做法。无论是谁在努力推动德国的统一，都不会是联邦德国。

联邦德国是一个彻底“被渗透”的社会。马库斯 · 沃尔夫国家安全局的情报人员不仅遍布波恩，而且还渗入到了联邦德国经济和文化的核心部门。从总理办公大楼里的秘书到媒体的舆论制造者，四处都是国家安全局的耳目，有必要时还会出动喉舌。如果将安全局在联邦德国的内线全部列出来，其厚度不亚于波恩的电话号码簿，其中有不少是值得一提的。联邦德国国防部长、后来的北约秘书长曼弗雷德 · 韦尔纳的床头电话，就被装上了窃听器。20 世纪 80 年代伊始，弗利克丑闻给联邦德国政治带来一场巨震：据发现，当时政界的许多重要政治家都从弗利克公司商行收取了现金，而发放现金的核心人物是阿道夫 · 坎特，他是基督教民主联盟成员，同时还为国家安全局工作。

维利 · 勃兰特直到 1989 年 9 月仍然对德国重新统一不予考虑，认为这是联邦德国“活生生的谎言”。1989 年 1 月，西柏林新市长瓦尔特 · 蒙佩尔声称，重新统一的问题不再重要。他在与民主德国官员私下会谈时认为，西柏林人对柏林墙最大的不满是禁止他们带着宠物狗去参观民主德国的首都。总是亲切待人的昂纳克删除了他所谓“反法西斯防护壁垒”中的这条太让人讨厌的规定。一个月后，昂纳克的边防卫兵射杀了克里斯 · 格弗罗伊，就像射杀一条狗一样——这是柏林墙的最后一个牺牲品。

在德国，不管是左翼还是右翼，都对波兰有着根深蒂固的仇视情绪。1985 年，勃兰特拒绝会见瓦文萨（尽管他邀请了波兰共产党总理拉克夫斯基参加自己的生日宴会）。由于稳定的局势让联邦德国人日益心宽体胖，德国总理科尔坚决反对任何可能威胁到这种稳定的波兰民众运动。1985 年，他告诉密特朗：“我们将不得不帮助雅鲁泽尔斯基。如果他下台，事情会更糟糕。波兰人总是眼大胃口小，抱着不切实际的野心。”

如果在 1987 年戈尔巴乔夫和谢瓦纳兹真的认为“德国问题不解决”欧洲就无法建立任何正常关系，并由此设想德国重新得到统一，那么戈尔巴乔夫实际上是打开了一扇联邦德国政府中大多数人希望永久关闭的大门。尽管 1990 年科尔很高兴地接受了戈尔巴乔夫奉送的统一，但他一直以来都认为统一是无法实现的。

作为一个政治家，科尔在谈判时很注重与对方有个人感情的交流与接触。撇开他的大块头身材不提的话，他的确与德国主张统一的第一人很不一样：俾斯麦对于国外的政治家绝不会有科尔那样的小资产阶级情绪。1994 年 12 月，在叶利钦向车臣发起进攻后，科尔对叶利钦面临国内危机表示出真实的同情。我们无法想象俾斯麦（或阿登纳）也这样做。此后，科尔对联邦议会说：“对于能和叶利钦建立友好关系，我很骄傲。如果在朋友遭受危难时我拒绝帮助他，我这个人会多么可悲……即使叶利钦犯了错，我也不会现在与他断交。”如果昂纳克的部队在几个月后打垮了反对者，这位 1989 年 6 月造访联邦德国并让许多西德人不安的“戈尔比”[①]还会遭到彻底反对吗？当然戈尔巴乔夫到时候可以“装聋作哑”。（很奇怪的是，里根在危机出现时的困倦状态被视为不称职，但 1989 年 4 月 9 日，当戈尔巴乔夫的特种部队在第比利斯杀人时，他的昏昏欲睡却被认为更加体现出他的仁慈。）而且，如果戈尔巴乔夫在应付桀骜不驯的臣民时遇到了“麻烦”，科尔会不会拒绝像 1994 年 12 月支持（派出坦克和战略轰炸机的）叶利钦那样向他表示支持？我们只需想到，当 1993 年 10 月叶利钦猛烈炮轰国家杜马中（尽管是左翼）的对手时，西方别国对此表现十分欣喜。炮轰刚一结束，克林顿就致电叶利钦表示热情的赞誉：“你变得更强更厉害了。”

西方人接受了这个观点：只有专制政府的改革才能在苏联人的社会中取得成效。苏联人注意到了他们观念改变的速度。当 1991 年 8 月爆发了反对戈尔巴乔夫的政变时，苏联议员加林娜 · 斯塔洛维托娃正在英国。正如她看到的，“第一天，密特朗和科尔乃至整个西方的反应都是见风使舵的。政变一开始我就受到劝告（不过不是来自撒切尔夫人），应该再观望一阵，看看苏联人民是否接受这场政变”。斯塔洛维托娃感觉到西方领导人无法想象一个民主的俄罗斯，更不必提一个解体的苏联：

> 他们也希望苏联出现一种强势的统治。他们认为，西方需要稳定，害怕苏联的瓦解。

除了里根和撒切尔，西方其他国家的统治阶层并非由意识形态上的反共产主义者构成。正好相反，1989 年，里根已不再是总统。而如果 1987 年戈尔巴乔夫没有出于同情地邀请撒切尔夫人访问莫斯科，或许她的执政生涯也不会延续至 1990 年。或许尼尔 · 金诺克会就此上台。他在 1989 年 11 月仍

① 西方国家对戈尔巴乔夫的昵称。——译者注

然急切地希望，“如果有必要，应该秘密地”与继昂纳克之后担任民主德国共产党领袖的埃贡·克伦兹达成协议。克伦兹在政治态度上更为温和，很有张伯伦式托利党人的风格（后来发生的事情也证明了这一点）。

最后的石油危机

苏联危机中的一个重要因素是石油价格的猛跌。戈尔巴乔夫的外交政策旨在安抚人心，并鼓舞油价的下跌。然而，苏联的石油收入也因此大幅减少。这种政策背离了苏联大国利益的要求，也忽视了20世纪80年代后期局势中的各种可能。

设想一下：假如萨达姆·侯赛因在1990年侵略科威特时得到了坐拥核武器且仍然好战的克里姆林宫的默许，情况会怎样？如果戈尔巴乔夫支持联合国对巴格达的制裁，要让科林·鲍威尔将军去支持一场针对伊拉克的常规战争就会相当困难。美国是否会冒着核战争风险将萨巴赫王室从被强制退隐的危机中拯救出来送往它在西方的豪宅？即便里根1988年连任到期后美国仍然维持其军事上的开支，布什（或杜卡基斯）会冒核灾难的风险阻止萨达姆控制中东石油储备的最大份额吗？这是极不可能的。我们要记得，1991年1月参议院在对沙漠风暴行动进行投票时赞成和反对的票数多么接近。在战略条件不利的情况下，爱德华·肯尼迪参议员这样的灾难先知一定会至少再投出三票，从而坚持制裁决议。

即便作如此的推断，也不能充分揭示这个可能性背后的意义。假如里根政府执政8年来的万亿美元赤字没有导致苏联在裁军政策上的重大变化会怎样？事实上，通过在坦克和SS-20中程导弹上大把投入资源，苏联的军工企业原本可以度过20世纪80年代——正如我们已经知道的，苏联解体后，大量的资本流出说明它仍然拥有充足的原材料，这些原材料从此都变成现金流入了西方的银行。如果联邦赤字和贸易逆差继续扩大，同时又没有任何地缘政治成果加以平衡，我们很难想象公众会支持布什或另一个共和党人成为里根的继任者。或许到1990年夏季中旬，美国军事会开始经历一轮后里根时代的国防开支削减。由于苏联仍然存在的威胁，美国不会冒险将军队、坦克和飞机从西德调往海湾（它在1990年就是这么做的）。美国军队很可能没有充分的物资储备在与萨达姆作战的同时保护北约。对以色列介入的反对声至少会像在1991年时那样强烈。谁会想此时再对阿拉伯世界全面宣战呢？

海湾战争有可能会被拖得更久一些。战争导致的能源价格高涨则会有利于苏联经济的稳定。为了开采传闻中苏联拥有的石油、天然气，西方的一些石油公司很有可能会毕恭毕敬地请求克里姆林宫允许在里海或哈萨克斯坦地区建立合资企业。而为了避开萨达姆在中东地区对石油资源的钳制，西方也许不得不以更高的价格购买苏联的能源——甚至还要提供管道技术。尽管1981年波兰颁布的军事管制法引起了美国的抗议，但德国人因已达成协议的缘故，必须通过一条从西伯利亚经过波兰的、由苏联共青团志愿者与其他劳动者铺设的管道进口天然气。为什么石油的输送不能使用这同一个管道？谁会拒绝这样一个既能在欧洲建立合作关系，又能避开中东紧张局势的机会呢？

苏联的普通公民们自然会穷困潦倒，甚至人均寿命也会下降。不过，他们虽然没从1985年或1991年开始的改革中获得什么好处，但也没有反抗的意图。财政收入的增加至少可以让克里姆林宫满足上流社会对西方消费品的渴求。特权阶层的几百万成员可以获得来自西方的新型录像机、微波炉和汽车，甚至还有一些时髦的服装。更高级的酒（清教徒式的戈尔巴乔夫试图在招待会上全面禁止的东西）则会给苏联的每一处国有别墅增光添彩。事实上从经济角度看，一个新苏联政府更有可能站住脚，这恰恰是因为世界各地局势如它所希望的正日益紧张。石油、天然气和黄金价格会飞速上涨，苏联的外汇收入也会水涨船高。如此一来，它就能充分保证经济和技术方面的间谍活动与对兄弟国家的资助。

戈尔巴乔夫认为紧张局势趋缓是符合苏联利益的，这是一个极大的误区。只有在“两个阵营”的世界格局下，苏联经济这个奇特的生物才可能生存下来。一旦外部压力（这种压力有可能是自发产生的）消失，苏联的新陈代谢就会受到致命的影响。

戈尔巴乔夫走得更远，并且，在80年代中期当西方舆论与大学中盛行单边主义时，他事实上是减轻了西方统治阶层的压力。下一代西方领导者长期以来都受反里根、反撒切尔思想的影响。20世纪60年代之后的和平主义与核恐慌情绪，终于要达到它们的目的了。苏联社会主义阵营由于内部变化而走向了瓦解，使得西方知识界大多数人承认，右翼势力对于“实际存在的社会主义”的分析大都是正确的。假如柏林墙没有倒塌，至少还要再过30年，西方领导人才会注意到苏联在道德上和物质上的衰落。

假如苏联共产主义能一直存活到20世纪90年代，就能正好碰上西方在20世纪80年代末期再次出现的经济低迷，或者还会碰上萨达姆·侯赛因在这些年里可能赢取的胜利。事实上，当苏联社会主义阵营突然衰弱乃至消亡时，人们已经预料到了西方的成功。假如苏联维系住了那种长久以来迷惑和欺骗西方决策者的强力外表，在那个时候还有什么纠纷是苏联不能挑起的呢？谁又能自信地认为它的策略不会成功？

苏联的瓦解并不是由那只操纵历史经济力量的幕后黑手预先决定的。这是一场教科书绝不会提及的激烈竞争。假如苏联还在，各种各样的苏联问题专家和历史学家仍可能会说：“我们告诉过你会这样。”

后记

VIRTUAL HISTORY

虚拟的历史：1646~1996年

尼尔·弗格森

在詹姆斯三世 1701 年 9 月登位的 300 周年纪念日到来之际，我们很容易为此后的现代历史而沾沾自喜。用“事后诸葛”这面透镜来回观过去，我们常常会禁不住假设斯图亚特王朝的胜利是不可避免的——在 17 世纪，它成功地抵挡了在欧洲其他地区造成许多动乱的宗教、政治风暴。我们也许可以说，现在这个世界很大程度上要归功于詹姆斯三世，或许更多的归功于他的祖父查理一世。但历史决定论认为他们的功绩都已预先注定，这是一个很大的错误。我们绝不应该低估偶然性与机遇（亦即数学家们所说的“随机行为”）的作用。

比如，假如我们再回溯得久远一点——1639 年 6 月查理一世在邓斯洛战役中战胜了苏格兰誓约派，我们会明显看到斯图亚特胜利的偶然性。事后诸葛的聪明再加上对历史的研究，我们知道查理的军队比特维德河对岸的苏格兰军队规模更大，装备供应也更充分。我们也知道国王在邓斯洛的胜利对于誓约派、苏格兰议会和苏格兰教会都意味着致命的打击。然而，查理的指挥官们并不像现在的我们这样对此了解得如此清楚。正如约翰·亚当森指出的，在初次面对莱斯利的苏格兰军队时，霍兰伯爵强烈地希望撤退。

当然，也有历史学家认为提反事实假设的问题没有什么意义。但我们不妨冒险一试。假如查理在关键时刻退缩并和苏格兰达成某种协议会怎样？似乎很明显的一点是，他因此将陷入一个多世纪以来王权所面临的最尖锐的政治危机。他不仅将受制于一个好战的教会与顽固的爱丁堡教会，还会让他在英格兰和爱尔兰的反对者暗中叫好。

当然，在对历史的回溯中，我们知道在查理父亲统治时期制造不少麻烦的那些老清教徒到了17世纪40年代已经所剩无几。曾在17世纪30年代反对查理财政政策的法官们也已经70多岁。但假如查理在1639年没有战胜而归，（我们还可以合理地假设）并贬黜了那些应对这次远征负责的人，或许那些老人们还有时间对他进行最后一次责难。对“教皇的阴谋”的恐惧实际上是危言耸听，并且很快就在三十年战争于1648年接近尾声时消失了。但这种恐惧的顶峰出现在1639~1640年，当时天主教看上去在欧洲大陆很有可能赢得胜利。而且，反对征收造船费的律师们会抓住查理撤军的机会，再次发起抗议，反对不经议会同意提高税收的做法。即使一枪未发，远征苏格兰的耗费也会超过财政部的预期。当然，假如查理能够依靠伦敦的贷款来支付这次失败的远征所耗费的额外成本，问题可能就不那么棘手了。不过，如果在苏格兰失败了，查理与伦敦的关系也会受到严重影响。因此他只有两条路：要么重新召集议会，要么放弃个人统治。

对任何一个持历史决定论观点的人来说，这种退让的结果简直是无法想象的。我们早已习惯地认为斯图亚特王朝成功地压制了清教徒与柯克在法律上的保守主义。然而，这并不必然意味着查理能安然渡过苏格兰危机，使自己的统治又延续了20年，其间维持了国内的宽容氛围和对外的和平关系（这使得人们将这个时代与他的名字联系起来）。正相反，假如他在苏格兰失败，就将导致爱尔兰也出现类似的统治危机。一些作者甚至提出，这也许会导致在 17 世纪 40 年代爆发一场成熟的议会反抗，并使得英国陷入血腥的内战（在此前几十年里，欧洲一直在受到这种内战的折磨）。假如个人统治的反对者能够通过议会的形式找到了表达不满的平台，查理的哪个大臣将首当其冲遭到他们的攻击不言而喻，那就是大主教劳德和斯特拉福德伯爵。我们甚至还可以想象，王室与议会目标的冲突也有可能导致彻底的反叛。

有时被误称为“斯图亚特专制主义”的结果已经引发了人们很多讨论。政府的批评者们（尤其是北美那些保守的清教徒殖民者）声称，威斯敏斯特议会的相对衰弱标志了“自由”在英国的终结，他们也不厌其烦地（错误地）预言劳德有一天会再次把“教皇制度”引入国教。不过，恰恰是因为“君临议会”这个刻板的权威教条的式微，让斯图亚特家族能够有效地处理 18 世纪扩张时必然出现的政治“过分扩张”问题。斯图亚特政体与哈布斯堡并无很大不同，事实上，同路易十四时期的法国相比，它的体制相对松散很多。尽管 17 世纪 40 年代的老一代人满心忧虑，但查理的儿子即位后并不反对伦敦、爱丁堡和都柏林的议会渐渐增强的作用。

然而，正是斯图亚特王朝统治“非专制主义”的本性，使它具备了一定的复原力和灵活性。所谓 1660 年议会的“重建”，并不意味着回到詹姆斯一世统治下的糟糕日子，当时英国下院里挤满了试图抑制王室特权的清教徒。在 17 世纪 60 年代，议会里已经产生了新的一代，对他们而言，那些日子早就是过眼云烟了。尽管对于查理帝国的边界问题仍然意见纷纭（如果换个场合，这足以导致公开的战争），但在让步与胁迫相结合的明智处理下，局面并没有失控。在苏格兰，低地加尔文派和高地天主教徒之间的对抗有时几乎近乎内战，对此，詹姆斯二世仿效他的父亲，向统治苏格兰议会的贵族下放了可观的权力。而当誓约派试图复兴“古老的事业”时，他的孙子查理·爱德华于1745年在卡洛登给了他们决定性的一击——仍然坚持天主教信仰的高地部族对他给予了热忱的支持。爱尔兰则得到了更多的自治权，尽管阿尔斯特的新教居民和爱尔兰其他地区绝大多数的天主教徒之间，也有着类似的紧张关系（自17世纪40年代以来，开放的宗教政策让天主教徒和苏格兰部族一样也从中受益）。

不过，斯图亚特王朝政策最有成效的地方是在美洲。一些激进分子（主要受到法国的自然法则观念的影响）也许会提出批评，认为不断增加的殖民地不应该坚持向一个遥远的英国王室表示效忠。但很多美洲人都同意曼斯菲尔德勋爵的观点，认为殖民地与英国保持的关系就应该"像苏格兰看待英格兰那样"。用丹尼尔·伦纳德的话来说，谈论对国王的反抗"对美洲历史来说比巫术更丢人现眼"。来自加拿大法国人的持续威胁（1763年沃尔夫在魁北克失败后，《巴黎和约》进一步证明了这一点），确保了美洲与英国在外交与安全政策上的一致立场。无论如何，正如1760年本杰明·富兰克林所观察到的，14个殖民地之间的争执，比它们与遥远伦敦之间的分歧更多，因此在1754年，在帝国内部成立一个殖民地联盟的提议并没有得到响应。

七年战争结束后，征税问题的确引发了巨大的摩擦，尤其是1767年的印花税法和"汤森法案"。1769年5月1日，内阁投票以微弱优势通过了撤销这些法案以平息殖民地的抗议，其中还包括了特别不受欢迎的茶叶税。如乔纳森·克拉克所认为的，这似乎证明了"实质代表制"原则的真理性，用托马斯·惠特利的话说，这种原则认为议员们不仅代表自己的选民，也代表"大不列颠的平民百姓"——其中还包括北美的殖民地人民。

1776年，当坚决主张脱离英国的人们拿起武器时，伦敦政府认为有必要采取更强硬的路线。先是豪在长岛和特拉华击溃华盛顿的军队，然后伯戈因战胜萨拉托加的反叛者，最后在华盛顿失策地攻击纽约后，伦敦获得了胜利。这场胜利确保了可能会升级为内战的一场叛乱被扼杀在摇篮里。

但如果政府没有这么做呢？假如它在18世纪60年代仍然坚持征收部分（如果不是全部的话）不受欢迎的税种，情况又会怎样呢？一些历史学家大胆地提出，北美为了独立也许会爆发一场全面的战争，就像差不多两个世纪前荷兰联合省从哈布斯堡王朝统治下脱离出来那样。假如英国在平息叛乱时不够坚决和成功呢？想象查理三世（1766~1788年）丧失他的美洲殖民地似乎有些不可思议，但就像克拉克表明的，这也并非不可能发生。

当然，18世纪80年代斯图亚特王朝地理上的广阔领土并不能掩盖它在经济上的相对衰弱：不列颠岛屿和北美的顺从，毕竟部分是用低税收的代价换来的。我们完全可以认为，正是由于这个原因，斯图亚特王朝才不可能在北美完全地消除法国人的威胁。法国在北美与其他海外殖民地的成功，极大地巩固了波旁王朝的君主制统治。路易十六时期行政的腐败，导致君主的权力渐渐遭到破坏，这种破坏不仅是相对议会（实际上在18世纪70年代议会就已经消失了），也是相对巴黎的平民来说的。由内克尔实施的经济改革结束了这个局面。和在英国一样，18世纪八九十年代，民众在公共生活中成为了显著因素，在食物匮乏时期还曾经造成了很大的破坏。但由于缺乏某种针对王权的制度要求（哪怕是像英国这种有限的议会制度），他们最多只是为了获取便宜的面包而暴动，尽管名义上是为了“自由”。1830年，方式相同而相对无力的城市抗议再次出现；1848年，城市抗议在整个欧洲大陆重现。不过，由于法国中部和北部的日益工业化，与加拿大和路易斯安那的跨洋贸易使得人们生活水平有所提高，19世纪下半叶，没有再出现民众的政治抗议。考虑到19世纪的经济发展，如果再去想象18世纪90年代针对波旁王朝或斯图亚特王朝会出现怎样一种成功的民众叛乱，只会徒劳无功。

无论如何，对当时的人来说，他们更关心的是宗教复兴的程度，而非为了面包发生的骚动。在英国，宗教的复兴是以相对保守的卫理宗形式出现的。在爱尔兰、波兰和苏格兰北部，则出现了意义重大却不那么为人注意的天主教信仰的复兴。但在法国和西班牙，则不时发生毁坏偶像活动（1905 年、1915~1916 年的俄国也有同样的现象出现）。而在中欧，卡尔·马克思以其灾难正在逼近的预言吸引了大量的追随者，但他们并不都是犹太人。1847 年他被美因茨当局逮捕，一生大多数时间都在监狱中度过。他的著作很少能通过当时严厉的审查，但他间接影响了俄国一些东正教徒，尤其是列宁。他的兄弟由于在 1881 年参与刺杀亚历山大二世失败被处决。值得一提的是，如果行动成功，亚历山大那个极端保守的儿子就会即位，而俄国的代表议会（杜马）的建立则会因此延后几十年。修正主义的历史学家们喜欢强调，事实上以物质为基础来划分“阶级”在这种人民运动中起了更重要的作用。

在面临为食物而爆发的骚乱与宗教狂热崇拜时，欧洲的君主制国家有两种应对方式。第一种，他们会尝试就治安与行政管理建立更复杂有效的形式。第二种，他们会和过去一样，通过鼓励移民来把国内的问题转移到国外。

不过，第一种策略常常会表现出一种更强的集权倾向，结果所引发的对中央集权的反对成了最强烈的政治呼喊。一方面，中央集权论者和联邦制支持者都支持提高政府效率，不仅要求集中控制的警察军队与行政机构，还要求中央集权下的税收机构和银行系统——甚至在某些情况下，还要求实行通用货币。另一方面，所谓的“排他主义者”或者说州权维护者想要捍卫他们所认为的传统“自由”。（那些少数热衷法国哲学的人，试图将自己的立场定义为“自由的”或“保守的”，但很快他们就显得过时而古怪。）中央集权论者和排他主义者之间的传统对抗也出现在了英属美洲，集权论者（主要出于宗教原因）希望看到整个美洲大陆对奴隶制的废除，而州权维护者则反对对各州各种传统自由的侵犯。

结果，尽管伦敦的不列颠政府努力在双方间进行调停，冲突还是演变成了内战。不过，由于这类冲突太过频繁，帝国的影响最终使得局势更有利于排他主义者。李将军在葛底斯堡取得了决定性胜利，随后帕默斯顿和格拉德斯通促使北方各州接受了妥协方案，即黑奴被正式解放但没有政治权利（这与当时俄国农奴大体相似）；而亚伯拉罕·林肯的权力则大受限制。这个方案在1865年4月被正式同意，尽管约翰·布赖特和本杰明·迪斯雷利等北方的集权论者和“帝国主义”支持者对之大加挖苦嘲讽。事实上，迪斯雷利曾预言，不自由的劳动制度被默认的持续从经济上是不可行的，而这已经被证明是错误的判断。不过，他也有正确之处，即双方都不会完全忘记内战中的两极分化。如他所言，战后美国的南北分裂日趋严重。

在格拉德斯通及其继任者试图处理爱尔兰的南北分裂时，也面临同样的问题。在这里，问题不仅仅涉及经济（正如在美国，北方实行工业化，南方则以农业为主，尽管他们依赖的是贫穷的农民而不是奴隶），而且也涉及宗教，这主要是因为17世纪苏格兰加尔文派对爱尔兰北部的殖民化。在爱尔兰其他地区，以都柏林为基础建立的教会（劳德实行改革后）与信仰天主教的农民之间出现了更深的裂隙。正如在美洲那样，不断的中央集权化倾向，促使该地区进行抵制进而出现冲突。随着爱尔兰议会力量的增强（在18世纪90年代格拉顿的影响下的稳定趋势），阿尔斯特的新教徒开始害怕自己传统的宗教自由受到威胁。为了避免再次发生内战，格拉德斯通提出了对北爱尔兰实行地方自治的建议——在贝尔法斯特为6个新教信仰为主的郡建立一个独立议会。但这遭到了爱尔兰总理约翰·雷德蒙德的严词拒绝。他认为没有理由让都柏林政府放弃对繁荣北部的控制。伦敦的帝国主义者约瑟夫·张伯伦等人也强烈地反对这个提议。正如阿尔文·杰克逊指出的，直到1912年，阿斯奎思政府才得以实现北爱6郡的有限的地方自治；而且即使是这种有限的自治措施，也引发了天主教信仰的爱尔兰志愿军与新教信仰的北爱志愿军之间的暴力冲突，迫使英国进行军事介入。

19世纪君主国乐意采用的第二种政策——移民，则导致了极其不同的复杂局面。自19世纪40年代开始，上百万爱尔兰人、苏格兰人、德国人、意大利人、波兰人和俄国人都受到鼓励离开故土。俄国人大多东移至西伯利亚。但对大多数欧洲人来说，最有吸引力的目的地无疑是北美。不过，盎格鲁-美国人与法国-加拿大人都对外国大量移民的迁入怀有敌意。这对爱尔兰和苏格兰人来说并不是问题（有意思的是，法国人并不是心情急切的移民）。但德国人、意大利人和波兰人则发现压根儿没有适合自己迁移的殖民地。部分出于被伟大的全球性帝国排除的感觉（以及中欧政府非常担忧农村人口增加的社会后果），19 世纪中期的中欧政治出现重大转变，甚至改变了中欧的版图。

其中最重要的转变之一，就是奥地利和普鲁士达成协议以解决双方的历史分歧，改革神圣罗马帝国，使之更接近于西欧国家——也就是说，实行拥有一个帝国首脑的、相对分权的联邦制。经过长时间辩论，双方最终在 1862~1863 年签署了协议，当时的奥地利国王弗伦茨·约瑟夫提出的计划获得了普鲁士国王威廉一世的支持。威廉不顾憎恶奥地利人的首相俾斯麦的劝告，接受了改革后由弗伦茨·约瑟夫成为帝国的皇帝，条件是奥地利外交大臣永远是普鲁士人——这个让步让俾斯麦迅速改变了态度。结果是哈布斯堡王朝有效地将帝国从伦巴第扩张至吕贝克，从美因茨扩张至梅梅尔——尽管他们在扩张后的帝国里就如英国在美国一样，很多方面的权力都是概念性的，并不是很切实。

在 1854~1955 年克里米亚战争与 1878~1879 年保加利亚战争中，英、法为阻止俄国在巴尔干半岛接管奥斯曼帝国进行的战争，让这个“改革的时代”进展得更为顺利。只要俄国无法控制黑海海峡，德国皇帝就不会反对古老的皮埃蒙特王国和塞尔维亚王国在意大利和巴尔干半岛扩张自己的势力。“爱国主义”（即对自己历史上王国的忠诚感）成为了哈布斯堡王朝活力的源头。一小部分基于语言和文化要求新的“国家”忠诚感的知识分子很少被注意到，尽管现代一些研究“民族主义”的学者认为他们的重要性被低估了。

在这个过程中，最后的输家是法国。俄国在保加利亚失利之后，凡尔赛宫有些人幻想能与英国建立永久性的同盟关系。不错，对于新生的德意志帝国，英国外交部还抱有深刻怀疑，尤其是德国开始实施海军建设与获取殖民地的计划时，它被看做是对英国海上霸权提出了直接的挑战。这或许解释了为什么英德联盟的想法最终未能实现。但由于英国对法国历来有着敌意（英国始终对失去加拿大耿耿于怀），同时张伯伦等帝国主义者在日益认为英国治下的美洲与德国治下的欧洲在文化和经济上有着自然的相近，康邦兄弟等亲英派法国人的希望随之破灭。波旁王朝转而投向了罗曼诺夫王朝（也许这是两个中央集权的君主制国家在外交上的自然趋合）。在大多数英国政治家看来，对法国而言不幸的是，法俄同盟仅仅是进一步印证了哈布斯堡-霍亨索伦王朝对“包围孤立”的忧虑。皇家海军很容易维持它对德国舰队的优势地位，而且英、德两国在殖民地上并不存在真正的摩擦，因此伦敦方面很快就不再担心英、德之间会产生对抗。相比之下，给英国的利益造成更大威胁的似乎是俄国在亚洲的不断扩张。

俄国和法国在军事上的准备，无疑直接威胁到了哈布斯堡-霍亨索伦德意志帝国的安全。这个帝国在结构上高度松散，在劳动力上也缺乏可以匹敌邻国的资源。正是俄、法的威胁，使得20世纪20年代的欧洲大陆总是或多或少地存在着爆发战争的可能。当然，英国外交和军事圈子中，始终存在有影响力的人物认为英国应该与俄、法结盟，以便阻止德国对英国日益增加的威胁（这种看法令人难以置信）。恐德派的英国人诸如艾尔·克罗、始终在敦促英国对法国作出某种大陆承诺，在帝国主义党派的领导人中也不乏持这种看法的人。但是，1905年开始掌权的地方自治党中，亲法派为数并不多。因此，当1914年8月大陆国家之间的战争爆发时（表面上看是因塞尔维亚出现针对斐迪南的刺杀未遂事件而起），威尔士非国教徒和虔诚的地方自治主义者劳埃德·乔治提出的不干涉，赢得了内阁中压倒性优势的支持。这不仅反映了自由党一直以来的和平主义传统，而且也反映出英国人意识到战争在很大程度上是被强加给德国的，因为俄国政府决定以军事而非外交形式解决问题（这一点在后来对俄国历史的研究中得以证实）。虽然地方自治派的外交大臣格雷与第一海事大臣丘吉尔先后辞职，这让阿斯奎思政府一蹶不振，但一旦国王最终同意博纳·劳手下的帝国主义者与丘吉尔、格雷组成政府，这些人也无法对大陆战争的结果形成什么影响。丘吉尔曾后悔地提到，在德国人赢得第二次马恩河战役时才派出英国远征军将"无关紧要，也为时已晚"；对维也纳而言，英国海军的制裁只是提出了一个警告——不要在法国海岸建立任何海军基地。

1915 年德国的胜利及随后的《凡尔赛和约》和《布列斯特–立托夫斯克条约》，对于战争爆发前就熟悉德国政策的人来说并不令人吃惊。除了对法国和俄国政府征收大量赔款以外，帝国外交大臣贝特曼·霍尔维格还创建了一个种海关联盟，包括了法国、尼德兰、皮埃蒙特和瑞典，还有德国自己。尽管形式上它只是一个实行对外关税统一化的自由贸易区，但这个新的组织很快就被英、美观察家称做"欧洲联盟"。从英国的角度来看，其特殊重要性在于说明了德国胜利后的军事影响很有限。为了回报在中非殖民地的获取以及英、美封锁的解除，贝特曼·霍尔维格同意正式承认法国北部和尼德兰的中立。在德国看来，这是一个很容易作出的让步，因为它从没有想要通过在英吉利海岸建立据点来威胁英国的安全。

当然，假如英国如格雷和丘吉尔所愿，在 1914 年 8 月初就有效地介入战争，我们不太可能确定德国的战争目标会是什么。近些年的研究表明，英国的确制订了当德国入侵法国时向法国派出"远征军"的计划。但它们仅仅只是一些应急措施（可能的策略选择），而且正如战前英国政府反复声明的，他们没有对法国作出任何方面的承诺。有时候会有人提出，假如格雷受到哪怕些许的重视，大陆战争或许就能被避免，因为英国对法国的明确承诺可能会让德国人停止军事动员。但这种说法很牵强。一旦俄国人决定开始军事动员，德国人别无选择，也只能做同样的事。假如格雷能够说服内阁同僚们，他也最多只能派出远征军。考虑到远征军的规模，它最多只能阻碍德国人的前进（最坏的情况下则是在马恩河遭遇惨败），但这不足以击败德国。英国的介入只会拖延战争，有可能会让战争延长两年。

对1914年英国参战的反事实假设，并不像我们原本以为的那样难以想象。事实上，当时伊万·布洛赫和诺曼·安杰尔等人已经在战争前充分想象了欧洲大战的可能结果。他们都认为这场战争的经济后果将非常可怕，所以它几乎不可能持久。7月危机时期，格雷自己也警告说，战争可能会导致出现1848年那样经济、社会乃至政治的危机。很多德国评论家则更进一步地指出，战争将颠覆“许多王位”。由于战争历时漫长，我们只能猜测哪个政权会首先崩溃。当时，布洛赫认为俄国也许会比它的敌人坚持更长的时间，因为它的人民已经习惯了比这还大的痛苦。还有不同观点，认为盎格鲁-美洲帝国优越的经济资源将决定性地导致德国的崩溃。最起码，现行的王朝统治都不得不面对史无前例的普遍不满情绪。即使是短暂的战争，也会让交战国作出重大的政治让步。在俄国和法国，在位君主们在1914~1915年的军事失败后都被迫退位。迫于贵族与将军阶层的巨大压力，尼古拉二世不得不让位于他那患有血友病的儿子阿列克谢。甚至在战胜国德国，战后时期德国中央集权党第一次被当做统治政党，让普鲁士的排他主义者备感恐慌。而在英国，将英国拖入战争却无所作为的帝国主义联盟被赶下了台，一个新的地方自治党在1916年的大选中胜出。

幸运的是长期战争的经济恶果总算没有变成现实。正相反，1916年后，尽管商品价格下跌使得农业经济面临的压力日益增长，但工业经济出现了空前繁荣。此外，1913年美国货币体制的成功改革，使纽约繁荣的金融市场得到了英国央行更为密切的监管——英国央行继续掌管着仍以复本位制为标准的全球货币体系。1920年，剑桥经济学家约翰·梅纳德·凯恩斯被任命为英国央行行长（地方自治者以此来回报他《战争的经济后果》对格雷和丘吉尔的开创性抨击），从而开辟了一个非常成功的货币政策时代。正如米尔顿·弗里德曼等人所认为的，假如不是凯恩斯决定在20世纪20年代实行反周期政策，1929年9月世界股票市场出现的小幅下跌也许就会演进成一场严重的经济萧条。

从经济方面来看，凯恩斯正确地指出了英国在1914年的中立比无甚收获的军事介入要更可取。而且，假如英国正式同意采取贝特曼·霍尔维格请求的中立立场，也许就能在战后法、俄对德国的赔款中分一杯羹。不过，对此也有不同的看法（主要来自特立独行的帝国主义者丘吉尔），对远征军没能及时阻止毛奇表示遗憾，并且郑重地表示未来英国将与扩张主义的德国发生冲突。

这一次，丘吉尔是对的。德国从1914年开始就有所改变了。作为胜利的结果，正如贝特曼·霍尔维格所担忧的，权力不断地从君主及其官僚转向了政党：德国中央集权党和两个宗教党派（德国新教党和天主教中心党）。由于在1918年引入了比例代表制，小型的极端主义党派如奥地利煽动政治家阿道夫·希特勒领导的纳粹党，获得了与其规模不成比例的权力。希特勒的主张混合了反犹思想和新的异教信仰，并呼吁德国的新教徒和天主教徒消除长久以来的分歧。新皇帝查理没能在政治斗争中阻止纳粹党执掌大权，希特勒在维也纳大展权术。随后，希特勒在1933年被正式任命为总理，此后德国国内与外交政策立刻发生了转变。

英美政府并没有完全忽视德国侵犯的可能性。1931年，三位即将主导20世纪30年代的部长（北方的赫伯特·胡佛、南方的休伊·朗和苏格兰地方自治鼓吹者拉姆齐·麦克唐纳）在长岛会晤，决定保持“充分”程度的国家安全水平以威慑未来可能的侵犯者。然而，他们对于维持帝国安全的问题并不上心。尤其是麦克唐纳认为自己的首要任务是增加英伦各岛教堂的出席人数；1914年此人将战争看做是对上帝的冒犯，因此谈论帝国的问题对他来说其实会很尴尬。至于胡佛和朗，他们对外交事务毫无兴趣。1932 年，胡佛的反对者在徒劳无功后曾抱怨，美国人忙着享受凯恩斯的“通货再膨胀”与酒精许可的放松，根本无暇顾忌德国和日本。“我们没什么可爱的东西，”富兰克林·罗斯福在广播里说，“除了啤酒。”

因此，当德国真的对英、美发起挑战时，它会发现它们并没作好准备。历史学家当然从没停止提出这样的疑问：假如能早点加强战备，是否就能避免第二次世界大战？不过，这种思路没有考虑到任何独断的政策都可能会遭到强烈的反对。现实的情况是，希特勒领导的集权者们能够将 1916 年建立的联邦欧洲转换为一个日益中央集权化的“领袖国家”，而完全不用考虑英、美的意见。首先，德语国家在 1938 年会自行融合为一个单一的国家。奥地利军队开进柏林会受到热烈的欢迎，摩拉维亚和波西米亚省份则被正式剥夺了它们的传统权利——这都发生在希特勒与英国新任首相克莱蒙特·阿特利（此人在 1937 年麦克唐纳去世后接任首相）的高峰会议之后。其次，1939 年，德国人转向欧洲联盟的其他国家。波兰在 1939 年 9 月被分割，其西部的省份被德意志帝国吞并。第二年，法国和意大利遭到同样的命运。

不过，没人预料到德国在占领巴黎后会立刻进攻英国。实际上，希特勒一直都在暗中为此作准备，因此到 5 月下旬有大量船只集中到了马斯河与斯凯尔特河河口。当德国海军发动进攻时，皇家海军那些老旧的驱逐舰（有些还是丘吉尔在海军部的时候开始服役的）被彻底击垮。面对德国海军以及新型的优良武器（包括英国不熟悉的、第一次世界大战中出现的坦克），英国完全失去了招架之力。5 月 30 日，德国的 13 个师全部登陆，轻易通过了伦敦第一师在谢佩岛和拉伊岛的关键防线。6 月 7 日，德军到达了伦敦郊外。

希特勒在 20 世纪 30 年代曾反复提出和谈的建议，在进攻前又再度提起。假如英国早点接受希特勒的建议，这场灾难是否就能避免？一些历史学家也提到了这一点，而且当时英国也的确有不少有影响力的人呼吁与德国进行谈判。然而，有证据清楚地表明，希特勒的提议并不真诚。从1936年开始，他就在一直在研究如何摧毁英国的力量，等待的只是发动进攻的时机。还有一个同样合理的反事实假设，即英国在1939年提前发动进攻——也许是对波兰。当然，这是丘吉尔的主张。但当时这么做对英国来说似乎是极危险的，不仅是因为英国在军事上并没作好准备，而且德国在分割波兰不久之前刚与苏联政府签订盟约。

那么，其他那些假定对德国的一切抵抗都徒然失败的反事实设想又如何呢？当然，对占领军的持续抵抗比简单的默认（比如海峡群岛）要付出更高的成本。另一方面，丘吉尔与伊登在大西洋彼岸建立的"自由英国政府"，也受到了普遍支持。成千上万的年轻人不顾一切地响应战争的号召。他们中极少人有战斗经验，拥有正常装备的人更少；但他们仍能够坚持以游击战的方式反对占领者。在德军的报复中被枪杀的人质高达上千人。不过，流亡中的丘吉尔认为，只有这样的抵抗才能保证他得到美国总统和官员的支持。在那里，在位于北方的首都的新古典主义风格的环境中，丘吉尔敦促美国全面发起战争。

然而，对经历两次失败才当上美国总统的罗斯福而言，这意味着什么？英国似乎有一个合法的政府。而在德国的压力下，议会宣布爱德华八世的退位无效，他再次登上王位。劳埃德·乔治接受了首相的职位，将一批高层政治家招入自己的内阁，其中包括塞缪尔·霍尔和巴特勒。当然，这个政府明显会屈从于占领军当局、英国的纳粹党高级军官布劳希奇将军的军队。当他抵达英国后，首先就是按照那个臭名昭著的"黑名单"将2 000多名政治上的可疑人员纳入"保护性监管"。然而正如安德鲁·罗伯茨所表明的，在新的总裁威廉·乔伊斯指导下的BBC广播，其宣传相当有成效。1941年，由里宾特洛甫和劳埃德·乔治签订的《英德友好条约》，最终让英国成为了欧洲的一个岛。英国加入了新的"德国–欧洲联盟"，从地理上看，这显然比此前跨大西洋的大英帝国更为合理。无论如何，罗斯福都不会想在大西洋发起对德国海军的战争。

但是，当日本人对英属亚洲地区展开攻击，横扫新加坡、马来西亚、缅甸和印度时，丘吉尔就不得不再次思考了。“假如日本人攻击了珍珠港会怎样？”丘吉尔在他对美国众议院的著名演讲中（提及美国在太平洋上的重要海军基地）这样提问。他还预言式地提出警告，假如美国不行动起来，一道跨大西洋的“铁幕”即将落下。他还指出，据“自由英国”的情报透露，德国的军备暗示着将来会出动海军和空军向美国发起进攻。

不过，在欧洲战胜德国的关键还在于东欧。激进右翼势力与德国保守党在一个关键问题上达成了共识，认为向东欧和俄国进行扩张是战胜美国的前提。事实上这一点是非常容易实现的。俄国人完全有理由怀疑《布列斯特-立托夫斯克条约》赋予他们对从属民族的控制权。而政府面临的真正问题实际上与美国在亚洲的地位受到威胁的问题是一样的——非俄罗斯民族日益增长的对帝国政府强权的敌意。

当然，在1916年，德国人已经通过赋予波兰、波罗的海国家和乌克兰以名义上的独立，开始了沙皇俄国的分裂过程。在20世纪30年代，其他地区（主要是白俄罗斯、格鲁吉亚和亚美尼亚）开始要求更大的自治权。讽刺的是，政府向少数民族作出折中与让步的最强烈反对者本人就是格鲁吉亚出身。但人们忽视了斯大林提出的预警：残余的俄帝国将要毁在恶魔般的外国破坏者手里——很多人认为这是指德国的第二轮进攻。1941年6月，德国人发起巴巴罗萨行动。正如斯大林所担心的、占领区域新长官阿尔弗雷德·罗森伯格所希望的，非俄罗斯民族倒向了德国人。德国将白俄罗斯变成了保护国，同时还建立了高加索联邦和克里米亚的新穆夫提组织。哥萨克人、卡尔梅克人和鞑靼人都被收编入德国军队。至于北高加索地区的车臣人和卡拉恰伊人，德国人给了他们极大的政治自主权。

如迈克尔·伯利所说，罗森伯格的政策并不完全合希特勒的意，更是引起了党卫军元首希姆莱的不满。但显然他们关于东欧民族转换（包括大量人口迁移）的梦想会大量地消耗德国资源，而这些资源对于德国计划中的对美国的战争至为宝贵。只有希特勒最憎恶的人种——欧洲的犹太人遭到了强制迁居和大量的屠杀。当然，多少年来德国当局都否认曾经执行过种族灭绝政策。由于缺乏切实证据，那些在战争期间和战后提到“死亡集中营”的人无法让人们相信这是事实。直到 1952 年德国最终被击垮，考古学家们才有机会发现奥斯威辛、索比堡和特雷布林卡等死亡集中营存在的证据。令人震惊的是，德国实行对犹太人的可怕屠杀并没遇到当地非犹太人的明显反抗，德国的战备也并没受到丝毫影响。事实上在一些集中营（尤其是奥斯威辛）里，囚犯还被法本公司这样的大型工业企业当做奴隶使用。犹太人囚犯（其中包括很多杰出的科学家）也被利用来制造德国的原子弹。希特勒认为这种武器会让他成为世界的主宰者。

假如希特勒一直活到德国原子弹研制成功的那一天，我们很难说会发生什么。很有可能德国会拿原子弹来对付美国。还好这一切没有成为现实。那些德意志第三帝国“巨兽”的、被流放的反对者已预言过它的崩溃，他们相信它最终会由于内部的矛盾而分崩离析。然而，尽管第三帝国向东扩张的过程颇为混乱，但东线政策的激进并非其自我毁灭的先兆。正相反，希姆莱的崛起及他对占领政策的有效接管，给胜利的帝国带来了一种可怕的特殊能量。我们可以假想，真正导致第三帝国灭亡的是 1944 年 7 月 20 日希特勒的死亡——被一个叫冯·施陶芬贝格的贵族军官放在东部前线指挥部的炸弹炸死①。随后的政变遭到了希姆莱党卫军与那些相信戈培尔认为希特勒仍然活着的军队的顽强抵抗。但是，当时厌战情绪已经非常普遍，德意志帝国的大多

① 事实上，希特勒在这次爆炸中死里逃生。——编者注

数地区都漠然接受了新的政权。实际上那些仍然忠于传统宗教信仰的人很欢迎赫尔穆特·冯·毛奇提出的“克莱骚”新宪法（得名于最初草拟宪法的地点），其中最重要的条款就是恢复希特勒以前德国的旧联邦体制。毛奇决定与美国进行谈判寻求和平，受到了公众的欢迎，尽管此前与他一起谋反的战友尤其是哈塞尔对此表示反对。

冯·哈塞尔担忧苏联的东山再起，即历来的“东方威胁”。但在1944年，这类担忧显得过于夸张了。

德国政府意识到哈塞尔警告的意义时为时已晚。它转向了希特勒未使用过但已经完成了的秘密武器。当苏联军队开进白俄罗斯和波兰时，德国人发出了威胁：假如斯大林不撤军，伏尔加格勒将被摧毁。但德国人高估了他们新式武器的威慑力。乔纳森·哈斯拉姆已经表明，在斯大林看来，炸弹只是“用来威吓那些神经脆弱的人”。东欧已经饱受蹂躏，轰炸看上去只不过是虚张声势。军队继续前进。

世界上首次原子弹爆炸与伏尔加格勒被摧毁，显然会成为历史的转折，因为这不仅展现了新的前所未有的武器，而且也在人数众多、士气高昂的常规军队面前暴露出它的局限性。斯大林发现，德国人最多只能在苏联境内投放两枚原子弹，而且还不敢投在自己的占领地上。当第一批苏联军队越过奥德河进入德国，战争差不多就快结束了。恐慌的居民们在戈培尔自杀前不久所说的“亚洲的游牧部落”到来之前，纷纷向西逃亡。

同时，丘吉尔和罗斯福终于获得同意开启了“第二战线”。英、美联军在爱尔兰和苏格兰登陆后，在交战之后将德国人向南赶出了英格兰。一切进展得远比那些悲观主义者（包括总指挥艾森豪威尔）所担心的要顺利得多。但法国海岸线上的抵抗要强大很多。最后，还是因为想到斯大林会夺取对德战争的胜利果实，才最终激励了英、美的诺曼底登陆。

我们接着假想，诺曼底登陆失败让苏联的胜利已成定局。当英美联军还在收拾残局时，苏军已经到达维也纳，并完全控制住了中欧。唯一的问题是，那些残留在西方的德国军队已为应付英、美的登陆而筋疲力尽，是否还能继续战斗下去？很明显，一旦首都沦陷，他们也不会再作战。斯大林不失时机地告知丘吉尔，他认为此前关于“势力范围”的协定因为局势的变化已经失效。从现在起，整个欧洲除了巴黎（他很有雅量地将之分为东西两部分），都将是苏联的势力范围。

然而，让欧洲屈从苏联的统治，不代表美国在亚洲也会一味退让。丘吉尔很早就明白美国更关心的是太平洋战场而非欧洲战场。在罗斯福去世后，新一代的政治家比他更忠于纯粹的美国利益（而非英、美关系利益），进而在日本主导的亚洲共荣圈展开了新一轮的冲突时代。

尽管日本人成功地把欧洲殖民政权排挤到一边，但他们并没能完全消除中国和印度支那地区的抵抗活动。毛泽东、胡志明等人领导下的农民战争对日本军队造成很大的钳制。这些战争的耗费也限制了日本海军防御力量的发展。因为对企图进一步削弱日本地位的美国政府来说，进行军事介入是相当大的诱惑。罗斯福在去世前不久就已经开始了这个过程。

没有哪位美国首相会像约翰·F·肯尼迪这样加剧美国与日本的对抗。他是罗斯福驻伦敦大使、有反英倾向的约瑟夫·肯尼迪的儿子。在1960年大选中，肯尼迪以绝对的优势获胜，这主要归功于北部人口密集城市中天主教徒的投票。第二年，他又成功地入侵古巴，赶走了纳粹在拉丁美洲的残余力量。这次小小的胜利鼓舞了他，他开始考虑军事介入的另一个可能——支持胡志明反抗日本人支持下的吴庭艳政权。

从很多方面看，约翰·肯尼迪都是一个幸运的总统。他在南部的对手林登·约翰逊不得不为黑人选举权运动的麻烦伤透脑筋，而他却没有这样的麻烦。1963年11月他在达拉斯访问约翰逊时，成功地躲过了暗杀。他的中央集权党在1964年的大选中大败巴里·戈德华特领导下的右翼分子。但在越南，肯尼迪却没再得到命运的眷顾。战争的确很受公众的支持，但他却无法赢得胜利。1967年他的兄弟司法部长罗伯特·肯尼迪被曝批准对政治竞争对手进行窃听时，约翰·肯尼迪不得不辞职。此时，已有不少于50万人的美国军队在与越南军队作战。但日本人支持下的南越政府军装备好过美国人的预期，这主要是由于日本电气工程学的迅猛发展。当理查德·尼克松在1968年选举中大获全胜时，也是时候下令结束战争了。约翰·肯尼迪在被弹劾前曾与尼克松在电视上进行辩论，他面容憔悴，大倒苦水。“假如我在1963年暗杀时没有躲过那一劫，”他说，“我现在就是圣人了。”尽管正如黛安娜·孔兹所说的，这么说有他的道理，但在当时他的言论遭到了普遍的嘲笑。

回顾肯尼迪失去光环后的20年里，我们会忍不住想把盎格鲁–美洲帝国的瓦解看做是不可避免的（越南战争问题已经让英、美关系日益紧张，因为英国首相哈罗德·威尔逊反对这场战争）。不过，如马克·阿尔蒙德所说，到20世纪80年代，苏联的经济状况远远称不上良好健康。另一方面，戈尔巴乔夫等改革家提倡的经济与政治改革政策，很可能让经济状况进一步恶化。如果戈尔巴乔夫成功地提高了对欧洲附属国家的石油价格，局势就有可能出现严重的动荡。假如他对在法国、德国及其他地区进行自由选举的提议被采纳，那么后果不堪设想。即使没有采取这个新政策，1989年苏联也有必要向莱比锡出动坦克，和1953年的柏林、1956年的布达佩斯以及1968年的布拉格与东巴黎的情形一样。

假如英、美都坚决反对苏联对莱比锡起义的镇压呢？至少可以劝止苏联对其他地方作出这种咄咄逼人的举动。但20世纪80年代的英、美政府并没有这样的自信。乔治·布什跟其前任比起来，更擅长见风使舵。更重要的是，英国的富特政府（继撒切尔政府在福克兰群岛战争中羞辱性的失败之后，富特政府在1983年和1987年的大选中两度获胜）被认为对莫斯科持同情态度而遭到广泛谴责。当巴格达萨达姆·侯赛因总统对科威特发起蓄谋已久的攻击时，西方对此措手不及。英、美经济已陷入严重的衰退，而此时的石油价格飞涨更是促使其经济出现了史无前例的迅速下滑。

今天，有许多理论竞相对1989~1990年“西方的崩溃”作出解释。是因为越南战争之后几十年里公共开支、债务的过度增长和货币政策过度松弛？还是因为英美之间根本政治分歧的结果——也许这是50年前德国占领英国留下的遗毒？不过，随着这些争论的继续，我们很容易忘记，在那时没有人预料到后来这些戏剧化的事件。大多数研究英美体系的所谓的“专家”，只是惊讶于20世纪90年代这个跨大西洋联盟的解体如此迅速。首先，美国宣布从斯图亚特王朝统治中独立出来。随后就像是连锁反应那样，英格兰、爱尔兰与苏格兰甚至还有威尔士之间的传统纽带关系也被切断了。

不少希望能够庆祝斯图亚特王朝统治达400年（1603~2003年）的人，到时候也只能苦涩地回忆起那些出人意料甚至混乱不堪的重大历史事件。

而在莫斯科则相反，西方的崩溃看上去只是印证了斯大林及其继承人们青睐的历史决定论是多么正确。

致谢

本书各位作者的致谢已在注释中有所表达。编者则有权在这里向以下各位表示感谢：牛津大学现代历史学系，牛津耶稣学院的代理院长及研究员们，我的代理人、辛普森·福克斯公司的乔治娜·卡佩尔；麦克米伦出版社的编辑彼得·施特劳斯和丹耶·斯托布斯；牛津大学耶稣学院的格伦·欧哈拉，我在撰写导言与第四章时得到他的重要协助；牛津大学耶稣学院的维维安·鲍耶。以下各位均对本书中我撰写的部分提出了意见和批评，我要向他们表示特别的感谢：剑桥圣体学院的安德鲁·克里斯托弗博士、堪萨斯大学的乔纳森·克拉克教授、牛津大学的罗伊·福斯特、剑桥三一学院的乔纳森·斯坦伯格博士、牛津沃塞斯特学院的约翰·史蒂文森博士、牛津大学的诺曼·斯通教授。还有众多在喝咖啡、吃饭时聊天交谈的朋友和同事，他们对反事实历史的理论与实践提出的各种问题也给了我很大帮助，这里难以尽数，就不一一感谢了。最重要的是，我要感谢我的妻子苏珊，是她给了我无尽的灵感。

撰稿人简介

尼尔·弗格森，牛津大学耶稣学院现代历史研究员、导师。出版的著作有《纸与铁：1897~1927通货膨胀时期的汉堡商业与德国政治》等，入围了《今日历史》年度图书奖。撰有大量关于19、20世纪金融历史方面的文章，包括对凯恩斯《和平的经济后果》的评论文章，并著有罗斯柴尔德家族史。

约翰·亚当森，剑桥大学彼得学院研究员。出版有大量关于17世纪英国政治、文化史的著作。曾在1990年赢得皇家学会"亚历山大"奖。编纂有正史《下院：1640~1660》。

乔纳森·克拉克，堪萨斯大学英国史特聘教授。出版著作有《变化的动力》（1982）、《1688~1832年的英国社会》（1985）、《革命与反叛》（1986）、《1660~1832年的自由语言：英美世界的政治对话与社会动力》（1993）、《塞缪尔·约翰逊：从王政复辟到浪漫主义的文学、宗教与英语文化政治》（1994）。编有《沃尔德格雷夫伯爵二世詹姆斯回忆讲演录》（1988）和《现代英国的观念与政治》（1989）。

阿尔文·杰克逊，贝尔法斯特皇后大学现代史教授，都柏林大学现代史讲师，波士顿大学爱尔兰研究所客座教授。著有《阿尔斯特党》（1989）、《爱德华·卡森爵士》（1993）、《爱德华·桑德森上校：维多利亚时代爱尔兰的土地与忠诚》（1995）。撰写了布莱克威尔现代爱尔兰史。

安德鲁·罗伯茨，剑桥大学康韦尔科斯学院荣誉资深学者。著有《圣狐：哈利法克斯勋爵传记》（1991）、《著名的丘吉尔主义者》（1994）、《亚琛备忘录》（1995）。经授权撰写了索尔兹伯里侯爵三世传记。

迈克尔·伯利，威尔士大学卡地夫学院特聘研究教授。著有《普鲁士社会与德国秩序》（1984）、《德国转向东方：第三帝国的"东方研究"》（1988）、

《死亡与拯救：1900~1945 年德国的“安乐死”》（1994）、《面对纳粹史》（1996）。与沃尔夫冈 · 维佩曼合著了《种族国家：1933~1945 年的德国》（1991）。发表了《伦理与灭绝——关于纳粹的种族灭绝政策论文集》。获奖纪录片有《推销谋杀》和《嗨！赫比》。

乔纳森 · 哈斯拉姆，剑桥大学圣体学院历史研究所研究员、所长，剑桥大学国际研究中心国际关系研究所副所长。著有《1933~1939 年，苏联及其为欧洲共同安全进行的斗争》（1984）、《1933~1941 年，苏联与东方的威胁》（1992）。已完成E · H · 卡尔的传记，并撰写了《国际关系中的现实主义传统：从马基雅维利到华尔兹》。

黛安娜 · 孔兹，耶鲁大学历史学副教授。著有《1931 年英国金本位之战》（1987）、《苏伊士运河危机的经济外交》（1991）。近期著作有《黄油与枪炮：美国冷战时期的经济外交》。

马克 · 阿尔蒙德，牛津大学奥里尔学院现代历史讲师。近期著作有《革命：争取变革的 500 年》（1996）。其他著作有《欧洲后院的战争：巴尔干战争》（1994）、《尼古拉 · 齐奥塞斯库夫妇沉浮记》（1992）。